SENDAI DESIGN LEAGUE: Re-2020

CONTENTS

せんだいデザインリーグ
SDL: Re-2020
Official Book

Photos by Izuru Echigoya.

大きな転換点を迎えた2020年 ——3月は仙台で会おう。

五十嵐 太郎 *Taro Igarashi*
(仙台建築都市学生会議アドバイザリーボード[*1])

3月は仙台で会おう。

「せんだいデザインリーグ　卒業設計日本一決定戦」(以下、SDL)は、建築を愛する学生が、地域という枠を超え、開かれた学外の舞台として、2003年に産声を上げ、審査員を引き受けた建築家とともに、数々の名場面を残してきた。おそらく現在、全国の建築系の学生は、冒頭のかけ声を共有しているはずである。それは「公平性」「公開性」「求心性」という3つの原則、すなわち誰もが参加できるアンデパンダン[*2]方式のイベントであり、ファイナルの審査を公開し、世紀の変わり目に登場した平成時代の傑作、せんだいメディアテーク(以下、smt)というシンボリックな会場を使うという明解な方針によって、20年近く運営されたからであろう。

以前とは違い、各地で卒業設計のイベントが増えたが、今なお最大級の規模を維持しているのは、これまでの歴史、あるいは選ばれたファイナリストたちのその後の活躍によって、信頼を得ているからだと思われる。

リスクと直面して揺らいだ3原則

仙台建築都市学生会議[*3]とアドバイザリーボード[*1]の強い意思は、イベントの巨大化に伴い、度重なるシステムの整備と変更を重ねながら、3.11東日本大震災などの困難に対しても屈することなく、創造と議論に関する自由を守り続けてきた。実際、2011年はファイナルの公開審査の後、smtが被災したことによって、SDLの展示会場が大きなダメージを受けている。

しかし、今回は新型コロナウイルスという未知のリスクに対して、私たちは拡散の危険性を重く受け止めることになった。全国から2,000人近い学生が、smtに集まり、大勢の観衆の前で公開審査を行なうことが、不特定多数の感染を引き起こす可能性を否定できないこと。つまり、従来の原則そのものが、皮肉なことに足かせになったのである。したがって、一時はSDLの開催中止を考えざるを得なかった。

緊急事態だからこそ新しい試みを

しかし、本当にこのまま立ち止まってよいのか。これでは、政府は責任をとるつもりがない一方的な自粛要請に従い、卒業を間近に控えた大学や高専、専門学校の学生にとって生涯で一度しかない大事な機会を、ただ消してしまうだけになってしまう。こうした状況だからこそ可能な代替企画を何とか組み立て、クリエイティブな対応策をつくることはできないか。

私たちは急遽、短い期間でオンラインでのリモート会議を重ね、受け継がれた志を結び合わせる方法を精査し、今年に限って、従来とは異なるかたちでの開催を決断した。それが「SDL: Re-2020」である。すなわち、搬入された模型ではなく、送付された作品の電子データという限界の中で、ネット配信を織り交ぜて、審査員が議論を闘わせる無観客試合版のSDLに組み換えること。これは単なるSDLの縮小版ではなく、むしろ、これまでにできなかった新しい試みを実行するチャンスとしてとらえた。

「Re」に込めた創造的な態度

緊急に設定されたイベント名称の「Re」に込められたのは、リスク社会で私たちに求められる諸々の創造的な態度(「レジリエンス[resilience]」「リノベーション[renovation]」「リコンストラクション[reconstruction]」「リインフォース[reinforce]」「リカバリー[recovery]」など)を意味している。出展学生たちと直接的な対面はできなかったが、萎縮しがちな現代社会に抗する実験的な取組みになったと自負している。

イベントの最後に予定していたシンポジウムは、審査員の強い要望によって、当初の予定になかった暫定の日本一を決める審査に変わる、といったハプニングも起きた。もちろん、現場の即戦力で動いており、ルーティンで毎年こなすプログラムではなかったため、不十分な点もあったと思うが、SDLを見直すよい機会にもなった。そうした反省を踏まえて、今年の経験は来年以降のSDLに反映されるはずである。今回のオフィシャルブックもいつもと違うスタイルになった。

来年こそは仙台でお会いしましょう。

編註
*1 仙台建築都市学生会議アドバイザリーボード：仙台建築都市学生会議と定期的に情報交換を行なう。また、仙台建築都市学生会議の関係する企画事業の運営に関して必要なアドバイスを行なう。UCLAの阿部仁史教授、秋田公立美術大学の小杉栄次郎教授、近畿大学の堀口徹准教授、東北大学大学院の五十嵐太郎教授、石田壽一教授、小野田泰明教授、本江正茂准教授、佃悠助教、土岐文乃助教、東北学院大学の櫻井一弥教授、恒松良純准教授、東北芸術工科大学の竹内昌義教授、西澤高男准教授、馬場正尊准教授、東北工業大学の福屋粧子准教授、宮城大学の中田千彦教授、友渕貴之助教、宮城学院女子大学の厳爽教授、山形大学の濱定史助教、建築家の齋藤和哉から構成される。
*2 アンデパンダン：誰もが予備審査なしで出展できる展覧会のこと。
*3 仙台建築都市学生会議：従来のSDLをせんだいメディアテークと共催し、運営する学生団体(本書172〜173ページ参照)。「SDL: Re-2020」は、アドバイザリーボードとの共催。

Restart

凡例：
＊SDL＝せんだいデザインリーグ　卒業設計日本一決定戦
＊smt＝せんだいメディアテーク
＊アドバイザリーボード＝本大会アドバイザリー委員1参照
Photo by Izuru Echigoya

Program
開催概要 SDL: Re-2020

「SDL: Re-2020」のコンセプト

2003年来「公平性」「公開性」「求心性」の3原則の下、学校の枠組みを超え、建築系の学生誰もが参加できる舞台として開催してきた卒業設計審査会「せんだいデザインリーグ　卒業設計日本一決定戦」（以下、SDL）。「SDL Re-2020」は、新型コロナウイルス（COVID-19）の感染拡大により中止となったSDL2020の代替案として企画された。大会名の「Re」には、リスク社会で求められる創造的な態度「レジリエンス［resilience］」「リノベーション［renovation］」「リコンストラクション［reconstruction］」「リインフォース［reinforce］」「リカバリー［recovery］」などの意味が込められている。SDLの3原則を踏襲し、以下の3本柱で構成される。

①出展作品の電子データをもとに審査、講評
②ネット配信とリモート（遠隔）審査により無観客・出展者不参のSDLを実践する場
③全出展作品に講評を作成

開催日程

［予選］2020年3月7日（土）10:00～17:30
［セミファイナル］2020年3月8日（日）10:00～13:30

［ファイナル］2020年3月8日（日）14:30～17:00（11選の選出と各審査員賞の選定）、17:15～20:00（日本一・日本二・日本三の選出）

会場

せんだいメディアテーク（5階キャラリー3300）
（非公開、イベント終了まで所在も非公開）

審査方法

1　予選
全出展作品から上位100作品を選出。
①予選グループ審査
審査員を2人1組で5室に分けて、各審査員グループごとに出展作品を5分割して半数ずつ分担して審査し、それぞれ20作品をもとに選出。
②予選ディスカッション審査
予選のグループ審査で選出された作品を対象として予選審査員全員とコメンテータでのディスカッションにより、予選通過100作品（100選）を選出。

＊予選審査員
小杉 栄次郎／齋藤 和哉／櫻井 一弥／恒松 良純／土岐 文乃／友渕 貴之／中田 千彦／西澤 高男／

演 定史／福屋 佳代
コメンテータ　小野田 泰明／本江 正茂

2　セミファイナル（グループ審査）
審査員はファイナル審査員とアドバイザリーボードの2人1組で4室に分かれ、各審査員グループごとに予選通過100作品を主催者がランダムに振り分け4等分した25作品を審査し、それぞれ5作品を選出。最終的に5作品×4グループ＝20作品（20選）を選出した。

＊参考として、建築ジャーナル・プラチーク（SDL2020審査員賞）は、予選通過した20作品を5作品ずつに分けて審査（本書94ページ参照）

＊セミファイナル審査員
審査員長代理　永山 祐子
審査員　金田 充弘／野老 朝雄／青木 美保／三十三 太郎／中田 千香／西澤 高男／花屋 佳代／ゲスト・クリティーク（選考）　賞（公募平（アメリカ合衆国）

3　ファイナル（公開審査）
審査の様子をインターネットでライブ配信。
①11選の選出と各審査員賞の選定
ファイナリスト20作品（20選）から、上位10作品（10選、実際には11選）と各審査員賞4作品を決める。セミファイナルの各審査員グループの選出作品から1作

オンライン上の「せんだい」

福屋 粧子
（アドバイザリーボード）

「SDL: Re-2020」は、1年限りの、会場での「せんだい」シリーズ「卒業設計日本一決定戦」（以下、SDL）とは違う審査会として企画された。2020年2月時点で、新型コロナウイルス（COVID-19）は全世界で感染拡大を続け、予防の観点からせんだいメディアテーク（以下、smt）に大勢の人が集まれないという条件下で、開催予定日の10日前に通常、ある種の苦し紛れの変更案として生まれたものである。SDLの理念を受け継ぎながらも、「SDL: Re-2020」の審査会場と審査プロセスはSDLと全く異なり、模型の搬入、審査なしでオンライン上で完結する仕組みで行なわれた。

ウイルスが突然変異するように、SDLから突如派生したSDL: Re-2020。この代替企画が期間限定の亜種で、新型コロナウイルスとともにいずれは終息するのか、はたまた新しい共存関係（電子データによるオンライン審査とsmtでの会場審査の並行）が構築され、ポスト・コロナのSDLで、新しい人の集まり方、模型によらない非物理的で新しい建築のプレゼンテーションの可能性を拓くのか、まだ不明である。

表1 SDLとSDL: Re-2020のプログラムの違い

	SDL2019	SDL: Re-2020
コンセプト	卒業設計日本一（公平性）（公開性）（求心性）の3原則の下で決定	卒業設計日本一（公平性）（公開性）（求心性）の3原則の下で決定
審査会場	せんだいメディアテーク	所在を含め、非公開
審査方式	出展者の会場での完結審査	オンライン審査
審査の流れ	予選（→100組）→セミファイナル（→37作品→10作品）→ファイナル（→日本一）	予選（→100組）→セミファイナル（→20選）→ファイナル（→10選→日本一）
予選・セミファイナル	非公開	非公開
ファイナル（本審査）	会場で公開	オンラインで公開
ファイナル（公開審査）の流れ	ファイナリスト10作品のプレゼンテーションと質疑応答後に	上位20選から、4作品ごとにプレゼンテーションと質疑応答後に投票で2作品が勝ち抜く方式を5回繰り返して10選を選出。各審査員賞、計4作品の選定。投票、質疑応答、議論で日本一、日本二、日本三を選出
審査員	ファイナル・セミファイナル審査員7人、予選審査員5人	ファイナル審査員4人、セミファイナル審査員8人、遠隔ゲスト・クリティーク1人、予選審査員12人
出展者の参加方式	会場待機	オンライン上に待機
出展物	パネル、ポートフォリオ、模型（任意）	パネル、ポートフォリオの各電子データ
出展物の搬送	必要	不要
出展データ容量	不問	パネル1枚（30MB以下）、ポートフォリオ20枚以内（50MB以下）、合計80MB以下
出展審査日数	3日間	2日間
展覧会	出展物を展示	なし
出展物の公開（展示）	展覧会会場で公開（展示）	20選をオンライン上で公開（模型なし）
出展物の公開（展示）期間	8日間	22日間（20選の電子データのみ、模型なし）
模型公開（展示）	展覧会会場で公開（250作品、最大サイズ2m×2m）	なし
展覧会来場者数	会期中約17,000人	なし
学生会議運営スタッフ	168人／延べ収容1,200人（8日間）	13人／延人数13人（2日間／初日は学生不在）
関連企画	カフェ、前夜祭、台湾の学生との交流会など	なし
大会パンフレット	900部発行	なし
協賛	56社	19社

品すう組み合わせた4作品×5組に分け、各組ごとの総合計により、20選から10選（実際には11選）を選出。

各試合：
1) プレゼンテーション（各2分）×4作品＋質疑応答（10分）／使用オンライン・サービス：Whereby
2) 審査員の投票（1人1票）により得票数で上位2作品を選出
3) 同票の場合は決選投票、それでも同票の場合は両作品を選出

以上を5試合実施し、2作品×5試合＝計10作品（実際には11選）を選出。続いて、各審査員賞を1作品ずつ選定。
②日本一、日本二、日本三の選出
審査員の要請により、当初の予定のシンポジウムに代えて実施。
投票、追加の質疑応答、ディスカッション（約70分）により日本一、日本二、日本三を決定。使用オンライン・サービス：Whereby。

・ファイナル審査員
審査員長代理：永山 祐子
審査員：金田 充弘、野老 朝雄、富永 美保
コメンテータ：五十嵐 太郎
司会：本江 正茂

賞品／賞金

なし

応募規定

1. 応募方法
SDL2020公式ウェブサイト上の応募登録フォームにて応募を受け付け、STEP2（最終段階）登録者に改めて募集のメールを送信し、希望者の応募を受付。

2. 応募日程
SDL2020応募登録
STEP1 メンバー登録：2020年1月14日（火）～2月7日（金）15:00 登録数 472作品
STEP2 出展登録：2020年2月7日（金）～14日（金）15:00 登録数 425作品
募集メール送信：2020年3月4日（水）
出展登録：2020年3月5日（木）～6日（金）12:00
会場設営：2020年3月7日（土）
会場撤収：2020年3月8日（日）

3. 応募資格
①大学もしくは高等専門学校、専門学校で、都市や建築デザインの卒業設計を行なっている学生。共同設計の作品も出展可能（共同設計者全員が応募資格を満たすこと）
②SDL2020応募登録のSTEP2登録者
（出展対象は2019年度の卒業設計とする）

4. 必要提出物
◎パネルの電子データ（PDFファイル）
A1判サイズ×1枚、縦横自由。表面右上に「出展ID番号」（STEP1登録時に発行）を記載のこと。上限容量30MB
◎ポートフォリオの電子データ（PDFファイル）
A3判サイズ20枚以内（文字の大きさは6pt以上）、表紙（1ページめ）に「出展ID番号」を記載のこと。上限容量50MB

主催

仙台建築都市学生会議
仙台建築都市学生会議アドバイザリーボード

原点を見直し、未来へ

永山 祐子 *Yuko Nagayama*
（審査員長代理）

2度めの審査

　実は「せんだいデザインリーグ　卒業設計日本一決定戦」（以下、SDL）
の審査は13年ぶりだった。前回、広い会場を走り回って審査したことを
思い出す。今回、特殊な状況下で多くのイベントが中止を選択する中、
「SDL: Re-2020」という例年とは違う形ではあっても、何とかしてSDL
の火を絶やさないという強い思いを感じた。

現場では

　実際の現場では、特徴である大きな模型も学生の熱気もない中、ポー
トフォリオとパネルの電子データをモニタで見ながら、予選を通過した
100作品を4人の審査員で手分けして審査（セミファイナル）した。その後、
選ばれた20作品（20選）を対象に、YouTubeで公開するために組まれた
セットの中、ファイナルの公開審査がスタート。物々しい機材を前にオー
ディエンス（観衆）の見えない状態で、20選に選ばれた学生が順次モニタ
の向こうからプレゼンテーションと質疑応答をする。最初は戸惑いもあっ
たが、だんだんと状況に慣れてきて、模型がない分、ポートフォリオの
内容をじっくり読み取り、学生からの生の声、そしてモニタに映し出さ
れた背景から、彼らのパーソナリティを垣間見られるようになってきた。

　この特殊な審査が進むにしたがって、こちら審査員たちの読み取り機
能もチューニングされていくのを感じた。主催者から今回は特殊な状況
なので、上位10選（実際には11選）の選出に留め、いつものように順位は
決めないと聞いていて、そして、途中まではそのつもりだった。でも、
審査の解像度が上がってくるにしたがい、心の中に自然と気になる作品
が生まれてくる。いつもならそこで上位に推す作品だ。たぶん、他の審
査員も同じ気持ちだったと思う。主催者に「ちゃんと順位を決めたい」旨
を伝えると、満場一致で審査員の同意が得られたため、日本一、日本二、
日本三を決めることとなった。

心に残った3つの作品

　私の心の中に強く残った作品は、日本一『出雲に海苔あり塩あり』（344）、
日本二『TOKIWA計画』（241）、日本三『建築と遊具のあいだ』（055）の3つ。
（344）は最初のセミファイナル審査の時から気になっていたけれど、プレ
ゼンテーションを聞いて、彼の地元である島根への愛情、プリミティブ
で力強い提案内容に心ひかれた。（241）は都市に完成はなく常に途中過
程であることを体現した、巨大都市開発に対しての痛快なアプローチで
あった。（055）は「これは建築か」という根源的な問いについての議論を生
んだ。誰でも介在できる生成のプロセス、できた結果の検証とアップデー
ト（更新）、遊具を超え、新しい開かれた建築のあり方を感じる作品だった。

ここから

　今回、このような形での開催になろうとは誰も予測できていなかった
であろう。でもこれを前向きにとらえるならば、原点を見直し、立ち返
るきっかけになったのではないかと思う。私自身も生きることへの問い
が建築の問いと重なることを感じている。

＊文中の（　）内の3桁数字は、出展作品のID番号
＊文中の出展作品名はサブタイトルを省略
Photos by Izuru Echigoya.

正解のない世界で前に進む力

金田 充弘 *Mitsuhiro Kanada*
（審査員）

変化し続ける社会の価値観と建築

「なお、この問題はあなたの構想力、創造力、表現力を考査するものであり、正解を求めるものではない」。

これは、東京藝術大学の建築科の入試問題（実技）における決まり文句。一般社会では、「正解がない試験」に困惑する人のほうが多いだろう。しかし、建築を学ぶ学生にとっては、設計に正解がないことは当たり前のことだ。個人や社会の持つ価値観が変化し続ける限り、建築のあり方も変化する。普段、その変化は感性を研ぎ澄まさなければ感じ取れないほどゆっくりとしている。しかし、災害などをきっかけとして急激に価値観が変わる時がある。今年の「せんだいデザインリーグ　卒業設計日本一決定戦」（以下、SDL）の代替企画「SDL: Re-2020」は、そんな時期の始まりに位置していた。

それでも何かを共有した喜び

2020年2月、新型コロナウイルスの影響により日々変化する状況をにらみながら、可能なことを諦めず、責任を負って「SDL: Re-2020」を実現した仙台建築都市学生会議*[1]とアドバイザリーボード*[2]に敬意を表したい。正解のない中で、新しい企画を構想し、仙台市やスポンサー、せんだいメディアテークと協議し、参加者を募り、「SDL: Re-2020」として実現した、それこそ正に、すばらしい建築のつくり方のお手本そのものだと思う。

今（2020年5月）では、Zoomによるオンライン授業など、数十人が双方向でつながることは大学生の日常になりつつあるが、3月8日の段階で、最終選考に残った20作品を滞りなくオンラインで審査し、その様子をライブ配信できたことは奇跡のような出来事だった。さすがSDL、さすが、せんだいメディアテークと感心した。

審査員の目の前にはWebカメラと大型モニタがあるだけで、作者の学生本人もいなければ模型もない。それでも限られた手段で何とか提案の核心を、そして提案している学生の人となりを理解しようと模索し、学生側もできる限りの工夫で、作品に込めた想いを伝えようとしていることが感じられた。オンラインのもどかしさと、何かをリアルタイムで共有している喜びの混ざり合った中で、作品の良い面がダイレクトに伝わってきた。

社会の方向性を変える予感

審査にあたっては、作品の扱う対象の大小にかかわらず、提案された建築的アプローチが、社会の進む方向を少しでも変える予感がするかどうか、それが「今」なのか、そんなことを評価の物差しにした。「地方問題を『ニオイ』で解く」という提案、『嗅い』（375）に強くひかれたのは、力強いドローイングにもよるが、視覚や聴覚といったデジタル化して他者に伝えやすいものと違い、デジタル化やオンライン化に向かない「嗅覚」を切り口にしていたからかもしれない。建築のリアルな場としての力と人間の身体性を抜きに成立しない「ニオイと空間」に可能性を感じた。

普段、安定しているように錯覚している社会の不安定さに改めて気づかされながら、それによって生まれてくる新しい建築の可能性に期待している。その新しい建築を体現するのは、この時期に卒業設計を介して、社会の変化を体感した世代ではないだろうか。

編註
＊1　仙台建築都市学生会議：本書4ページ編註3参照。
＊2　アドバイザリーボード：本書4ページ編註1参照。

新しいリテラシー、新しい建築へ

野老 朝雄 *Asao Tokolo*
（審査員）

次世代につなぐバトン

　新型コロナウイルスの感染拡大による「せんだいデザインリーグ　卒業設計日本一決定戦」（以下、SDL）中止に伴う代替企画「SDL: Re-2020」では、SDL初の、出展者がテレビ会議によるリモート審査を受けるという価値のある挑戦があった反面、全242出展作を審査できず、出展者と直接の対話ができなかった残念さがある。しかし、作品の質疑応答の中で、SDLが次世代につなぐバトンになっていることに感動を覚えたし、イベントを中止しなくて本当に良かったと思った。

　結果としてバランスのいい11選を選出できた。「仏壇倉庫」という強烈な言葉と提案内容に可能性を感じた西田案『住み継ぎ』（003）、縮尺1：1の視点で楽しい構造体に挑み続けてほしい関口案『建築と遊具のあいだ』（055）、産業という視点で大いに魅力があり、ディベロッパーとの対話を実現してほしい丹羽案『TOKIWA計画』（241）など。中でも、日本一と野老賞になった岡野案『出雲に海苔あり塩あり』（344）に対しては、ぜひ実際に作って、建築で地元に希望を与えてほしいと願っている。

新しいリテラシーは若者がつくる

　今回の緊急代替イベントは、審査員も運営側も必死の総力戦だったし、プロがいたから実現できたには違いないけれど、新しいリテラシー（活用能力）は、若者によってつくられていくのだと実感した。また、次の段階として言葉の壁がなくなれば、世界はつながるんだ、とも思った。そして、模型は言語を超越して、他者に訴えかけるものなんだ、とも。今回、模型があれば、きっと審査結果は変わっただろう。

　審査にあたっては、通常よりも、作品の良いところを見る、という姿勢で臨んだ。私に対して特殊な案を推す審査員枠を期待していたなら申し訳ないが、真摯に建築に取り組んでいるか、他者にきちんと伝わる魅力的な絵を描けているか、という視点で作品を審査した。リアリティをもった作品にグッときたのだ。

やりたいことを存分にやる

　第92回アカデミー賞で4冠に輝いた『パラサイト　半地下の家族』のポン・ジュノ監督は受賞スピーチで、勉強していた頃に本で読み、今も大切にしている言葉として、マーティン・スコセッシ監督の「最も個人的なことは、最もクリエイティブなことだ」を引用した。この言葉のように、学生時代は創造力が存分にある時期だから、どんなものでも存分にやってほしいと思う。主流のテーマでなくても、空想的な案でも、私小説的でも、やりたいことをやればいい。それがきっと自由で新しい、魅力的な建築の礎につながる。

過去と未来のあいだ

冨永 美保 *Miho Tominaga*
（審査員）

今を問い未来を描く

振り返ってみると今年の卒業設計は、世界中にじわじわと疫病が広がっていた正にその時につくられた作品である。あれから数カ月たち、刻一刻と環境は変化している。世界中が動的な渦の中にあると言っても過言ではない。

私たちの興味や問いは、あの静かで自由な時間に生まれたものから変わるだろうか。それとも、変わらないだろうか。今、大きな世界のうねりの中で、これまで考えてきたことを眺めつつ、これからも変わらないことを慎重に探っている。今年の卒業設計は、ちょうど分岐にあたる。未来を探す重要な起点となっていくだろう。

出展作の放つ凄まじいエネルギー

今年の「SDL: Re-2020」は、新型コロナウイルスが日本へ上陸し、世界中で自粛ムードが漂う中での開催だった。

「せんだいデザインリーグ　卒業設計日本一決定戦」（以下、SDL）開催の決定はギリギリまで持ち越され、一度は中止を予告されたものの、その後緊急に立ち上げた代替企画「SDL: Re-2020」には、結果的に242作品のポートフォリオとパネルの電子データが集まった。例年なら並ぶ大迫力の模型たちが1つも無い、出展者不在の静かなせんだいメディアテークでの開催。それでも、短い時間で出展者が用意し、集められた卒業設計が発するエネルギーは凄まじかった。

242作品のポートフォリオとパネルに向き合い、やはり建築を通して力強い未来を描けている作品に魅力を感じた。

環境と建築のあいだ

日本一になった岡野元哉『出雲に海苔あり塩あり』（344）は、海に囲まれた敷地に岩海苔と神塩の生産拠点をつくりつつ、出雲大社への参拝動線に新しいシークエンス（空間の連続性）を重ねた提案である。この提案の最大の魅力は、産業の舞台として建築が風を受けて揺れ動き、大きな呼吸をしているところである。観光施設も兼ねてはいるものの、むしろ人なんてどうだってよさそうな雰囲気がある。人が1人もいなくても、寂しく思えない風景をつくっている。そのぐらい大らかで、産業拠点としての営みの大小に依らず環境と一体となっている。建築とも環境とも呼べない、両者のゆるやかな変化の間を常に行き来しているような提案である。何が設計対象なのかを問われた時に、人物や事物だけではない、もっと大きなものをとらえ、その一部として建築が働いているところに設計案としての強度（信頼性）を見た。

全体的な印象としては、岡野案（344）と同様に、出展作には環境や文化、営みを考察し、ていねいなリサーチから立案される建築が多かった。複雑な状況と素直に向き合い、観察から建築を考えている。1つの建築を立ち上げる際に単純化に向かわず、その背景を含めた取り巻くものを同時に思考している作品に多く出合った。

卒業設計は、旅のようなもの

9年前のSDL2011で建築家の故・小嶋一浩審査員長から「卒業設計は、10年後も考え続けることを見つける旅のようなものだ」という言葉をもらった。自分の身体と思考を通じてシナリオを描き、新しい未来を発見する最初の機会だからこそ、それができるはずだ、と。

自身の実感を手がかりに、できるだけ遠くに提案を投げかける。

実感と現在、希望と未来。その間にある豊かな可能性を、建築を考えながら探求していく、たくさんの入口を見せてもらったような気がした。

| 日本一 | 野老朝雄賞 |

344
岡野 元哉 *Genya Okano*
島根大学
総合理工学部　建築・生産設計工学科

出雲に海苔あり塩あり
──岩海苔と神塩の生産観光建築

島根県の出雲大社の横にある小さな港に、岩海苔と神塩の生産観光建築を設計する。

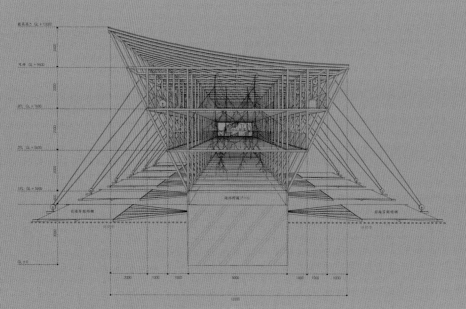

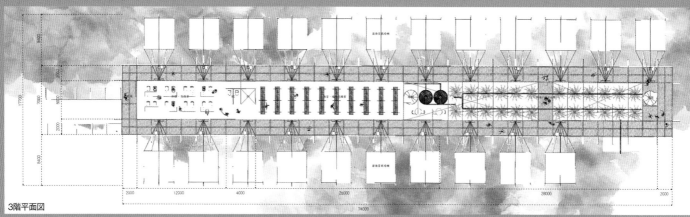

3階平面図

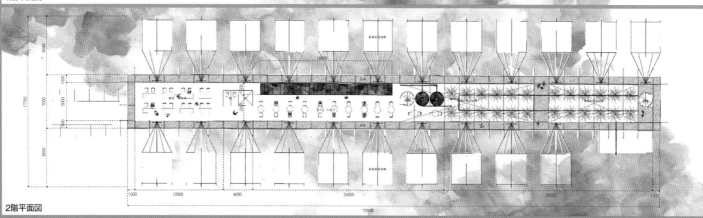

2階平面図

審査講評

埋もれていた
生産風景の魅力

「実際に建ったら行きたい」と最も思わせられた、建築に魅力がある作品であった。地元、島根県出雲市の特産品である「海苔」と「塩」を生成する場所であり、観光拠点ともなる。他にも地域の特産品の生産地と観光を組み合わせた提案はいろいろあったが、生成のプロセスそのものが特殊な「海苔」と「塩」の生産風景が、大胆に建築と一体化した様は圧巻である。

パネルとポートフォリオによるセミファイナル審査の段階では、生産風景のあまりの大胆さに半信半疑な部分もあったけれど、ファイナルのプレゼンテーションと質疑応答の中で、ていねいな生産地のリサーチを横に、今まであまり表に出て来なかった魅力ある生産風景を拾い出している様子がわかり、評価が一気に上がった。生産者の立場では気づけない埋もれた魅力ある風景がまだあり、それが建築化されることで開花する様が示されていて、これからこんな建築が増えていくといいなと素直に思えた。　（永山 祐子）

出雲に海苔あり塩あり

岩海苔と神塩の生産観光建築

はじめに

敷地選定

着目した出雲の食文化

現地サーベイ

配置計画

設計（断面計画）

設計（平面計画）

断面図（Y-1）

1階平面図

日本二　冨永美保賞

241
丹羽 達也 *Tatsuya Niwa*
東京大学
工学部　建築学科

TOKIWA計画
──都市変化の建築化

首都高地下化や再開発により今後20年にわたって「工事中」となる常盤橋において、工事プロセスの中で副次的に建築を構築・積層し、都市の「変化」と「活動」の共存を図る。変化し続ける都市の「永久計画」である。

審査講評

過程の建築

首都高速道路の地下化や再開発における、東京、常盤橋周辺の、工事計画とその後の場の展開についての提案である。集まった作品の中で、最も読み込みに時間がかかった。大規模工事により、都市空間が長期にわたり仮囲いで覆い閉ざされることへの疑問から生まれたもので、工事途中で水上交通の駅ができたり、橋が架かったりと、少しずつ都市の血流を組み替えていくダイナミズムがあり、それらが、そのまま一連の経験として都市に還元されていく様に魅力を感じた。
示された建築は、パズルの断片が集まったような姿をしており、改変されていく風景がいかにも土木計画的な巨大な造形物によるものではなく、それぞれわずかずつの変化の集合で都市の中心をつくっていくような段階的、可変的な公共風景のつくり方にも魅力を感じた。
（冨永 美保）

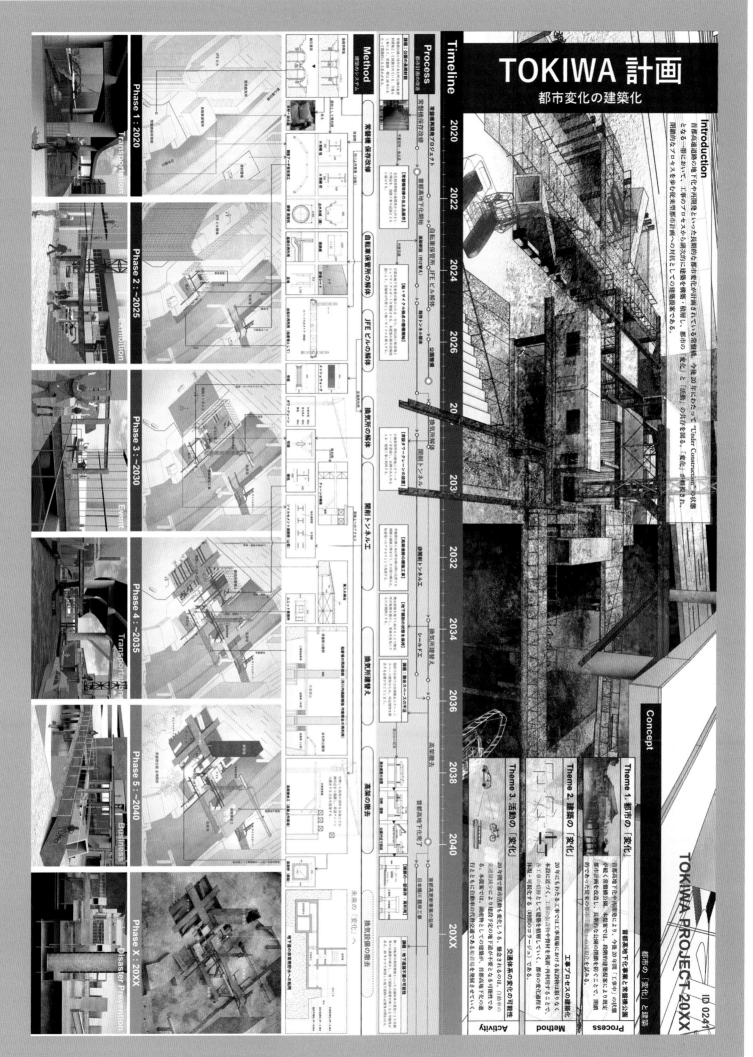

055
関口 大樹 *Daiki Sekiguchi*
慶應義塾大学
環境情報学部　環境情報学科

建築と遊具のあいだ

建築とは、ある「かち」を「かたち」に翻訳すること、遊具とは、ある「かたち」から「かち(遊び方)」を読み取ること、だとすると本提案は、子供たちが遊びの建築家であり、遊ぶ人であれる場所ではないだろうか。

観察から、新しい単位を発見するプロセス

敷地周辺の素材(今回の場合は木材)を実験材料として、広場に多様な「あそびかた」を生むプロジェクトである。「観察すること」「つくること」「その後の観察」というプロセスで進み、創造と観察の関係が双方向的かつ拮抗関係にあることが特徴的だった。
遊具を作るレシピがコミュニケーション・ツールとなり、「少年の森」に遊びに来た子供全員と遊具を作る中での発言や行動をつぶさに観察し、大きな運動の中に潜む「小さなあそび」を再発見していく。たとえば、「足場を作る」という目的に向かう中で、「大きな木材を運ぶ」「ぶら下がれる場所を読み取る」など、これまでに名前の付いていない活動を遊びとして解釈している。既存の滑り台やブランコなどに見られる1人ずつ整列しているような風景ではなく、大人数でまとまりのないざっくばらんな状態をつくり出し、遊びの単位を撹拌させていることが興味深かった。その一方、レシピのまとめに留まってしまっているように思えたことが少し物足りなかった。　　　(冨永 美保)

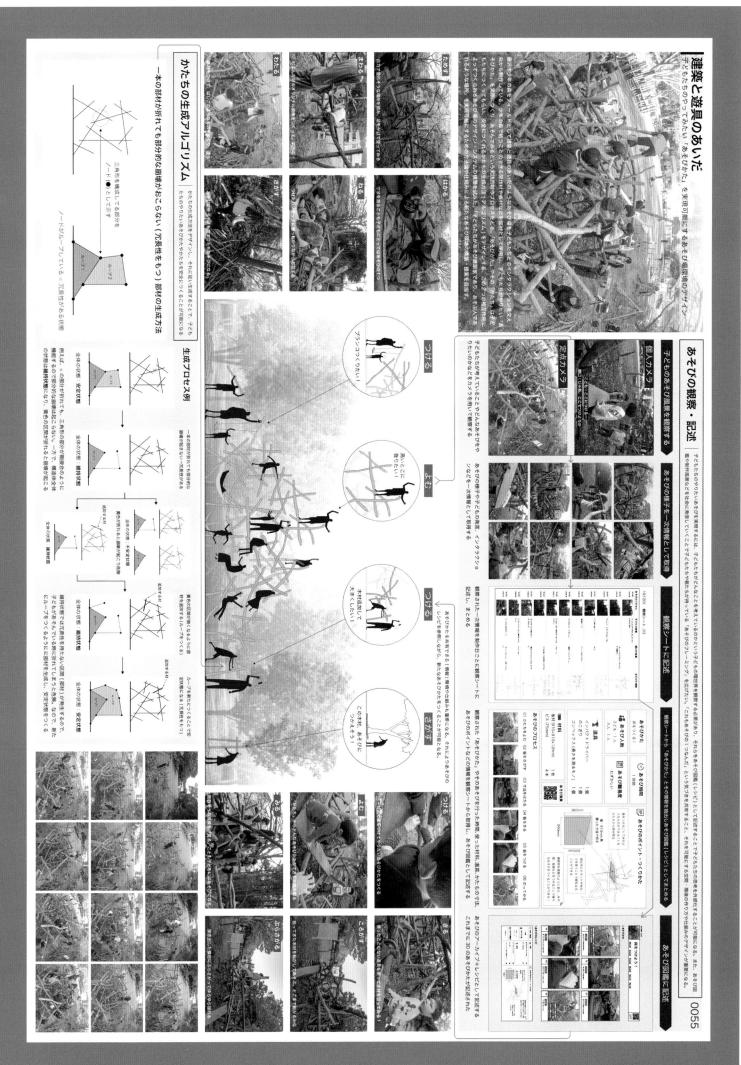

建築と遊具のあいだ

子どもたちのやってみたい「あそびかた」を実現可能にするあそび場環境のデザイン

あそびの観察・記述

あそびの状況を観察する

あそびの様子を一次情報として取得

観察シートに記述

あそび図鑑に記述

かたちの生成アルゴリズム

一本の部材が折れても部分的な崩壊がおこらない（冗長性をもつ）部材の生成方法

生成プロセス例

003
西田 静 *Shizuka Nishida*
東京大学
工学部 建築学科

住み継ぎ

福島県奥会津地域の集落を対象に、住み継ぎ——住みながら家を整理し開いていくことで、家主亡き後、空き家として放置されることなく次の住み手に継がれること——により、空家と高齢化問題を同時に解決し集落の維持を試みる。

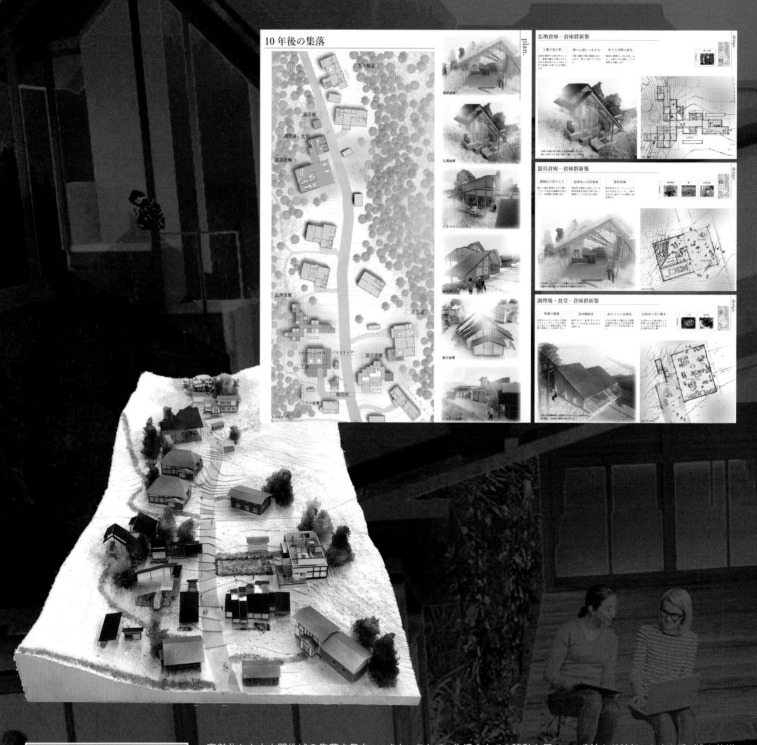

10年後の集落

plan.

仏壇倉庫—倉庫群新築

器具倉庫—倉庫群新築

調理場・食堂—倉庫群新築

審査講評

「家」に眠る文化から集落の未来を描く

高齢化した中山間地域の集落を舞台に、建築と集落の今後20年の未来を提案した作品である。ていねいなリサーチから、生活文化の質的内容を探り、家屋の個人性が強まってしまう原因の1つとして、仏壇の存在を発見したところが特徴的だった。提案された集落共用の「仏壇倉庫」など、既存集落の間に新しく建てられる提案群が、既存の家屋と似ているようで全く違う建築形式

をもつことで、生活の中での移動や価値交換を招いていることも興味深い。集落が過疎化していく過程で、単に建築を間引くだけでなく、新しい意味を足していき、個人と集落の単位が最終的にはごちゃ混ぜになっていく。
問題は、その複雑な状態を内的なコミュニティに留まらせないためにはどうすれば良いかということである。提案では、インバウンド（外国からの）客

の分泊など外部から人を呼び込む仕掛けを用意しているが、これをハードとしてどう構築していけるかについて不安が残った。生活と観光の重合せは、今後の日本社会の大きな課題である。その両者を横断的に、しかし一方で個という単位が持つ豊かさや生活文化が守られるように、領域を上手に横断、分節できる建築提案が、求められているように思う。
（冨永 美保）

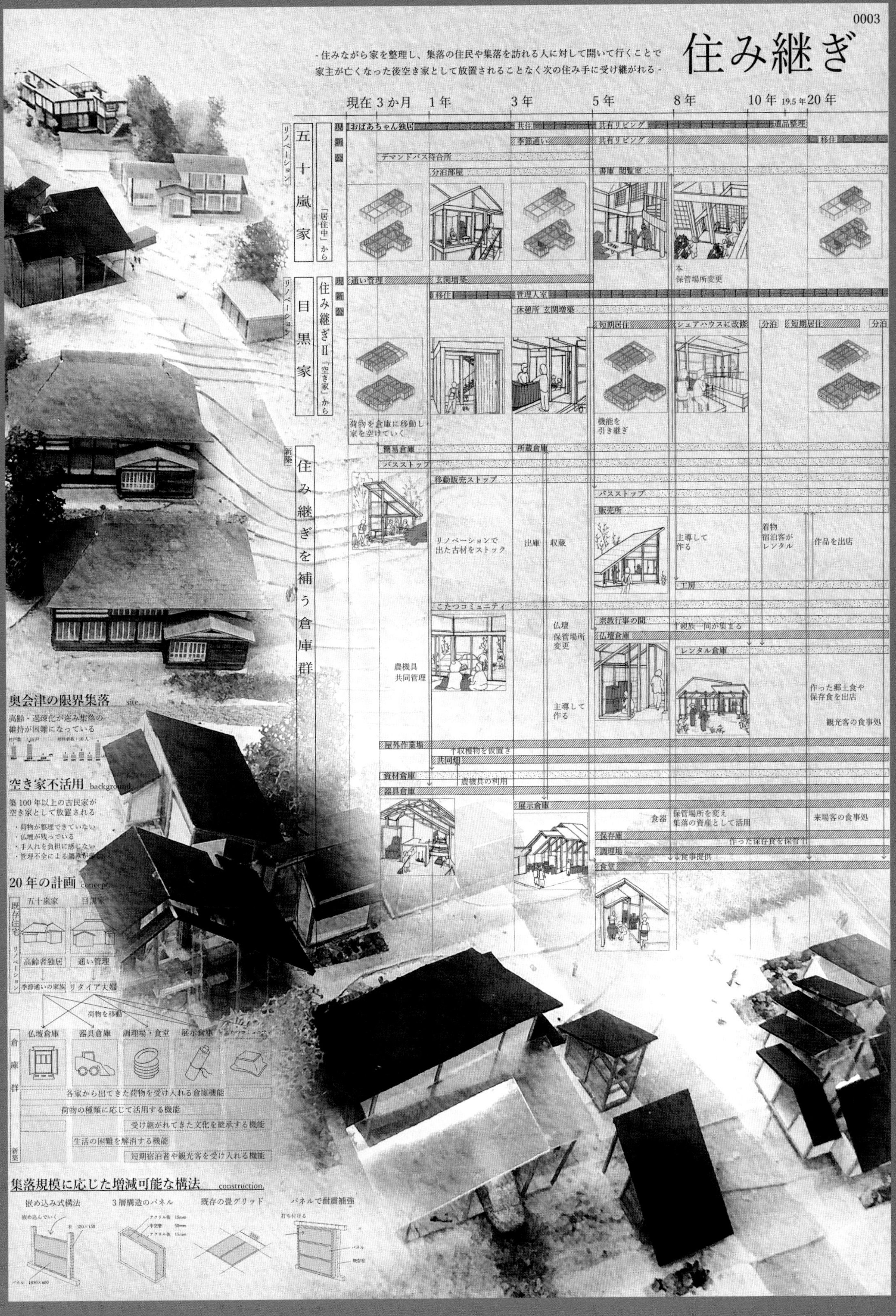

住み継ぎ

- 住みながら家を整理し、集落の住民や集落を訪れる人に対して開いて行くことで
家主が亡くなった後空き家として放置されることなく次の住み手に受け継がれる -

現在　3か月　1年　3年　5年　8年　10年　19.5年　20年

五十嵐家 「居住中」から

- おばあちゃん独居 / 共住 / 共有リビング / 遺品整理
- 季節通い / 共有リビング / 移住
- デマンドバス待合所
- 分泊部屋
- 書庫 閲覧室
- 本 保管場所変更

目黒家 住み継ぎⅡ「空き家」から

- 通い管理 / 玄関増築 / 移住
- 管理人室
- 休憩所 玄関増築
- 短期居住 / シェアハウスに改修 / 分泊 短期居住 / 分泊
- 荷物を倉庫に移動し家を空けていく
- 機能を引き継ぐ

住み継ぎを補う倉庫群

- 簡易倉庫 / 所蔵倉庫
- バスストップ
- 移動販売ストップ
- バスストップ
- 販売所
- リノベーションで出た古材をストック / 出庫 / 収蔵
- 主導して作る / 着物 宿泊客がレンタル / 作品を出店
- 工房
- こたつコミュニティ
- 宗教行事の間 / 親族一同が集まる
- 仏壇 保管場所変更 / 仏壇倉庫
- 主導して作る
- レンタル倉庫
- 農機具共同管理
- 作った郷土食や保存食を出店
- 観光客の食事処
- 屋外作業場
- 収穫物を仮置き
- 共同畑
- 資材倉庫 / 農機具の利用
- 器具倉庫 / 展示倉庫
- 食器 / 保管場所を変え集落の資産として活用 / 来場客の食事処
- 保存庫
- 調理場 / 食事提供
- 作った保存食を保管
- 食堂

奥会津の限界集落 site
高齢・過疎化が進み集落の維持が困難になっている

空き家不活用 background
築100年以上の古民家が空き家として放置される
- 荷物が整理できていない
- 仏壇が残っている
- 手入れを負担に感じる
- 管理不全による隣接

20年の計画 concept

	五十嵐家	目黒家
既存住宅		
リノベーション	高齢者独居	通い管理
	季節通いの家族	リタイア夫婦

荷物を移動

倉庫群：仏壇倉庫 / 器具倉庫 / 調理場，食堂 / 展示倉庫

- 各家から出てきた荷物を受け入れる倉庫機能
- 荷物の種類に応じて活用する機能
- 受け継がれてきた文化を継承する機能
- 生活の困難を解消する機能
- 短期宿泊者や観光客を受け入れる機能

集落規模に応じた増減可能な構法 construction
- 嵌め込み式構法
- 3層構造のパネル
- 既存の畳グリッド
- パネルで耐震補強

11選

013
寺島 瑞季 *Mizuki Terashima*
東京都市大学
工学部　建築学科

言葉による連想ゲームを用いた設計手法の提案

「あなたは迷子になり、歩いていたら思いがけない世界に辿り着いた」。これを聞いて何を想像しますか？　そういった想像を、空間に落とし込むプロセスを提案する。

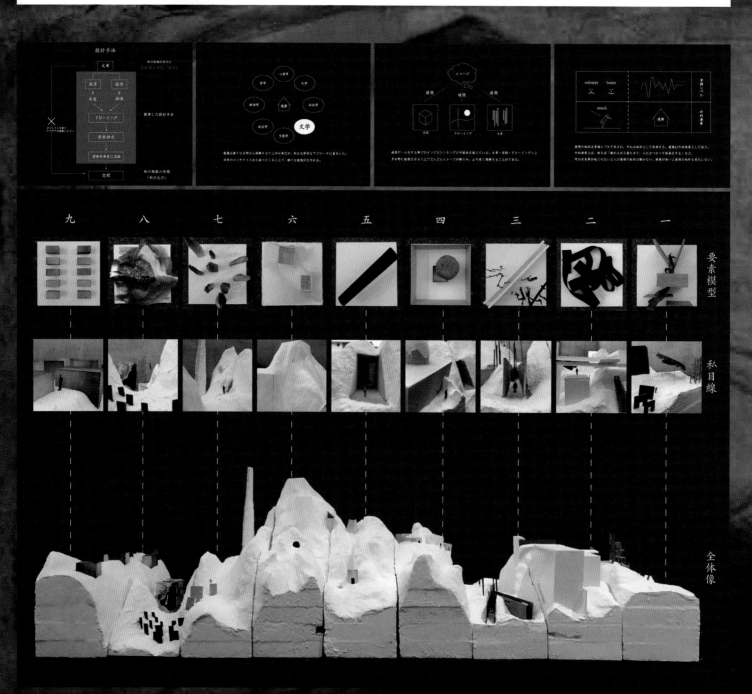

審査講評

交換による思考実験

具体→抽象→具体、テキスト→風景のドローイング→立体、とイメージを交換しながら、建築を探求する思考実験である。具体的な文字の並びに、抽象的なイメージを重ねていくことで、どこへ辿り着くのかわからないところに向かっていく。ギリギリまで建築に形態を与えず、イメージを蹴鞠のように浮遊させ、最終的にランドスケープ（地形）のような／建築のような／もしくは手のひらサイズのプロダクトのような、質感やスケール（寸法体系）の無い世界を立ち上げているところに作品の魅力がある。

空間の解釈が無限に生み出されそうな抽象性を獲得しているが、すべてのイメージがバラバラに浮遊したまま無理やり1つに収束しているような違和感もある。イメージの交換の中に、スケールや構成など、何か定量的にイメージ同士の関連を図れる指標があると空間のスタディ（習作）に近づいたかもしれない。思考を鍛えることと、手で考えることの関係を、アンバランスに保ちながら建築へ向かうことへの可能性を示しているようなところに個性を感じる提案だった。　　　（冨永 美保）

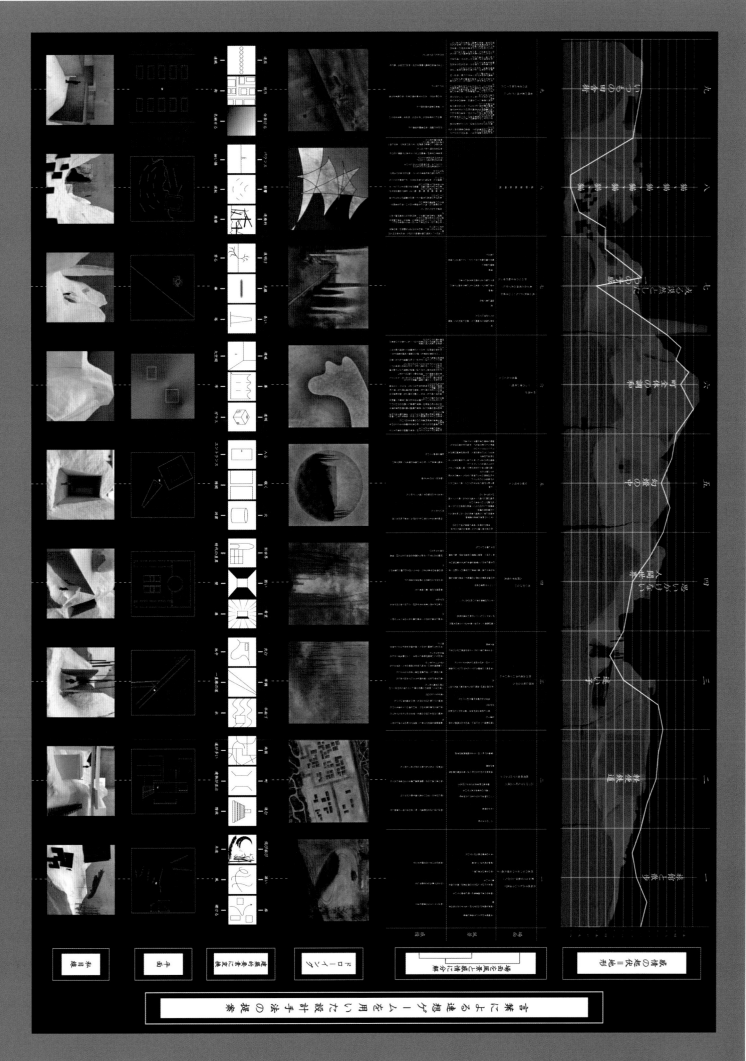

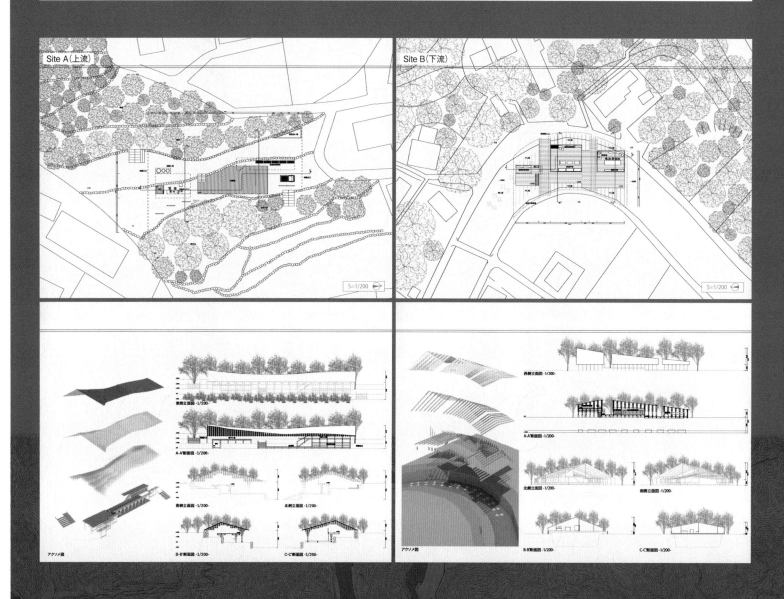

11選

018
田所 佑哉 *Yuya Tadokoro*

九州産業大学
工学部　建築学科

便乗する建築
——和紙産業の作業工程を機能分解し地域資源として共用

土地に根付く伝統産業の新しいあり方の提案。和紙産業の作業工程を分解し、工程内にある機能を地域の新しい暮らしの資源として読み替えていくことで、産業と暮らしの新たな関係性を生み出す。

Site A（上流）

S=1/200

Site B（下流）

S=1/200

審査講評

和紙産業と個人生活の
重なる風景

高知県の和紙産業と人々の生活のシークエンス（経験）を重ねるように、建築をつくっていく提案である。まずおもしろかったのは、高温多湿で山と川のある土地から人々の暮らしが導き出されているような敷地の選定と、提案の内容とがぴったり重なるところである。提案された「便乗生活」では、河川沿い

の傾斜の緩やかな地形の中に建つ、室内か屋外か判然としない東屋のような建築に、多様な生活景が寄り添っている。建築と生活の連なる風景は美しく、活き活きとした生活の躍動を感じさせられたが、「この状況が本当に出現するのか？」というところに疑問が残った。もう1つ提案してほしかったのは、街側

の視点である。この「便乗生活」を可能にするためには、物と人の生活動線、移動の理由、仕組みが必要となるはずだ。産業建築と生活が、本当の意味で寄り添うには、両者の不完全さを考えなくてはならない。そのリアリティの先にこそ、産業と生活を結ぶ新しい建築の可能性を感じる。

（冨永 美保）

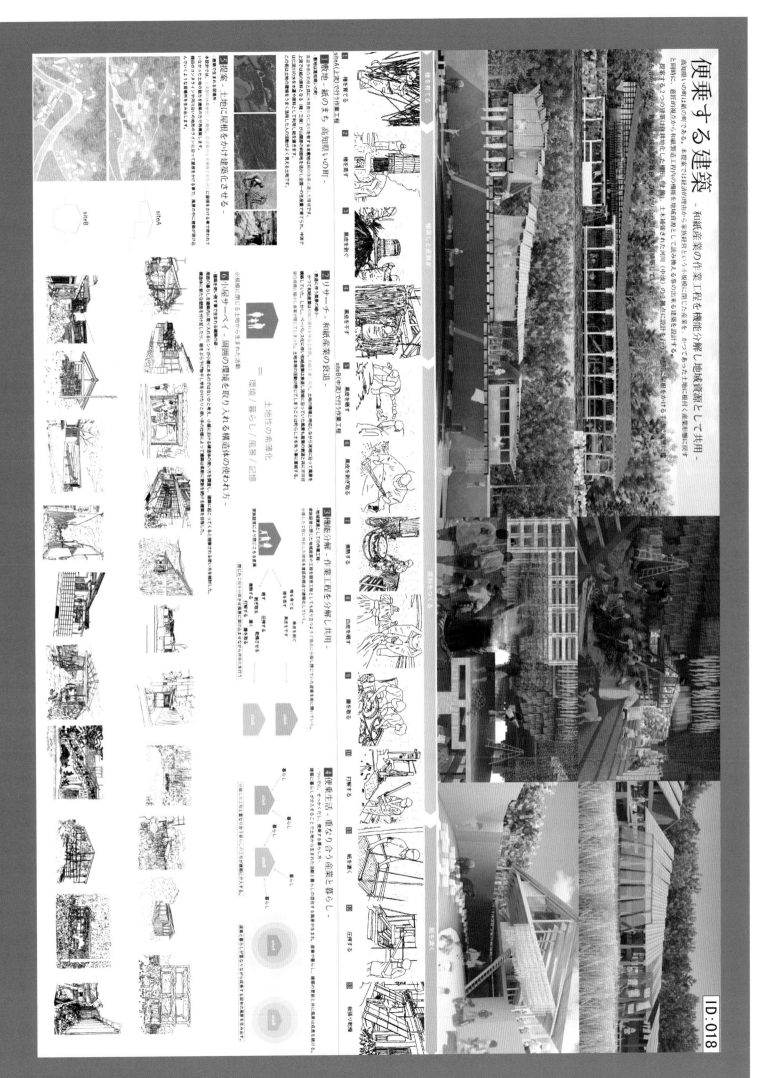

便乗する建築 － 和紙産業の作業工程を機能分解し地域資源として共用 －

072
宮下 幸大 *Kodai Miyashita*
金沢工業大学
環境・建築学部　建築デザイン学科

小さな環境
――風景のリノベーションにおける用水と人の新たな関わり方

身近な環境に愛着を持つこと。それは日々の暮らしに豊かさをもたらすこと。何気ない日常に潜む小さな環境。私たちの近くに、私たちの知らない、小さな環境は存在する。その小さな環境に気づいた時、私たちは、世界の美しさに触れるだろう。

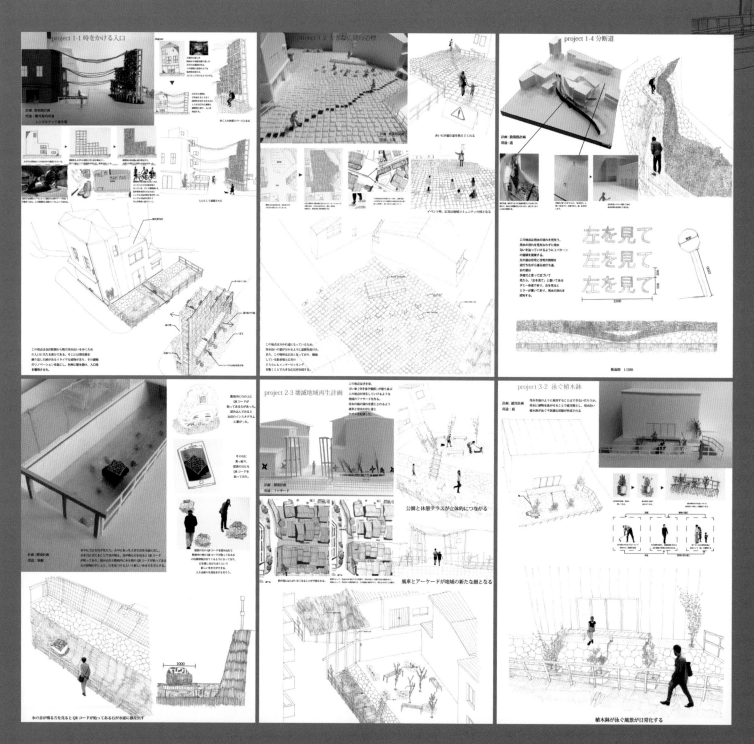

project 1-1 時をかける入口

project 1-2 大きな人、民の泥棒

project 1-4 分断道

左を見て
左を見て
左を見て

project 2-3 壊滅地域再生計画

公園と休憩テラスが立体的につながる

風車とアーケードが地域の新たな顔となる

project 3-2 泳ぐ植木鉢

植木鉢が泳ぐ風景が日常化する

審査講評

用水をめぐるさまざまな規模の設計

*1　アクター・ネットワーク：人間だけでなく、社会的、自然的世界のあらゆるもの（アクター）がネットワークの結節点となり、さまざまなネットワーク（つながりや作用）をつくり出すという理論。
*2　治具：加工したり組み立てる時、部品や工具の作業位置の指示や誘導に使う器具の総称。

金沢の網目状に張り巡らされた用水路沿いに複数の小さな環境装置を埋め込むことで、現代の街と用水路との新しい関係をつくろうとしている作品である。提案は、用水路の擁壁を改造して水面近くに基地を作る土木計画的な規模のものもあれば、カエルなどの生物のための小さな架構、石ころに加工を施してちりばめるものなど、大小さまざまであり、多様な敷地と用水路の関係が設計されている。また、提案のアクター・ネットワーク*1図の中には、提案者としての作者自身も描かれており、提案を「何とか実現させてやる！」という意気込みが伝わり、力強く感じた。時間がかかりそうなものもあるが、すぐにでもできそうなこともある。用水路が流れている街の鳥瞰図に、小さな環境装置を描き込んでいった地図が、とても魅力的だった。

匿名的でひっそりとした小さな改造で、街の風景や経験が瑞々しく豊かになるとするなら、「環境の治具*2」を作るような建築家がいてもおもしろい。それはきっと、今ある環境資源を読み解き、街の経験をより鮮やかな建築としてつくっていくような新しい建築家の姿である。

（冨永 美保）

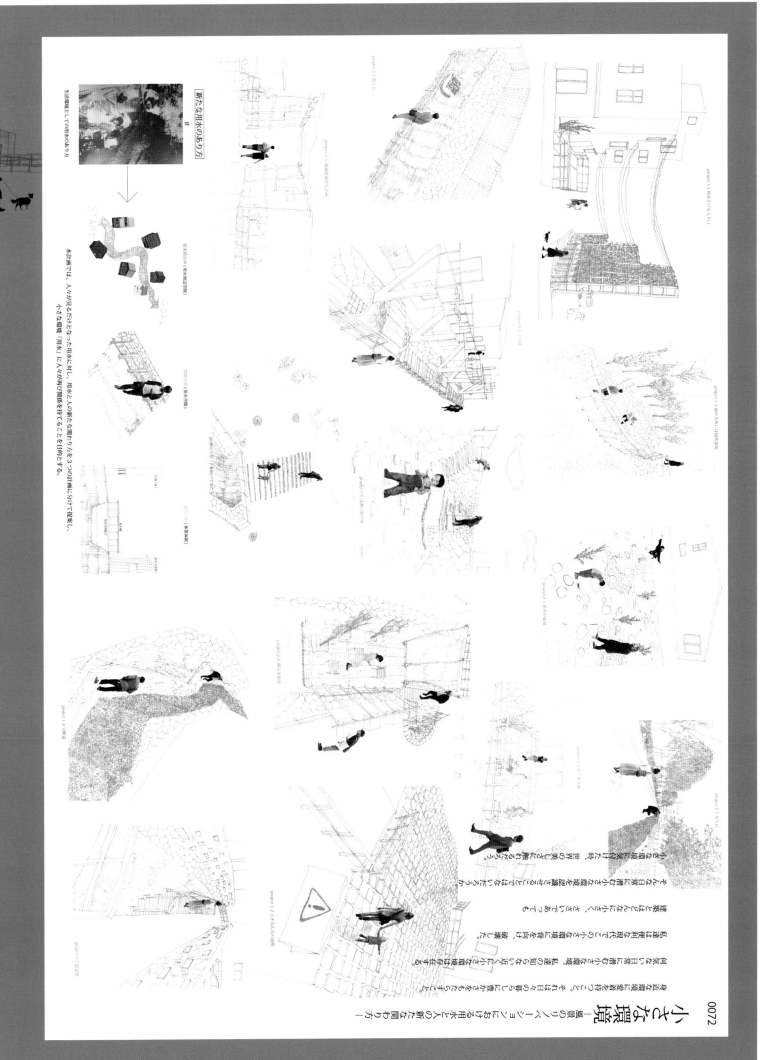

170
金沢 美怜 *Misato Kanazawa*
近畿大学
建築学部　建築学科

転置する都市生活
── 百尺ビル再編による北船場らしい職住一体のあり方の提案

古い街区構造が残る大阪市の北船場のオフィス街は、いろいろな時代のものが入り交じり、街路沿いには下町のような活気がある。職住一体の街へと変化しつつある北船場で街のポテンシャル（潜在力）を活かした市民に共通の余暇空間を提案する。

10　部分計画

10-1　人やモノの居場所を立体的に繋ぐ装置としての広場空間

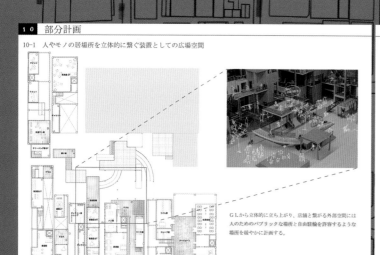

GLから立体的に立ち上がり、店舗と繋がる外部空間には人のためのパブリックな場所と自由駐輪を許容するような場所を緩やかに計画する。

2F plan　S=1:300

10-2　ビル同士を繋ぎつつも質の違うオフィス層の外部空間

作業スペースやコーヒースタンドなどの質の違う外部空間は外部動線によって接続し、行き来が簡単にできるように計画する。

3F plan　S=1:300

11　断面計画

隣のボリュームとボイドの高さをずらすことでプライバシーを確保する

GLから立体的に立ち上がる広場と外部空間がそれぞれのフロアと接続する

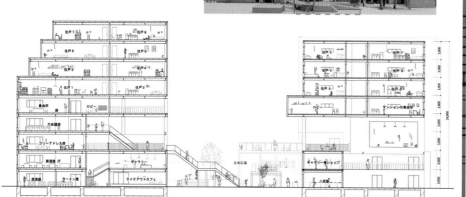

A-A' section　S=1:200

審査講評

都市や建築の「スキ」を豊かな空間へ

大阪、北船場のオフィス街にある「百尺ビル」の改修提案である。敷地をていねいに読み込み、中でも駐輪状況の調査から人とものの「ありふれたスキ」という都市特性を発見していることがおもしろかった。提案された「百尺ビル」の改修設計は、立体的なボイド（余白空間）が建築の内外に巡り、その間に人や物の居場所が多様に埋め込まれている。床が余る現代において、既存建物の豊かな間引き方を考えることにはリアリティを感じる。構造などの課題は残るが、一方で、連棟としたことにより縦動線を省略できるなど、豊かな余白を建築に埋め込むきっかけがつくれそうである。

人間の欲望やひらめき、だらしなさが、都市や建築の「スキ」を豊かな空間へと改変していき、それが素直に都市に還元されていく未来の風景は魅力的だと思う。建物ストックが過多となっている現代。床が余る時代において、いかに都市を豊かに改造していくかが問われている。金沢さんにはぜひ提案を実現してほしい。

（冨永 美保）

転置する都市生活 | 百尺ビル再編による北船場らしい職住一体のあり方の提案

大阪の北船場はオフィス街でありながらも、独特の下町感が漂っています。
私は時代を感じる建物やまちに溢れかえることを許容されたようなモノ、そのどれもが北船場の魅力であると感じます。
そこで自転車という小さなモノの観察を行い、このまちが持つ空間的なポテンシャルを捉えました。

この計画は北船場の下町のような雰囲気をつくる中小オフィスビルを再編し、人やモノの居場所を街区の内側にまで拡張させることで、
住宅や職場以外にも転々と居場所を変えながら能動的に都市生活が送れるような職住一体のまちのあり方を描くものです。

01　敷地｜北船場について

01-1　下町感の漂うオフィス街

01-2　増える都心居住と減るオフィス

01-3　古くからの街区構造が引き起こすまちの滞積

02　Reserch1：私物が道に溢れかえるオフィス街

02-1　街路の風景の一部となる自転車

02-2　自由駐輪を通して観察したまち

02-3　駐輪から想定される人の行為

03　Reserch2：常速駐輪の観察から発見したこのまちの「ありふれたスキ」

04　まちのビジョン

北船場の雰囲気を纏いながら
人の居場所を拡張させることで、

住宅や職場以外にも転々と居場所を変えながら
豊かで能動的な都市生活が送れるまちにします。

05　提案

05-1　百尺ビルの更新による職住一体ビルの提案

OFFICE → HOUSE / LOBBY / OFFICE / CAFE / BAR

現状　　提案後

05-2　人やモノの居場所の拡張

06　設計手法 －減築の連続によるボイド形成－

STEP1

STEP2

STEP3

STEP4

07　部分計画

07-1　人やモノの居場所を立体的に繋ぐ装置としての広場空間

GLから立体的に立ち上がり、店舗と繋がる外部空間には人のためのパブリックな場所と自由駐輪を養容するような場所を散りばめる計画する。

07-2　ビル同士を繋ぎつつも質の違うオフィス層の外部空間

作業スペースやコーヒースタンドなどの質の違う外部空間を外部動線によって接続し、行き来が簡単にできるように計画する。

07-3　プライベートでありながらも気持ちの良い住宅のロビー空間

□街路沿いの立面計画

375
和出 好華 *Konoka Wade*
稲坂 まりな *Marina Inasaka*
内田 鞠乃 *Marino Uchida*

早稲田大学
創造理工学部　建築学科

11選　金田充弘賞

嗅い
——記憶の紡ぎ方を再起させる特別な感覚

嗅覚は、将来、人間の本能的な記憶の紡ぎ方を再起させる特別な感覚になり得ると考える。その土地特有のニオイと気候条件を生かし、建築内に淀みを設計することで大地と対話できる「嗅いの建築」を計画する。

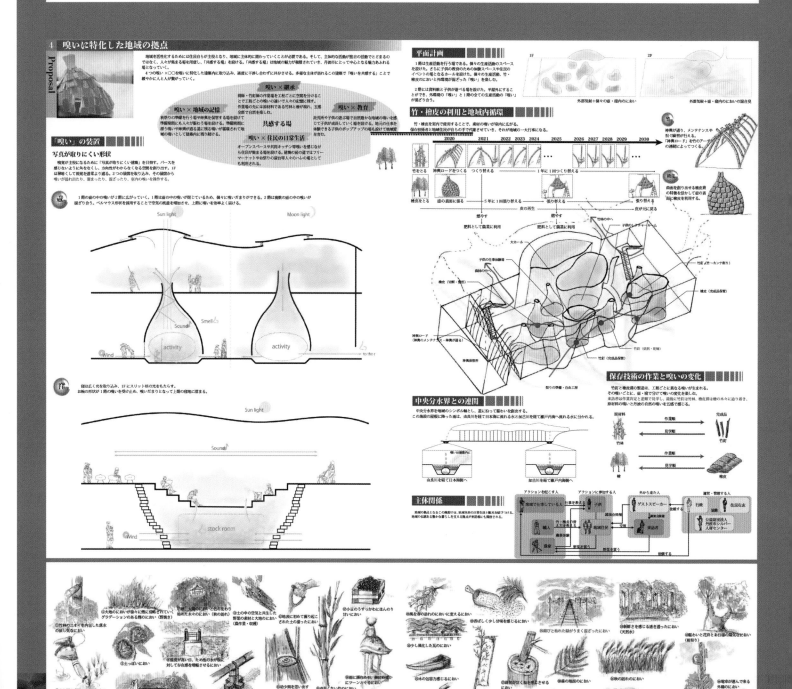

審査講評

香による
地域拠点の創造

日本海側と太平洋側の両方の気候が重なる中央分水界地域に、多様な香を漂わせる地域拠点をつくる試みである。街の中に点在するニオイをサンプリングし、強い記憶をつくるきっかけとして建築に埋め込む。特におもしろかったのは断面計画である。スラブ（水平方向の板材）を横断するように壺状の煙突を挿入し、1階と2階での経験が全く違うものになっている。街を歩いていると漂ってくる隣家の作るカレーのニオイのような、実測の距離によらない距離感が香によって立体的に構築されている。地域拠点の施設計画感がなく、自由な広がりやまとまりが即興的にできる、ぼんやりと空気が移動する広場のような建築である。

こういう建築だからこそ、香によってどんな新しい風景が生まれるのかについての提案がもう少しほしかった。生活文化の質感と建築の間に、どんな関係があるのか。背景には、どんなことがあるのか。それらの間に、切っても切れない密接な結び付きを感じたい。

（冨永 美保）

嗅い（におい）

　嗅覚は、視覚や聴覚とは異なり交換不可能な情報であり、将来的に「人間の本能的な記憶の紡ぎ方を再起させる特別な感覚」になりうると考える。土地特有のにおいと気候条件を生かし、建築内に淀みや通風といった様々な空気環境設計、感覚情報操作を行うことで大地と対話できる「嗅いの建築」を兵庫県丹波市氷上町に計画する。1階では竹釘および檜皮の生産活動ラインを交差させその間を縫うように、共有空間が広がる。各々の生産活動で発生するにおいは上階へ上ると丹波の豊かな気候条件と絡み合い場の嗅いを作り出す。そして、それらの嗅いは再現不可能な一度きりの嗅いとして資料館を包み込む。唯一、空気を大きな空間として内包可能な建築を「嗅い」で解くことで建築の新たなストーリーがここに始まる。

404
田口 正法 *Masanori Taguchi*
熊本大学
工学部 建築学科

母は柔しく、父は剛く。そして子は錺
——諫早湾干拓堤防道路ミュージアム＆ラボ

7kmの堤防によって海が分断された。恵みの海の上に引かれた線は暴力的なスケール（規模）をもって、自然や生業と人々との分断を生み出した。大らかで柔しい母なる自然と剛い父なる土木構築物。その2つをつなぐ子は錺。

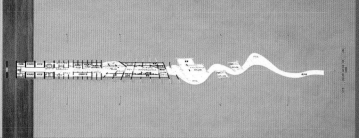

審査講評

土木構築物との魅力ある接点

長崎県の諫早湾干拓防波堤によって分断された干拓地と海をつなぐ防波堤の中腹に建てられた長さ700mのミュージアムとラボの施設。巨大なインフラ系建築に果敢に挑んでいる点と、巨大でありながら、周囲の自然環境と馴染んでいる点が評価された。

自動車が走っていく道の先に、後ろの山々と呼応する形で静かに横たわる建築が見えてくるメイン・パース（透視図）はとても魅力がある。施設内の内容は、中央が干拓地側、海側のそれぞれのゾーンの展示空間で室内になっているけれど、先端に行くにつれグラデーショナル（段階的）に外部化され、それぞれの場所を体験できるなど、よく考えられている。ヒューマンスケールを超えた土木計画的な場所に、建築によって人が近づいていけるきっかけをつくり出している。疑問が残る点は、施設内を進むにしたがって見えてくる林立した壁の存在感。土木構築物である堤防に対して、もっと軽やかさの際立った構造でも良かったのではないかと思った。　　　　　　（永山 祐子）

母は柔しく、父は剛く。そして子は鎹。

― 諫早湾干拓堤防道路ミュージアム＆ラボ ―

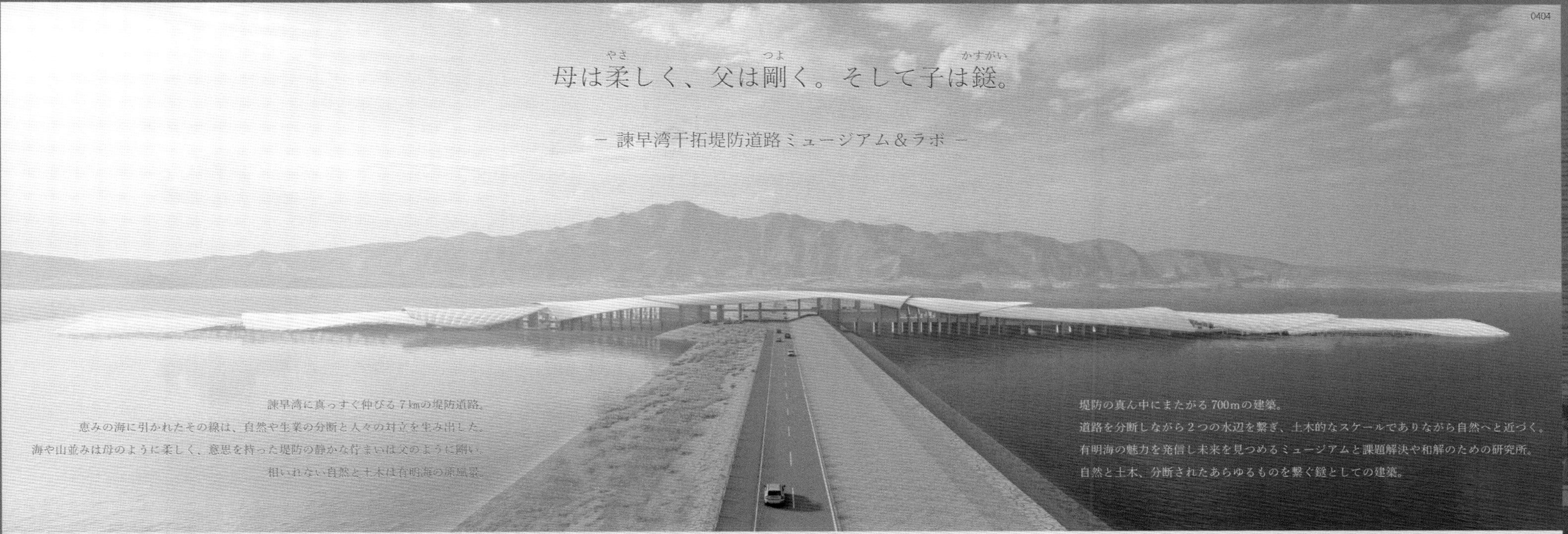

諫早湾に真っすぐ伸びる 7 kmの堤防道路。
恵みの海に引かれたその線は、自然や生業の分断と人々の対立を生み出した。
海や山並みは母のように柔しく、意思を持った堤防の静かな佇まいは父のように剛い。
相いれない自然と土木は有明海の原風景。

堤防の真ん中にまたがる 700mの建築。
道路を分断しながら２つの水辺を繋ぎ、土木的なスケールでありながら自然へと近づく。
有明海の魅力を発信し未来を見つめるミュージアムと課題解決や和解のための研究所。
自然と土木、分断されたあらゆるものを繋ぐ鎹としての建築。

■ 7km の分断線 ― 諫早湾干拓堤防道路 ―

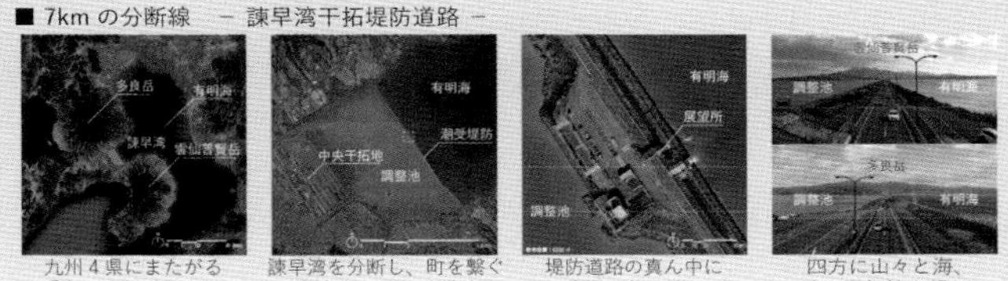

九州４県にまたがる「恵みの海」有明海
諫早湾を分断し、町を繋ぐ直線 7km の堤防道路
堤防道路の真ん中に位置する展望所
四方に山々と海、池と干拓地を望む

■ 分断と対立 ― 国営諫早湾干拓事業 ―

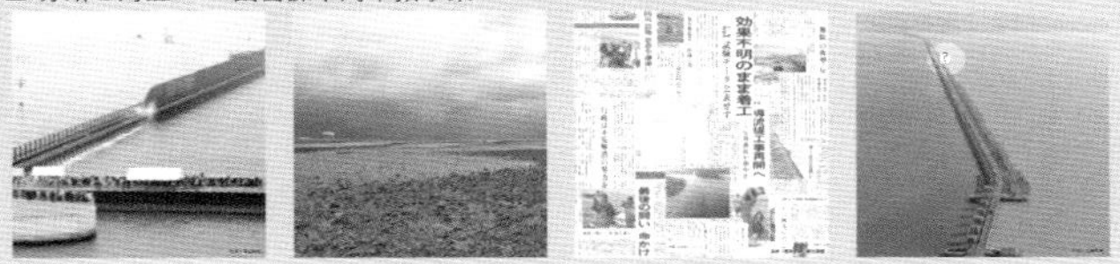

1997 年、分断された海
消えた自然と生業
生み出された対立
建築には何ができるのか

■ 母なるものと父なるもの ― 自然と土木を繋ぐ鎹としての建築 ―

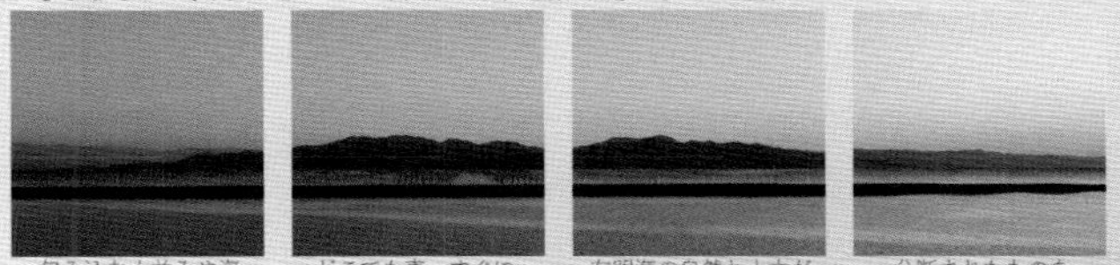

包み込む山並みや海　自然は柔しい母
どこでも真っすぐに、剛さを求められる土木は父
有明海の自然と土木が一体となった原風景
分断されたものを再び繋ぐ建築は鎹となる

□ Design Process

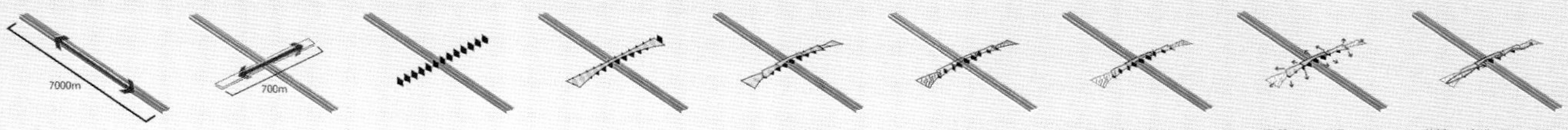

直線 7 kmの堤防道路　土木スケール
建築が道路を分断する　２つの水辺を繋げる
壁を建てる　分断を意識させる
緩やかな屋根をかける　風景になじませる
屋根を分節する　山並みに呼応する
壁を分解する　スケール感を変化させる
屋根を分解する　水辺に溶ける
風景を切り取る　新たな眺望を得る
動線に変化をつける　水辺に近づく

□ Place Making

□ Structure
構造と屋根形状は道路と建築の軸線の交点に対し点対象の構成となっている。シェル屋根の RC 造 → 鋼屋根の SRC 造 → トラス屋根の S 造へと屋根ごとに構造が変化し、壁から柱へと空間の性質やスケール感も変化していく。

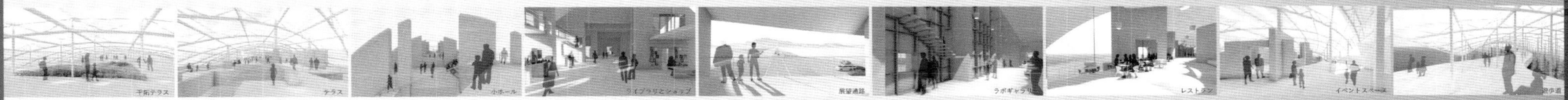

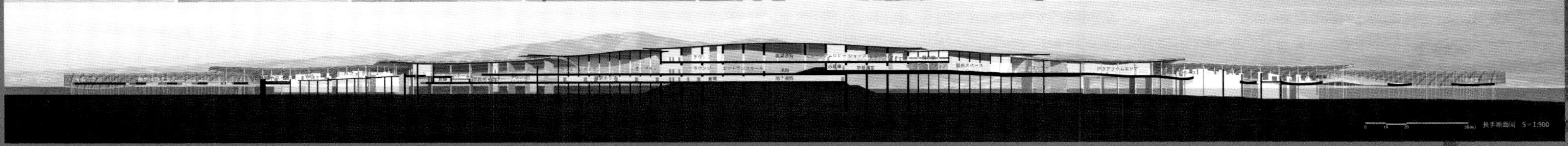

450
八木 耀聖 *Akimasa Yagi*
千葉大学
工学部　建築学科

11選

風景へのシークエンス

本設計は、ある目的に至るまでのシークエンス（連続性）を設計したものである。その空間シークエンスを設計するための手法の提案とともに、それを用いてできたシークエンスの1例を示すことを目的とする。

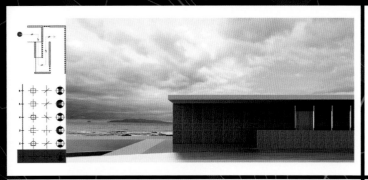

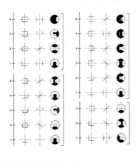

5-3. 展望（序）

切り取られた風景を見るとき、それはその時々で変わる一枚の絵画を見ることと同様の感覚である。

それを見るための展望台とは、ある種の展示施設と言える。

よって展示空間へのシークエンスと同様に、受動的から能動的な気持ちへと転換する操作が適切である。

展示空間へのシークエンスから類似項目の抽出

cf. バルセロナパビリオン, 加賀片山津温泉総湯アプローチ,
　　山口蓬春邸画室までのアプローチ, 豊田市美術館アプローチ

抽出した構成からプランの作成

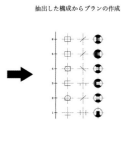

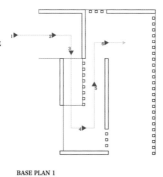

BASE PLAN 1

01. PREFACE
02. METHOD
03. SITE
04. PLAN
05. SEQUENCE BOUNDARY

審査講評

記譜法の新たな可能性

「空間を構成する要素」「空間観察者の視界」「観察者の視点位置での断面と空間のつながり」を記号化し、この3種類の記号を組み合わせた単位空間を順に並べることで、建築の空間シークエンス（場面の連続性）を表す（＝設計する）という作品。スパやレストランを備えた展望施設。建築自体というより、建築空間を表示する記譜法[*1]のツールと

して、この手法そのものが興味深かった。この手法を独立させて考えれば、新しいサイン計画の可能性も見出せるだろう。建築を従来の平面／立面／断面計画の考え方で設計するのではなく、記譜法という手法に挑んだところを評価したい。
提案では、単純な直交空間にこの手法を使っているが、複雑な形状の空間や

都市の記述に応用したらどうなるのかを見てみたかった。また、絶景の敷地を選定しているが、どんな建築を建てても良く見える敷地では、説得力が乏しくなるかもしれない。問題を孕んだ敷地や、複雑な都市文脈への挑戦も楽しいだろう。
（野老 朝雄）

編註
*1　記譜法：特殊な文字や符号などによる表記法。

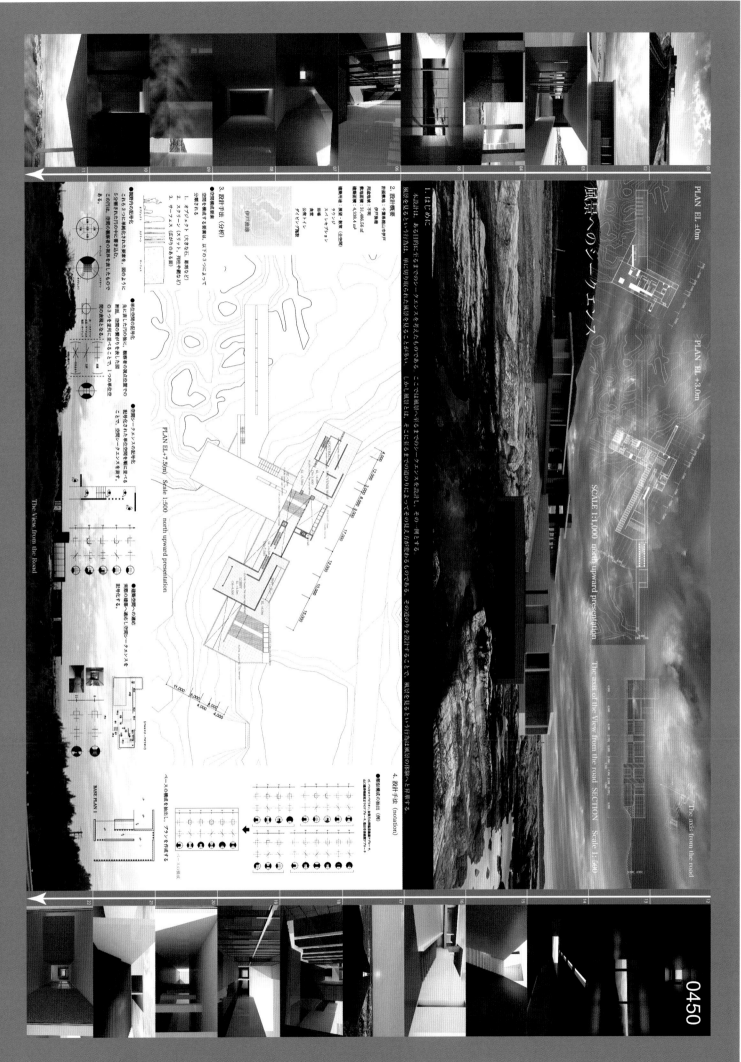

風景へのシークエンス

PLAN EL.±0m

PLAN EL.+3.0m

SCALE 1:1,000 north upward presentation

The axis of the view from the road SECTION Scale 1:500

The axis from the road

PLAN EL.+7.5(m) Scale 1:500 north upward presentation

The view from the road

1. はじめに

本設計は、ある目的に至るまでのシークエンスをえたものである。ここでは風景に至るまでのシークエンスを出しし、その一例とする。風景を見るという行為は、単に眼に映された風景を見ることではない。しかし風景とは、そこに至るまでの道のりに与えられてのものであり、その道のりを設計することで、風景を見るという行為は風景の体験と昇華する

2. 設計概要

所在地：千葉県館山市伊戸
用途地域：不明
敷地面積：31,486.56㎡
建築面積：4,338.4㎡

建築用途：展望・散策（全天候）
ラウンジ
スパ・レセプション
厨房
公衆トイレ
ダイビング施設

3. 設計手法（分析）
●空間構成要素
空間を構成する要素は、以下の3つによって分節される
1. オブジェクト（大きな石、彫刻など）
2. スクリーン（スリット、列柱や壁など）
3. サーフェス（広がりのある面）

●単位空間の記号化
先に示した3つの要素は、風景の体験者の現在位置での無限、空間の広がりを示した図として、空間シークエンスを記号化する。

●風景内の記号化
これらを3つに構成された要素を、図のように5つの層ごとに円の中に書き込む。その円は、空間の構成要素の現在を示したもので、周りの環境との関係となる。

4. 設計手法（notation）

●展開視点場の抽出（例）

●連続空間への還元
実際の建築が一連した空間に落とし込む。記号化する。

ベースの構成を抽出し、プランを作成する

BASE PLAN I

The View from the Road

028
渡邉 憲成 *Kensei Watanabe*
北海学園大学
工学部 建築学科

不図（ふと）
——図面に載らない線を引く

樋の中から雨の音が聞こえ、どこか落ち着く。塀の上を猫が歩いていて楽しい気持ちになる。普段、図面に記されるわけではないが、生活の中で偶然発見される多義性を持った事柄「不図」を意識的に建築に取り込み設計する。

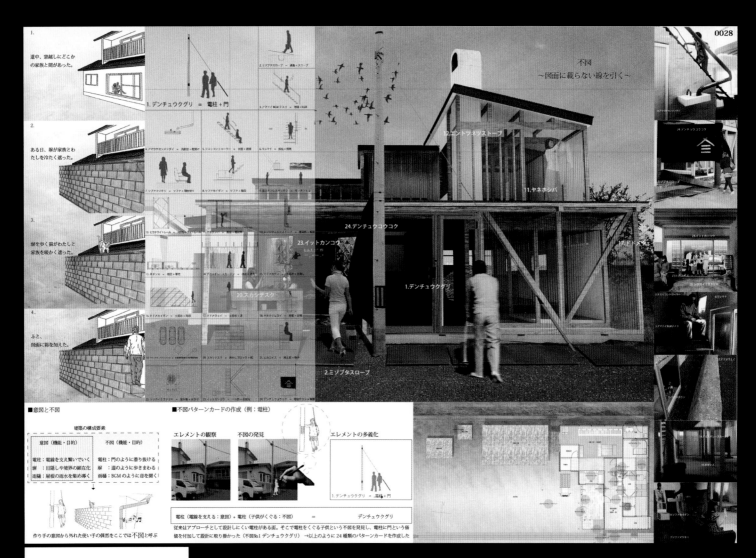

0028

1.
道中、窓越しにどこかの家族と間があった。

2.
ある日、塀が家族とわたしを冷たく遮った。

3.
塀を歩く猫がわたしと家族を暖かく遮った。

4.
ふと、図面に猫を加えた。

不図
～図面に載らない線を引く～

■意図と不図

■不図パターンカードの作成（例：電柱）

エレメントの観察　不図の発見　エレメントの多義化

電柱（電線を支える：意図）＋電柱（子供がくぐる：不図）　＝　デンチュウクグリ
従来はアプローチとして設計しにくい電柱がある面。そこで電柱をくぐる子供という不図を発見し、電柱に門という価値を付加して設計に取り掛かった（不図No.1 デンチュウクグリ）→以上のように24種類のパターンカードを作成した

～図面に載らない線を引く～

フト　気が付くと

拡張された

イト　になる。

審査講評

詩的な表現、独自の視点

メガスケール（巨大規模）の題材に取り組む卒業設計が多い中で、祖父の住宅兼豆腐工場の改修という、自身の手の届く範囲にある身近な課題に取り組んだ作品。縮尺1:1の視点が欠如しがちな近年の卒業設計作品の中で、こういう視点は重要だという思いもあって選出した。日常の延長を思わせる、私小説のような手法が魅力的だった。

「塀の上を歩く猫がわたしと家族をあたたかく遮った」などの言葉、猫を描き込んだ図面など、通常の建築図面表現で無視される要素を拾い上げた、詩的で、作者の視点を明確に示した表現が良い。ただし、全体像が掴みにくいため、独りよがりなポエジー（詩学）と誤解されるかもしれない。
もし可能ならば、ぜひ実行してほしい。

手を動かし、素材と対話し、構造と格闘する過程を通して、必ず新しい発見がある。そして、施工者の目と建築家の目を同時に持てるいい機会になるだろう。一見ナイーブ（純真）に見えるが、その実、ポテンシャル（潜在力）のある作品だと評価した。　　（野老 朝雄）

063
原田 秀太郎 *Shutaro Harada*
名古屋市立大学
芸術工学部　建築都市デザイン学科

見えない壁をこえて
ハンセン病を辿る資料館

差別と偏見のあったハンセン病。患者の減少に伴い薄れつつある記憶。この痛みを
建築で残し、伝えていくことはできるのか。差別と偏見の「壁」を越えた先に見える
ものとは。

ID:0063

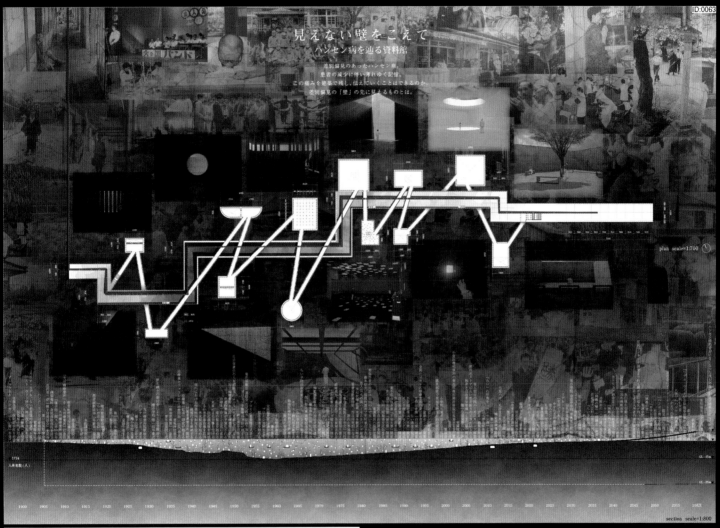

審査講評

出来事を伝える建築

ハンセン病患者の入居施設の隔離壁を修復し、資料館をつくる提案である。そもそも、ハンセン病患者の資料館をつくることは、ハンセン病という病の歴史にとって本質的な解答なのかという問いがある。時代が生んだ悲劇はそのまま展示されてしまうと、そこで起こったすべての出来事が悲劇に象徴されてしまう。それこそが悲劇である。それよりも、それぞれの人生の時間や出来事を、悲劇に忖度することなく建築の空間体験としてどう伝えられるのかを考えたほうが豊かなのではないかと思う。

そういう意味で、この提案はシンプルにランドスケープ（地形）をつくっており、一般論的な情報に媚びることなく潔いと感じた。1枚の壁に纏わるランドスケープをつくることで、光の強弱や移動が素直に生まれ、風や鳥が種を運んで新しい植物が群落をつくるなど、さまざまな時間のサイクルによっ

て空間のムラが育まれ、従来の博物館にはない、時間の経験をつくり出す場となっている。

GL（地盤面）−15mの世界が、どれくらい深くて怖いものなのか。日が沈み、雨が降ってくると、そこはどういう空間体験の場となるのか。ここで提案されている人工と自然の掛け合わせは、おそらく提案されている以上に、多様で美しく、恐ろしいものである。

（冨永 美保）

149
土田 昂滉 *Takahiro Tsuchida*
佐賀大学
理工学部　都市工学科

Re. Perception Base
——出会いの群生建築

現代建築の空間を構成する単位であるボックスをチューブへと拡張し、自由に伸縮、錯綜させることで、空間同士が出合い、こちらが意図しないようなアクティビティ（活動）や空間性を形成する自然物のような建築を試みる。

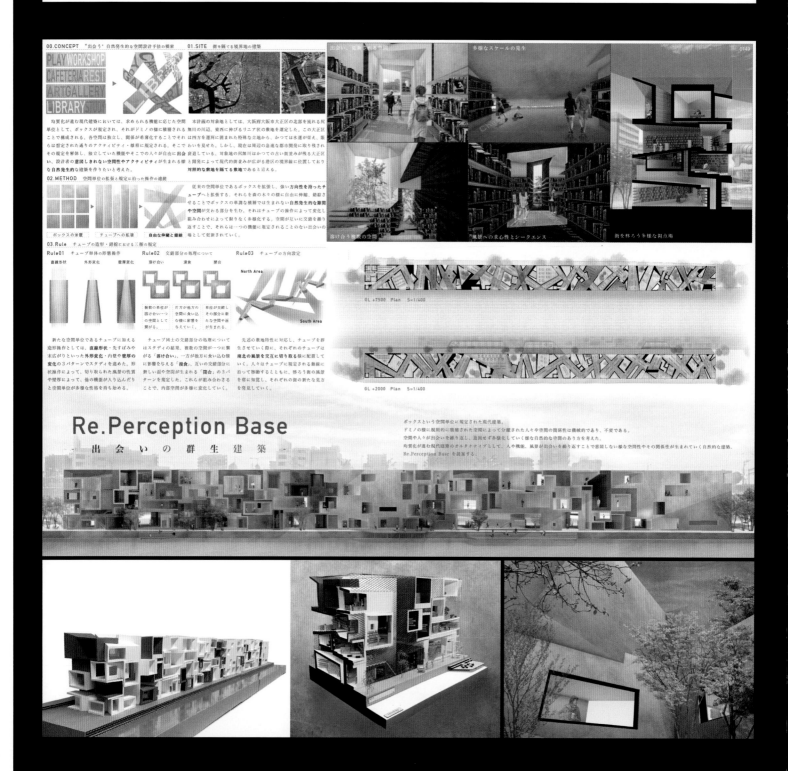

Re. Perception Base
——出会いの群生建築——

審査講評

ルールとアクティビティがつくる多様な風景

大阪市、尻無川の川沿いに建つ図書館である。川によって分断されている古い街並みと開発によって現代的に変化していく街、性格の違う両方の地域を結ぶように、メガホン型のチューブが積み重なり交じり合っていく構成。チューブの開く方向、交じり合い方などを変化させながら、チューブを重ね

ていくというルールによって多用な空間が生成されている。訪れた人は、そこで思い思いの空間を見つけていく。アクティビティ（活動）によって、さらに多様な風景が生まれている。ややルールが強過ぎるようにも感じるが、でき上がった空間はていねいに設計されており、魅力ある場所が生まれている。

空間のスケール（規模、寸法体系）が単調な点と、チューブの外側にも多様な外部空間が生まれているけれど、メッシュ状の壁によって外部と遮断され、やや閉鎖的なところに疑問が残った。スケールのメリハリと、外部空間のさらに魅力的な使い方の提案があるとなお良い。

（永山 祐子）

151
岩崎 正人 *Masato Iwasaki*
日本大学
理工学部 建築学科

SQUATTERS
──集合知的建築設計の提案

能動的に建築へ介入していく。建築と大衆を結び付けるキーワードとして、スクオッティング。つまりは不法占拠を建築家がいかに合法的にコントロールしていくか。無数の手垢が付いた建築設計手法の提案。

ID:0151

PROCESS –CHANGE of CREATOR–

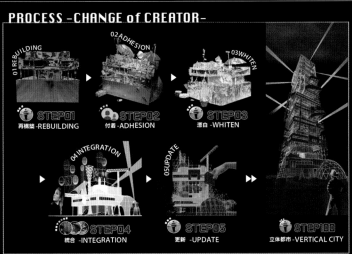

STEP04 PERSPECTIVE DRAWING

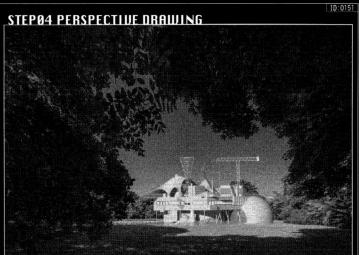

COMPARISON BETWEEN STEP03 AND STEP04

STEP05 PERSPECTIVE DRAWING

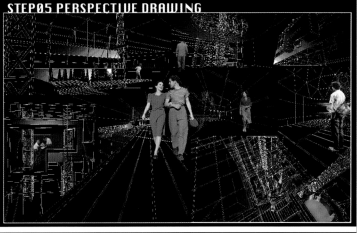

TRANSITION FROM STEP04 TO STEP05

集 合 知 的 建 築 設 計 の 提 案
COLLECTIVE INTELLIGENCE ARCHITECTUAL DESIGN

SQUATTERS

一般市民を巻き込んだ建築設計手法の提案。建築界と一般社会を結びつけるキーワードとして『スクオッティング』。つまりは、不法占拠をいかに合法的にコントロールしながら市民による主体的なものづくりを助長し、市民の「現代建築への疑問」を解いていく必要がある。サヴォア邸をケーススタディとした増改築を行う。

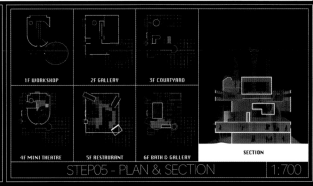

STEP05 - PLAN & SECTION   1:700

名建築を不法占拠により再定義

審査を担当した作品の中で最も型破りな作品で、どうも気になり20選に選出することとなった。スクオッティングというと、ある場所を使い手が不法占拠するイメージであるが、ここでは現代的な建築生成のプロセスとしてスクオッティングの手法を実験的に使い、使い手、作り手、設計者が同時に建築に介在していく様子とその軌跡を示している。

題材にはモダニズム建築の代表作品としてサヴォワ邸(ル・コルビュジエ設計)を選択している。かなりストイックに記号的に扱っている様に、驚きと新鮮さを感じる。実際にギャラリー展示を通して鑑賞者が介在していく「付着」、そこから意味を剥奪するための「漂白」、そして後輩たちの手で「統合」

を行ない建築化していくプロセスが示される。最後は超高層にまで発展、と作者独自のテンション(緊張感と気分)で進めたパフォーマンス的作品だ。ただし、この実験そのものが最終的にリアルな手法としてどのような未来をつくり出すのか、が不明。その辺りをもっと知りたかった。   (永山 祐子)

174
中村 美月 *Mitsuki Nakamura*
日本大学
理工学部　海洋建築工学科

東京暗渠再生

東京に数多く存在するかつて「川だった場所」である暗渠（あんきょ）上に、雨水を運び空気を浄化する環境装置を張り巡らせる。都市発展の負の面を背負わされてきた暗渠は、今、都市を再生し記憶を再生する場として、脈を打ち始める。

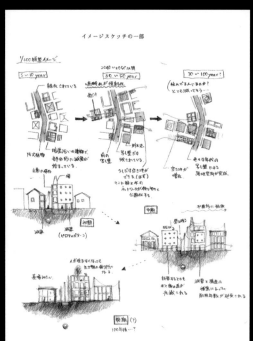

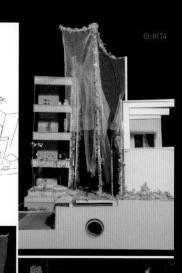

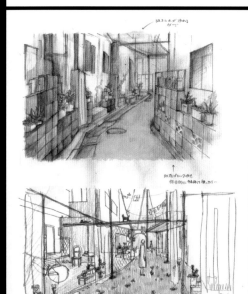

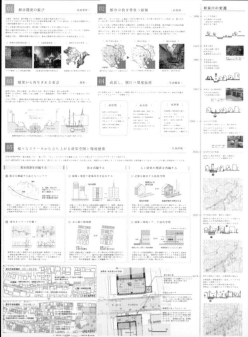

審査講評

都市のすき間への愛

暗渠の上に、時間とともに拡幅して都市を徐々に回復していく、空気洗浄フィルタカーテンを使った「環境装置建築」を設計。暗渠という、都市の中の魅力的なコンテクスト（状況）に堂々と立ち向かった作品として評価した。また、普段無視されがちな「都市のすき間」への愛情深い視点が伝わってきた。

でき上がった建築については、もう少し、テクノロジーと正面から向き合って設計を詰めてほしかった。建築完成後、フィルタカーテンは何年もつのか、など、技術的な疑問は多い。やる気は伝わるものの現実味が薄いし、美しいとは思えない。

「環境装置」を名乗るのであれば、植物による環境浄化技術など関連する科学的根拠をもっと調べてほしい。良い意味での偏執（しつこさ）的な図面表現と問題にまじめに取り組む姿勢は評価できるので、構造計画をはじめ、科学的な裏付けがあれば、提案にもっと説得力が出るだろう。

また、過去と現在をつなぎ、未来へ委ねるだけの提案に留まっている（問題の掘り起こし段階で終わっている）ので、未来に向けて、もっと根拠のある積極的な提案をしてほしい。一方、布状の素材を使うのであれば、もっと素材の特徴を生かして、美しさを追求してほしい。布状の素材には、幅広い可能性がある。　　　　（野老 朝雄）

20選 永山祐子賞

195
服部 秀生 *Shu Hattori*
愛知工業大学
工学部 建築学科

Omote-ura・表裏一体都市
──都市分散型宿泊施設を介したウラから始まる「私たちの」再開発計画

都市は表と裏を持ち合わせており、その二面性が都市に多様性を与えると同時に、流動的な都市の雑多性や多様性を受容してきた。都市開発により全面オモテ化していく中で、都市ウラから表裏一体の都市風景を描いていく。

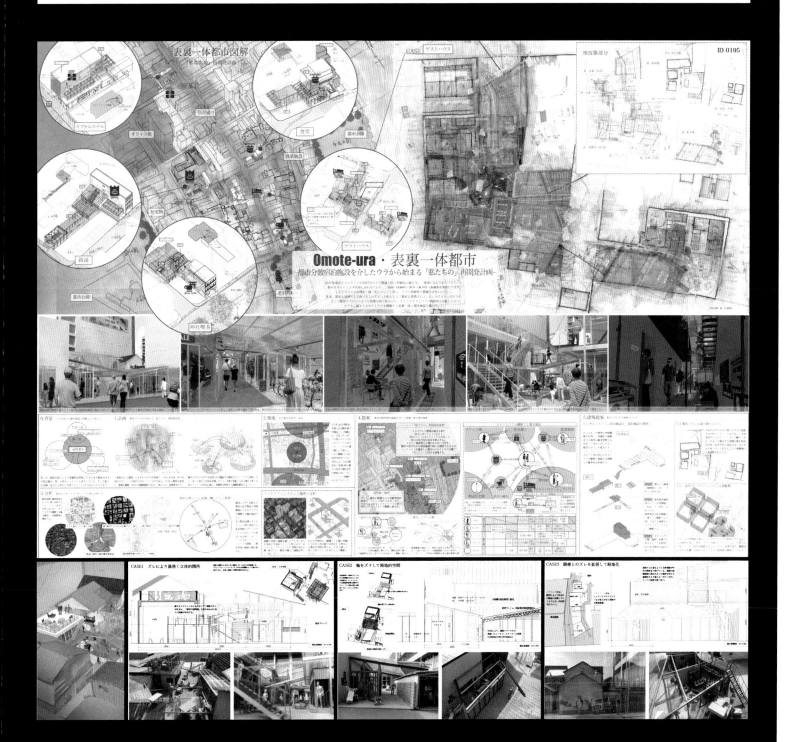

名古屋市栄区の住吉町に分散型の宿泊施設を作り、都市の裏と表をつないでいく提案。すでにさまざまな実例がある中、プログラム自体は目新しい提案ではないけれど、全体的に緻密に練り上げられたていねいな作品であった。ていねいな場所のリサーチに始まり、コンテンツを適切な場所に嵌め込んでいく作業も緻密で、最終的な空間設計においても、微妙な都市の軸線のズレを身体的な体験として落とし込んでおり、設計のうまさを感じた。今回の審査の中でも、ポートフォリオの内容に特に見応えがあり、模型ではなくポートフォリオに重点が置かれた今年の審査ではとても有利であったかもしれない。模型のダイナミックさを抜きにしても、ポートフォリオから読み取れるストーリーに説得力があり、都市の中に緻密に嵌め込まれた空間に魅力を感じ、永山賞に推した。欲を言うと既設の実例をもっとダイナミックに超えた部分があると、より良かったように思う。

(永山 祐子)

233
村上 卓也 *Takuya Murakami*
小濵 まほろ *Mahoro Kohama*
吉川 伊織 *Iori Kikkawa*

早稲田大学
創造理工学部　建築学科

アメヤ横丁解放区
——人のインフラがつくる風景

JR山手線の環は、一定層の人のみを対象とした均質な都市開発を助長している。一方、かつて高架裏には、あらゆる人々が交流する場が広がっていた。そこで、裏側の風景を1つの建築として立ち上げ、表側の東京に提示する。

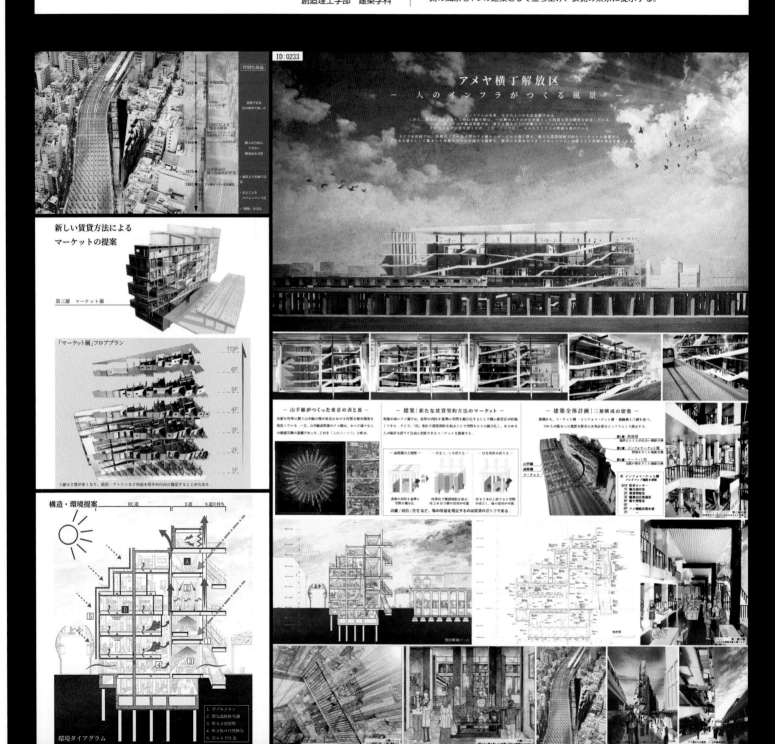

審査講評

柱単位の小さな商空間

アメヤ横丁（アメ横）という近くに既存の複数の鉄道が通っている複雑な敷地への意欲的な商業建築の提案。すごく頑張ったことが伝わるし、3人の総合力ならではの良さが出ていて清々しい。まず、柱単位で場所を貸す「小さな商い」という新たな賃貸契約のマーケットの提案がいい。そして、東京の上野という敷地の歴史を踏まえ、過去の文脈として市場的なカオス（混沌）を持ち込んだ建築空間にも好感が持てる。何より「柱を1〜2本借りる」という発想にはワクワクするし、新たな店の形態や空間を想像するのが楽しい。また、鉄道を介した「見る」「見られる」の関係や、既存の商店街との関係も魅力的だ。

ただし、俯瞰的な提案に留まっているため、新しい風景が具体的に目に浮かばないのが残念。インテリア・デザイン的な発想をもって、実際に物を売る人の立場や、商売の厳しさにまで突っ込むことが必要だろう。せっかくユニークな発想なのだから、柱を貸す方法によって、はじめて生まれる小空間の魅力をもっと伝えられると良かった。

（野老 朝雄）

291
大久保 尚人 *Naoto Okubo*
芝浦工業大学
工学部 建築学科
20選

葡萄畑のある暮らし
──耕作を媒介とした新たな公共の提案

人口減少の影響により地方の公共の骨格が崩壊し始めた。これからの地方において本当に必要な公共とは何か。既存の公共施設を、耕作を媒介とした新たな公共へ転換することで、人々の営みに寄り添う建築を提案する。

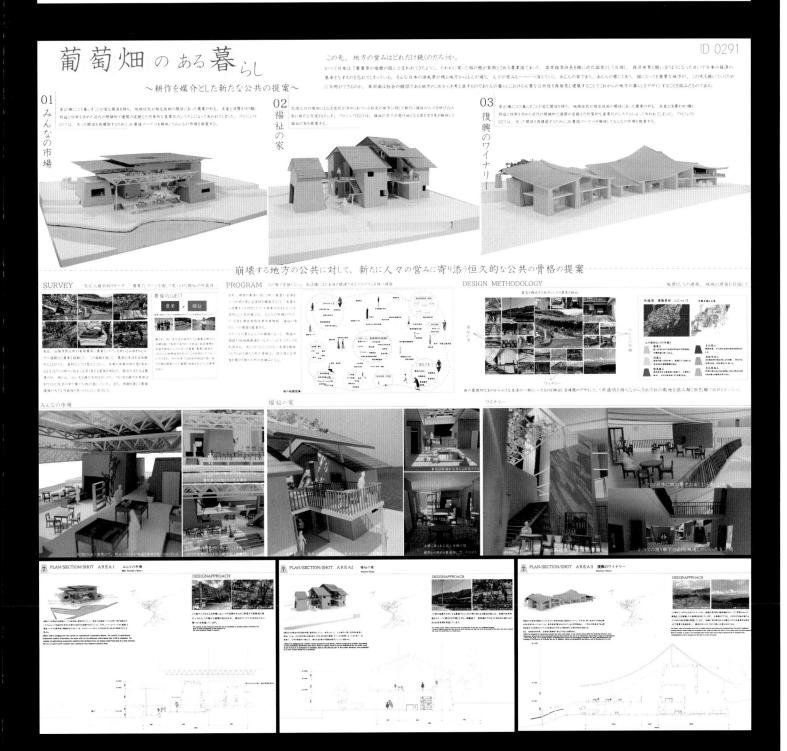

審査講評

葡萄畑と連続するやわらかい風景

山梨県の甲府盆地にある中間集落を舞台に、生活、生業、公共の場としての建築を提案したものである。農業インターンシップ実習中の集落での生活の中で参与観察調査（定性的な社会調査）を行ない、建築への手がかりを探るプロセスが興味深い。提案された建築は、屋根を細やかに分節してリズミカルな中間領域を生み、立体的なサロンに空気が流れていくような構成で、葡萄畑と連続する大らかで、やわらかい空気感を生んでいる。

一方、葡萄畑という水平に広がる大きな産業風景と建築の存在が切り離せそうなところに疑問を感じている。生活と生業、葡萄畑と建築、ランドスケープ（地形）が、各々どこからどこまでかわからないくらいに、曖昧に交ざり合っているような提案になっていると、正にその環境と暮らしている豊かな伸びやかさが獲得できたのでないか。（冨永 美保）

351
岡崎 あかね *Akane Okazaki*
大阪大学
工学部　地球総合工学科

個と孤が連なって

従来の都市にある単身者用の集合住宅の形態は、人々の孤独感のみを助長しているように思う。住まい手の「孤独でいたい」と「人と交流したい」という相反する気持ちを両立させることができる、新たな形態を提案する。

個と孤が連なって

今の都市における単身者集合住宅は同形態の部屋が並ぶことで
没個性の慣習を助長し孤独感を増進させてしまっている。
しかし私たちは他者とかかわっていくうえで, 自分の個性を認めてくれる場や
存在を見つけなければならない。

01. 自分の感性を肯定する

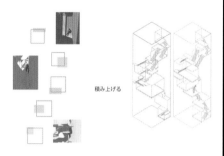

積み上げる

同じ階層でも差異がある環境の中から
自分がしたい行為に合わせて
それぞれの空間を選び取ることは、
自分の感性を活かすこと。

垂直に伸びる一本の住まいは
他者が干渉する領域と個人空間の境界を
自分に合わせて設定できて、
自分の空間を肯定できる。

誰しもが抱えるその葛藤を受け入れ、その先を提示する住まい　つまり

**「個人の個性を肯定したうえで
互いにとってちょうどよい距離感で関わり合える」**

そんな新たな単身者集合住宅を提案する。

02. ちょうどよい距離で他者とかかわる

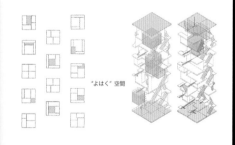

"よはく" 空間

4人が一棟に住む
四重らせんの住まいをつくったとき
ところどころの階に、余ってしまった
誰のものでもない部屋　が発生する。

どう使われるかをあえて定義しない
この "よはく" の空間は
住民によって大きさも場所も変化し
互いの "ちょうどよい距離" の交流の場となる。

孤独を肯定してうかびあがる　　　　他者とのかかわりあいの場

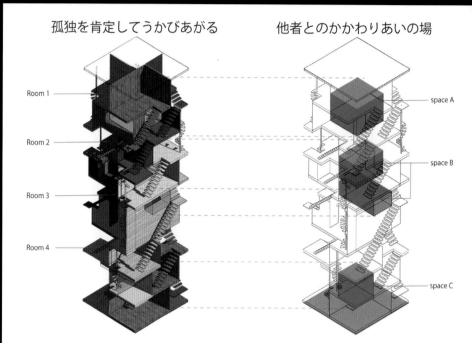

Room 1
Room 2
Room 3
Room 4

space A
space B
space C

Room 1　Room 2　Room 3　Room 4

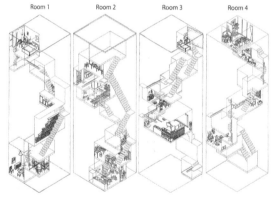

space B　space A
space C

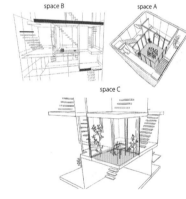

設計のプロセス

01. 自分の感性を肯定する

自分がしたい行為に合わせて
空間を選び取ることは
自分の感性を活かすこと。
それらの部屋を縦に積む。

02. ちょうどよい距離で他者とかかわる

4人が一棟に住む
四重らせんの様をつくり、
いくつかの階に、余った
部屋が発生する。

どう使われるか定義しない
この "よはく" 空間は
互いの "ちょうどよい距離" での
交流の場となる。

今の都市における単身者集合住宅は同形態の部屋が並ぶことで
没個性の慣習を助長し 孤独感を増進させてしまっている。
しかし私たちは他者と関わっていく前に、
自分の個性を認めてくれる場や
存在を見つけなければならない。

**「個人の個性を肯定したうえで
互いにとってちょうどよい距離感で関わり合える」**

それが叶う 新たな単身者集合住宅を提案する。

技術発展と
連動しそうなパズル

パズルの楽しさが魅力の作品。ピアニストや料理人など、どちらかと言えば少数派を居住対象とした集合住宅である。現実性を考えずに、外形を決め、次に内側を分割して空間や形を作っていく作業は、さぞかし楽しかったことだろう。作者の着目した「人がどうやって孤独になれる場所を確保するか」は、都市における今日的な問題でもある。具体的に1人1人の居住空間を設計していて、編集がうまい。提案内容はよくまとまっているし、図面も魅力的で、リアリティをすっ飛ばせる力がある。僕には理知的なゲームとして伝わってきたし、作者の建築への態度（欲望）が明確なところを評価したい。

今後、アルゴリズムの発達に伴いこのようなアプローチが、AI（Artificial Intelligence＝人工知能）との連携で設計できる時代が来る。そのような将来の技術発展との親和性を備えているところにも、可能性を感じた。どんな内部空間の連なりになるのか、模型を見てみたかった。
（野老 朝雄）

ファイナル(公開審査)　審査過程3

01_11選の選出と各審査員賞の選定
02_日本一、日本二、日本三の選出

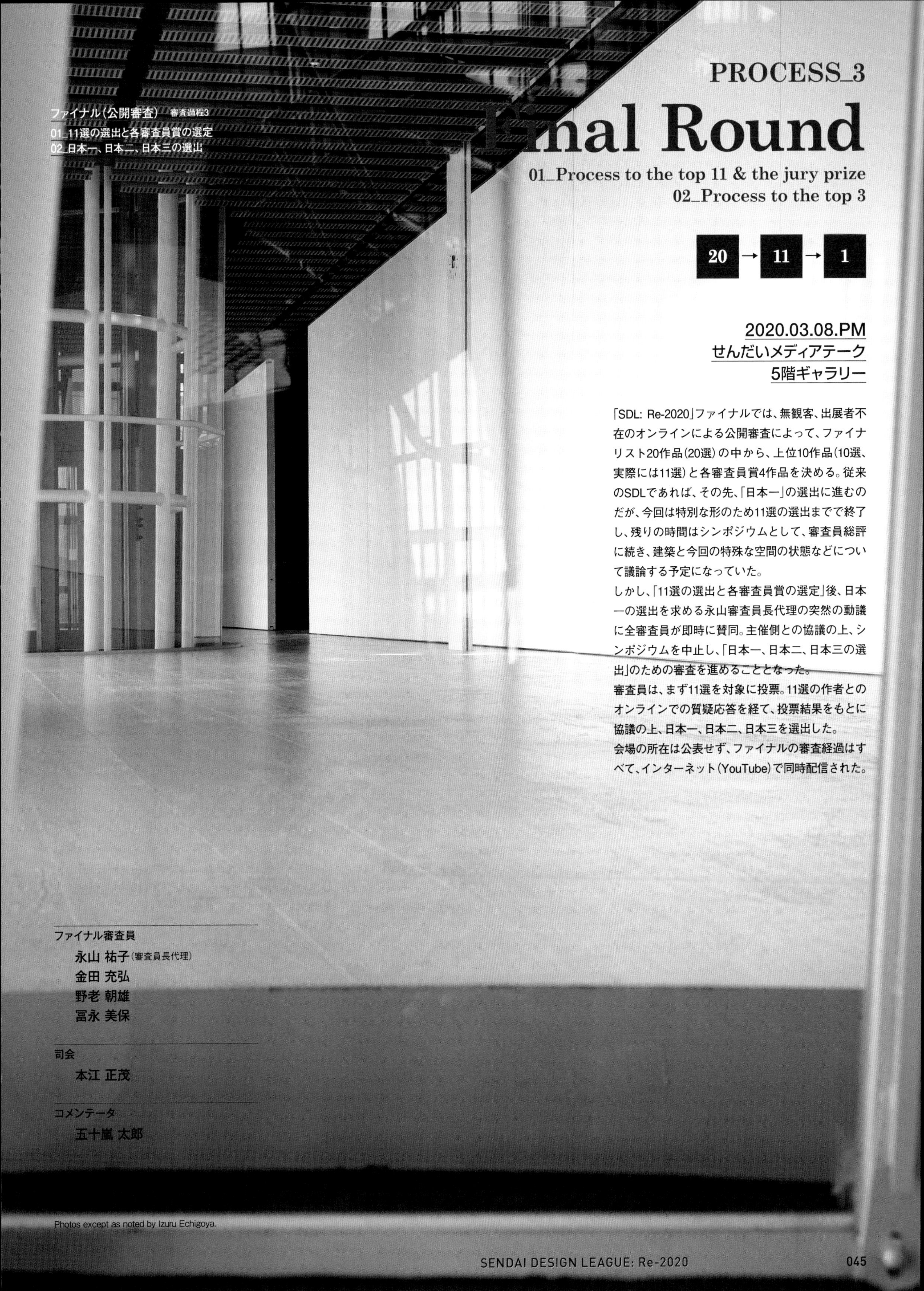

PROCESS_3

Final Round

01_Process to the top 11 & the jury prize
02_Process to the top 3

20 → 11 → 1

2020.03.08.PM
せんだいメディアテーク
5階ギャラリー

「SDL: Re-2020」ファイナルでは、無観客、出展者不在のオンラインによる公開審査によって、ファイナリスト20作品(20選)の中から、上位10作品(10選、実際には11選)と各審査員賞4作品を決める。従来のSDLであれば、その先、「日本一」の選出に進むのだが、今回は特別な形のため11選の選出までで終了し、残りの時間はシンポジウムとして、審査員総評に続き、建築と今回の特殊な空間の状態などについて議論する予定になっていた。
しかし、「11選の選出と各審査員賞の選定」後、日本一の選出を求める永山審査員長代理の突然の動議に全審査員が即時に賛同。主催側との協議の上、シンポジウムを中止し、「日本一、日本二、日本三の選出」のための審査を進めることとなった。
審査員は、まず11選を対象に投票。11選の作者とのオンラインでの質疑応答を経て、投票結果をもとに協議の上、日本一、日本二、日本三を選出した。
会場の所在は公表せず、ファイナルの審査経過はすべて、インターネット(YouTube)で同時配信された。

ファイナル審査員
永山 祐子(審査員長代理)
金田 充弘
野老 朝雄
冨永 美保

司会
本江 正茂

コメンテータ
五十嵐 太郎

Photos except as noted by Izuru Echigoya.

01_Process to the top 11 & the jury prize

20 → 11

この過程では、ウェブ上に同時配信するリモート(遠隔)方式の公開審査によって、ファイナリスト20作品(20選)の中から、上位10作品(10選、実際には11選。以下、本文中は11選に統一)と各審査員賞4作品を決める。

まず、セミファイナルの各審査グループの選出作品から1作品ずつ組み合わせた4作品×5組に分け、各組ごとの「試合」により、20選から11選を選出した。各組とも、1番(グループ_1:永山 祐子 + 五十嵐 太郎選出)、2番(グループ_2:金田 充弘 + 西澤 高男選出)、3番(グループ_3:野老 朝雄 + 中田 千彦選出)、4番(グループ_4:冨永 美保 + 福屋 粧子選出)の4作品から成る。

審査は、20選の作者がウェブ会議(オンライン・サービス:Whereby)上でスタンバイし、各試合ごとに、オンラインで1作品2分間のプレゼンテーションを4作品続けて実施。会場の審査員は手元と大画面モニタに表示される作品のデジタル・データを見ながら、各作者による4作品のプレゼンテーションを聞いた後、4作品への質疑応答10分間を経て作品を審査する。

審査員の手元には1番(赤)、2番(黄)、3番(緑)、4番(青)を示す4枚のカードを用意。質疑応答終了後、各審査員はその内の2枚(2作品、順位付けなし)を選んで一斉に上げ、票数の多い上位2作品が10選へ勝ち抜ける。同点が出た場合は、同点の作品を対象に、審査員1人1票で決選投票し、さらに同点の場合は、両作品を選出。以上のように4作品から2作品を選出する試合を5回繰り返して10作品を選ぶ選出方式で進められた。

途中、音声が乱れたり通信が遮断される場面もあったが、全般的に順調に進み、結果的に、11作品(11選)を選出。続いて4人の審査員より、コメントとともに各審査員賞が発表された。

凡例:
000 = SDL2020応募登録時に発行された出展ID番号。下3桁表示
セミファイナルで該当作品を選出した審査員グループの色分け:
000 = グループ_01:永山祐子+五十嵐太郎
000 = グループ_02:金田充弘+西澤高男
000 = グループ_03:野老朝雄+中田千彦
000 = グループ_04:冨永美保+福屋粧子

票の分類と得点:
NKAT = 各審査員の1票。1点。
N=永山祐子、K=金田充弘、A=野老朝雄、T=冨永美保
NKAT = 各審査員の日本一を推す1票。1.5点。
N=永山祐子、K=金田充弘、A=野老朝雄、T=冨永美保

註:
*1 投票:各審査員は、各試合ごとに推薦する2作品に投票。
*2 投票:初戦で決まらなかった際、同点作品で決選投票。各審査員は、推薦する1作品に投票。
*3 投票:日本一~日本三選出への投票。各審査員は、日本一に推す作品に1.5点票、日本二と日本三に推す作品に1点票、計3票を投票。

•11選の選出
*セミファイナル通過20作品(20選)を、各審査グループの選出作品からID順で1作品ずつ組み合わせた4作品ずつの組に分け、5試合に分かれて順に対決する。
*各試合ごとに参加作品のプレゼンテーションと質疑応答の後、各審査員は1人2作品に投票し、合計得票数の多い2作品を10選に選出。同得票の場合は決選投票。それでも同得票の場合は両方を選出。
*各試合で2作品ずつ、計10作品を選出(10選。実際は11選)。
•各審査員賞の選定
*各審査員は、20選を対象に、推す1作品を選出。
•日本一~日本三の選出
*各審査員は、11選を対象に、日本一~日本三に推す3作品に投票(日本一:1.5点票、日本二、日本三:1点票)。
*11選との質疑応答を経て、投票結果をもとに協議の上、各賞を選出。

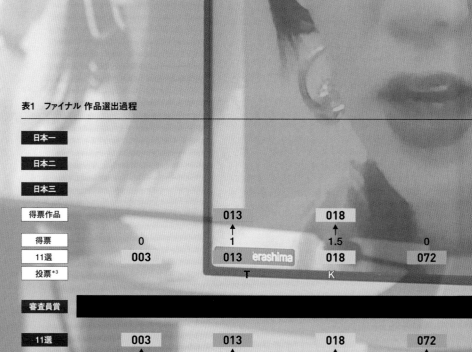

表1　ファイナル　作品選出過程

日本一							
日本二							
日本三							
得票作品			013		018		
得票	0		1		1.5		0
11選	003		013		018		072
投票*3			T		K		
審査員賞							
11選	003		013		018		072
得票		1	3				
決戦		028	013				
投票*2		A	NK T				
得票	1	3	2	2	0	4	1	3
20選	149	003	028	013	151	018	174	072
投票*1	N	NKA	AT	K T	NKAT		T	NKA

第1試合　　　**第2試合**

Round 01 　第1試合

ID149　土田 昂滉　Re. Perception Base──出会いの群生建築
ID003　西田 静　住み継ぎ
ID028　渡邉 憲成　不図──図面に載らない線を引く
ID013　寺島 瑞季　言葉による連想ゲームを用いた設計手法の提案

Round 02 　第2試合

ID151　岩崎 正人　SQUATTERS──集合知的建築設計の提案
ID018　田所 佑哉　便乗する建築──和紙産業の作業工程を機能分解し地域資源として共用
ID174　中村 美月　東京暗渠再生
ID072　宮下 幸大　小さな環境──風景のリノベーションにおける用水と人の新たな関わり方

Round 03 　第3試合

ID195　服部 秀生　Omote-ura・表裏一体都市──都市分散型宿泊施設を介したウラから始まる「私たちの」再開発計画
ID055　関口 大樹　建築と遊具のあいだ
ID233　村上 卓也＋小濱 まほろ＋吉川 伊織　アメヤ横丁解放区──人のインフラがつくる風景
ID170　金沢 美怜　転置する都市生活──百尺ビル再編による北船場らしい職住一体のあり方の提案

Round 04 　第4試合

ID344　岡野 元哉　出雲に海苔あり塩あり──岩海苔と神塩の生産観光建築
ID063　原田 秀太郎　見えない壁をこえて──ハンセン病を辿る資料館
ID351　岡崎 あかね　個と孤が連なって
ID241　丹羽 達也　TOKIWA計画──都市変化の建築化

Round 05 　第5試合

ID404　田口 正法　母は柔しく、父は剛く。そして子は鎹──諫早湾干拓堤防道路ミュージアム&ラボ
ID375　和出 好華＋稲坂 まりな＋内田 鞠乃　嗅い──記憶の紡ぎ方を再起させる特別な感覚
ID450　八木 耀聖　風景へのシークエンス
ID291　大久保 尚人　葡萄畑のある暮らし──耕作を媒介とした新たな公共の提案

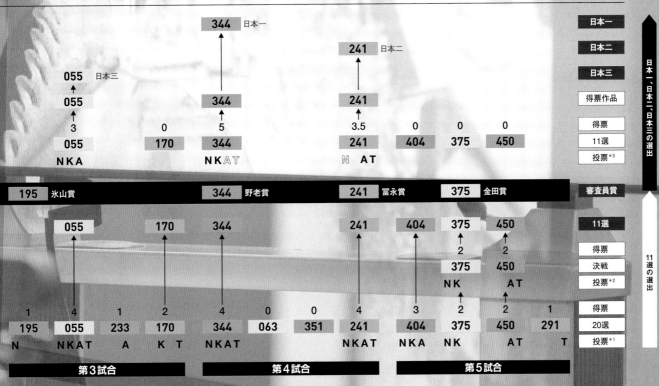

日本一・日本二・日本三の選出

						ラベル
	344 日本一					日本一
			241 日本二			日本二
055 日本三						日本三
055	344		241			得票作品
3	0	5	3.5	0	0 / 0	得票
055	170	344	241	404	375 / 450	11選
NKA		NKAT	N AT			投票*3

				ラベル
195 氷山賞	344 野老賞	241 冨永賞	375 金田賞	審査員賞

11選の選出

							ラベル
055	170	344	241	404	375	450	11選
					2	2	得票
					375	450	決戦
					NK	AT	投票*2

195	055	233	170	344	063	351	241	404	375	450	291	ラベル
1	4	1	2	4	0	0	4	3	2	2	1	得票
195	055	233	170	344	063	351	241	404	375	450	291	20選
N	NKAT	A	K	NKAT			NKAT	NKA	NK	AT	T	投票*1

第3試合　第4試合　第5試合

プレゼンテーション

149 土田 昂滉 *Takahiro Tsuchida*
佐賀大学　理工学部　都市工学科
Re. Perception Base──出会いの群生建築

僕は、ドミノシステムに従い、ボックスという空間単位によって規定される現代建築に疑問を持ち、それをどう変化させていくかということで卒業設計を進めました。そこで注目したのが、ドミノシステムの場合、ボックスの単調な積層によって、機能面でも、人々が出会わない空間という意味でも、単調で機械的な建築になります。これに対して、ボックスという空間単位をチューブに拡張して、それらをいくつかの規則に基づきながら錯綜させることで空間をつくっていく手法で建築を設計してみました。

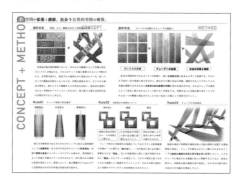

チューブを作っていく際のルールは、パネルにもあるように、まずチューブ単体、空間単位そのものの形状操作のルールが3パターン、そして、それらを錯綜させていく上でのルールが3パターンです。方向設定は、敷地特性に対応しています。この3つを規則として、空間を錯綜させて作っていきました。
機能としては、1、2階が図書館、3階が地域住民が集うアクティブなスペース、4階がコワーキング・スペース*¹となっています。
この手法によってできた空間の設置面についてですが、パース（透視図）にもあるようにさまざまなチューブによって規定される空間単位が錯綜することによって、多様にフレームが重層するような空間と、マテリアル（素材）が重層する空間ができています。
敷地は、大阪市大正区の尻無川、大正区と港区の境目に位置する場所です。かつて水運が栄えた大正区には古い街並みが残っていますが、港区は現代的な街並みで、対照的な街並みに挟まれた敷地となっています。それに対応するように、南北を行き来するようなチューブを配置して、風景を交互にフレーミングして見せることによって、対照的な風景を常に住民が知覚するような仕掛けとなっています。

編註
＊1　コワーキング・スペース：共同利用型の仕事環境を実現するために使う場所。

003 西田 静 *Shizuka Nishida*
東京大学　工学部　建築学科

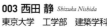

住み継ぎ

「住み継ぎ」とは、住みながら徐々に家を片付け、開いていくことで家主が亡くなった後、円滑に次の住み手に引き継がれるという、私が考案したシステムです。本設計では福島県奥会津地域の15軒から成る小さな限界集落を対象に、「住み継ぎ」による20年かけた集落維持プログラムを提案します。

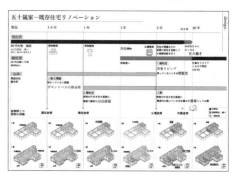

この集落の半数が空き家ですが、それは荷物や仏壇が残っているため賃貸に出せないことが要因です。そこで、2軒の既存住宅のリノベーション（改修）とそれを補う倉庫群の新築により、物置部屋の荷物を倉庫に移動し空き家の中を空けていくことで「住み継ぎ」を可能にします。たとえば、五十嵐家は現在80代の女性が1人で暮らしています。荷物を片付け、5年後には低い天井を剥がした吹抜け空間を共有リビングに、2階は各家から出てきた本が集まる書庫にし、この女性が使わない間、共有リビングを書庫の本の閲覧室として公共に開放します。20年が経ち、この女性が亡くなると、半年で住み継ぎが成立します。
新築建物群は主に各家から出た荷物を受け入れる倉庫機能を備えていますが、荷物の種類に応じて活用する機能、受け継がれてきた文化を継承する機能、生活上の困難を解消する機能、短期宿泊者や観光客を受け入れる機能を兼ね備えています。「仏壇倉庫」は空き家不活用の要因であった仏壇を集めて保管する場ですが、加えて集落に点在する祠へと続く道を「神々の道」として大切にする文化の延長上に位置付け、倉庫の中心通路は「神々の道」へと続き、周囲に2畳の私的な仏間空間が取り付く形状となっています。これらの倉庫は20年間の既存住宅の変化の中で、必要になったタイミングで順に建築され、既存建物と新築建物の間には荷物や人の相互的な移動が存在します。

（当日、音声が乱れたため、作者の作成した原稿をもとに記載）

028 渡邉 憲成 *Kensei Watanabe*
北海学園大学　工学部　建築学科
不図──図面に載らない線を引く

道中、窓越しにどこかの家族と目が合った。ある日、塀が家族と私を冷たく遮った。塀を歩く猫が私と

家族を温かく遮った。ふと、図面に猫を描き加えた。作り手の意図から外れた使い手の偶然を、ここでは「不図」と呼びます。普段、物づくりの意図、たとえば、「電柱であれば、電線を支えてつないでいく、塀であれば、目隠しや境界の顕在化をする、雨樋であれば、屋根の雨水を集め導く」といった本来の機能や目的から外れた、「電柱であれば、門のように潜り抜ける子供のような動作、塀であれば、道のようにその上を歩き回る猫の動き、雨樋であれば、BGMのように雨の音が聞こえそれが集中力を高めてくれる効果」。このような作り手の意図から外れた、使い手が起こす偶然のことが「不図」です。対象敷地は、自らの記憶、母親の幼少期の思い出が詰まった祖父の住宅兼豆腐工場。そこをリノベーション（改修）します。模型のように、既存の構成は、前面の1、2階部分が住居部分。奥の北側が工場。工場部分の手前には仮設デッキの売り場があります。
そこからエレメント（構成要素）を観察していきます。赤く錆びた溝蓋、北側の畑の土を抑える土留め、高く積み上げられた油揚げ用の油の一斗缶など、この敷地ならではのエレメントが存在しますが、人々からは見逃されています。

エレメントの観察をもとに「不図」の発見をします。前出の「電柱の下を子供が潜る」ということから、電柱に描き足して、電柱に、電柱と門の役割をつくり出します。このようなものをここでは「デンチュウクグリ」と名付けました。こういった操作により24種類の「不図」のパターン・カードを作りました。この24個の「不図」のエレメントは、それぞれ「不図」と「不図」同士が干渉し合い、すべてがつながって1つの建築を作っています。

013 寺島 瑞季 *Mizuki Terashima*
東京都市大学 工学部 建築学科

言葉による連想ゲームを用いた設計手法の提案

あなたは、山で迷子になり、歩いていたら思いがけない世界に辿り着いた。
これを聞いて何を想像しますか？ 私のテーマは、言葉による連想ゲームを用いた設計手法の提案です。小説は、読みながら脳内で読者それぞれが違う空間をつくり出せることにおもしろさがあると思います。それを自分で描いたドローイングを通して空間化することを試みました。
まず、大前提として、文章をそのまま空間化すると、ダイレクトに表現することになるので、そこからアイディアを発展させにくいという面があります。

そこで、私の提案した設計手法では、まず物語の文章を「風景」と「感情」に分けます。これをそれぞれ具象と抽象に変更して、ドローイング化していきます。そこから要素を抽出し、それを建築的要素に変換します。そうして生まれたのが空間です。私が選んだ萩原朔太郎の著作『猫町』は、主人公が旅をし、同じ街の中でいつも退屈な街と、幻想の街を行き来する話です。主人公の感情の起伏を表したグラフがあります。今回、この感情の起伏を地形で表しました。

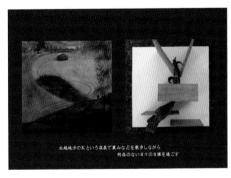

北越地方のKという温泉で裏山などを散歩しながら
所在のない日々の日課を過ごす

実際に6シーンめから8シーンめを例に挙げて説明します。6シーンめは青い幕がにょろんとなっているドローイングで、街全体の調和というところなんですが、全体が薄い梁で構成されているという地域。ここは感情の描写が多いのでドローイングは感情的に表現されています。ここから出た建築要素のキーワードが、ダイアグラム（図表）で入れ替えてあるように「侵略から大空間へ」「幕から布へ」「透明からガラスへ」と連想され、生まれた空間が体験できます。7シーンめから8シーンめにかけて事態が一変し、幻想の中で猫の大集団が現れることにより、気分は最大に恐怖的になり、それが建築的な外的要素となる様子を模型でも表現しています。こういった設計手法を用いることで、物語を読んだ時の印象や直感を大切にしつつ、アイディアを1つ1つステップアップしながら発展させることによって、設計する上での多くの可能性を見つけることができます。

本江（司会）：以上で、第1試合の4作品のプレゼンテーションが終わりました。審査員からの質疑をお願いします。

冨永：私は、渡邉案『不図』（028）がすごく気になりました。興味としては、最終成果物、つまり、最終的に設計したかったものはどっちなんでしょう？ 図面に描かれないけれど、確かに街の中で空間体験してしまういろいろなものを、もう少し知覚しながら設計に生かしていこうということなのか。それとも、ここに描かれている、最後にできた建築なのか。コンセプトと最終成果物である建築との結び付きがよくわからなかったので、もう少し説明を聞きたいと思いました。

渡邉（028）：設計と街なかの空間体験とのつながりについては、電柱の例で説明します。従来の設計方法でやると、電柱のある道路面には入口を作りづらい、などの問題がありますが、今回は不図を使って電柱を門のように扱ったことによって、この入口部分をアプローチとして使えるようになりました。それによって、売り場が奥まっている、奥のほうにあるという、売り場が抱えていた問題を解決しています。こんな具合に、不図と設計自体を結び付ける手法になっています。

冨永：渡邉案（028）は、図面に載らないものが、実際には、街なかにいっぱいあふれている、という気づきがすごくおもしろいと思っています。一方で、示された提案では、それぞれの空間体験自体が、建築の各部分の中にほとんど収まってしまっているのではないか、という点に不満があります。もっと大きな広がり、たとえば、街としての空間体験などに広がっていくと、この案には可能性があるのではないか、と思いました。

野老：同じく、渡邉案（028）に質問ですが、どういう思想に影響を受けてここに辿り着きましたか？ たとえば、建築構法研究者の門脇耕三さんの影響がありますか？ もしくは、独自にこの思考に辿り

着いたというアピールがあれば、聞かせてくださ い。要素の話もすごく興味深いし、僕はこの案を 非常にポジティブ（肯定的）に評価しています。

渡邉(028)：大きなきっかけになった特定の建築家 はいなくて、独自の発想なんです。街なかにあるも のを見るのがすごく好きで、たとえば、塀を見た時、 それが単なる境界となってしまっていると、その 塀の本来の機能以上に塀を感じたりするんです。 そこに空き缶が置かれていると、そういうところ にも魅力を感じたりして。そういう街の魅力をど んどん積極的に建築に取り入れていけないかな、 といつも考えていて、それを建築にしようと思い ました。

永山：土田案『Re. Perception Base』(149)に質問 です。長さが200mぐらいありますが、敷地にぴっ たり合わせて作るとこの長さだということなので すか。それとも、この長さとボリューム感がこの 建物には必要だったのでしょうか。大きさや全体 のボリュームの決め方に、決定的な理由はありま すか？

土田(149)：敷地を先に決めたというよりも、仕上 がった建築に対して敷地を選んだ、という順序に なります。自分の定めた3つの規定に従いながら、 空間をどんどんどんどん大量に作っていくことで 生まれてくる、意図していなかったような中間領 域やボイド空間（吹き抜け）などを検証するような 形で設計を進めていきました。いろいろなパター ンを見たかったので、時間内で可能な限り数多く の空間を作成できる敷地でやろうと思って進めた 結果、この大きさになりました。また、ちょうど いい敷地が自分の思い当たるところにあったので、 そこを採用しました。

永山：もう1点。半外部空間のチューブのすき間を エキスパンドメタル（網目状の金属板）で覆ってい ましたが、すき間をそのままにしておくこともでき たと思います。なぜ、その操作をしたのですか？

土田(149)：チューブの錯綜で生まれてくる中間 領域に焦点を当てていて、そこを外部とは少し違 う性質にするために、あえて、この複雑なチュー ブの造形を外郭の矩形の中に収めました。そして、 外郭とその内部空間を象るチューブのすき間もき ちんと定義して、そこを形として検証していくた めに、この外被を設けています。

金田：西田案『住み継ぎ』(003)への質問です。空 き家の仏壇を集めてきて仏壇ギャラリーというか、 仏壇倉庫に収納するという方法は、人の魂を集め てきて保存するみたいで、おもしろい着眼点だと 思いました。仏壇を集めようと思ったきっかけと、 それによって、どういうことが起こると考えてい るのかを、もう一度説明してもらえますか。

西田(003)：仏壇に着目したきっかけは、リサー チです。まず、地方の小規模集落で住機能を継承 していくことを主題にしたいと考えて、その敷地 をリサーチしたところ、空き家を活用できない問 題の原因は、各種荷物が家に残っていて賃貸に出 すのが難しいからだ、ということがわかりました。 特にその中でも難しいのが、仏壇でした。仏壇は どうしても手放すことができないけれども、持っ て出ることもできないという話をリサーチの間に 多数、聞いたので、設計に取り組むにあたって、 仏壇という荷物をどう扱うかを軸に考えました。 仏壇は、リサーチから発見して、このプロジェク ト自体の発想につながった重要な問題点だったか らです。

11選への選出

本江(司会)：ちょうど時間ですので、各審査員に は4作品から2作品を選んでもらいます。赤が1番 の土田案『Re. Perception Base』(149)、黄の2番 が西田案『住み継ぎ』(003)、緑の3番が渡邉案『不 図』(028)、青の4番が寺島案『言葉による連想ゲー ムを用いた設計手法の提案』(013)です。では、2 枚の札を選んで上げてください、どうぞ。

（審査員一同 投票）

表2 ファイナル 第1試合 投票集計結果(1人2票)

発表順	ID	氏名	永山	金田	野老	冨永	合計	11選
1	149	土田 昂滉	★				1	選外
2	003	西田 静	★	★	★		3	選出
3	028	渡邉 憲成			★	★	2	決選投票へ
4	013	寺島 瑞季		★		★	2	決選投票へ

凡例（以下、本書67ページ表8まで同）：
ID＝SDL2020応募登録時に発行された出展ID番号。下3桁表示
● ＝ 上位10選（実際は11選）に選出
★ ＝ 投票する番号札1票

セミファイナルで該当作品を選出した審査員グループ：

1 ＝ グループ_01：永山祐子＋五十嵐太郎
2 ＝ グループ_02：金田充弘＋西澤高男
3 ＝ グループ_03：野老朝雄＋中田千彦
4 ＝ グループ_04：冨永美保＋福屋粧子

＊セミファイナルの各審査グループの選出作品をID順に1作品ずつ組み 合わせた4作品×5試合。
各試合で2作品ずつ、計10作品を選出（10選。実際は11選）。
＊各審査員は各試合ごとに推薦する2作品に投票し、合計得票数の多 い2作品が上位10選（実際は11選）に。
同点の場合は決選投票。それでも同点の場合は両方選出。

本江(司会)：1票、3票、2票、2票です。西田案『住 み継ぎ』(003)が選出確定（表2参照）。2票の渡邉案 『不図』(028)と寺島案『言葉による連想ゲームを用 いた設計手法の提案』(013)で決選投票をします。 どちらか片方の札を上げてください。ではどうぞ。

（審査員一同 投票）

表3 ファイナル 第1試合 決選投票 集計結果(1人1票)

発表順	ID	氏名	永山	金田	野老	冨永	合計	11選
1	149	土田 昂滉						
2	003	西田 静						●
3	028	渡邉 憲成			★		1	
4	013	寺島 瑞季	★	★		★	3	●

本江(司会)：1票、3票。3票の寺島案『言葉による 連想ゲームを用いた設計手法の提案』(013)の勝ち 残りが決まりました（表3参照）。

（場内 拍手）

本江(司会)：このように進めていきます。 第1試合では、西田案『住み継ぎ』(003)、寺島案 『言葉による連想ゲームを用いた設計手法の提案』 (013)が11選に選出されました。おめでとうござ います。

Round 02

第2試合

＊文中の作品名は、サブタイトルを省略。
＊文中の（ ）〈 〉内の3桁数字は出展作品のID番号。
＊アドバイザリーボード：本書4ページ編註1参照。
＊学生会議：本書4ページ編註3参照。
＊smt＝せんだいメディアテーク
＊SDL＝せんだいデザインリーグ　卒業設計日本一決定戦

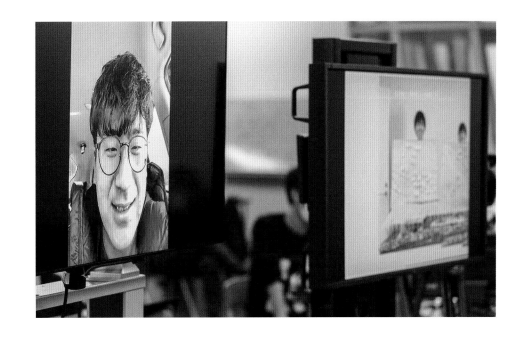

プレゼンテーション

151 岩崎 正人 *Masato Iwasaki*
日本大学　理工学部　建築学科

SQUATTERS──集合知的建築設計の提案

「能動的に建築へ介入していくこと」に興味を持っており、一般社会と建築の間に乖離を感じている私は「スクオッティング（不法占拠）」をキーワードにしました。つまり、建築家は不法占拠をコントロールしながら、合法的に市民による主体的なものづくりを助長し、市民の「現代建築への疑問」を解いていく必要があると考えているからです。今回はサヴォア邸（ル・コルビュジエ設計）をケーススタディとして増改築を行ないました。

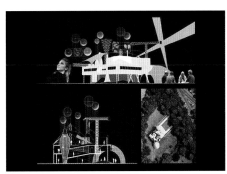

STEP1では、まず自分自身が学校の外へ飛び出し、街の一角をスクオッティングすることから始め、建築系の学生が普段使うスコヤ（直角定規）や曲尺といった「身近な道具」で、サヴォア邸を再構築していきました。

STEP2では場所を移し、そこを訪れた鑑賞者に日用品を付着していくよう促しました。この「付着」という行為こそ、既存建築に対するスクオッティングであり、作品がどんどん変化していく様子こそ、スクオッティングの醍醐味であります。

STEP3では、再び、本来のサヴォア邸の白い姿へと回帰させるため、白い塗料を用いて漂白しました。ここまでが学外で行なった実践的な活動であり、STEP4から建築設計に移ります。

STEP4では、後輩の建築学生にスクオッティングを行なってもらいました。STEP2で付着した「日用品」を建築化、つまり、抽象化してもらいました。これを統合したものがSTEP4のパース（透視図）になります。

STEP5では、さらに自らでスクオッティングを繰り返し、再び、ものを付着し、サヴォア邸の外皮をその上に重ね、単管パイプによって「足場」を組んでいく。この3つの関係から新たなスクオッティングの契機を呼びます。こうした操作を繰り返すことで、STEP100のような高層的にサヴォア邸が増築されていく様子を描きました。

018 田所 佑哉 *Yuya Tadokoro*
九州産業大学　工学部　建築学科

便乗する建築──和紙産業の作業工程を機能分解し地域資源として共用

本提案では、和紙産業の作業工程に着目し、和紙産業の中にある行為から建築をつくります。

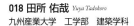

もともと、土地の特性から2拠点型で作業を行なうという産業構造がありましたが、現在は経済的な理由から一本化している状況です。ここでは、それを2拠点型に戻すと同時に、建築を設計して

いきます。その際、各作業工程に着目しながら、行為から建築をつくることで、作業工程を行なうと同時に、作業工程と重なる部分で周囲の暮らしが入ってきます。

たとえば、和紙の作業工程(本書25ページ参照)に楮干しという工程があります。楮干しの「干す」工程を新しい地域の資源としてとらえることで、干し場には、地域の洗濯物が干されたり、野菜が干されたり、干し柿が干されたりします。皮剥ぎの工程なら、皮剥ぎの工程で使う広い板敷を使って、干した洗濯物を畳んだり、蒸す工程ならそこで芋を蒸したり、冷やす工程ではそこでスイカを冷やしたりと、産業と暮らしが重なり合う風景をつくり上げていく。それにより、これまで互いに閉じていた産業と地方の集落とが重なるきっかけを建築がつくり上げる。閉じていく方向で地方を衰退させないために、何か新しいきっかけをつくっていく建築になればと思い設計しました。

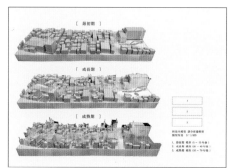

174 中村 美月 *Mitsuki Nakamura*
日本大学 理工学部 海洋建築工学科

東京暗渠再生

私は東京に数多く存在する暗渠を地理的コンテクスト(背景)ととらえ、残された扇状の空き地と地形を生かした、新しい都市の更新手法をケーススタディを通して提案します。

かつて川だった場所である暗渠には、今もその記憶の断片が多く残り、独特な空間をつくっています。その痕跡を拾い集め、近代化のしわ寄せをくらって姿を消し、忘れられつつある川を蘇らせるように、長い時間をかけて、暗渠を都市にエネルギーを供給するための動脈に変えていきます。

具体的な計画の一部として、たとえば、暗渠が位置するすり鉢型の地形を生かして、暗渠に雨水用の新たな水路を敷設し、周囲の既存建築の地下ピットを転用した貯水池をつないでいくことで、街に水の新しいネットワークを構築します。また、暗渠の上には、雨水用水路から水を吸い上げて空気洗浄フィルタへ運ぶ環境装置を配備し、この装置を拡張していくことで、街中に緑と光のあふれる新しい空間が広がっていきます。また、環境装置は将来、更新が必要になってくる都市の建物群を減築すると同時に補強していくことで、街の随所に水と光の通り道や新しい環境軸を構築しながら、暗渠空間とつながった豊かな公共空間を街中へ広げていきます。

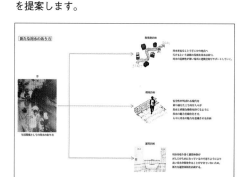

環境装置は、気候や、その時に空気洗浄フィルタに含んでいる水分量、その時々の植物など、条件によってさまざまな表情を見せてくれるので、暗渠の上には今までにない新しい空間ができ上がると考えています。忘れられた川が形を変えて蘇ることで、みんなの心にもう一度、川の姿が蘇ることを想像して設計しました。

072 宮下 幸大 *Kodai Miyashita*
金沢工業大学 環境・建築学部 建築デザイン学科

小さな環境――風景のリノベーションにおける用水と人の新たな関わり方

私たちは、この大きな世界の中で、ごく身近な「小さな環境」を見なくなりました。その結果、街から植物や動物は消えました。それで、これからの建築家はどんなに小さく、些細であっても、人々に「身近なのに気づけていない小さな環境」を気づかせることが大事だと思いました。

その「小さな環境」の中でも今回は、石川県金沢市に広がる用水網に着目。用水路沿いに用水路と関係を持った新たな街並みを広げることを最終目標とし、3つの計画に分けて人々に用水路の魅力を伝えます。

1つめは散策路計画です。この敷地はJR金沢駅と中央市街地を結ぶ鞍月用水路沿いなのですが、入口がわかりにくく、分断されているため、人々はこの場所を歩けることに気づけません。そこで、用水路周辺に人々が歩けるよう補助する空間を設計しました。

2つめは環境計画です。私が実際に敷地を歩き、スケッチすることを通して見つけた用水路の魅力を顕在化し、人々に気づかせる提案です。

3つめは運営計画です。現在、用水路の管理体制は規則でがんじがらめになっており、良い用水路空間を提案しにくい状態なので、新たな運営体制を提案します。

最後に、この提案は私が発見した良い風景をもとに設計しましたが、身近にいる高齢者や子供でも良い風景は発見できます。みんなが発見した「小さな環境」で街が埋め尽くされ、建築が消えていく未来を想像します。

本江（司会）：では、第2試合の4人のプレゼンテーションが終わりましたので、質疑をお願いします。

冨永：宮下案『小さな環境』(072)に質問です。具体的に設計した建築ではないかもしれませんが、小さいいろいろな装置というか、舞台のようなものについて、どれか1つ、一番気に入っているものでいいので、説明してもらえますか。

宮下（072）：プロジェクト2-2の鳴り石という提案があるのですが（本書26ページ参照）……。

野老：だるまが描いてある？

宮下（072）：そうです。敷地の中にQRコードを貼ってある石があり、QRコードを読み込むとその敷地にある店のインスタグラムのページに飛ぶんです。水面の上に一部分が出るように石を配置し、その石に水を当てることで音が鳴るので、側道を歩く人が音に誘われ用水路の中を見ることで、石のQRコードに気づく。そのQRコードを読み込むことで、敷地内にある他の石の情報に飛んでいくというものです。こういう小さい操作でも、石という本当に小さい存在に対して愛着が持てるのではないかという……。提案の中で一番小さい提案を説明しました。

野老：続いて宮下さん（072）に訊きます。このぐらいのスケール（規模）だと、絵を描くレベル以上に、実際にできることがある。自分で実際に試したことはありますか？

宮下（072）：実際に敷地を歩いて自分が頭の中でイメージしたものを、学校に戻ってから、模型上でこうしたほうがいいんじゃないか、ああしたほうがいいんじゃないか、というスタディをずっと繰り返した結果がこれになっています。

野老：なるほど。欲張って要望すると、少しでもいいし、パーツでもいいけれど、実際に何か作っていたら、と。この案は、実際にその場に介入できて、自分の立ち位置で何かを作れる……。それがあったら、何かすごく違う物の見方ができたのではないか、と思いました。模型がなくても「こんなものをつくっちゃいました」みたいな実践を伴って提案できる、良い提案だと思いました。

宮下（072）：ありがとうございます。

金田：あまり質問が集中するのも良くないと思いましたが、宮下案『小さな環境』(072)にちょっと訊いてみたかったので（笑）。水路の運営について少しだけ触れていましたが、どんな運営をイメージしているのか、簡単に説明してもらえますか。

宮下（072）：プロジェクト3-1土管橋で説明します（本書27ページ参照）。用水路を越えて住宅に向かうための橋が架かっているのですが、その橋の下に用水を流す土管を入れ込んで、土管内を子供の遊び場にし、その上にテラスを作る。このように生活空間の一部となるような提案を考えました。運営計画としては、赤色の矢印で指示した図式部分が事業スキームになっています。

永山：セミファイナルの審査から、異色の作品として見ていた岩崎案『SQUATTERS』(151)に質問

です。スクオッティング（不法占拠）には、どちらかというと、ある場所を利用者がどんどん占拠していくというイメージがあります。しかし、この案では、スクオッティングと称して、たとえば、後輩の建築系の学生たちがそこに新たな設計手法を重ねたり、最終的には自分を主体に設計手法を重ねていったりしている様子を見ると、その先はまた使い手に委ねるシーンに変わっていくかもしれない、とも見えます。ここで言うスクオッティングは、この設計手法そのものがスクオットされていく、といった意味も含めての作品名なのですか？

岩崎（151）：スクオッティングは、荒々しい行動のことだと勘違いされることが多いのですが、そういう意味ではありません。ある種の生命力を持った、DIYを超えた作業。今回は、そういう意味でスクオッティングという言葉を使っています。

金田：田所案『便乗する建築』(018)に質問です。今、地方では、コミュニティをどうつくるかを模索して、いろいろな取組みが行なわれている中、こういう井戸端会議的なコミュニティのつくり方は、それこそ些細な「便乗」程度でいいんだな、という点で非常におもしろいと思いました。それよりも、ちょっと衝撃的だったのは、ポートフォリオの中で、模型を持っている2人の笑顔があまりにも幸せそうだったことです。もう1人は誰ですか（笑）。

本江（司会）：中継を見ている人には意味がわからないと思いますが（笑）、誰でしょう。

田所（018）：それは、手伝ってくれた後輩の1人で、模型がすごく重くて……。

冨永：続けて田所案(018)に、いいですか（笑）。この「便乗」という発想は、私もすごくおもしろいと思っています。たまたま、その場に居合わせて、それぞれの人が同時に何かをし始めるから、結果的にこういう会話が生まれたりする。そういうのがコミュニティの自然なあり方だよね、というメッセージがよく伝わってきて、いい設計だと思いました。また、すごく迫力もあった。営みが壮大な風景になっている。これは、「小さいコミュニティセンターで何かちょこちょこやっている活動じゃないんだぞ」みたいな迫力が伝わってきて、すばらしいと思いました。

一方で、この人たちは、なぜここに集まるのか。そのきっかけが、製造工程の中にあるのか、それとも他所の人も入ってくる場所にあるのか、について説明がほしいと思います。

田所（018）：人が集まるきっかけは、暮らしの中の「便乗する」という要素なんです。敷地調査に行った時に、楮干し工程を配置した上流の敷地だったら、建物の小さな軒下にも干す場所をつくることができると思いました。また、対象敷地は休耕地化した棚田なのですが、田んぼとしては使われなくなった土地だけれど、小さな畑を住民自らが作ったり、小さな柿の木が植えられたりしている。そういう敷地の環境を見て、住民たちの場所を使い倒す精神というか、使いこなす力を信じて、建築を作ったんです。

野老：これは、実際にある場所なんですよね？

田所（018）：そうです。

野老：で、想定する人々も、実際にいる？

田所（018）：はい、います。

野老：なるほど。もしかして、そこに自動車で向かっている？（作者が車内から応対のため）

田所（018）：いや、乗っているだけです……。

野老：敷地に向かっているわけではないんだね。

田所（018）：僕は九州の大学なのですが、敷地は高知県で、全然違う場所です（笑）。

野老：今、ふと思ったんだけど、自動車の中で「ここです！」って言ったら、プレゼンテーションとしてすごく強いと思った。

（場内　笑）

田所（018）：（自動車のドアを開け、外ののどかな風景を映像で見せる）

永山：ああ、でも、すごく敷地のイメージに近い気がする。

野老：きっと、こういうところだよね。

田所（018）：はい。今、自然豊かな場所にいます。

野老：際立って目立ってますよ、あなた。ナイス！

田所（018）：ありがとうございます！

本江（司会）：確かに、敷地に行って質問に答えるという、オンラインならではの手法もあり得ますね。では、よろしいでしょうか？

11選への選出

本江（司会）：質疑応答を終えて、今から第2試合の投票をしたいと思います。岩崎案『SQUATTERS』(151)、田所案『便乗する建築』(018)、中村案『東京暗渠再生』(174)、宮下案『小さな環境』(072)でした。みなさん決まりましたでしょうか？　では、2つ上げてください、どうぞ。

（審査員一同　投票）

表4　ファイナル 第2試合 投票集計結果（1人2票）

発表順	ID	氏名	永山	金田	野老	冨永	合計	11選
1	151	岩崎 正人					0	
2	018	田所 佑哉	★	★	★	★	4	●
3	174	中村 美月				★	1	
4	072	宮下 幸大	★	★	★		3	●

本江（司会）：0票、4票、1票、3票。投票の結果ですが、問答無用で済むので小気味いいですね。第2試合は、4票の田所案『便乗する建築』(018)と3票の宮下案『小さな環境』(072)が勝ち残りました（表4参照）。おめでとうございます。

Reinforce

＊文中の作品名は、サブタイトルを省略。
＊文中の（ ）〈 〉内の3桁数字は出展作品のID番号。
＊アドバイザリーボード：本書4ページ編註1参照。
＊学生会議：本書4ページ編註3参照。
＊smt＝せんだいメディアテーク
＊SDL＝せんだいデザインリーグ 卒業設計日本一決定戦

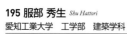
プレゼンテーション

195 服部 秀生 *Shu Hattori*
愛知工業大学 工学部 建築学科

Omote-ura・表裏一体都市──都市分散型宿泊施設を介したウラから始まる「私たちの」再開発計画

テーマは、都市の再開発における思考実験です。都市はオモテとウラの二面性を持ち合わせており、近年、オモテが合理化／画一化していくとともに、ウラの界隈性や猥雑さが失われつつあります。私は、本来あるべき都市というのは、このオモテとウラが共存して表裏一体の関係を持つことで、都市の多様性を受容できるのではないかと考えました。本計画では、都市のウラを社会資本として再生させるとともに、オモテとウラを曖昧に横断しながら暮らす都市風景を提案していきます。

敷地は名古屋市中区栄の住吉町。ここはかつて南北の繁華街を結ぶ中間地点として機能してきましたが、戦後の土地区画整理事業により南北が分断され、都市ウラとして認識されていくようになりました。また、分析する中で、名古屋では、かつて碁盤の目状に割られた街区の中央に閑所と呼ばれる準共有空間が設けられており、これが都市のウラの居場所として機能していたことがわかりました。

提案に移ります。インバウンド（訪日外国人）需要が高まる栄に対し、都市ウラの空き建物ストックを活用した都市分散型の宿泊施設を挿入していきます。そして、場所性によって求められる「商い空間」や、都市に住みながら宿泊施設や「商い」を営むためのシェアハウスを混在させていきます。この都市に分散された建築が都市の現代版の閑所としてオモテとウラをつなぐハブ（結節点）として機能していきます。具体的に都市のキャラクターを抽出し、オフィス空間や繁華街、住宅街などの周辺環境を絡め取りながらネットワーク化していくことにより、新しい都市の風景が生まれていきます。

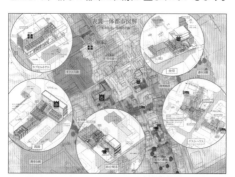

建築操作としては、都市の空き建物ストックに宿泊機能や住機能を挿入し、前述の路地と閑所の空間構成を構築していく上で、そこに「商い」が付属していくように設計しました。そして、具体的に5つの建物を設計。その中でメインの拠点として機能する「ゲストハウス」部分をケーススタディとして詳細に設計しました。高層ビルに囲まれた空き家や既存駐車場など雑多な建築群を接続していき、道路や建築同士などの軸線のズレを1つずつ

読み取りながら、場当たり的に各建築操作を与えていきました。

また、それらの手法をパターン化し、ケースとして1つずつ取り出すことで、本計画が都市全体に波及していくことを想定しています。オモテの直線的な道路に対して、ウラの操作だけでオモテにヒダが付くように建築ができていく。オモテとウラを緩やかにつなぐように建築を作っていきます。

055 関口 大樹 *Daiki Sekiguchi*
慶應義塾大学 環境情報学部 環境情報学科

建築と遊具のあいだ

私は、神奈川県の藤沢市少年の森をフィールドとして「建築と遊具のあいだ」のような遊び場を、子供たちとのインタラクション（相互作用）を交えながら制作しました。本設計では、自分が半分設計し、子供たちに半分設計されるような遊び場をめざしました。

あそびの観察・記述
あそび図鑑・レシピ

観察された一次情報を知的財産として比較・観察シートに記述し、まとめる。 観察された「あそびかた」をその分析を目的としてあそび図鑑として工夫することや、かたちのポイントを記述し、あそびのポイントなどの情報を観察シートから取り出し、あそびの図鑑として記述する。 あそびのアーカイブをレシピとして記述することで、それを参照しながら、新たなあそびかたをつくることが可能になる。

従来の大人や他者によってトップダウン的にデザインされる遊び場や遊具では、子供たちの本来やりたい遊びを反映しづらく、逆にプレイパーク（子供が遊びをつくる遊び場）のボトムアップありきの仕組みでは、作る上で何からすればよいか、取りつく島がない、という問題があります。そこで、形態の生成のアルゴリズムをデザインすることで、新たな遊び場ができるのではないかと考えました。実際に、「かたちの生成アルゴリズム」をスタディし、それに従って「かたちを成長」させていきます。さらに、子供たちの遊んでいる様子を観察し、記述しました。「クックパッド」というプラットフォームが、私たちにとって料理を身近なものとしてくれたように、「あそび」をレシピや図鑑にして記述することで、新しい遊びのあり方や、それを参照にしてまた新しい遊びが生まれるんじゃないか。この場に、そのような循環が起きることをめざしました。

233 村上 卓也 ＋ 小濱 まほろ ＋ 吉川 伊織
Takuya Murakami + Mahoro Kobama + Iori Kikkawa
早稲田大学 創造理工学部 建築学科

アメヤ横丁解放区──人のインフラがつくる風景

私たちは、東京、上野のアメ横センタービルを計画しました。近年、東京全体で、一定層の人々の

みを対象とした均質な都市開発が進んでいると考えます。私たちは、JR山手線の環が、均質な開発を助長していると考えました。一方で、山手線の高架裏に築かれたアメヤ横丁(以下、アメ横)は、かつて、あらゆる人々による価値の交換の基盤でした。私たちはこれを「人のインフラ」と呼びます。今の東京には、この価値の基盤こそが必要だと考えます。そこでこの計画では、かつて高架裏に広がっていた「人のインフラ」を再建し、風景として表側の東京の中に提示します。

建築の構成としては、高架の層を垂直に置き直すことで、都市インフラに「人のインフラ」を対峙させます。この建築は、3つの層から成っていて、3層が重なった姿が、「人のインフラ」の風景となります。

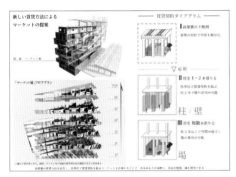

一番裏側に位置する「マーケット層」では、金銭や物を介した価値の交換が行なわれます。アメ横のマーケットは、時代に合わせて「特別な商品」が売買され、身分を超えたあらゆる人々が集まるきっかけとなっていました。ここでは、高架裏の賃貸方法を応用して、柱単位で賃貸契約を結ぶマーケットを計画することで、あらゆる人々が気軽に、自由な期間、場を借用することができます。中央に位置する「インフォマーケット層」は、さまざまな人々が集まるきっかけとなるとともに、生活のバックアップ機能を併設しており、ここで情報を介した価値の交換が行なわれます。このように、建築全体が「人のインフラ」として機能すると考えました。

構造は、各層の特徴に合わせ、RC(鉄筋コンクリート)造、S(鉄骨)造、S造片持としました。

各層のすき間は、異なる機能を共存させるための環境装置として機能しています。人々は、このすき間を渡って各層を横断します。

ポートフォリオの最後のほうでは、アメ横通りからの風景、山手線からの風景、外部からの風景を紹介しています。

170 金沢 美怜 Misato Kanazawa
近畿大学 建築学部 建築学科

転置する都市生活――百尺ビル再編による北船場らしい職住一体のあり方の提案

大阪の北船場はオフィス街でありながらも、独特の下町情緒が漂っています。私は時代を感じる建物や、街にあふれかえることを許容されたモノ、そのどれもが北船場の魅力であると感じました。そこで自転車という小さなモノの観察を行ない、この街が持つ空間的なポテンシャル(潜在力)をと

らえました。

この計画は、北船場の下町のような雰囲気をつくる中小オフィスビルを再編し、人やモノの居場所を街区の内側にまで拡張することで、人々が住宅や職場以外にも点々と居場所を変えながら能動的に都市生活を行なえるような、職住一体の街のあり方を描くものです。

リサーチです。この街では、自転車の自由駐輪が起きています。自由駐輪とは、不法駐輪とひと味違い、撤去されるわけでもなく、街に広がることを了承されたような駐輪の形態のことを指します。このように洗練されたオフィス街への私物のあふれ出しを許容している現状を、この街の魅力ととらえました。

そこで転置量をもとに観察し、小さな「人の活動」が同じ街の1画で頻繁に現れるタイプを常連駐輪と定義しました。常連駐輪だけを集めたところ、この常連たちは、取り入れることのできるスキをうまく見つけて、使いこなしているという現状でした。さらに、スケッチした結果、これらのスキは過剰にデザインされた公開空地のような場所や、プライベート性の高い住宅地のような場所には生まれず、街にありふれたモノや建築的な要素が組み合わさることで生まれる、ありふれたスキであると考えました。そして、そのどちらでもない中小オフィスビルという絶妙なスケール(規模)感と空間の性質を持つ建築に、スキを全面に纏っているポテンシャルを見出しました。

これらの状況を継承しながら、今後の職住のあり方を提案します。その1つとして、百尺ビルを減

築しながら職住一体ビルに変えていくことと、街区の内側に必要なものの居場所を拡張するということを考えています。

本江(司会):第3試合の4作品のプレゼンテーションが終わりました。質疑をお願いします。

野老:関口案『建築と遊具のあいだ』(055)に質問です。これは、実際に子供たちと一緒に取り組んだのですよね?
関口(055):はい。

野老:許可を取るとか行政と組むなどして、これを実際に根付かせることが、できそうですか?
関口(055):実際に、藤沢市少年の森との共同研究というかたちで、この1年、遊具制作をしてきました。このやり方でできるかどうかはわかりませんが、今後こういうことも社会実装できることを視野に入れて制作しています。

野老:通常、遊具などは、事故が起きてはいけないので、レギュレーションなどが厳しいと聞きます。その中で、これを新しい取組みとして実施できる方向で進められたらいいなと思いました。
また、防腐剤などの問題もあると思うけれど、制作した物が長く残るとか、ずっと作り続けるといった実績によって、この提案を延命できる方策もあるのではないかと思いました。たとえば、アルゴリズムの手法など、関口さん(055)がバトンを誰かに渡して、他の人がこの案をつないでいくこともできそうですか?
関口(055):僕がその場にいなくても、大人やリーダー的な存在がいれば、その場で仕組みとして回るような方向をめざしています。そのための「かたちのアルゴリズム」や、施工の方法などを、今後もっと具体的に進めて、次につないでいきたいと考えています。

野老：長期間にわたるプロジェクトの走り出しというか、これがスタートと思っていいですか？

関口(055)：はい、修士課程に進んで、さらに深掘りしていきたいと思っています。

金田：続いて、関口さん(055)に質問です。実際に作っているという部分については、誰もがすばらしいと思っていると思います。最後に、図鑑が載っていますが、図鑑の活用方法について、少し補足してください。この提案を、君自身がやらなくても、誰かが引き継ぐとか、他のところで展開していく時などに、どのように役に立つと想定していますか。

関口(055)：料理のレシピのように、「あそびのレシピ」を図鑑に掲載することで、レシピと完全に同じものを再現するのもいいと思いますが、レシピを参照して、「こういう遊びがあるから、じゃあ僕たちはこういう遊びもやってみたいね」と応用に使ってもいい。たとえば、「ある場所で、こういう遊びができた」というのを、ウェブ上にアップして、誰かがそれを見た時に「こんな遊び方はおもしろいね、じゃあ僕たちもやってみよう」みたいな展開があったり。循環というか、そういうインタラクション(相互作用)を期待しています。ウェブなどの情報環境を通して新しい循環が生まれたり、現実の遊び空間と情報空間とのつながりが生まれると、遊び場がさらに楽しく豊かになるのではないか。そういう思いを込めて、今回は「あそび図鑑」としてまとめました。

本江(司会)：オンライン図鑑ということですね。

永山：続いて関口さん(055)へです。とてもすばらしい試みで、ぜひ実装して、いろいろなところでやってもらいたい。そういう前提での質問です。遊具には危機管理の問題が必要以上に多いです

が、基本的に大人と子供を組まないといけないとか、誰が責任を持ってプロジェクト全体を見るかとか、進める上でのハードルをどのように考えていますか？

関口(505)：子供がケガをした時の責任などは、現実問題としてつきまとっています。今回の制作をするにあたって、たとえば、僕やリーダー役の人がいない時は、基本的には遊べないようにしてしまう、大人がいない時は使えないようにしてしまう、というやり方があります。今回、制作してみて、大人や他者など、子供以外の見守る人が誰かいれば使える仕組みをつくる、というか、社会ルールや規制なども含めてデザインしていかないと、遊び場は作れない、と思いました。

本江(司会)：認識はあるということですね。

冨永：村上 + 小濱 + 吉川案『アメヤ横丁解放区』(233)に訊きます。この敷地を見ただけで震えるというか(笑)、すごく難しい敷地だなと思いました。ポートフォリオからは、「アメヤ横丁(以下、アメ横)的」な雰囲気をすごく感じました。ドローイングが上手なこともあり、アメ横の空間体験を何とか建築として引き受けよう、という気概が感じられ好感が持てる。端的に言うと、気になっているのは構造です。ドローイングの中に描かれた点景を全部抜いた時に、「アメ横的」というものをどうやって実現するのか。その試案があれば教えてください。

吉川(233)：今回提案した建物の機能は、端的に言うとマーケットなんですが、アメ横の高架下のマーケットに着目すると、そこに建築的なものは高架しかなくて、ほとんどは人の営みだったり、人が持ってくる道具だったり。しかし、そうした人の営みを中心とした「アメ横性」というものを、建築にも引き継ぎたかったんです。それで、人が主役で、建築はあくまで高架橋や高架裏のイメージを引き継いだ柱の空間とすることを意識しました。

永山：続けての質問ですが、高架下というのは2次的に生まれた場所だと思うんです。それで、スケール(規模)なども別の目的のためにつくられているため、恣意性がないと言うか、それゆえの魅力があるのだと思います。それを大前提として、そこにある空間の質を、どうやったら新しく作る建築に再現できるのか、について聞かせてください。こんなところを見つけたとか、こんな手法だとそういうことに近づくとか。そういう方向をめざしているのですよね？

吉川(233)：高架というのはJR山手線の都市インフラだと思っていて、表側にある都市インフラに対して高架裏というものがその裏側にある。そういう関係性をこの建築にも持ち込んでいて、山手線に対して1番裏側(遠い側)にマーケットを配置しています。

金田：金沢『転置する都市生活』(170)に質問です。たぶんプレゼンテーションの時間が足りなくなって説明できなかったと思うんですけれど、常連駐輪によって街のビジョンを炙り出していくところまでは、すごくよくわかった。その先、それが百尺ビルの設計手法にどのように生かされているか、を簡潔に説明してください。

金沢(170)：まず、常連駐輪の観察から、百尺ビル

という建物自体のポテンシャル(潜在力)を見出しました。現状では、魅力的な街路沿いの空間性を壊して、超巨大ビルが建てられています。そこで、従来の空間性と百尺ビルを残したまま、職住一体の街にしていくためにはどうしたらいいのかを考えました。そして、今はオフィスとショップしか入ってない百尺ビルの上層部に住宅を入れて、オフィスと住宅の共存を考えつつ、建物の街路側には大きな変化をつけずに、ニッチを少し広げたようなボイド(余白空間)をつくったり、開口をそのまま連続させた半屋外空間をつくる操作をしています。住宅やオフィスの内側にとどまらずに、自転車みたいなもので能動的にいろいろな場所に移って行く、といった生活を大事にしたいので、街路沿いの空間を街区の内側にまで引き込むことで、そういう生活のあり方を提案しています。

本江(司会)：常連駐輪というおもしろい概念を空間性として使った建築ということでした。

11選への選出

本江(司会)：では、第3試合の投票へ移りたいと思います。難しいですね、ここは。他の試合が簡単だったとは言いませんが。服部案『Omote-Ura・表裏一体都市』(195)、関口案『建築と遊具のあいだ』(055)、緑の3番が村上 + 小濱 + 吉川案『アメヤ横丁解放区』(233)、金沢案『転置する都市生活』(170)です。審査員のみなさん、心は決まりましたでしょうか？　2つ上げていただきます。では、どうぞ。

(審査員一同　投票)

表5　ファイナル 第3試合 投票集計結果(1人2票)

発表順	ID	氏名	永山	金田	野老	冨永	合計	11選
1	195	服部 秀生	★				1	
2	055	関口 大樹	★	★	★	★	4	●
3	233	村上 卓也 小濱 まほろ 吉川 伊織			★		1	
4	170	金沢 美怜		★		★	2	●

本江(司会)：1票、4票、1票、2票。ということで、第3試合は、4票の関口案『建築と遊具のあいだ』(055)と2票の金沢案『転置する都市生活』(170)が11選に勝ち抜けです(表5参照)。おめでとうございます。
まだ議論不足なのに、投票でバサッと切ってしまって悲しいと思うかもしれませんが、時にはこういうこともあります。これがダメとかいいとかいうことではありません。これが今回の作品を選んでいく仕組みということでご理解ください。

プレゼンテーション

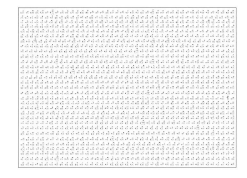

344 岡野 元哉 *Genya Okano*
島根大学　総合理工学部　建築・生産設計工学科

出雲に海苔あり塩あり──岩海苔と神塩の生産観光建築

僕の卒業設計は、地方の建築と観光建築のあり方についての提案です。僕は今、島根県の田舎に住んでいるのですけれど、最近建てられている建築は、全国どこでも成り立つものが多い気がして、「島根らしさ」をあまり感じられません。これは地方の課題とも言えます。この卒業設計では、それを自分の中で課題として、島根でしか成立しない建築を設計したいと考え、ローカルな食文化に着目しました。敷地は大学の近くにある、山陰の中心的役割を果たしてきた出雲大社周辺としました。設計したのは、出雲の食文化である、岩海苔と神塩の生産および加工、それに伴う観光を担う建築です。

最後に、現在の日本の観光は、新型コロナウイルス感染拡大の影響で、東京ディズニーランドが閉園するなど、大変なことになっています。天変地異が多い日本でも、地の良さを出せる建築をつくりたいと思い、生産と加工のどちらかの機能がストップしても、最低限の利益が出る建築をめざしました。今、このような設計が求められているのではないかと思いながら進めました。

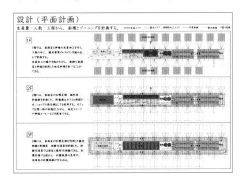

063 原田 秀太郎 *Shutaro Harada*
名古屋市立大学　芸術工学部　建築都市デザイン学科

見えない壁をこえて──ハンセン病を辿る資料館

まず、ハンセン病とは国の隔離政策によって、かなり差別と偏見が生じた病気です。その時に建てられた隔離施設の入所者数は、現在、減少傾向にあり、そのハンセン病患者の受けた痛みや記憶はどんどん風化しているのが現状です。そこで、ハンセン病患者の受けた痛みや記憶を、資料の展示や映像だけではなく、建築によって残していく資料館を提案します。

計画地は熊本県にある菊池恵楓園です。菊池恵楓園には患者側と職員を分ける隔離壁が設置されていました。この隔離壁沿いに、異なる性質を持った2つの空間から構成される資料館を提案します。1つめの性質を持つ空間が、壁沿いの大きな溝です。この溝は1907年の開所時から未来までの入所者数の推移を反転するかたちで、グラウンドレベル（地盤面）をゼロとして地下に向けて大きく掘ったスロープになっています。

2つめの性質を持つ空間が、前述の溝に重なる地下通路と12個の空間になります。この通路は患者側と一般側を交互に行き来するように地盤面から－5mの地下通路となっています。そこに、全国で他に12カ所あるハンセン病療養所の納骨堂と菊池恵楓園の施設跡とを結ぶ12の軸線と、菊池恵楓園

の納骨堂と昔ハンセン病患者の集落のあった本妙寺を結んだ軸線、計13の軸線を重ねます。次に、隔離壁とこの軸線の交点となる12カ所にハンセン病の歴史上の出来事を12個抽出し、それらを空間化しました。

以上のように、ハンセン病を辿る資料館の設計、実現によって、差別と偏見の壁を超えた先が見えることを期待しています。

351 岡崎 あかね *Akane Okazaki*
大阪大学　工学部　地球総合工学科

個と孤が連なって

近年、都市における単身者集合住宅は同形体の部屋が並ぶプラン(平面計画)が多く、このことが「没個性」の慣習を助長してしまい、1人暮らしの人たちの孤独感を増幅させていると思います。そこで、私は卒業設計で、個人の個性を肯定する住まいからなる小規模集合住宅を計画し、自分の個性を尊重した上で、他者とうまく関わっていくタイプの集合住宅を提示しました。

まず、1人分の住居の作り方として、四角い建物の一部を切り取った長方形の部屋を縦に積んだものを1人分の空間とします。たとえば、自分の仕事に集中したい人がここに住む場合、入口は小さい玄関、2階部分は世間と離れる部分で細く長い階段というように、個性を反映した住宅を作っていきます。

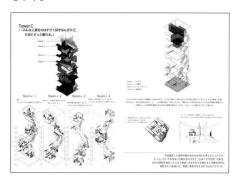

次に、このように作った4つの1人用住居を四重螺旋状に組み合わせて、6m四方の1つの棟としました。4つの住居を組み合わせて1つの棟を作った時、余ってしまった、誰のものでもない余白空間ができます。この余白空間は、個々の個性を肯定した上で、自分以外の住民と関われるような空間となります。

今回、私は違ったタイプの4人が住む3棟を計画しました。まず、タワーAは、個性が強すぎてまわりに馴染めないという悩みや、そういう孤独感を抱えている人が住む棟です。タワーBは、もっと自分を出したいと思っている人たちが住んでいる棟で、最後のタワーCには、他者と関わることが大好きなんだけれど、他者と関わっている時に自分を出せない、本当の自分を出せていないんじゃないか、という思いを抱えている人を設定しました。すると、それぞれに違った余白空間が現れました。

この余白空間は、それぞれの個性を尊重した上で成り立っている、各個性に従った他者との距離感を肯定する空間です。そのことは、それぞれ個性を持った個人に勇気を与えると思います。

241 丹羽 達也 *Tatsuya Niwa*
東京大学　工学部　建築学科

TOKIWA計画──都市変化の建築化

私は、設計者がいかに未来の変化を想定し、マネジメントするかということを研究のテーマとしております。そこで卒業設計では、ある程度、予測可能な東京の都市計画をベースとして、都市と建築の「変化」のマネジメントを試みました。

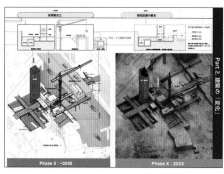

題材とした都市計画は、今年の夏から始まる東京、日本橋上部の首都高速道路(以下、首都高)地下化事業です。これは地下に新しい高速道路を建設し、既存の高架を撤去する計画です。対象区間の一画、川沿いに常盤橋公園という都市公園があります。この場所は首都高地下化に加えて、文化財である常盤橋の改修やオフィスビル再開発など、多数の工事によって今後20年間、工事中になってしまいます。

そこで、段階的な建築の挿入によって、都市の変化を可視化しながらこの公園をうまく活用できないかと考えました。また、この首都高地下化は各方面からさまざまな指摘を受けていますが、その中で、将来の交通体系の変化の可能性に注目しました。つまり、せっかく20年かけて新たな地下道路を作っても、将来、自動車の減少などによって不要になり得るのではないかということです。

そこで、本提案は、工事の仮設物の再利用や残置(そのまま残す)といった手法により、工事のプロセスに沿って副次的に建築を作り出すことで、首都高地下化のプロセスと並行して、自動車に代わる交通としての船着場を発展させていく計画になっています。

たとえば、作業構台のH形鋼を建築の部材として再利用したり、川に浮かぶ作業用の台船は船着場に使ったり。それから川へ伸びる乗入れ構台や工事用桟橋などは、船着場へのアクセスとしてそのまま残します。また、初期に建設されるタワークレーンは常設して、それ以降のあらゆる工事に利用します。このように、工事の副産物として建築を作ることで、既定の都市計画が想定していなかったもう1つの変化に対応するというのが本提案の主旨です。

本江(司会)：第4試合の4つのプレゼンテーションが終わりました。審査員のみなさん、質問がありましたらお願いします。

野老：岡野案『出雲に海苔あり塩あり』(344)に質問です。これは、機構がバタンバタンと動いたりするのですね？　そして、これで海苔を作る？

岡野(344)：そうです。一応、そこが海苔を栽培する場所になっていて、栽培した海苔を引き上げて収穫するようになっています。

野老：実際に海苔を作っている人にこの計画を見せるとか、リサーチをしましたか？

岡野(344)：現地調査で、海苔の生産を生業にしてる人たちにも聞いたのですが、岩海苔島と呼ばれる海苔が生息する場所がもともとあって、コンクリートや自然の岩で作られているその島をもとにして設計しています。

野老：なるほど。この提案には、決して荒唐無稽じゃないところもあるから、その調査を経て、こういう設計をした、というのを現地の人々に見せたら、すばらしいんじゃないか、と思いました。

まず、工場などでは、物を作る過程は目に見えないケースが多いから、作品の画像を見ていて、このように「物をダイナミックに作ってます！」と感じさせるところに、すごくワクワクしました。

また、どこか一部分でも、実際の寸法で作ってみたら、すごく意味があるんじゃないか。それには、風の問題などを踏まえて構造面を考えるなど、しなければいけないことは多いけれど。それを経て、現地の海苔職人たちに、この提案をフィードバックしてくれたらうれしいと思いました。

岡野(344)：はい、ありがとうございます。

永山：同じく、岡野さん(344)への質問です。この竹の枝を吊るして塩を取る方法は、現地でも使っている手法なんですか？

岡野(344)：そうです。出雲地域にある製塩所を見学したのですが、現地に生えてる竹を利用してそれを逆さに吊るして、そこに霧状にした海水を浴びせて、乾燥させる手法は、この地域独特なものです。

永山：なるほど。「どうやっているんだろう？」と疑問だったので、そういう写真が付いているとすごく良かったのに、と思ったんです。

岡野(344)：あります。現地調査の時の写真で……。

本江(司会)：ありますか？　今、映してもらえますか？

岡野(344)：この建物の写真の中がその場所なんですが(本書15ページ「現地サーベイ」参照)。小さくしか載せられなかったので少しもったいない気がします。一応、中は見せてもらったんですが。

永山：おもしろい。昔ながらのおもしろい製造シーンは、なかなか表に見えてこないから、私たちはあまり知ることができないんですよね。なるほど。

冨永：岡崎案『個と孤が連なって』(351)に質問で

す。人間の個性と建築の関係を問い直している点に、すごく共感して、おもしろい建築ができそうだと思っているので、少し突っ込んだ質問をさせてください。

たとえば、タワーAに住んでいる「何だかいつも周囲と馴染めないなあ」と思ってる人が、「ちょっと自分を変えたいな」と思った時に、建築自体が人間の個性を固定してしまい、自由に変われないのではないか。そこに暮らすこと自体が人間を慣れさせ、個性を固定化してしまうのではないか、という辺りについて聞かせてください。その余白の部分には、たとえば、どんな工夫をしているのかを聞きたいと思います。

岡崎(351)：この提案では、余白はもちろんのこと、どの部屋で何をするという定義すらもしていません。ですから、自分の気分に合わせてインテリアを変え、部屋の環境に合わせて行為を選び取ることができると思っています。

冨永：もう1つ質問いいですか？　各タワーにはそれぞれに違うウリ(魅力)があると思うんです。でも、3つともそれぞれ高さ方向をグルグルグルグル回っていく形式だから、案外、どれも似てしまっているのではないか、という疑問があります。各タワーの具体的な違いについて説明してもらえますか。

岡崎(351)：具体的な違いは、部屋の大きさや平面計画上の面積の違い、天井高の違いだけです。その先に提案したい、他者と関わる空間のでき方を重視したので、個人の個性を生かした空間は、組み立てたところまで、長方形の組み合わせ方だけで終わっています。そこから先のことは、考えていなくて……。

金田：丹羽案『TOKIWA計画』(241)に質問します。こういう土木計画的なプロジェクトでは、建築以上に「これは長期的な視点で本当に必要とされるのか」という問いがとても大事です。現代のように社会が非常に早いスピードで変化している時代に、こういう問いを投げかけられるところが、すごくいい。「建築は、この施工のプロセスに合わせた副次的なもので、どんどん都市を構築していく」というストーリーは、わかりやすいです。

ところで、「20年後はもしかしたら自動車はいらないのではないか？」という主旨の記載がありました。そうなった場合、20年かけて作るこの地下道自体をどのように転用するべきかについて、どういうビジョンで考えているか教えてください。

丹羽(241)：都市計画自体は2040年までですが、パネルに示したように、20XX年として「もし自動車がなくなったら」という想定で未来を提案しています。この敷地は日本橋川という川に面していて、都市計画の後に川沿いの護岸工事が予定されています。護岸工事の際にこの場所だけ護岸を低く設定することで、日本橋川が増水した時や大雨の時などに、低い護岸から水を引き込んで、不要になった地下道路を緊急時の貯水池に転用しようという提案をしています。

金田：そこは緊急時以外には使えないんですか？

丹羽(241)：使えません。交通量が減った場合、災害時には地下道路を一時閉鎖して緊急時の貯水池として使うということです。普段は、おそらく自動車やその代替交通、自動運転の新しい移動手段のようなものが通っているだろう、という想定です。

野老：引き続き、丹羽さん(241)に訊きます。卒業設計を進める中で空想がどんどん逞しくなっていくというのも、素敵だと思います。でも、この作品は、リアリティがありそうで興味深かった。20選の中で一番、実現できそうに思えたんです。自分ではどう考えていますか？。

丹羽(241)：規定の都市計画で発表されている資料を参考に計画しているので、プログラムとしては、ある程度のリアリティを確保できていると思います。しかし、効率やコストを重視する現実社会の中、工事現場は特に効率が重視されると思います。そういう現状の価値観の中で、このように工事の仮設物を残していく手法を実施できるかという意味では、手法としてのリアリティは低いと思います。けれど、効率重視の価値観だけではなく、変化というか、美学的な価値をもう少し入れるべきなんじゃないか、という現状の都市計画に対するアイロニー(皮肉)としての提案でもあります。

野老：ありがとうございました。土木と建築の間という範疇には、絶対、誰かに首を突っ込んでほしいと思っていました。

永山：続けて丹羽さん(241)に質問ですが、本当にすごくおもしろい。これから都市が変わっていく中で、こういった2次部材がたくさん廃棄されていくことを踏まえ、そもそもの工事計画が、2次部材をこんなふうに使うことを想定して計画されたら、もっとおもしろいのに、と。すごく魅力的な提案だと思いました。

また、この提案の中に水辺空間を入れたことは、かなり重要な点だと思います。東京の中で、うらぶれてしまっていた水辺空間を同時に整備していくという方法もあると思いますが、今回は、水辺空間に対して、何か提案がありますか？

丹羽(241)：現状の首都高撤去の計画では、日本橋の周辺を親水空間とする商業的な開発が想定されています。商業の場所としてはそうした整備がふさわしいと思いますが、この提案で対象とした常盤橋は、オフィス街のやや薄暗い場所で、商業

的な開発というよりは、交通の拠点として整備するので、船着場という機能だけに抑えたいと考えました。それで、ここでは日本橋で想定されるような水辺空間は提案しません。

本江(司会)：むしろ、客観的にドライな材料を集めている。

丹羽(241)：はい、そうです。

金田：原田案『見えない壁をこえて』(063)に質問です。壁に何百個、もしかしたら千個ぐらい穴が開いていました(本書59ページ図版参照)。全部サイズが違うので、きっと意味があると思います。この穴のサイズの定義と、全部のサイズが違う理由を教えてください。

原田(063)：僕はこれを「1333の追悼の邂逅」と呼んでいるのですが、計画地の菊池恵楓園には現在、遺族が縁を切ってしまったがために引き取られなかった遺骨が1,333個、納骨堂に収められています。その1,333人の患者たちの思いを刻むように、1人1人の個性とまではいきませんが、すべて違うように表現しました。

金田：それは、その個人の滞在した時間や、その個人が持つ何かによってサイズが決まっている？　それとも、設計者として、それぞれに違うサイズを当てはめたということですか？

原田(063)：後者です。

11選への選出

本江(司会)：質疑応答を終えて、第4試合の投票をします。審査員は、少し考えてください。いずれも甲乙つけがたいのは、今回も同じだと思います。岡野案『出雲に海苔あり塩あり』(344)、原田案『見えない壁をこえて』(063)、岡崎案『個と孤が連なって』(351)、丹羽案『TOKIWA計画』(241)です。この中から2つ選んでください。よろしいでしょうか？　では上げてください、どうぞ。

(審査員一同　投票)

表6　ファイナル 第4試合 投票集計結果(1人2票)

発表順	ID	氏名	永山	金田	野老	冨永	合計	11選
1	344	岡野 元哉	★	★	★	★	4	●
2	063	原田 秀太郎					0	
3	351	岡崎 あかね					0	
4	241	丹羽 達也	★	★	★	★	4	●

本江(司会)：きれいに2色に分かれました。岡野案『出雲に海苔あり塩あり』(344)が4票、丹羽案『TOKIWA計画』(241)が4票ということで、この2作品が勝ち抜きです(表6参照)。おめでとうございます。

Reinforce

Round 05

第5試合

1 **404　田口 正法**
母は柔しく、父は剛く。そして子は鎹
——諫早湾干拓堤防道路ミュージアム&ラボ

2 **375　和出 好華 + 稲坂 まりな + 内田 鞠乃**
嗅い
——記憶の紡ぎ方を再起させる特別な感覚

3 **450　八木 耀聖**
風景へのシークエンス

4 **291　大久保 尚人**
葡萄畑のある暮らし
——耕作を媒介とした新たな公共の提案

*文中の作品名は、サブタイトルを省略。
*文中の（　）〈　〉内の3桁数字は出展作品のID番号。
*アドバイザリーボード：本書4ページ編註1参照。
*学生会議：本書4ページ編註3参照。
*smt=せんだいメディアテーク
*SDL=せんだいデザインリーグ　卒業設計日本一決定戦

プレゼンテーション

404 田口 正法 *Masanori Taguchi*
熊本大学　工学部　建築学科
母は柔しく、父は剛く。そして子は鎹——諫早湾干拓堤防道路ミュージアム&ラボ

敷地は長崎県の諫早湾に浮かぶ長さ7kmの堤防道路です。この堤防道路は、かつて国営の干拓事業によって作られました。堤防道路によって海や人々の生業が分断され、対立が生まれました。もともとこの有明海には、自然と土木構築物の2つの融合した原風景があり、その原風景から建築を設計したいと思いました。この分断の歴史をつなぐような、また2つの海や生業、人々をつなぐような建築を考え、建築と土木構築物の間、自然と土木構築物の間にあるような、鎹としての建築を提案します。そして、諫早湾の魅力や課題解決のための研究機関としてのミュージアムを提案します。

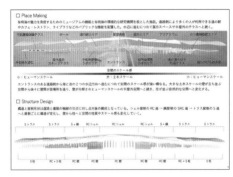

かつて、この海を断絶した、水門をモチーフとした壁を堤防に対して直交方向に、堤防を分断するように建て、その壁をさらに分解し、自然に近づける。このようにして建築を作っていきました。
この建築の構成としては、巨大な土木計画スケールのものからヒューマンスケールのものへ、大きい空間から小さい空間へ、土木構築物と自然とをつなぐような建築として構成していきました。この建築が地方の新しい水平的な……。（突然、接続が切れ、プレゼンテーション終了）

本江（司会）：接続が切れてしまったようです……。つながらないようですね。質疑応答の時に、続きを聞けるのではないかと思います。

375 和出 好華 + 稲坂 まりな + 内田 鞠乃
Konoka Wade + Marina Inasaka + Marino Uchida
早稲田大学　創造理工学部　建築学科
嗅い——記憶の紡ぎ方を再起させる特別な感覚

私たちはひと言でいうと、「嗅い」に特化した建築をつくりました。
記憶に残すために写真を撮る、まちづくりで議論するのは景観の話など、我々は電波に乗る視覚情報ばかりを求めています。しかし、嗅覚、「嗅い」だけが、私たちに多様な環境下で生まれる一度きりの体験をさせてくれ、この先も電波に乗らない特別な感覚となり得ます。そこで、我々は「嗅い」という新しい価値を与えようと考えました。
敷地は兵庫県丹波市で、ここを選んだ理由は2つです。1つめは「嗅い」が溜まる地だからです。日本で唯一、海と海が低地帯でつながっているため、2つの気候が混じり合い、空気が溜まります。

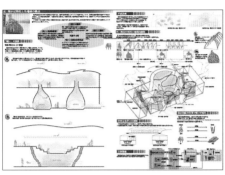

2つめは文化財修繕に必要な檜皮葺職人の多くがこの地にいるからです。この作業では製造過程ごとに異なる「嗅い」が生まれます。単に作業を「見える化」するのではなく、「嗅い」を手段として、過度に干渉し合わない、しかし記憶に強く残る技術の継承を行ないます。
我々は「嗅い」と地域の記憶、継承、住民の日常生活、教育の4テーマをメインに、建築内に「嗅い」空間を設けます。
では、「嗅い」をどう建築にしたのか。それは、視覚情報を遮るために、空間を把握しにくい形にすることと、空気をデザインし「嗅い」を有形化することです。そのために「嗅い」の装置を2つ設計しました。1つめは壺です。壺の中では竹釘や檜皮の生産活動を行ない、その際に発生する「嗅い」は1階において個々の「嗅い」溜まりをつくります。2階ではそれぞれの壺の「嗅い」が混ざり合い、また新たな「嗅い」が生まれます。
2つめは窪です。窪の中で竹釘や檜皮の材料を保管します。椀形状が素材からの「嗅い」を受け止め、「嗅い」溜まりとなり、上階の窪みに「嗅い」を溜めます。1階は視界を遮った薄暗い空間の中で「嗅い」の淀みが生じます。
1階には職人が生産活動を行なう場、住民が祭の準備をする場などを設けます。2階は壁面のない空間で、資料館となっています。

450 八木 耀聖 *Akimasa Yagi*
千葉大学　工学部　建築学科
風景へのシークエンス

この卒業設計は、ある目的に至るまでのシークエンス（連続性）を考えたものです。その空間シークエンスを設計するための手法の提案とともに、それを用いてできたシークエンスの1例を示すことを目的としています。
提案する設計手法の流れとして、まず空間シークエンスを記号によって抽象化し分析、その分析結果を用いて設計を進めていきます。分析方法は、

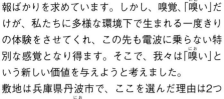

064　　Reinforce

単位空間を3つの構成要素に分解し、それらを空間を構成する3つの要素に対応した記号を用いて記号化していきます。そのように記号化された単位空間を順に並べることで、空間シークエンスを記号で表現できるようになります。これを用いて共通の目的を持つ建築空間のシークエンスを比較し、類似構成を抽出することで、目的に合わせた空間シークエンスのベースとなる構成を見出します。このベースに肉付けするように、空間を設計していきます。この手法を用いて、ここでは風景へのシークエンスを設計します。

敷地は千葉県館山市の漁港で、用途は展望、散策をメインとし、浴場、食堂、公衆トイレなどを設定しています。軸線は、下図に表示したように3つ。富士山へ向かう軸線、主道路からのヴィスタ(眺望)をつくるための軸線と東西の軸線を設定します。

次に風景についてです。風景を見るという行為は、通常それ自体が目的であり、そこで完結することが多いように感じます。しかし風景とは、そこに至るまでのシークエンスによってその見え方は変わり、それぞれに魅力を持っています。私はそれぞれの風景が持つ魅力を一連のシークエンスによって体験させることができると考えます。単に切り取られた風景を見ることを本シークエンスの序章とし、一連の空間シークエンスを通して風景体験へと昇華するまでを6段階に設計していきます。

アプローチ部分では風景が見えないよう視線をカットし、曲がってスロープを降りると、少し風景へと視線が抜けていき、最後のロビーは、切り取られた風景を見る展望空間となります(本書34ページ参照)。このようにシークエンスを設計した建築を通して、風景を見るという行為が風景体験へと昇華すると考えます。

291 大久保 尚人 *Naoto Okubo*
芝浦工業大学　工学部　建築学科

葡萄畑のある暮らし──耕作を媒介とした新たな公共の提案

縮退の時代を迎えた日本で、これからの地方がどうあるべきか。自分は、その答えを見つけたくて卒業設計を始めました。縮退する地方では、既存の都市計画の基本である小学校や公民館などをはじめとした公共の骨格が崩壊し始めました。そもそも、地方においては、その場所独自の空気感や雰囲気と同じように、その場所でしか成立しない公共の骨格が必要なのではないでしょうか。

敷地は山梨県の牧丘町、葡萄の栽培で有名なところです。ここは限界集落と市街地を結ぶ結節点と

して重要な地区で、これまで小学校などの公共施設を介して周辺地域における公共の機能を担ってきました。自分はまず、そこで農業インターンを体験しました。現地の空気に触れ、生活する中で得た小さなことから大きなことまでを設計に落とし込むことを試みています。体験の中で見つけた材料を設計の材料としています。

まず、街の全体性を構築するために、既存施設の変換を意識してプログラムを設定しました。また、地方において重要になる管理、維持、運営なども意識し、事業スキーム(計画)を設定しています。その上で、この地区のエリア分析を行ない、外部の人がどこを通り、そこに住んでいる人がどういう道を使うのかを意識しつつ、3つの建築を提案しています。

設計手法としては、それぞれの敷地の異なるコンテクスト(背景や状況)を読み解いて、共通項を持ちながらも違う傾向を持つ建築群を作っています。まず、1つめの建築。既存のJAのファーマーズマーケットはヒューマン・スケールから逸脱して、人々の生活から離れていると思われました。そこで、それを解体して新たに「みんなの市場」を提案します。平面計画としては、路地を拡張し、生産から出荷までの流れを肥大化させるなど、この場所のコンテクストを読み解いて建築を作っています。

2つめとして、空き家を福祉の家に変えました。最後に廃校となった校舎をワイナリーに作り替えました。これら3つの建築で、新しい街の形をつくり上げることを試みました。

本江(司会): 第5試合の4作品のプレゼンテーションが終わりました。では早速、質疑応答に入りたいと思います。

冨永: 大久保案『葡萄畑のある暮らし』(291)に質問です。提案したものと農業インターンでの体験は、具体的な形としては、つながりがないですが、自分のインターンでの体験から「こういう場所があったらいいなあ」とか「こういう休み方や集まりがあったらいいなあ」と思って建築を作ったと思うんです。そこまではわかったけれど、そこからどうしてこの形やワイナリーなどのプログラムにジャンプしたのかを知りたいです。その関係を教えてください。

大久保(291): この場所で生活していく中で、農家の人、と言うか地方の人には、どこか形態を裏切って建築を使いこなす、使い倒す意識があると思ったので、設計側で形態をきっちりと決め過ぎないように意識しました。各建築にはそれぞれコア(核)を設け、コアに各々必要な機能を付加し、そこに公共性を付け加えて形を形成しています。

各々の形態はインターンを行ないながら街の風景を読み解いた結果です。たとえば、1つめの市場のデザイン・アプローチとしては、葡萄畑の吊り棚、ファサード(正面の立面)をトラス構造[*2]で作った葡萄農家が多いこと、この地区の入口として建っているJAのマーケットなど、その場所にある風景とリンクさせるように建築の形態を作っています。他の建築も同様で、3つとも敷地周辺に建っている建築や風景から形態を導き出しています。

金田: 和出 + 稲坂 + 内田案『嗅い』(375)に質問です。女性3人のチームで、香ではなくてニオイなのがいいなあと思っていますし、何だか図面がニオイそうです。とてもいい意味で「臭そう」と思って見ています。「電波に乗らない」とか「空間が必要」とか、確かに、建築でしかできないことだ、という意味では非常にいいと思っています。

また、「嗅い×継承」「嗅い×日常生活」などに加えて、「嗅い×教育」があるのは、おもしろいと思いました。これについて、もう少し説明してもらえますか?

和出(375):兵庫県の丹波市は、もともと教育に力を入れていて、教育環境が整っています。なぜ丹波市の教育環境がいいかと言うと、地方ならではの自然豊かな地域で、子供たちが伸び伸び教育を受けられるという、環境がすばらしいからです。その自然豊かな環境を、ニオイにどうつなげたかというと、農業や檜皮葺職人、竹釘職人など、地元の仕事を体験できる場を1階の壺空間の中に設けることで、子供たちがそれぞれの作業や生産活動の中で出るニオイと一緒に仕事体験をできるようにしました。たとえば、竹釘職人だったら、その竹釘を生産する時のニオイなど、嗅いと体験を結び付けて教育していく。地域愛を育むという意味合いで教育することを考えています。

永山:続いて和出さん(375)に質問です。単純な興味ですが、どんな感じのニオイなのでしょうか(笑)。すごくいい匂いなのか、独特の強烈な臭いなのか。ちょっとイメージしたいと思って……。

和出(375):私たちが扱っている竹釘のニオイは、実際に作業場を訪れて、製造過程を見てきましたが、竹を切ったり、割いたり、焙煎したり、乾燥したりする製造過程ごとにニオイが異なります。最初の過程は青臭い、どちらかというと臭いニオイです。それを焙煎することで、竹のニオイがなくなって、途中で、お茶のような香ばしいニオイになって、乾燥させたら、また竹のニオイが復活する、というように変化します。全般的に、臭いというよりは、結構いい匂いです。これに、都心では味わえないような丹波地方独特の澄んだ空気のニオイが混ざり合うことで、いい匂いになっていると思っています(笑)。

野老:和出さん(375)に重ねて質問です。本来だったら模型を会場に持ってくるはずでしたが、その時には、ニオイを一緒に持ち込もうとしていましたか?

和出(375):はい。模型にはニオイをつけていないんですけど。

野老:たとえば、先の永山審査員の質問に対して、本来のSDLのファイナルの場であれば、「ニオイは、これです!」と、嗅いでもらうことができる。そういうことができるのは、20選で唯一この作品だけだと思うのです。ともすると(臭ければ)審査員や来場者への迷惑になってしまうかもしれないけれど、今までにできなかったこと、ニオイのようなものをどうやってファイナルの場に持ち込むかを考えるのは、とても興味深い。一方、今、ネットを通じて、1回もそのニオイを嗅がずに、ネットに向かないニオイを持ち込む話をしていることも、すごく興味深い。

和出(375):ありがとうございます。

野老:八木案『風景へのシークエンス』(450)に質問です。音楽やダンスのなどの譜面を表すのに使われるノーテーション(記譜法)[*3]という手法がありますよね。あなたがこの記述の手法を発明したということだったら、ぜひとも、ここで得られたものを、都市に持っていったらどう記述するのか、などに挑戦してほしい。独自の記譜法をここまで完成させたのだから、この提案のローカルなルールというだけに終わらせないでほしい。ゲームのようなものができるかもしれないし、もっと他にも、いろいろなことができる可能性があります。よくやったなあと思います。

建築については「景観のきれいな場所に置けば、それでよく見えるじゃん」といった議論は常にあり、評価されにくいかもしれないけれど、この手法は街にでも、既存建物にでも、建築を記述する方法として使えるかもしれません。ノーテーション・システムと呼んでいいのかもしれないけれど、僕はこのシステム自体に発展性があると思いました。

八木(450):ありがとうございます。

永山:田口案『母は柔しく、父は剛く。そして子は鎹』(404)に質問です。「2つの領域をまたぐように」ということで、全く性質の違う2つの水辺空間ですが、内部のプログラムは、それぞれどのように分けているのかを、もう少し説明してもらえますか?

田口(404):池側と海側とで分かれています。プログラムは、池側が干拓地、海側が漁業ということで、池側は農業や漁業など、干拓の産業を体験できるエリアとして機能します。一方、海側には海苔の養殖場や、海の魅力を発信する水族館、研究所などの機能を入れています。

永山:もう1点質問です。空間をつなぎながらも、分断する壁がかなり多いと思いましたが、どんな意図でこのような細かい壁にしたのですか?　たとえば、真ん中のソリッド(高密)なところとか。

田口(404):まず、はじめにアプローチするエントランスや道路側の空間は、この堤防自体の分断を強く意識させる空間として、あえて壁を連続して配置しています。奥に行くにつれて、その壁はだんだん角度が広がっていったり、分解されていったりというように、土木構築物の巨大スケールから自然へと分解されていくような空間をめざしました。

本江(司会):だんだん、ばらけてくるということですね。

冨永:八木案『風景へのシークエンス』(450)に質問です。このプランニングを見ると、「風景のシークエンス」という言葉が持つイメージや、風景に対してシークエンス(連続性)をつくっていこうという志向に反して、やや機能をギチギチに詰め込み過ぎているように感じました。また、風景と言いつつ、空間はかなり直線的に組まれていて、周囲の有機的な稜線などの地形に呼応する建ち方として見ると、疑問が残ります。結局、やりたかったのはどっちなのでしょう。研究から導き出された美しいシークエンスの基準みたいなものを自分の中で持ちたかったという、その研究的な部分なのか。もしくは、本当にこの風景、シークエンスって何だろうと考えて設計したかったのか。

八木(450):先にやりたかったのは研究的な部分で、共通言語のようなものを何か記号で表せないか、というのが最初です。

冨永:なるほど。そうしたら、具体的な地形や方角のようなものについての指標をもう1つプラスすると、研究がもう1歩、先に進めるのではないか。そんなふうに思いました。

野老:だから、他の何かに当てはめることで、もっとすぐれた研究に進化すると思うんです。現状では、都合のいいところだけをきれいにまとめた研究なんですよ。

たとえば、八木案(450)の手法で、和出 + 稲坂 + 内田案『嗅い』(375)を記述すれば、おそらく足りないものがいくつも出てきて、新たな指標や記号などが必要になってくるでしょう。それを克服すると、もっとしっかりした研究になるのではないでしょうか。

編註
*2　トラス構造:部材を三角形に組み合わせて構成する構造形式。
*3　ノーテーション:記譜法。本書34ページ、編註1参照。

本江(司会)：最後の5試合めです、審査員のみなさん、2つ選んでください。田口案『母は柔しく、父は剛く。そして子は鎹』(404)、和出 + 稲坂 + 内田案『嗅い』(375)、八木案『風景へのシークエンス』(450)、大久保案『葡萄畑のある暮らし』(291)です。気持ちは決まりましたでしょうか？　では上げてください、どうぞ。

（審査員一同　投票）

表7　ファイナル 第5試合 投票集計結果(1人2票)

発表順	ID	氏名	永山	金田	野老	冨永	合計	11選
1	404	田口 正法	★	★	★		3	選出
2	375	和出 好華 稲坂 まりな 内田 鞠乃	★	★			2	決選投票へ
3	450	八木 耀聖			★	★	2	決選投票へ
4	291	大久保 尚人				★	1	選外

本江(司会)：おお。3票、2票、2票、1票と分かれました(表7参照)。では、3票の田口案『母は柔しく、父は剛く。そして子は鎹』(404)は11選決定。2票の和出 + 稲坂 + 内田案『嗅い』(375)と八木案『風景へのシークエンス』(450)で決選投票です。どちらかを上げてください、どうぞ。

（審査員一同　投票）

表8　ファイナル 第5試合 決選投票 集計結果(1人1票)

発表順	ID	氏名	永山	金田	野老	冨永	合計	11選
1	404	田口 正法						●
2	375	和出 好華 稲坂 まりな 内田 鞠乃	★	★			2	●
3	450	八木 耀聖			★	★	2	●
4	291	大久保 尚人						

本江(司会)：ああ！（場内　どよめき）
どちらも2票です(表8参照)。ルールにより、決選投票で同点の時は同着になります。つまり、和出 + 稲坂 + 内田案『嗅い』(375)と八木案『風景へのシークエンス』(450)は同着で両者勝ち抜きです。おめでとうございます。
この結果、ファイナリストは11作品、11選になります。

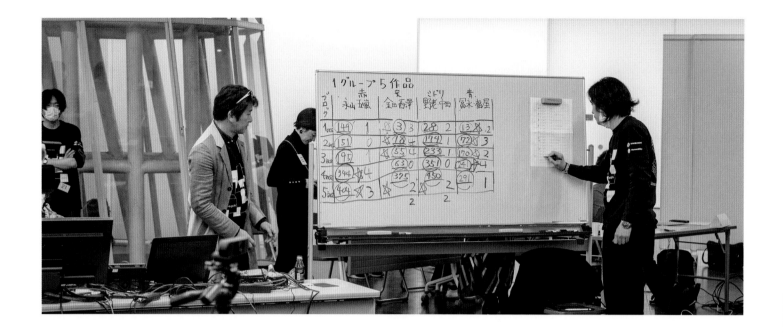

Selection of the Jury Prize

各審査員賞の選定

本江(司会)：先ほどの5試合を通した20選から10選の選出、結果的には11選になりましたが、あらためて勝ち抜いた作品を確認したいと思います。第1試合は、西田案『住み継ぎ』(003)、寺島案『言葉による連想ゲームを用いた設計手法の提案』(013)。第2試合が、田所案『便乗する建築』(018)、宮下案『小さな環境』(072)。第3試合が、関口案『建築と遊具のあいだ』(055)、金沢案『転置する都市生活』(170)。第4試合が、岡野案『出雲に海苔あり塩あり』(344)、丹羽案『TOKIWA計画』(241)。第5試合が、田口案『母は柔しく、父は剛く。そして子は鎹』(404)、和出＋稲坂＋内田案『嗅い』(375)、八木案『風景へのシークエンス』(450)。以上の11作品が、「SDL: Re-2020」の上位11選に選ばれました(表9参照)。おめでとうございます。

（場内　拍手）

本江(司会)：続いて、審査員長代理を務めた永山審査員から、簡単なコメントと永山祐子賞の発表をお願いします。

永山：「せんだいデザインリーグ　卒業設計日本一決定戦」(以下、SDL)は、どちらかというと、模型の印象的な作品を選ぶという傾向があったように思いますけれど、今回は最初から模型がない状態だったので、作品をどうやって読み解くかという審査はなかなか難しかったです。その代わり、短い時間ですけれども、ポートフォリオをいつもより細かく見たように思います。

その中で、セミファイナルの審査から見ていて、すごく細やかでいいと思っていたのが、今回、11選には落ちてしまったのですが、服部案『Omote-ura・表裏一体都市』(195)です。

彼の作品は、この短い時間の最終審査の中では十分に読み込みにくく、こういう試みは従来の作品にもあることはあるのですが、都心部の敷地で、本当に細やかにその場の文脈を読み込んでいって、そこで見つけたものを設計に生かしています。たとえば、碁盤の目の中のちょっとした軸のズレみたいなものを見つけて、それを設計に生かし、四角い既存の建物にちょっとした斜めのラインを

入れて、不思議な空間をつくり出していったりなど、手法自体もおもしろかったです。でき上がったものが、マテリアル(材料)をはじめ、何から何まですごくよくできていて、読めば読むほど、噛めば噛むほど味が出る、みたいな作品でした。

また、今回のプレゼンテーションのスタイル(パネルとポートフォリオによるリモート審査)にすごく合っていたような気がします。もちろん写真で見る限り、模型もとても魅力的だったので、そこに模型があったら、さらにインパクトがあったかもしれません。以上の理由で、この作品を永山祐子賞としたいと思います。

本江(司会)：永山祐子賞は、服部案『Omote-ura・表裏一体都市』(195)です。おめでとうございます。

（場内　拍手）

本江(司会)：続いて、金田審査員お願いします。

金田：今年はSDLだけではなく、いろいろな卒業設計展で、無観客の試合のような、模型のない状態で審査するイベントが数々あるので、先ほどの永山審査員の発言に同感で、卒業設計作品を審査する上で、ちょっと見方が変わっています。

そんな中でも、今回は、各作品ごとにポートフォリオの枚数が結構あって、提案の内容はしっかりと理解しやすかったように思います。とは言え、午前中のセミファイナルで審査を担当してしっかり見た作品と、午後のファイナルで、プレゼンテーションを聞いて、この短い時間でなるべく理解しようとした作品とでは、どうしても理解度に違いがある。完全にフェアな審査ができたかどうか、と言われれば、もしかしたら、少し見落としてしまっているところがあるかもしれません。11選以外でも、いい作品はたくさんあったと思います。

1つ選べと言われて、まだ優柔不断にウジウジと迷っていましてね(笑)。何を迷っているか、というと、1つは、関口案『建築と遊具のあいだ』(055)で、もう1つは、和出＋稲坂＋内田案『嗅い』(375)です。遊具(055)は、実は、JIA神奈川の「神奈川7大学 卒業設計コンクール」でも見たんです。ただし、その時には、A3パネル2枚だけだったので、ここまで

しっかりと内容を読み取り切れなかった。もちろん、モノが作られた部分についてはしっかり伝わってきたし、そのアルゴリズムもよくわかりました。しかし、むしろ、このプロジェクトの本当におもしろいところは、最後にある遊びのノートであり、図鑑だと思うのです。これが、個人活動だけではなくて、本当にネットワークで広がっていくような活動になると非常におもしろいんじゃないか、ということが、今回、よく伝わってきた。前に見たにも関わらず、内容は十分わかってなかったな、という発見がありました。すばらしいと思います。とは言え、2回めだから、今回はやはり、金田充弘賞は、和出＋稲坂＋内田案『嗅い』（375）に出したいと思います。

五感をテーマにした建築で、特に卒業設計で視覚以外の感覚として扱われるのは音（聴覚）のデザインが多い。その中でデジタル化しにくい最も感覚的なニオイをここまで建築の形に昇華させた点を高く評価したいと思います。永山審査員の質問には、「どちらかと言うといい匂いです」と、答えていましたが、僕は、いい匂いじゃ嫌だな（笑）。現代の社会には、ニオイがなさすぎると思うんです。もともと人間が暮らす空間には、もっとニオイがしたと思う。だから、「臭いです」とはっきり言ってほしかったな、と（笑）。「すごく臭いです、だけどこれが大切です」と言い切ってほしいというエールを込めて、これを選びたいと思います。

本江（司会）：金田充弘賞は、和出＋稲坂＋内田案『嗅い』（375）です。おめでとうございます。

（場内　拍手）

本江（司会）：では、続いて野老審査員、お願いします。
野老：今回は企画と運営、本当に大変だったと思いますが、今回、我々がやっているようなことを経験すると、本当に知恵が付くと思うんです。今、閲覧している260人のみなさん、絶対に身になることだと思うので、覚えておきましょう。
僕も、作者から他者へバトンがつながるものになる、という点で、関口案『建築と遊具のあいだ』（055）をいいと思って迷っていました。遊具の設計や作り方が多数掲載された図鑑になったことで、「では、こういうのもできるよね」というように他の人たちが参加できるし、遊具を作る方法にアル

ゴリズムが関わっていることで、応用性があって作者以外にも広がると思います。これはこれで、ぜひやってほしいです。
しかし、やはり建築という作品を選びたいと思うと、岡野案『出雲に海苔あり塩あり』（344）。テオ・ヤンセン*4の巨大スケール（規模）の彫刻を想起しました。「これぐらいの大きなスケールがおもしろい」という面もあるかもしれないけれど、小さい装置のようなものから巨大スケールまで、いろいろなスケールのものを想起して、実際に、ディテールを作ってみると、おもしろいと思うんです。そうすると、「やっぱり、風にはらまれるね」みたいな経験をして、もっと魅力的な案になる。これが移動ができるとすれば、周辺に建築以前の構造物もできるかもしれない。こういうものができると、何より地元の人が、すごく楽しいと思うんです。
この作品（344）は本当に実現可能だと思える点で、とても期待しています。こういう提案を見せてくれて、ありがとうございました。なので、野老朝雄賞は、岡野案『出雲に海苔あり塩あり』（344）にさせてください。やっぱり僕は、実際に作るということが好きなのかな。だから、作れそうなものを、エンカレッジ（応援）しました。

本江（司会）：野老朝雄賞は、岡野案『出雲に海苔あり塩あり』（344）です。おめでとうございます。

（場内　拍手）

本江（司会）：では、最後に冨永審査員お願いします。
冨永：SDLは、2011年に私がプレゼンテーションをしていた側なので、すごく緊張します。しかも、今回はじめてのオンライン審査だったので、出展者もどうしていいか、空気感がわからないし緊張していたと思います。
プレゼンテーションを聞いていてすごく感動をした作品が2つあって、今すごく悩んでいるんです。寺島案『言葉による連想ゲームを用いた設計手法の提案』（013）の文章、ドローイングと模型。そして、建築と言えるのかはわからないけれど、最後に生まれた、あの地形というか、ランドスケープ（風景）へ転換するまでの一連の流れは、全部が自分の内側から出てくるもの同士の対話になるから、すごく大変なスタディだっただろうと思いました。また、でき上がったものは、地形なのか建築なの

か曖昧で、見たことのないランドスケープが生まれている。
一方で、もう1つ、対極的な作品、丹羽案『TOKIWA計画』（241）に感動しています。首都高速が変わっていく20年という長いタイムスパンを経て、どういう変化があったらいいのかを検討したことと、強固なインフラではなくてささやかなインフラを使って街を変えようとしたこと。しかもそのインフラを街に対して開くかたちで作っていこうとするやり方。そのプロセスをはじめ、でき上がるものと時間軸を含めたプロジェクトの立体感に、すごく感動しました。
それで今、選べなくて、非常に悩んでいます（笑）。本当に選べないんですけれども、選ぶとしたら、丹羽案『TOKIWA計画』（241）にしたいと思います。責任感というか、「これをやり切るぞ」という気迫というか、気の配り方を取りました。時間軸を含んだ、小さくて大きなスケール感が、圧巻でした。

本江（司会）：ということで、冨永美保賞は、丹羽案『TOKIWA計画』（241）です。おめでとうございます。
以上のように、上位11選と各審査員賞4作品が決まりました（表9参照）。

（場内　拍手）

編註
*4 テオ・ヤンセン：（Theo Jansen）オランダの彫刻家、物理学者。アートと科学が融合した数多くの巨大な芸術作品を制作している。

開催中は定期的にsmtの換気作業を繰り返した。

表9　ファイナル11選選出結果と各審査員賞

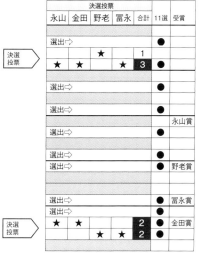

試合組	ID	氏名	投票 永山	金田	野老	冨永	合計		決選投票 永山	金田	野老	冨永	合計	11選	受賞
1	149	土田 昂滉	★				1								
	003	西田 静	★	★	★		3	決選投票 →	選出⇒					●	
	028	渡邊 憲成			★	★	2								
	013	寺島 瑞季		★		★	2		★	★		★	3	●	
2	151	岩崎 正人					0								
	018	田所 佑哉	★	★	★	★	4		選出⇒					●	
	174	中村 美月				★	1								
	072	宮下 幸大	★	★	★		3		選出⇒					●	
3	195	服部 秀生	★				1								永山賞
	055	関口 大樹	★	★	★	★	4		選出⇒					●	
	233	村上 卓也＋小濱 まほろ＋吉川 伊織				★	1								
	170	金沢 美怜		★		★	2		選出⇒					●	
4	344	岡野 元哉	★	★	★	★	4		選出⇒					●	野老賞
	063	原田 秀太郎					0								
	351	岡崎 あかね					0								
	241	丹羽 達也	★	★	★	★	4		選出⇒					●	冨永賞
5	404	田口 正法	★	★	★		3		選出⇒					●	
	375	和出 好華＋稲坂 まりな＋内田 鞠乃	★	★			2	決選投票 →	★	★			2	●	金田賞
	450	八木 耀聖			★	★	2				★	★	2	●	
	291	大久保 尚人				★	1								

凡例：
ID = SDL2020応募登録時に発行された出展ID番号。下桁表示
● = 上位10選（実際は11選）に選出
★ = 投票する番号札1票

セミファイナルで該当作品を選出した審査員グループ：
000 = グループ_01：永山祐子＋五十嵐太郎
000 = グループ_02：金田充弘＋西澤高男
000 = グループ_03：野老朝雄＋中田千彦
000 = グループ_04：冨永美保＋福屋粧子

永山賞 = 永山祐子賞、金田賞 = 金田充弘賞
野老賞 = 野老朝雄賞、冨永賞 = 冨永美保賞

*セミファイナルの各審査グループの選出作品をID順に1作品ずつ組み合わせた4作品×5試合。
各試合で2作品ずつ計10作品を選出（10選。実際は11選）。
*各審査員は各試合ごとに推薦する2作品に投票し、合計得票数の多い2作品が上位10選（実際は11選）に。
同点の場合は決選投票。それでも同点の場合は両方選出。

作者の個性がにじみ出たプレゼンテーション

齋藤 和哉（予選審査員）

ファイナルでは、セミファイナルを通過したファイナリスト20作品から11作品（11選）を選んだ。ここでは審査員と作者をオンラインのウェブ会議（オンライン・サービス：Whereby）でつなぎ、直接やり取りできるようにした。また、この様子はウェブ（YouTube）で配信し、全国からリアルタイムに審査を見守ることができた。
11選の選出方法は以下のとおりである。

1）20作品をセミファイナルの各審査グループの選出作品をID順に1作品ずつ組み合わせた4作品の5グループに分ける。
2）各グループごとに、①〜④の要領で選出作品を決める試合を実施。
①作者が1作品2分間でプレゼンテーションを4作品連続で行なう。
②10分間で4作品まとめて質疑応答。
③審査員が作品に対応した赤、黄、緑、青の4枚のカードを持ち、1人2枚（推薦する2作品）のカードを上げ、合計得票数の多い上位2作品が勝ち抜き。
④同点の場合は決選投票とし、それでも決まらない場合は

両作品とも勝ち抜き。
3）上記の①〜④を5回（試合）行ない、11選を決定。

約2時間半の審査を経て、無事に11選を選出することができた。その後、各審査員賞4作品を選出した。
コロナ禍の下、「せんだいデザインリーグ　卒業設計日本一決定戦」（以下、SDL）は、史上はじめてのリモート審査となった。当初は審査員、スタッフ一同、慣れないシステムに手こずっていたが、関係者全員のこの場を良くしようとする強い想いが良い方向に導いたのであろう、思ったよりもスムーズに進んだように感じられた。
また、作者の個性がにじみ出てしまうプレゼンテーション方式だったことも印象的であった。ネットにつないでいる場所（研究室、自分の部屋、車中、公園など）がそれぞれ違うことに加え、自分のテリトリーで話すことができるためか、例年よりもうまく話せる人が多かったように思えた。
望まない状況の下で偶然に生まれた審査方法であったが、ある程度のことをそれなりのレベルで実現できてしまった今回の大会を踏まえると、今年の経験を糧に、次回のSDLは、何らかの変換点を迎えることになるはずである。

本江（司会）：今年は「せんだいデザインリーグ2020 卒業設計日本一決定戦」（以下、SDL2020）改め、「SDL: Re-2020」ということでお届けしています。先ほどファイナル（公開審査）で、応募全242作品の中から上位11作品（11選）を選び、各審査員賞を選定するというプロセスまで完了したところです。今回は特別な状況と審査方法のため、本来のSDLならば、この後、日本一、日本二、日本三、特別賞までを決める過程を省略し、その代わりに、審査員同士が建築を主題として自由に対話できる時間を設定しました。ここからは、後半のシンポジウムとして、アドバイザリーボード*¹を代表して東北大学の五十嵐太郎コメンテータを加えて、進めていきます。
まず、審査員には順に、今回の審査を経て、感じていることを聞いてみたいと思います。

金田：出展者や観客がこの場にいないため、全然リアクションが伝わってこないことで、すごくやりにくいと感じました。当事者の一体感をつくり出すために、もう少し双方向の応対のリアリティを高めるテクノロジーの使い方があるんだろうなあと思いながら……。
でも、ここまできちんと20作品のプレゼンテーションができて、十分に内容を理解することができたことで、なかなかおもしろい取組みだったと思っています。通常のSDLよりは少ないですが、スタッフもいますので、スタジオ収録風景のように不思議な感じが、なかなかおもしろかったです。

永山：無事に11選は決まりましたが、私には少し心残りがあって……。今回そういう過程でないのはわかっていたのですが、途中から、心の中で「日

＊文中の作品名は、初出を除きサブタイトルを省略。
＊文中の（　）〈　〉内の3桁数字は出展作品のID番号。
＊アドバイザリーボード：本書4ページ編註1参照。
＊学生会議：本書4ページ編註3参照。
＊smt＝せんだいメディアテーク
＊SDL＝せんだいデザインリーグ　卒業設計日本一決定戦
＊重松ゲスト・クリティーク＝重松象平：SDL2020の審査員長。新型コロナウイルス感染拡大の影響で職場のあるアメリカ合衆国との移動によるリスクを鑑み、来日を断念。セミファイナル審査対象作品の一部を審査しコメントを寄稿。本書94ページ参照。

本一、日本二、日本三を決めるんだ」と勘違いしていて（笑）。先ほど、永山賞（審査員賞）を選ぶ時に、この後に「日本一」を決める決選があるという前提で選んでいたんです。だから心の中には、何となく思い描く日本一、日本二、日本三があるんです。（場内　笑）
各審査員賞を選ぶ時に、「実は他の審査員たちもそう思ってるんじゃないか」と思われる言及がありました。SDLの歴史の中で、日本一、日本二、日本三のない年があっていいのかなあと。
こういう時だからこそ、審査の形式は少し違うけれども、私たち審査員が作品への理解をなるべく深めて、きちんと日本一、日本二、日本三を選ぶということが、SDLらしいのではないか、と思っています。どうでしょう？

野老：ツイッターを見ても、今回の大会名に「Re」が付いているにもかかわらず、学生たちは、やはりSDLと呼んでいます。つまり、学生たちにとっては、今回が、SDLの幻の大会だというよりも、SDLを開催した、と認識されていると思うのです。だから、僕も永山審査員に賛同で、非公式でも日本一、日本二、日本三を決めるのがいいと思っています。
群として多数のものが集まるとその時代を象徴することになる。たとえば、永山審査員から見て、同じSDLの審査でも、SDL2007と今回とで、出展作の提案する建築の状況は全然違うでしょう？
参加した学生にも「ああ、こういうのがこの年のSDLだ」と忘れられないものがある。もちろん今の意味も重要ですが、これは後から見直した時に意味が出てくることだと思うので、非公式であろうと何だろうと僕は全面的に永山審査員に賛同します。

本江（司会）：金田審査員はどうですか？
金田：ええとですね、後半が始まる前にすでに、日本一、日本二、日本三を決めることに同意していました。（場内　笑）

本江（司会）：そうですか。冨永審査員いかがですか。
冨永：私も永山審査員に大賛成です。こういう状

況でも多数の学生たちが作品を出展してくれたというのは、すごいことだと思うんです。卒業設計に取り組んでいる時にはコロナ禍という状況はなくて、SDLの場でたくさんの仲間と出会うことを目標に頑張ってきた学生たちがいた。その気持ちを思うと、今、私たちが知り得ている内容できちんと日本一、日本二、日本三を選定するのがいいと思っています。大賛成です。

野老：1つ確認ですが、前提として、なぜ日本一、日本二、日本三を決めないほうが良かったんでしたっけ？
本江（司会）：いろいろな議論の結果です。従来の審査方法では、100選を決めて、ファイナリスト10作品を決めて、全審査員とファイナリストが1カ所に集まって各作品のプレゼンテーションをもとにリアルな質疑応答をした上で日本一、日本二、日本三、特別賞を決めていく。その過程で非常に詳しい質疑応答をしながら、SDLならではの議論の場をつくっていく。ファイナリストが実際に集まって議論をして各賞を決めることが、SDLに必須の条件で、それができないのなら開催は難しいのではないか、という議論の中で、今回は上位10作品を選ぶまでに留めると決まりました。
野老：今回の大会の名称は、SDLではなくて「Re」が付いた「SDL: Re-2020」です。別のイベントととらえて、今後のためにも「SDL: Re-2020」の日本一、日本二、日本三を決めていいのではないかと思います。

五十嵐：今回の作品選出方法については、短い時間の中、主催者間でいろいろな議論があり、僕は「暫定でも1位を決めたらいい」派でした。
今日は、ファイナルの11選の選出過程を選挙区割りになぞらえて、各試合を「中選挙区」と呼んでいました。候補者4人（作品）から2人（作品）選出するから（笑）。審査は激戦のほうがおもしろいので、小選挙区がいいかな、と。
BCS賞*²の審査をしたことがありますが、そこでは1位を決めずに十数の入賞作品だけを決めるんです。そうすると、突出したすぐれた案について

は全く議論されず、どこからを入賞にしてどこからを落とすかという議論になり、少し寂しい気がしました。

この流れで「暫定でも日本一を決める」ことになったら、ファイナル審査員という立場ではない僕に発言の機会はなくなる。なので、もう少し話を続けていいですか？

本江(司会)：どうぞ。

五十嵐：それでは、先に「SDL: Re-2020」について、感想を述べておきます。

今日の午前中のセミファイナル審査は中継されませんでしたが、各審査員グループとも、25作品を4時間弱で審査したので、いつもよりずい分ていねいに見ることができた。その点はすごく良かったと思います。

また、ファイナルの11選を選出する審査を見ていて、やはり、今年というか、今の時代を切り取っていると思える作品がいくつかありました。たとえば、僕の学生時代だったら、東京などの大都市に、大々的な再開発をどん！と提案するような作品が多かった。しかし、今回の20選には、都市部への提案も一応あったけれど、減築したり、時間の経過とともに変化したり、ささやかなものばかりで。僕は「今、東京はヤバいんじゃないか」「東京でおもしろいことができなくなっているんじゃないか」と思っているのですが、今年、ファイナルに残った作品を見て、その思いが裏付けられた。学生の卒業設計の場でも、地方や、大都市ではない場所で建築の可能性を見出している、ということが非常に印象的でした。

その中でも、海苔とか和紙といったアナログの手作業系のアクター・ネットワーク*3を主題として、生産をいろいろなものとの連関でとらえるという作品がとても多かった。5年前や10年前のSDLにはほとんどなかったタイプの作品が明らかに増えているので、これはやはり、最近の傾向だと思いました。

また、「時間の中で建築がどのようにあるか」という提案が上位に残った。11選の中にも「ある時間の軸でどう変化した」という提案（〈003〉〈241〉など）があったし、100選では千年とかもっと長い時間を想定した提案（〈046〉〈122〉など）もありました。SDLをずっと見てきて、今年は、長い時間のスパンを担う作品が上位に上がってきたんだなあと思いました。

本江(司会)：それでは、審査員4人の総意でもありますので、この後で、公式な「日本一」とするのかという議論はあるかもしれませんが、11選の選出で終わりにせず、もう少し議論をして、日本一、日本二、日本三を選出していくことにしましょうか？

審査員一同：（同意）

本江(司会)：ではそのように進めたいと思います。SDLで日本一を決めるということは、比べようもない全く違う作品を並べて、とにかく1位を決めるという、そもそも無理がある話です。けれども、その年の審査員がSDLの場において議論をして1位を決める、というのが、SDLでずっと継続してきた精神ですので、今年は、この4人の審査員で日本一を決めていきたいと思います。司会としては、審査方法は違うけれども、日本一、日本二、日本三を決めていいと思っています。

では、ファイナル審査の続きを始めたいと思います。正直、全然用意してなかったので（笑）、どのように進行するかわかりませんが、少なくとも今、急ごしらえで、ホワイトボードに投票欄を作りました。（投票欄を指しながら）上が、ファイナルの前半で選出された11選です。それぞれの作品のIDと、提案内容を思い出せるように主催者側で勝手に付けた作品のニックネーム、審査員4人の投票欄を作りました。

従来は、大抵、まず審査員が強く推す作品（☆）と普通に推す作品（★）に分けて1人3票程度を投票し、単純に多数決で決めるわけではないという意味で、その集計表を見ながら、議論を経て各賞を選出してきました。その過程で、本当はこの場に作者がいて、「こういう議論になってるけどそうなの？」といったやり取りを重ねながら進めるのですが、（学生スタッフに向けて）それは、今回はもう無理なんだろうね？

学生スタッフ：（無理という返答）

本江(司会)：やはり、それは無理なので、今までに我々が得られた作品への理解をもとに進めていきます。もしかしたら、議論の過程で「そうじゃないよ」とパソコンの前で11選の作者が歯噛みする場面もあるかもしれませんが、そこは勘弁してください。審査員が手元で11選のポートフォリオを見られるようにはなっているので、それをもとに日本一、日本二、日本三を決めるプロセスを進めていきます。

五十嵐コメンテータは、オブザーバーとして、今回、投票はしないということでいいですね？

五十嵐：はい。

本江(司会)：では、4人の審査員はそれぞれ、日本一に推す1票（☆）と日本二、日本三に推す2票（★）、計3票を投票してください。先ほど決めた各審査員賞とは関係なく、日本一、日本二、日本三を決めていきます。では投票してください。

（審査員一同　投票）

表10　日本一、日本二、日本三への投票（1人3票）

ID	氏名	永山	金田	野老	冨永	重松	合計
003	西田 静						0
013	寺島 瑞季				★		1
018	田所 佑哉		☆			◎	1.5
055	関口 大樹	★	★	★			3
072	宮下 幸大						0
170	金沢 美怜						0
241	丹羽 達也	☆			★	★	3.5
344	岡野 元哉	★	★	☆	☆		5
375	和出 好華 稲坂 まりな 内田 鞠乃						0
404	田口 正法						0
450	八木 耀聖						0

凡例（以下、同）：
ID = SDL2020応募登録時に発行された出展ID番号。下3桁表示
☆ = 日本一への1票、1.5点
★ = 日本二、日本三への1票、1点
◎ = 重松ゲスト・クリティークの推薦作品（参考）
*各審査員は、11選を対象に、日本一～日本三に推す3作品に投票（日本一：1.5点票、日本二、日本三：各1点票）。

本江(司会)：5作品に票が入りました（表10参照）。まず、各審査員から、その作品を推す理由を簡単に説明してもらい、その後、議論に入りたいと思います。では、席順で、金田審査員からお願いします。

金田：日本一、日本二、日本三を決めることには賛成ですが、先ほどまで全く順位を決めるつもりのないまま3作品を選んでいました（笑）。作品の選出にはメッセージが入ってしまうので、順位をつけるのと、良い悪いを決めるのは全然違う。

自分がセミファイナルで審査を担当した作品については、しっかりと読み込んでいるので、いろいろと応援ができる。逆に、十分に理解できていない作品については、セミファイナルで審査を担当した審査員に、「この案のおもしろいところはここだよ」など、補足で説明してほしいと思います。

そんな中で、まず、日本一に推すのが田所案『便乗する建築──和紙産業の作業工程を機能分解し地域資源として共用』（018）。「便乗」と言っても、実はささやかな便乗なんです。けれども、きちんと建築を提案している。この案は、制作工程への大々的な介入ではなくて、和紙を作るというプロセスのさまざまな過程に、地域住民の日常生活や観光客がちょっとした便乗をできるだけれど、実は、そのための加工をしっかりと考えられている上に、とても魅力的で新しい建築ができている。それで、まずこれに強く推す1票を入れました。

日本二、日本三に推す、通常の1票は、関口案『建築と遊具のあいだ』（055）と、岡野案『出雲に海苔あり塩あり──岩海苔と神塩の生産観光建築』（344）です。

関口案（055）は、どの審査員もが「いいね」と言いながら、誰も審査員賞に選ばない（笑）。まあ自分もそうなのですが、とてもひどい審査員たちなんです（笑）。やはり、図鑑を介したシステムになっているところに発展性があるし、その点がこの手の一般的なワークショップとは一線を画しているところだと評価しました。

岡野案『出雲に海苔あり塩あり』（344）についてですが、実は先ほどの休憩時間に、野老審査員と「あれ（344）、テオ・ヤンセン*4みたいだよね！」という話をして、「自分たちで勝手に作っちゃおうか？」ぐらいの盛り上がりを見せていたんです（笑）。そのように、妄想を含めて、見た人のワクワク感をかき立てる。この作品はそういう魅力だけで、その場所に活気を生むのではないか。そんな可能性を感じました。

本江(司会)：では、続いて永山審査員、お願いします。

永山：私の心の中で決めていた3つは、関口案『建築と遊具のあいだ』（055）と岡野案『出雲に海苔あり塩あり』（344）と丹羽案『TOKIWA計画──都市変化の建築化』（241）だったんです。でも、それぞれ本当に魅力的で、どれを強く推す（日本一）とは決めていなかったんです。

関口案『建築と遊具のあいだ』（055）は、「建築とは誰でも関われるものなんだ」と感じさせてくれる、すごく開かれた建築だと思いました。近年、よく「開かれた建築」という言い方を使いますけれど、関口案（055）は、新しい意味での開かれた建築だという気がしています。この画期的な試みをこのまま継続してほしいし、ぜひ、いろいろなところで実装してほしいと思います。実現に向けては、いろいろな課題があるけれど、こういう提案が許される日本になってほしいと思います。と言うのは、

私自身が設計する上でいつも窮屈な思いをしているので（笑）。「これはダメ」「あれがダメ」と一方的に上から規制するのではなくて、ある程度、使用者の自己責任に委ねて、より新しい経験を積めるような遊具や遊び場になってほしいという意味でも、すごく応援しています。

岡野案『出雲に海苔あり塩あり』（344）は、セミファイナルから見ていて、すごく魅力的な作品でした。彼の説明の中で、実際の現地の風景をわりときれいにこの建築の中に実現していることがわかったし、本当に実現できそうだと思わせてくれた。提案した建築が実際に動いている風景もきっと、人間の営みのためというより、自然と共生しているものだと思います。海苔のため、塩のためにできた空間に人がいて、またそれが魅力的だという。先ほど、別の作品（233）の質疑応答で、「2次的空間」と言いましたけれど、こういう美しい風景が、人間のためにあつらえられたもの以外のところに、たくさん眠っていると思います。この作品は、地方に眠っていて誰にも見えなかった原風景をここに集めている。そういう詩的な美しさのあるところがすごくいいな、と改めて思いました。

丹羽案『TOKIWA計画』（241）は、本当におもしろいと思いました。東京には今、いろいろな開発計画がたくさんあって、身近にも関係者が多数います。私自身が仕事で開発計画に関わることも多いのですが、その中でずっと抱えていた「このままでいいのかな？」という悶々とした思いに応えるように、この作品は、今の開発の波の裏をかくように、

現状の開発計画への批判をスパーンといい切り口で見せてくれた気がして爽快でした。こういう手法で、開発そのものを違う目線と切り口で利用してしまえるんだ、という新しさ。開発に対する新しいアプローチだし、こういう手法をディベロッパーや建築チームなど、関係者と前向きに話し合えれば、開発のスピードや開発自体の意味も変わる。「どこかの終結点で何かができる」という手法ではなくて、その先もそのまた先もある。もしかしたら「今の開発工事は仮設構築物だ」と言えるぐらい、連続して変わりゆく開発工事の切断面を鮮やかに切り取れるかもしれないと思えて、すごくうれしかったです。今、自分の関わっている仕事の悶々とした部分に一番近い身近なテーマだったので、日本一への強く推す1票は、この丹羽案『TOKIWA計画』（241）に入れようと思います。

本江（司会）： では、野老審査員お願いします。
野老： たぶん僕は、変な作品を推す審査員枠として呼ばれているような気がするのですが。
本江（司会）： そんなことはないですよ（笑）。
野老： 僕は、強く推す（日本一）1票が、岡野案『出雲に海苔あり塩あり』（344）で、通常の1票（日本二、日本三）が、関口案『建築と遊具のあいだ』（055）と丹羽案『TOKIWA計画』（241）です。
丹羽案『TOKIWA計画』（241）について、先ほど、リアリティがあるというコメントをしました。現在、多くの人は、都市開発の問題を他人ごとのようにとらえていると思うんです。政治のマター（問

題）で決まるから自分とは関係ない、と。だけど、やはり建築の学徒として、こういう分野にも想像力を加えられるのは、本当に良いことだと思います。我がこととして都市開発計画との距離を詰めていくと、ものすごく費用のかかる事業だから、そもそもこのプロジェクトが必要なのか、といった疑問が出てくるだろう。また、どこに設計者のアイデンティティを置くかという問題も生じると思う。都市におけるリノベーション（改修）はずっと続くので、僕は、20年後を見届けられないかもしれないけれど、彼や彼の次の世代が見届ける、というように、建築を壮大なスケールで考えられて素敵だと思いました。

関口案『建築と遊具のあいだ』（055）に関しては、従来のSDLであれば会場に模型をどう置いたんだろう、と想像しました。もし安全ならば、せんだいメディアテーク（以下、smt）の1階などに実物を置いて、実際に子供が遊んだら、すごく幸せな図が見られたと思います。「実はアルゴリズムというものがあって、それをお兄さんたちが考えてこの遊具を作ったんだよ」と言うと「だから安全なんだ」と子供たちもホッとすると思う。かなりシビアに試されるかもしれないけれど、ぜひともこの場（会場）に置いてほしかった。子供が安全に遊べたら、楽しいですよ。

そして、勝手にテオ・ヤンセン[4]と呼んでいた岡野案『出雲に海苔あり塩あり』（344）。動く建築という魅力があり、何より、海苔や塩を長年作ってきた熟練職人たちを巻き込む図が浮かんで、楽し

Reinforce

いだろうと思いました。実際に、建築よりはディバイス（装置）寄りの、小さなスケール（規模）で何か作ってみると、とても多くの発見があると思うんです。新しい伝統のようなことも生まれるかもしれない。

また、観光建築と書いてあった点についてです。たとえば、この会場の近くに、神事として継承されてきた塩竈（塩釜）という塩の釜があり（宮城県塩竈市）、見ると本当に感動します。こうした全国各地にある塩の名産地と連携すれば「出雲はこうだ」「塩竈はこうだ」など、別の知見も集められるのではないかと思います。この作品は本当にリアリティがあると思いました。

審査員の票がばらけると思ったけれど、そんなにばらけてないですね（表10参照）。

本江（司会）：では、最後、冨永審査員お願いします。

冨永：3作品ともそれぞれ別の個性があって、本当にすばらしいと思います。

審査員賞（冨永賞）の選出理由とは相反するのですが、こんな暮らしが本当にあってほしい、という未来を、きちんと自由に描いているところに大きな魅力を感じて、岡野案『出雲に海苔あり塩あり』（344）に強く推す（日本一）1票を入れたいと思いました。寺島案『言葉による連想ゲームを用いた設計手法の提案』（013）と丹羽案『TOKIWA計画』（241）の魅力については、先ほど審査員賞選定の際に述べたので、岡野案『出雲に海苔あり塩あり』（344）の良さについて、追加したいと思います。

岡野案（344）は環境建築である点がいいと思っています。先ほど永山審査員の発言にあったように、この建築は人間の営みによって支えられるんだけれども、人間の原理とは全く異なる自然の営みによって動いているところがある。そういう建築が海に飛び出したところにあり、風景の一部にもなっている。最初は、建築が大き過ぎると思いましたが、たとえば、人がそこにいなくても、寂しく見えないような力強さがあると思いました。そういうところに、この建築の強さというか、魅力を感じています。また、内観パース（透視図）を今、改めてじっくり見て、プロジェクトの深度を感じました。海苔の作業空間自体は、天井高を相当抑えている一方で、人が集まる場所や、風に建築がまるごと揺られているような環境などの大スケールの空間も下部にあり、設計する時に相当スタディ（検討）をしていることも強く推す理由の1つです。

本江（司会）：4人の審査員からの投票した作品へのコメントでした。

福屋：突然、失礼します。ここで、重松象平ゲスト・クリティーク（SDL2020審査員長）から寄せられたメールを代読いたします（本書94ページ参照）。審査経過とは別に、重松ゲスト・クリティークには100選の中からランダムに選んだ20作品を送って審査してもらいました。ニューヨーク（アメリカ合衆国）と仙台の時差は14時間ありますので、昨夜、日本から送って、現地の今朝から見るという突貫審査でしたが、見られる範囲でていねいに読み込んだとのことです。

総評としては、今年の出展作は自分が卒業設計として理解していたものと離れていて、たとえば、地方産業の再生やディストピア（暗黒世界）など、大きな

方向性としてはややネガティブ（否定的）で、ショックを受けたということでした。そして、送った中で推薦する4作品について講評が届いています。

少し強く推すのが、田所案『便乗する建築』（018）です。

「日常の生活と密接に関わる地方の産業において、便乗というより、より効率化していく上での1つのアイディアなのではないか。クリシェ（常套句）を越えた機能をリサーチやフィールドワークから紡ぎ出していることは評価できる。バナキュラー（土着的）な小屋から発想を得た屋根の構造体を美化するだけではなく、工程やアクティビティ（活動）をきちんと表現していること、模型の力強さやパース（透視図）も含めて評価できる」との講評でした。その他は、ここに残った11選以外ですので、作品名だけ紹介し、講評は後ほど公開します（本書94ページ参照）。奥田案『崖に立つ。――息吹く湯治文化』（400）、人見案『"Like"の肖像――インスタグラミズムの美学の分析と建築への応用、あるいは積丹の大地と新たな蒸留酒への賛歌』（059）、嶋田＋五十嵐＋田中案『馬搬ぶ暮らし――share horse計画』（115）です。そして、こういう時にこそ、きちんと顔を合わせて議論に参加したかった、との伝言がありました。

本江（司会）：福屋アドバイザリーボードより、本審査とは別系統ですが、セミファイナルにおける重松ゲスト・クリティークの推薦作品の紹介でした。11選では、参考までに、田所案『便乗する建築』（018）に1票という感じだと思います。ただし、審査としては、会場の4人の審査員で進めるということですので、4人が推した作品を改めて見ていきます。

小野田：もし、重松ゲスト・クリティークが審査員長としてここにいたら、全然違う結果になったかもしれません。「審査過程で、審査員全員で集まって議論して、どの方向性で作品を評価するのかを決めて進めないと審査するのは難しい」ということを我々は、今回の実験で知りました。そのことは、関係者全員で共有しておきたい。また、短期間でここまでできたのはすごいことですが、今回は従来の方式と違う仮設の方式なので、あくまで暫定として、次に本当の大会をめざす、ということをぜひ、共有してほしいと思います。

本江（司会）：中継をご覧のみなさんは、今、「この人誰？」と思っているでしょうが（場内　笑）、SDLのアドバイザリーボード、予選コメンテータの東北大学の小野田泰明さんです。

小野田：けれど、それですべてを切り捨てて、審査員が本当はどの作品を高く評価しているのかを、あえて聞かないのも不自然だから、全員で議論して、ここで暫定の日本一、日本二、日本三を選出するプロセスを進めるべきだと思います。しかし、結果だけがネットなどにポッと出て、「これがSDL2020の日本一、日本二、日本三なんだ」という結論が拡散するのは、我々主催者の本意ではない……。

永山：でも、どの建築賞でも、毎回、「この審査員だから、この作品」という組合せの積み重ねじゃないですか？　つまり、今年はこのシチュエーショ

ンだからこの作品が選ばれたけれど、審査員や状況が変われば、結果は違っていたかもしれない。SDLは、出展者みんなが日本一をめざしてやって来ている大会です。だから、たとえば、「この出展242作品の中だったら、この作品を選ぶ」「今の時代の中では、この作品を評価する」といった評価を出したほうがいいと思います。もちろん暫定は暫定ですが、それならすべての設計競技の審査が暫定とも言える。前向きなメッセージとして「日本一」を決めよう、というのが今日のテンション（雰囲気と気分）のような気がします。

小野田：企画当初は、「SDL: Re-2020」はシンポジウムだけで終わっていい、この審査方法では日本一を決めきれないだろうと考えていました。しかし、今日の流れと雰囲気を見て、むしろ「日本一を決めてほしい」という側に立っています。リモートにせよ、せっかく11選の作者全員が集まってくれているし。けれど、やはり引っかかりもある。それは今日、ネットで審査した審査員が一番感じていることと同じだと思います。

野老：正にこの議論をできて良かったと思います。普通なら起きない議論だと思う。

今回の審査方式に、すごく歯痒い思いをしてる出展者もたくさんいると思う。けれど、先ほど「日本一をきちんと選出しましょう」と我々審査員が同意した。これは裏でコソコソ決めた話ではなくて、全部オープンになってる。あくまでも、SDLではなくて「SDL: Re-2020」ということで、暫定ではなく、決定でいいような気がします。

本江（司会）：大会名が違うということですね。

野老：これを見ている若い人たちには、よく覚えておいてほしいのです。これは、決め方の決め方、設計の設計のようなことかもしれない。たとえば、誰がいるかによって決め方が決まるというストーリーもあるから、ここにすごく声の大きい大家がいたら、それに従ってしまう、という決め方もあっていい。

もちろん、何がすぐれた決め方なのか、今日この場で結論の出る話ではないけれど、ここでこの議論をしたということが重要だったと思います。

本江（司会）：たくさんの証人（ウェブの閲覧者）とともに議論していますから。

福屋：「SDL: Re-2020」の準備を進める中で、今回、「日本一の選出」の実施を検討しました。SDLには、これまで守ってきた「公平性」「公開性」「求心性」という3つの原則があり、出展する学生は「SDLは、大きい模型をどーんと展示できて、作品をきちんと見てもらえる」と期待している。やはり、「模型を見てもらえてこそSDL」というイメージがとても強いと思うんです。

学生たちは模型を出展するつもりだったのに、パネルとポートフォリオだけの提出（審査）に変更となり、募集から2日間という短期間で急いで準備した。急遽変更された材料だけで作品の意図や内容をきちんと伝えられているのか、という点で強い疑問が残ります。

「今回は、日本一の選出が厳しい」と思ったのは、今、評価するとすれば、あくまで「今回の限定された条件下」で「本当の実力を見ていない」という留保付きでの選出でしかない。それを「日本一」と名付けて

いいのだろうか、と。

小野田：そもそも、新型コロナウイルスの影響で、smtで人を呼んで大会をできないという事態になった時に、「もうSDLを丸ごと中止するしかない」と思いました。しかし、各学校で「学生は一切イベントに参加するな」といったガイドラインが出た時に、「本当にそれで止めていいのか？」と疑問を抱いた。もちろん、防疫に最大限の努力をするのは人として当たり前だけれど、感染拡大と創造的な議論を上手に仕分けすることができれば、実現する方法はあるのではないか。この「SDL: Re-2020」は、リモート（遠隔）でできることをいろいろ考えながら理性的に仕分けし、防疫を完璧にして、創造的な議論ができるか、という挑戦によって生まれた仮設的な場所なんです。

「SDL: Re-2020」自体が仮設的な場所なので、そこで日本一を選ぶということを、むしろやり切ってもらいたいと思います。それがSDLの歴史として積み上がっていく。

過去のSDLでは、千人入れる会場で「もう面倒くさいから投票で決めよう」という大家の審査員長がいて、会場で手を挙げた人数の多いほうが日本一に決まった年もあった（SDL2013）。けれど、野老審査員が言うように、それも歴史だと思うんです。そういう決め方もあり、それでおもしろい作品が選ばれたので、決してその方法が悪いと言っているわけではない。方法と結果は常に対である、ということを、今回、我々は身をもって体験したと思います。

でも、これは仮なんだ、ということだけは、申し伝えたくて、楽屋裏から出てきてしまいました。

本江（司会）：ということを改めて確認しました。見ている人、特に一番大事なのは、応募した学生たちが、ここで何をやっているのかを理解できることです。そこで、限定的なものであることを承知の上で、「11選を決めて終わりというわけにはいかない」ということを主催者と審査員で合意しましたので、日本一、日本二、日本三を決める過程を進めたいと思います。

得票の入った寺島案『言葉による連想ゲームを用いた設計手法の提案』（013）、田所案『便乗する建築』（018）、関口案『建築と遊具のあいだ』（055）、岡野案『出雲に海苔あり塩あり』（344）、丹羽案『TOKIWA計画』（241）の5作品の作者には、先ほどまで入っていたウェブ会議に接続してもらいます。（場内 拍手）

ただし、ここから改めて質疑応答をするのは難しそうなので、結果が決まった後で、コメントをもらう程度になるかと思います。それで、よろしいでしょうか？

審査員一同：（了承）

本江（司会）：では、先ほどの投票状況を見ると（表10参照）、普通に考えると、満票の岡野案『出雲に海苔あり塩あり』（344）が「日本一」、3票の内1票が強く推す票の丹羽案『TOKIWA計画』（241）が「日本二」、強く推す票の重みをどう考えるかですが、得

票数で言えば、3票の関口案『建築と遊具のあいだ』（055）が「日本三」となるところです。

金田審査員が田所案『便乗する建築』（018）に強く推す票を入れています。また冨永審査員が寺島案『言葉による連想ゲームを用いた設計手法の提案』（013）に通常の1票を入れているけれど、どう引導を渡すのか。まず、金田審査員、どうでしょうか？

金田：関口案『建築と遊具のあいだ』（055）には通常の3票が入っていて、僕自身も入れています。もちろん、すばらしい作品だと思っているので、これが入賞しても、全く反論するつもりはないんです。どれを日本一に推すかを、かなり迷いましたが、僕はこの時点でまあまあ満足なんです。

というのは、暫定の日本一、日本二、日本三も大事ですが、この土俵に、これだけの議論の対象として上がってきていること自体で、十分に評価されていることだと思うからです。

先ほどの議論にあったように、今回の形式、やり方は特殊なので、それが違えば、もちろん選ばれた作品も違う、という面はありますが、実は、審査員の違いによる差のほうが大きいと思います。我々は日々、選ばれる側なので（笑）、我々にとっては、かなりリアルなんです。審査員によって、どんな建築案が選ばれるかは変わります。だから、学生たちは、こういう状況で、こういう審査員だったからこういう結果になった、というのは当たり前だと思ったほうがいいと思います。

今回の状況は全く特殊ということではなく、重松

ゲスト・クリティークが審査員長として今回来られないというのも、これが実施コンペ(設計競技)だったとしても、十分あり得ることです。「だから、今回は選出を止めましょう」ということは決してなくて、残りの審査員で間違いなく選出します。つまり、今回の状況はとてもリアルなのです。とは言っても、予定調和的に、得票順に決めるというのはつまらない(笑)。せっかくなので議論したほうがいいと思います。

僕も関口案『建築と遊具のあいだ』(055)を評価していますが、あえて議論するとしたら、これは僕の専門に近くて、架構体の提案に過ぎないということです。システムはおもしろいけれど、そういう作品を建築の賞の上位にしていいのか。それよりも、きちんと建築的な空間をつくった作品を評価するべきではないのか、という迷いはあります。私の研究室の学生は、大抵このような作品を設計するんです。そして、「その理論はおもしろいけれど、これを1位にはできないね」と評価されるケースが多い。だから、むしろ入賞してほしいという思いもあるけれど、通常の理論からすると、果たしてこれは建築なのか、と。それについて議論できればおもしろいと思っています。

本江(司会):票を入れていない冨永審査員、どうでしょう?
冨永:私は、関口案『建築と遊具のあいだ』(055)は、建築だと思います。
素材集めから最後の遊ぶところまで、彼1人で組み上げていたら「絶対に建築ではない」と思うけれど、彼は、他人と一緒に作って、やり方を考えて、それをまた他人に渡せる状態──コミュニケーションのできる状態にした。それは、建築にとって一番重要なことだと思います。だから、建築の賞に値すると思います。
金田:では、冨永審査員は、あれがパビリオン(東屋)だったら評価しないけれども、子供たちと一緒に作り、子供たちが使うという用途のあるものだから、建築だと認めるということですか?
冨永:そうですね。同じ設計内容だったとしても、パビリオンを設計したという図面が出てくるだけだったら評価はしないと思います。

本江(司会):では、野老審査員。
野老:「これは本当に建築なのか」という問題を、金田審査員が提起してくれたことにはすごく意味があると思います。けれど、僕は「建築とは何ぞや」のように定義するのはあまり得意ではなくて、避けてきました。たとえば、都市における遊具は国土交通省の管轄というように、家具と遊具の違いは、実は、法律の規定だったりする。僕は、やはり、建築は、裾野を広げたり、領域を広げてものを考えられる、すばらしい分野だと思うんです。
関口案『建築と遊具のあいだ』(055)は、少なくともアートと違って、作る過程で、人が遊んで安全でなくてはいけないということを考えたと思います。たとえば、岡野案『出雲に海苔あり塩あり』(344)は、間違いなく建築であるし、地方創生にも絡んでいることでも、いい議論ができると思うんです。寺島案『言葉による連想ゲームを用いた設計手法の提案』(013)は境界領域にあり、その意味では、名前も付けられない魅力的なことをしているのか

もしれない。そこは議論に値するのではないでしょうか?
それから、重松ゲスト・クリティークが推挙した田所案『便乗する建築』(018)も議論するべきだと思います。これは建築ですし、僕もすごく魅力的だと思います。

永山:実は、私も同じように悩みつつ、関口案『建築と遊具のあいだ』(055)を推してます。
今では、DIYを含め、専門家が専門的に作っているもの以外のものも、建築の領域に入ってきて、建築という意味そのものが広がりつつあると思います。先ほど選定理由で述べたように、そういう中で、このように(遊具の)作り方を開示しながら、誰もが(遊具を)作っていける、という仕組みそのものが、やはり新しい建築のあり方の1つのモデルケースになっていると思います。遊具に留まらず、もしかして将来的には、建築の作り方を開示する提案につながるかもしれない。現在、すでに、そういうことをしている人はかなりいる。このように、建築は専門家だけのものではなくなり、少し外に開かれていっている。
たとえば、今、正に進めている、番組を制作してYouTubeで配信する方式を見ても、昔はテレビ番組をつくるテレビ局関係者だけがしていたことを、今は、一般の人たちでもできるようになっている。このように、建築も含めて、1つの領域が従来の領域の中だけで小さくまとまってしまうのではなく、誰もが関われる可能性のある時代になってきた時に、改めて「建築とは何だろう?」と問う、という問題だと思います。その意味で、関口案(055)は、もちろん、遊具としても評価しますけれど、それを超えた建築の評価として、とても現代的なテーマをきちんと持った建築として、今の時代を的確に切り取っていると私は思います。

金田:今度は、打って変わって関口案『建築と遊具のあいだ』(055)の応援演説をしようと思います(笑)。
通常、建築家は、画家や陶芸家と違って、設計するだけで自分では実際に作りません。施工会社には設計部門があるのに、設計事務所は施工部門を持ってない。この設計と施工のボーダー(境界線)をどこかで崩したい、といつも思っていました。設計者が家具を作るシステムを考えて提供し、施工者はただ職人的に自分で家具を作る、といった方法ではなくて、みんなと一緒に作ることができる、という関口案(055)の提案。このボーダーの越え方は、建築の世界で、すごくおもしろいことだと思います。

永山:関口案『建築と遊具のあいだ』(055)の本人とつながるでしょうか? ここまで議論してるのを聞いて、「俺に言わせろ～」という何かがあるかしら(笑)。
本江(司会):関口さん(055)、聞こえますか? どうぞ話して。
関口(055):卒業設計にあたって、根底にあった一番大きい動機は、極めて主観的ですが、やはり子供が好きだったということです。最初は、園舎の設計も考えましたが、身体スケールで子供と関わりたいと思ったのが、この提案内容にした理由の1つです。

しかし、たとえ、僕が1つの敷地にこの遊具のような建築のようなものを作っても、僕が死ぬまでの間に関われる範囲は限定的で、子供たちの豊かな遊び場を作れるエリアは限られます。子供は全国にたくさんいますし、公園もたくさんあります。そこで、先ほど、野老審査員の発言にあった「設計の設計」という意味で、1つの仕組みがありさえすれば、たとえ僕が死んだとしても、他にも子供に携わる情熱を持っている人はいるので、次につながっていくのではないか、と考えました。この建築を考えていく上で、子供たちが形を作ったり、遊んだりできるプラットフォームのあり方が、重要なのではないか、ということを、もともと強く意識していました。
この提案で、僕は形に対して魅力を感じているわけではありません。形を生成する中で実施した、子供たちがいろいろな遊びを発見する過程を、もっと多くの子供たちに体験してほしいという思いが一番強いのです。そして、今後、社会に出ていく上で、そういう過程を社会実装していきたいという思いがあります。
大人や他者が遊具や遊び場をデザインすることの重要性も理解しています。だから、この先、僕らは、この提案を可能にするデザインと、他者のデザインの間をどうつなげていくか、を考えていかなければいけないと思っています。

本江(司会):すばらしい。
ここまでの議論の流れでは、登場した岡野案『出雲に海苔あり塩あり』(344)と丹羽案『TOKIWA計画』(241)のコメントを聞けばいい状況ですけれど、得票のあった5作品のコメントを聞きますか?
審査員一同:(同意)

本江(司会):それでは、1得票、冨永審査員が推した寺島案『言葉による連想ゲームを用いた設計手法の提案』(013)。他の11選と少しトーンが違い、ポエティカル(詩的)でメタフォリカル(暗喩的)なテーマを設定した作品で、卒業設計に多い1つの類型とも言えます。審査員たちはそこを評価して、11選に残ったと思います。議論を聞いた感想などがあればお願いします。
寺島(013):卒業設計にあたり「何か建築を作ることが、建築家としての評価を得られることではない」と私自身が、周囲からすごく言われてきました。卒業設計でしかできないことが何かあると思う中で、一番やってみたかったのが、「考えを訓練する」ということだったので……。審査員からの指摘は、納得していますけれど、プロセスを見てほしいと思います。

本江(司会):そこは十分伝わっていたとは思います。審査員から何かあればどうぞ。
冨永:寺島案(013)は、文学、ドローイング、模型、そして造形、というように、自分の内側にこもって情報を交換していくプロセスがすごく内的で、たとえば、でき上がったものに対して「こうじゃないか」と他者からコメントできる余地がない。変に聞こえるかもしれませんが、そういうある意味では社会性のない部分に、私はすごく魅力を感じています。
けれど、どんなにプロセスを工夫してつくり上げ

た建築でも、でき上がった途端に作者の思考とは離れて、ある意味で、社会の中で独立した建築単体として批評を受け止めることになる。そうなった時に、この建築はどう評価できるのか。プロセスを切り離した時、最後に出て来たランドスケープ模型に感じた疑問が、日本一に推せなかった理由です。日本一ではなくてごめんね。でも、すごく魅力を感じて推していました。

本江(司会)：たくさんのアイディアがある作品で、おもしろく見ていました。

野老：僕のように、設計事務所でないところで頑張ろうとしている立場から見ると、寺島案『言葉による連想ゲームを用いた設計手法の提案』(013)の作者は、応援したいというか、建築界にいてほしい人材だと思います。体力を駆使してハウジングなどを設計する人だけでなく、建築というツールで何かを表現する、寺島さん(013)のような人もいたほうがいいと僕は思う。だから、冨永審査員が入れた1票にはすごく意味があると思います。
今の思いつきだけならここまでだけれど、今後も刃を研ぎ続けて、このようなアプローチで追求し続けてほしい。いつか「こんなものができました！」となれば「やっていて良かった」と思えるから。どこで働こうと、続けられると思います。

永山：寺島案(013)はすごく魅力的だし、卒業設計には、作者の思い込みをどこまで深めていけるか、という面もあるので、すごくいいと思う。けれど一方で、冨永審査員からの指摘のように、社会の中にでき上がった建築から、多様な考え方の人々が何を受け取れるのか、という逆のベクトルも同時に考えなければいけない。いつも、その点で悶々としつつ、他者とのぶつかり合いの中で「いや、こうだ」と主張できるものを提案するのが建築だと思っているので、そこを外してはいけないと思うのです。
他者との摩擦があってこそ建築というか、自分の内面にあるものと外部のものとの摩擦の中に生まれるものに、建築の本質があると思うので、もっと寺島案(013)の摩擦を見たかったです。

本江(司会)：次に、重松ゲスト・クリティークも推挙した田所案『便乗する建築』(018)に訊きたいと思います。
今は、プレゼンテーションの時と違う場所にいるね(笑)？ 議論を聞いていて、また自分の作品に対する評価を聞いてどう思いますか？

田所(018)：高校生の時に、SDL2014の日本一『で

01 SDL2014日本一『でか山』。 Photo by Toru Ito.

か山』*5を見て衝撃を受けてから、卒業設計をしたいと思って大学へ行ったんです。ところが、4年間頑張ってめざしてきたSDLが、新型コロナウイルスの影響で中止になり落胆しました。けれど、そんな状況下、運営スタッフや審査員のおかげで、この場をもらえたので、満足した気持ちでいっぱいです。
それで、一言残すとしたら……。自分は卒業設計でいろいろ考えて、学んだことがたくさんあるので、将来、建築家になって、自分が得た建築の考え方などを実現したいと感じました。

（場内 拍手）

本江(司会)：すばらしい。拍手が起こっています。

野老：『でか山』を設計した先輩にも伝えたいですね。みなさんのやっていることが、次世代の「建築をやってみたい」というスイッチを押すこともあるんです。興奮しちゃった(笑)。いや、その、がんばろう！

審査員一同：（笑）

田所(018)：がんばります！ ありがとうございます。

永山：今のコメントを聞いただけで、何だかもう、うるっとくるぐらい、いいヤツだなあ、と(笑)。社会に出たら、絶対に、そういう純粋な心が次を切り開くので、これからも持ち続けてほしいと思います。
そして今、キャンプ場なんですか？

審査員一同：（笑）

田所(018)：そうです、キャンプ場です。

永山：いや、パーソナリティと作品がぴったりだと思って。背景からしてすごく納得しています(笑)。がんばってください。

田所(018)：ありがとうございます。

本江(司会)：続いて丹羽案『TOKIWA計画』(241)です。たくさん議論し、多数の支持を受けています。

丹羽(241)：この提案では、建築の最終的な形態よりも、建築を作るシステムの提案を重視しています。この仮設構築物を使う手法は、必ずしも常盤橋という場所や、この都市計画に限らず、他の場所や都市計画にも適用できるのではないかと思っています。私が一番やりたかったのは、手法にそうした普遍性を持たせることです。この手法の意義について、ある程度、審査員に評価してもらえたのは大変うれしいです。

本江(司会)：丹羽案(241)についてはかなり議論しましたが、足りない部分などあればどうぞ。

金田：ドローイングを含めて、すごく好きな作品です。けれど、丹羽案『TOKIWA計画』(241)が票を集めたことは、正に時代を表している。今、東京では、すさまじい量の再開発が行なわれている中で、市民や建築家にとって工事現場や開発計画内容はほとんどアンタッチャブル(手の届かないもの)になっている。そんな状況の中で、「開発計画の工事現場を社会に開くシステムが何かないのか」という誰もが抱いている問いへの提案だったことで、審査員の賛同を得たのだろうと思います。
また、仮設建築というか、工事現場の「現場感」が、建築関係者はみんな好きなんだ(笑)。それこそ、スペイン、バルセロナのサグラダ・ファミリ

ア*6があと6、7年で完成するけれど、実は、完成しないほうがいいと思っているんです。見方を変えると、ずっと作り続けられていて、完成形のない、常に工事をしている東京のような都市の姿に重なる。丹羽案(241)が描いているようなことは、実際に起こっているから、いかに魅力的に見せるかを検討し、システムを少し変えるだけで、この作品は格段に実現可能になると思います。
一方で、丹羽案(241)は、全く新しいものを提案しているわけではなくて、実は、日々起こっていることを誰にでも見える形に可視化した、ということなのかもしれない。そう考えると実にリアルな提案だと思います。とても魅力的です。

丹羽(241)：ありがとうございます。

冨永：私も丹羽案(241)はとても素敵だと思います。けれど、もっとこうだったらいいのに、と思うことが1つあります。
システムの提案は、作られていくプロセスがまざまざと見えてくる街のようなところがすごく魅力的です。そこに、この過程を、近くで正に20年間見続ける人の視点や、この前を通り過ぎながら見る人の視点などが加われば、システムの提案を超えて、建築自体の空間性にまで発展するような予感がするんです。提案したい趣旨とは相反するかもしれませんが、ぜひ、考えてほしいと思いました。

丹羽(241)：ありがとうございます。

本江(司会)：では、最後に最多得票、満票の岡野案『出雲に海苔あり塩あり』(344)、コメントをどうぞ。正しく理解してもらえたと思いますか？

岡野(344)：地域に根差したヒューマン・スケールの建築も考えましたが、やはり、ワクワクするような建築を作りたいと思って設計しました。他人をワクワクさせることが、建築の持つ力の強さではないかと思っているので、そういう部分を評価してもらえたのはすごくうれしいです。

本江(司会)：これについてもたくさん議論しましたが、何かありましたらどうぞ。

野老：なんか……。今度、飲もっ！

審査員一同：（笑）

冨永：なんか、いいですね。みんなで飲みたいくらいです。

野老：僕は岡野案(344)を広く知らしめたいと思っているのです。
たとえば、体育大学の1位決定戦があったら、専門を問わず誰もが見たがるでしょう。音楽大学の1位決定戦も同じでしょう。しかし、今、建築の卒業設計の1位決定戦であるこの場にいる人は、運営スタッフも含めて、99.9%が建築系の人です。建築分野内だけのローカルな話で終わらせずに、ぜひとも、海苔の業者、塩の業者などに知らしめてほしいんです。暫定かもしれないけれど、もしこのまま進んで「日本一」になったら、島根県の新聞などに売り込もうよ。

審査員一同：（笑）

野老：地方にワクワクするものを。「出雲だったらこうだ」「うちだったらこうだ」のように全国に波及していったら、すごくおもしろいと思うんだ。

五十嵐：ちなみに、前出の『でか山』*5の作者は、

石川県七尾市で建築に携わっていて、まだ実現してはいないけれど、地元の七尾市で『でか山』を実現させよう、という話がある。それぐらいのインパクトがあった。

野老：なるほど。では、すでに、卒業設計を超えたポテンシャル（潜在力）を持つ作品を設計した、いい先輩がいるのですね。ただし、実現化に向けては、やはり、岡野さん（344）の情熱によるところが大きい。周囲を巻き込むことも建築家の力だと僕は思っています。ぜひ第2の『でか山』*5を、というか、地元で「海苔塩できたぞーい！」みたいな状況を実現させてください。

本江（司会）：「動いてんぞ〜！」みたいね。

野老：うん。「日本一」になったら、本当に、地元の誇りじゃないですか。作者の思いは、ずっと海苔や塩を作ってきた生産者たちにちゃんと伝わると思うんだ。ぜひとも次の段階をめざしましょう！

岡野（344）：はい。ありがとうございます。

（場内　拍手）

本江（司会）：思わず、拍手してしまいました。野老審査員たちに釘を刺された点もありますし、今回の審査形式での暫定かもしれませんが、議論を経て、やはり得票順で、岡野案『出雲に海苔あり塩あり』（344）が「日本一」、丹羽案『TOKIWA計画』（241）が「日本二」、関口案『建築と遊具のあいだ』（055）が「日本三」ということでよろしいでしょうか？

審査員一同：（拍手、賛同）

本江（司会）：ありがとうございました。日本一、日本二、日本三が決まりました（表11参照）。

表11　日本一、日本二、日本三の決定（協議）

ID	氏名	永山	金田	野老	冨永	重松	合計	受賞
013	寺島 瑞季					★	1	
018	田所 佑哉		☆			◎	1.5	
055	関口 大樹	★	★	★			3	日本三
241	丹羽 達也	☆		★	★		3.5	日本二
344	岡野 元哉	★	★	☆	☆		5	日本一

註
＊得票した作品のみを掲載
＊11選で得票した作品との質疑応答を経て、投票結果をもとに協議の上、各賞を選出

本江（司会）：本来は、シンポジウムとして、もっといろいろな話をするはずだったので、最後に、審査員と五十嵐コメンテータから一言ずつコメントをもらいたいと思います。ここまでの審査についてでも、日本一を選出することになった状況への理解でも結構です。

金田：みなさん、特に中継を見ている人たち、お疲れさまでした。

私はSDLに参加するのは、はじめてだったので「いつもはこうだ」という予備知識が全くない中で審査に臨みました。どう考えてもノーマルな状況ではない中、この決め方はアリだと思います。

個人的には、大きい模型を確かに見たかった。そして、実物の模型を並べて日本一、日本二、日本三を決めるというSDLの審査方式やイベントの継続はすごく大事だと思います。ここにいる、「SDL: Re-2020」を正に1週間でつくり上げた主催者のみなさんが、SDLの方式をとても大事にしていることも痛感しました。

しかし一方で、こういう審査形式であれば、参加できる学生がもっと増えるのではないか、とも思います。たとえば、大きい模型を九州から送るのは、コスト面も含めて、かなりの負担です。けれど「大きい模型を送れない」「仙台に来るのが大変だ」という学生でも、ポートフォリオなどのデジタル・データを送って、オンラインの質疑応答に出られれば、作品を批評してもらえる。今回の方式であれば、もっと別の層の学生たちがイベントに参加するのではないかと思うんです。どうですか？

野老：新たなイベントとして考えたらいいと思います。しかも、英語でもいいとしたら、いきなりインターナショナルなイベントになる。

しかし、今回は、逆に模型の力の大きさを感じました。言語や、システム、テクノロジーなど、今後の運営を考える上で、「SDL: Re-2020」の開催は、本当にいいきっかけになったのではないかと思います。

また、我々審査員は、運営側の困難さ、多数の配線ケーブルなどを見ているので、本当はこの会場を映したいです。こんなに機材や準備が必要なのだと。けれど、参加者が、このすべてを忘れずに持ち帰るのは大変でしょう。僕は今日、絶対に、何か忘れて帰るような気がするんです（笑）。でも、今回の経験を通して得られた叡智は貯まっていくものだと思います。本来のSDLに参加できず、悔しい思いをした学生もたくさんいると思うけれど、それぞれ次につなげていってほしいです。

本江（司会）：近い将来、きっと何かにつながる、ね。

金田：最近、いろいろな国の人が代わる代わる参加してくる、72時間SNS会議のような場に短時間だけ参加したんです。もしかしたら、SDLのオフシュート（横枝）として、たとえば、野老審査員が言ったように、英語で話して、審査員は時間ごとに変わっていき、どんどんどんどん別の人たちが参加してくるようなイベントの実験をしたらいいかもしれない。いわゆるスタンダードなSDLの代替ではなくて別イベントとして。今回こういうイベントをやってみたから、新しい可能性もある、というのがわかったのかもしれない。

いずれにしても、今回は意外とうまくいきましたね（笑）。20作品をオンラインでつないで、よくこんなにうまくいったなと驚いています。

今日、作品を審査するのは、とても楽しかったです。つまり、非常にいい作品がたくさんあった。「いいなあ」と思える作品があると、岡野さん（344）じゃないけれど、ワクワクしますね。「いいなあ」と思えて応援したくなる作品があって、元気をもらえた楽しい1日でした。

永山：こういう事態になって「SDLは中止になりました」と言われ、「まあそうかなあ」と思って、私の心は「行かないんだ」と思っていたら「いや、SDLの代替企画をやります」と言われた。「え？　どうやってやるの？」と、よくわからないまま、「どういう心持ちでいればいいんだろう」と思いながら仙台に来たんです。でも今、本当に来て良かったと思っています。

最近、コロナ禍によりいろいろな出来事が生じていて、従来の方法をリセットしたり、見直したりせざるを得ない状況に陥ることがとても多い。たとえば、災害による被災でも同様ですけれど、非常時に、かえって日常の尊さがわかる。それは今

回の「SDL: Re-2020」でも同様で、従来のSDLは模型があって、その迫力がわかって、すごく良かったんだなあと改めて思った。

こういうコロナ禍のような事態は起こってほしくありませんが、起こった時に、逆にその事態を前向きにとらえられるかどうかが重要だし、今回の経験を教訓に、これからいろいろなことが変わっていくんだろうとも思います。リモートワークも増えて働き方も変わってくる。それこそ建築そのもののありようも、これをきっかけに変わるかもしれない。その転換期にいるということを、ここに来て何だか実感できた気がします。

学生たちは「ああ、今年だったからSDLに作品を出せなかった」と残念に思うかもしれないけど、ピンチをチャンスに変えるというか、前向きにとらえて、「だからこそ、他にできることがあるかもしれない」「だからこそ、いつも感じていなかった気持ちをこちらに向けたらいいのかもしれない」など、それぞれがプラスに感じてほしいと思います。

私自身はここに来て、プラスというか「気づき」が多かったです。もしかしたら普通とは違った「気づき」を得られたかもしれないという意味で、本当にここに来られたことをうれしく思いますし、この場を設定してくださったみなさんに感謝の気持ちでいっぱいです。

個々の作品については、先ほど述べたので割愛しますが、建築を作る喜びを共有することが、この場のすばらしいところだと思うので、出展者のみなさんは、この心をもって将来へ邁進してほしいと思います。

野老：コロナ禍で、最近、非常勤講師で教えている学校でもこの話をするのですが、これは中世のペスト医師の版画です（本書79ページ写真参照）。1670年頃、ヨーロッパはペスト（黒死病）に何回も襲われます。ペストは、今起きているコロナ禍とは比較できないぐらい恐ろしい病気だった。学問の分野では、ペスト感染が拡大している期間は、頭のいい天才学者たちを守るために「この間、彼らには田舎にいてもらおう」とケンブリッジ大学などは閉鎖になった。貧しくて、小間使いなどをして都市で暮らす生活費を稼いでいた学者は、ようやく実家に帰って勉強に専念できるぞ、と。

中世ヨーロッパは暗黒時代と言われるけれど、多彩な論文が発表された時期でもある。1665年に書かれたのが、ニュートンによる万有引力の法則や二項定理、微分積分の論文です。その後、それを『プリンキピア』（1687年刊）という本にまとめるのだけれど、驚くことに、そのペスト疎開は、ニュートンが23～25歳の18カ月という長期間にわたったのです。だから、「何だか大変なことが起きた、でも時間はできた」ということで偉大な研究が進んだ、とも言える。本当に、考え方によると思うのです。ペスト医師のちょっと怖いマスクは、くちばしの部分にペストを防ぐと信じられていた香辛料が入っていて、どんどん長くなっていったらしいのです。医師は必ず杖を持っているのだけれど、杖の長さが患者との安全な距離感（Social Distance）だった。少なくとも患者の飛沫で、医師が危ないことはあったと思う。これは医療従事者のプロテクション（防衛）の初期の方策だったかもしれない。これと同様に、「こんな時代だったね」と100年、

200年後の人に我々も言われるかもしれない。

しかし、こういう時だからこそ、考えられる素敵なこともあるんです。この話だけにしますが、今日は本当にこの場にいられて光栄です。ここに来られなかった人たちは、「次に何をやれるのか」とポジティブ（前向き）なことを考えてほしいと願っています。

冨永：今日は、とても感慨深い会でした。私が出展した2011年も、いろいろなことがありました。SDL2011の2日後に東日本大震災が起きて、smtにたくさん並べられていた同級生の模型にスプリンクラーが発動して水が……みたいな。衝撃的ではあったけれど、当時を振り返って考えると、私の場合と同様、今年の出展者もこのような非常事態になる以前に、自分が素直に考えていたことが、こうしてきちんとアウトプット（完成）できていることは、すごく良かった。非常事態以前の考え方には、もう戻れないから。そういう意味で、非常事態は、日常の考え方で設計した建築案を客観的に振り返ることのできる1つの契機になると思います。

今回、「SDL: Re-2020」を何とか開催できて、そして、各審査員賞を選定できて、無事に日本一、日本二、日本三を決めることまでできたということは、奇跡のように感じました。出展者の学生たちにとっては、すごくいろいろなことを考えて卒業設計を各学校に提出した直後、正にこのタイミングでSDLがあるから、卒業設計について、まだうまく自分自身で整理できてない部分がきっとあると思います。

恩師である建築家の故・小嶋一浩から「10年後もずっと考え続けられることを見つけられたら、もうそれで万々歳」と卒業設計の意義を教えてもらいました。私自身もそうだったし、今回20選に残った学生たちも、きっと、この先ずっと考えられるようなテーマを見つけたのではないか、と思いました。今日の審査がすごくおもしろかったので、そんな気持ちで審査に臨みました。充実した時間をありがとうございます。

今度は、設計した作者それぞれと直接、話せる機会を持てたらいいなと心の底から願っています。楽しみにしています。

本江（司会）：では、五十嵐コメンテータお願いします。

五十嵐：今日の「SDL: Re-2020」は、実験的な試みでした。この方式にせざるを得ない状況に追い込まれたという側面は確かにあるけれど、逆に言えば、今回は、普段できないことをできた。SDLはもう約20年、基本的なシステムを変えず続けてきたため、正直に言えば、もはや制度疲労を起こしているのではないかと内心思っていた。それで、エスキス塾（本書112ページ～参照）を企画するなど、個人的には別の可能性を探っていたんです。SDLには、「公平性」「公開性」「求心性」という重要な3原則があるけれど、あまりにも崇高な理念になり過ぎている。もちろん、SDLは当初、学外でアンデパンダン[*7]で参加できる重要な場で、存在自体に意義があったんです。しかし、もう1つ、それとは違う重要なものがある。先ほど冨永審査員が言ったように、「見ておもしろい」というのが第4の原則としてあってほしい。やはり単純に、おも

しろい、ということが大事だと僕は思っています。このおもしろさは、いろいろなところから出てくる。たとえば、今日、急遽、日本一、日本二、日本三を決めることになって、審査員の議論が起こったことが、おもしろい。僕は、予定調和でない議論がSDLの見ものの1つだと思っています。真剣な議論にするためには、順位を付けさせて、審査員を追い込む必要がある（笑）。順位を付けなければ、何となく生ぬるい意見や感想を伝えて終わってしまう。「日本一を決めなさい」と追い込むことによって、審査員は自らを追い込み、そこでの議論が先鋭化する。議論をおもしろくするという意味でも、順位付けをして良かったと思っています。

また、従来から模型には別の問題がある。模型のインパクトがすごくてファイナリストとして呼んだけれど、その内の1／3ぐらいは、期待と違っていた、ということが起きています。それは観客も気づいていると思います。そういう意味では、今回は模型がない代わりにポートフォリオで作品をていねいに読み込む時間があったので、20選の当たり外れは従来より少なかったという気がします。この方式はこの方式で、良いところもあると思いました。

最終的には、地方の問題に取り組んだ作品や、東京で誰もが不満に思っている、建築家が入り込めない都市開発の現状に対して反論する作品が上位に残って、如実に今の時代を反映していると思った。でも僕は一方で、東京に対して、ストレートに勝負するような作品がもっと出てほしいと思いました。学生の設計なのだからそういう作品を見てみたい、重松ゲスト・クリティークもそう思ったのではないでしょうか（本書94ページ参照）。

もう1つ、近年の出展作には、フラグメント化とか断片化した要素から建築を構成するタイプの作品が多かったけれど、今回の20選にはそういう作品は少なく、正面から建築に向き合うタイプの作品が多かったので、ストレートに「建築とは何か？」を考える議論ができ、すごく充実した内容になった。そこは評価していいと思いました。

本江（司会）：予定の時間を大幅に超過して大変長くなりました。本当はシンポジウムで終わるはずだったのですが、ファイナルをさらに延長して、上位3作品の選出審査まで終えることができました。改めて審査員に大きな拍手をお願いします。
（場内　拍手）
受賞者のみなさん、おめでとうございます。もう一度拍手をお願いします。
（場内　拍手）
そして、何より応募してくれた、卒業設計を見事やり終えた出展者のみなさんを、改めて大きな拍手で祝福したいと思います。おめでとうございます。
（場内　拍手）

編註
*1　アドバイザリーボード：本書4ページ編註1参照。
*2　BCS賞：1960年に創設された建築賞。毎年、日本建設業連合会が選定し、国内の優秀な建築作品に対して与えられる。
*3　アクター・ネットワーク：本書26ページ編註1参照。
*4　テオ・ヤンセン：本書69ページ編註4参照。
*5　『でか山』：SDL2014の日本一。本書78ページ写真01参照。
*6　サグラダ・ファミリア：スペインのバルセロナに建つ、アントニ・ガウディ（Antoni Gaudi）設計のカトリック教会。1882年に着工され、2026年に竣工予定。
*7　アンデパンダン：本書4ページ編註2参照。

PROCESS 審査過程

242 → 117 → 100 → 20

PROCESS_1
Preliminary Round 予選

01_Group グループ審査
02_Discussion ディスカッション審査

PROCESS_2
Semi-Final Round セミファイナル

Group グループ審査

*出展作品の概要については、本書116~157ページ参照。

Model photos & drawings by the exhibitors.
Photos except as noted by Izuru Echigoya.

PROCESS_1
Preliminary Round

01_Group
02_Discussion

| 242 | → | 117 | → | 100 |

2020.03.07.AM
せんだいメディアテーク
5階ギャラリー

公開審査の前日に行なわれた予選審査により、全242の出展作品から、セミファイナルの審査対象となる100作品が選出された。これらの予選通過作品が、通称「100選」だ。今年は、新型コロナウイルス感染拡大の影響により、出展者の来場と作品の展示は中止となり、主催の学生会議*¹も不在の中、出展者から送付された作品のパネルとポートフォリオの電子データをもとに審査された。審査を担当したのはアドバイザリーボード*²で構成される10人の予選審査員と運営調整を兼任する2人のコメンテータだ。最初に、予選のグループ審査。予選審査員は2人1組でA～Eの5室に分かれ、各審査員グループごとに全242作品を5等分した48～49作品を分担して審査し、それぞれ20作品をめどに選出。各室ではPCから大型モニタ画面に作品の画像を投影しながら担当作品を審査した。
続くディスカッション審査で、各審査員グループから選出された補欠を含む合計117作品を対象に、全審査員とコメンテータ2人で審議。各グループごとに選出作品を説明した後、新しい魅力があるか、議論を生む提案内容か、など議論が重ねられた。正規選出作品と補欠選出作品がいくつか入れ替わり、最終的に、100作品が「100選」となった。
その後、100選に選ばれた出展者に対して学生会議が、ファイナルで使うウェブ会議(オンライン・サービス：Whereby)をインストールするようメールで要請した。

編註
*1 学生会議：本書4ページ編註3参照。
*2 アドバイザリーボード：本書4ページ編註1参照。

予選審査員

小杉 栄次郎
齋藤 和哉
櫻井 一弥
恒松 良純
土岐 文乃
友渕 貴之
中田 千彦
西澤 高男
濱 定史
福屋 粧子

コメンテータ

小野田 泰明
本江 正茂

表1　予選選出結果

100選	予選G審査選出	予選審査員G	ID	氏名	学校名	作品名
○	◇	A	003	西田 静	東京大学	住み継ぎ
	▲	A	004	佐藤 椋太	北海道大学	改返する水圏
○	◇	A	008	千葉 拓	東京大学	船を解くことと建築
○	◇	A	013	寺島 瑞季	東京都市大学	言葉による連想ゲームを用いた設計手法の提案
○	◇	A	014	江馬 良祐	関西大学	胎内堂宇
○	◇	A	018	田所 佑哉	九州産業大学	便乗する建築
○	◇	A	020	辰巳 詞音	島根大学	伝統を漉く
○	◇	A	022	佐藤 大哉 / 久山 遼 / 松井 紅葉	早稲田大学	PUBLIC VIEWING TOWER
○	◇	A	028	渡邉 憲成	北海学園大学	不図
○	◇	A	031	山本 彩菜	九州産業大学	樓家
	▲	A	032	山田 朋希	東京理科大学	MADE IN SHIBUYA
○	◇	A	034	横畑 佑樹	日本大学	「切断」すること、それは「繋ぐ」こと
	▲	A	037	植野 果歩	東京電機大学	東墨田、日常の集積
○	◇	A	038	皆戸中 秀典	愛知工業大学	Apartmentコウボウ
○	◇	A	039	井戸澤 亮介	関西大学	溶ケ還ル情景
○	◇	A	044	小金澤 将達	工学院大学	PLACE FOR FOREST DIVERS
○	◇	A	046	古城 偉央理	神奈川大学	死シテ生ヲ為ス
○	◇	A	047	湯川 絵実	京都大学	ツカノマド的家族
○	◇	A	051	宮崎 千遥	宮城大学	日光と花家体
○	◇	A	052	小林 友哉	東京都市大学	DNA of Architecture
○	◇	A	055	関口 大樹	慶應義塾大学	建築と遊具のあいだ
○	◇	A	059	人見 文弥	京都工芸繊維大学	"Like"の肖像
○	◇	A	062	久永 和咲	京都大学	蛇落地佳渓
	▲	A	063	原田 秀太郎	名古屋市立大学	見えない壁をこえて
		A	068	鹿山 勇太	大阪工業大学	藁と蜜柑
○	◇	B	071	松島 佑宜	金沢工業大学	感情トリガー装置
○	◇	B	072	宮下 幸大	金沢工業大学	小さな環境
	◇	B	075	笹川 蒼	東京電機大学	百年回帰
○	◇	B	078	関野 洸汰	芝浦工業大学	霧と幻想のシークエンス
○	◇	B	087	谷 寿歩	日本大学	数%の居場所
○	◇	B	089	齋藤 柊	東北大学	遺産の余韻
○	◇	B	090	坂本 修也	北海道科学大学	触風景
○	◇	B	091	Ulemjjargal Bileguutee	豊橋技術科学大学	Connected House
○	◇	B	093	稲野邊 義紀	日本大学	死の寓話
○	◇	B	094	柳瀬 真朗	九州大学	死街地畫布自治区
	▲	B	095	二宮 拓巨	東京理科大学	祈りの表裏
○	◇	B	097	Chen Ken	神戸大学	タブラ・ラーサから50年
○	◇	B	106	樋口 紗矢	九州大学	他者から見た世界
○	◇	B	107	棚田 有登 / 河合 七海 / 神谷 悠大	早稲田大学	のぞむ文化の結節点
○	◇	B	115	嶋田 千秋 / 五十嵐 萌乃 / 田中 陽菜	早稲田大学	馬搬ぶ暮らし
○	▲	B	118	車田 日南子	芝浦工業大学	水辺のpassage
○	◇	B	122	長谷川 将太郎	千葉大学	三〇二〇、天と地の結ぶ光の詩
○	◇	B	124	亀田 菜央	大阪大学	経験を描く
○	◇	B	127	西丸 美愛子	大阪大学	万物流転
	▲	B	132	中上 和哉	関西大学	ほとぼりの流転
○	◇	B	136	関 港	千葉工業大学	服飾と建築
○	◇	B	149	土田 昂滉	佐賀大学	Re. Perception Base
	◇	B	151	岩崎 正人	日本大学	SQUATTERS
	◇	C	169	齋藤 眞子	昭和女子大学	隙間とくぼみ
○	◇	C	170	金沢 美怜	近畿大学	転置する都市生活
○	◇	C	174	中村 美月	日本大学	東京暗渠再生
○	◇	C	177	坂上 直子	工学院大学	記憶を用いた建築の転生
○	◇	C	178	小山田 駿志	日本大学	BORDERLESS ARCHITECTURE
○	◇	C	180	石田 大起	近畿大学	孤独な散歩者の夢想
○	◇	C	188	西 寛子	東京都市大学	きいろのねどこ
○	◇	C	193	藤川 凌 / 杉本 功太 / 松尾 朋哉	早稲田大学	武甲山再神聖
○	◇	C	194	伊藤 謙	愛知工業大学	還拓の作法
○	◇	C	195	服部 秀生	愛知工業大学	Omote-ura・表裏一体都市
○	◇	C	202	加藤 佑規	神奈川大学	その道の先に

100選	予選G審査選出	予選審査員G	ID	氏名	学校名	作品名
○	◇	C	204	山下 耕生 友光 俊介 松本 隼	早稲田大学	開かれた地平と生きる
○	◇	C	207	片平 有香	東北大学	伸縮する夜
○	◇	C	215	黒田 悠馬	九州工業大学	技工の短冊
○	◇	C	225	井山 智裕	日本大学	脱法建築解体新書
○	◇	C	226	吉村 萌里	近畿大学	Human Scape City
○	◇	C	233	村上 卓也 小濱 まほろ 吉川 伊織	早稲田大学	アメヤ横丁解放区
○	◇	C	235	藤原 比呂	神戸大学	都市のヨリシロ
○	◇	C	241	丹羽 達也	東京大学	TOKIWA計画
○	◇	C	246	児玉 祐樹	名古屋大学	神社境界の準え
○	◇	D	250	白石 尚也	九州大学	瀬戸内の種護舎
○	◇	D	251	阿瀬 愛弓	武蔵野美術大学	Misreading
○	◇	D	255	徳田 華 山川 冴子 吉沼 優花	早稲田大学	湾岸のEXPRESSION MOVEMENT
○	▲	D	256	上村 理奈	熊本大学	哲ちゃんのまほろば
	▲	D	257	宮内 さくら	千葉工業大学	アクアハウス
○	◇	D	260	青木 美沙	明治大学	Re: Plant
○	◇	D	262	森 祐樹	慶應義塾大学	都市の稜に漂う
○	◇	D	264	恒川 紘和	東京理科大学	地形ビルヂング
○	◇	D	279	竹中 遼成 高橋 秀介 須栗 諒	早稲田大学	暮らすを身軽に
	◇	D	281	牛尾 翔太	東京大学	都市と森の狭間
	▲	D	282	澤田 留名	名城大学	街に溶け込む映画館
○	◇	D	283	加藤 駿一	名城大学	旧伽藍線再興計画
○	◇	D	284	武部 大夢	小山工業高等専門学校	無形式の市井
○	◇	D	285	杉山 翔太	信州大学	農村民をつなぐ肢
	◇	D	287	山田 将太郎	東京理科大学	輪廻の路、再生の渦
○	◇	D	291	大久保 尚人	芝浦工業大学	葡萄畑のある暮らし
○	◇	D	299	歌川 喜子	千葉工業大学	福島をこえて
○	◇	D	302	根本 敏史	明治大学	TOKYO2020 2.0
○	◇	D	303	加藤 大基	東京工芸大学	塔は旧来の作法にのっとる
○	◇	D	306	糸岡 未来	信州大学	妻籠舎
○	◇	D	316	小林 尚矢	大阪大学	ちづぐらし
○	▲	D	318	中川 貴秀	東京理科大学	置き去りにされた断片
○	▲	D	322	中村 実希	椙山女学園大学	このひきのいえ
○	◇	D	334	羽田 知樹	仙台高等専門学校	ははその大工
○	◇	D	344	岡野 元哉	島根大学	出雲に海苔あり塩あり
○	◇	E	345	竹田 文	芝浦工業大学	ドンツキ の向こう側
○	◇	E	351	岡崎 あかね	大阪大学	個と孤が連なって
○	◇	E	365	市原 尚典	九州大学	ボタ山再構築
	▲	E	369	高橋 真由	信州大学	公園3.0時代へ
○	◇	E	375	和出 好華 稲坂 まりな 内田 鞠乃	早稲田大学	嗅い
○	◇	E	384	江邨 梨花	日本大学	触れられる距離に未来を
○	◇	E	385	大川 珠瑞季	明治大学	偏狂都市　過剰同調性患者の診療録
	▲	E	393	岡野 晶	千葉大学	客人は黄昏に思惟する
○	◇	E	400	奥田 康太郎	佐賀大学	崖に立つ。
○	◇	E	401	三谷 望	東京大学	逆転の放棄茶園
○	◇	E	402	日暮 裕哉	千葉工業大学	ぼんやりとする都市
○	◇	E	404	田口 正法	熊本大学	母は柔しく、父は剛く。そして子は鎹
	▲	E	418	織田 尚人	関東学院大学	団地オフィス
○	◇	E	425	福井 将理	東京都市大学	サンノハチ
○	◇	E	440	荻原 朋也	千葉大学	転生
○	◇	E	447	小林 勇斗	宮城大学	生活像の遺構
○	◇	E	450	八木 耀聖	千葉大学	風景へのシークエンス
○	◇	E	454	山中 美里	京都建築大学校	しいば
○	◇	E	456	栗林 太地	近畿大学	湯の街のにぎわい
○	◇	E	459	渡部 泰宗	摂南大学	断片に宿る懐かしさ
○	◇	E	461	黒沼 栞	昭和女子大学	ひろがるいえ
○	▲	E	462	野村 陸	近畿大学	記憶の刻印
	◇	E	472	木原 葉子	東京工業大学	自由な丘 in 自由が丘
○	◇	E	473	尾崎 聡一郎	京都大学	記憶を登る

凡例：
ID = SDL2020応募登録時に発行された出展ID番号。下3桁表示
○ = 予選通過作品（100選）
◇ = 予選のグループ審査で選出
▲ = 予選のグループ審査で補欠選出
予選G審査選出 = 5組に分かれた予選のグループ審査での選出作品（合計117作品選出）
予選審査員G = 該当作品の審査を担当した審査員グループ
A＝グループA：友渕貴之＋濱定史
（49作品→25作品選出　内補欠5）
B＝グループB：齋藤和哉＋中田千彦
（49作品→23作品選出　内補欠3）
C＝グループC：恒松良純＋福屋粧子
（48作品→20作品選出）
D＝グループD：西澤高男＋土岐文乃
（48作品→25作品選出　内補欠5）
E＝グループE：櫻井一弥＋小杉栄次郎
（48作品→24作品選出　内補欠4）

註
＊予選のグループ審査で選出された117作品を対象とした予選審査員全員とコメンテータ（小野田泰明、本江正茂）でのディスカッションにより、予選通過100作品（100選）を選出。
＊表中の作品名はサブタイトルを省略。
＊未選出作品は、未掲載。

アイディアを的確に言語化

本江 正茂（予選コメンテータ）

総数242の出展作品を5分割し、2人組の審査員グループが約48作品ずつ審査を分担。出展されたデジタル・ポートフォリオを読み込みながら、20作品程度に絞る。結果を持ち寄って全員でさらに刈り込んで、ちょうど100作品を予選通過させる。

コロナ禍での審査の問題は、集まる人数の制限と時間の制限であった。取材スタッフも含めて50人まで。会場の完全撤収が17時30分。例年の学生会議[*1]スタッフによる分厚い進行サポートがあればこそ、審査員は内容に集中できていたのだがそれは望めず、また、延々と議論しながら意識を揃えて絞り込むこともできない。翌日の本選審査のオンライン中継をどのレベルでやれるのかも決まっていない。異様な不安と緊張感を持って予選審査が始まった。

しかし蓋を開ければ、審査団の集中力は凄まじく、2人で共通の大画面を見ながらのポートフォリオ審査はいずれのグループでも順調に進み、補欠を含む合計117作品が予選の最終ステージに上がってきた（本書82〜83ページ表1参照）。

1つの画面を全員で見つめる中、各審査員が自ら選出した作品を1つ1つ端的に解説していく。作者の言葉を極力拾いながら、しかし大胆な解釈も交えて。とりわけ当落線上の作品に多くの言葉が費やされる。荒削りでも議論のテーブルに載せられるべき作品はあるから、言葉を尽くして説明がなされる。こうした審議を経て100作品が予選を通過した。

今年の出展作品の傾向なのか、あるいは、はじめての審査プロセスの特徴なのか、一概には言えないが、的確な言葉でアイディアを言語化した作品が勝ち残ったように思う。例年の、展覧会場の模型を見て回る巡回審査では、審査員たちが模型から読み取る空間の質にそれほどバラツキはないので、「これは文句なし」「これはイマイチ」との適否判断に大きなブレはない。少なくとも予選では。

しかし、ポートフォリオ中心の審査では、少しトーンが違っていたのではないか。作者の頭の中で渦巻いているだけの想いには社会的価値がない。語られ描かれてはじめてアイディアと呼ぶことができる。そしてアイディアの最も端的な要約が作品名である。審査過程で便宜的に安易なあだ名を付けられる前に、自身のアイディアが的確に伝わるよう名乗る（＝作品名とする）ことが必要だろう。

編註
*1　学生会議：本書4ページ編註3参照。

PROCESS_2
Semi-Final Round

Group

100 → 20

2020.03.08.AM
せんだいメディアテーク
5階ギャラリー

セミファイナルの審査では、午後の公開審査（ファイナル）のステージ（今回はリモート審査だが）に立つ20組（20選）を選ぶ。予選同様、感染予防に配慮し、8人の審査員は、ファイナル審査員とアドバイザリーボードの2人1組で4室に分かれてのグループ審査となった。各室では大画面に映した作品のパネルとポートフォリオの画像を見ながら審査が進んだ。各審査員グループは、予選通過100作品を主催者がランダムに振り分け4等分した25作品を審査し、それぞれ5作品選出。例年のSDLに見られる全審査員での最終ディスカッション審査（セリ）はなく、各審査員グループ選出作品を合わせた20作品がセミファイナルを通過した20選として、ファイナルに進んだ。

20選決定と同時に学生会議は、20選の出展者に電話で連絡。ウェブ会議（オンライン・サービス：Whereby）が問題なく使えるか動作確認を行ない、ファイナルの開始時間までにオンライン上で待機するよう要請した。

グループ審査
　グループ_1：永山 祐子 ＋ 五十嵐 太郎
　グループ_2：金田 充弘 ＋ 西澤 高男
　グループ_3：野老 朝雄 ＋ 中田 千彦
　グループ_4：冨永 美保 ＋ 福屋 粧子

セミファイナル審査員
　永山 祐子（審査員長代理）、金田 充弘、
　野老 朝雄、冨永 美保、五十嵐 太郎、
　中田 千彦、西澤 高男、福屋 粧子

ゲスト・クリティーク
　重松 象平*1

*アドバイザリーボード：本書4ページ編註1参照。
*学生会議：本書4ページ編註3参照。
*smt＝せんだいメディアテーク
*SDL＝せんだいデザインリーグ　卒業設計日本一決定戦

編註
＊1　重松 象平：本書72ページ註参照。

表2　セミファイナル選出結果

20選	SF審査員G	ID	氏名	学校名
◎	02	003	西田 静	東京大学
	03	008	千葉 拓	東京大学
◎	04	013	寺島 瑞季	東京都市大学
	01	014	江馬 良祐	関西大学
◎	02	018	田所 佑哉	九州産業大学
	01	020	辰巳 詞音	島根大学
	04	022	佐藤 大哉	早稲田大学
			久山 遼	
			松井 紅葉	
◎	03	028	渡邉 憲成	北海学園大学
	02	031	山本 彩菜	九州産業大学
	02	034	横畑 佑樹	日本大学
	04	038	皆戸中 秀典	愛知工業大学
	01	044	小金澤 将達	工学院大学
	01	046	古城 偉央理	神奈川大学
	04	047	湯川 絵実	京都大学
	03	051	宮崎 千遥	宮城大学
	02	052	小林 友哉	東京都市大学
	02	055	関口 大樹	慶應義塾大学
	02	059	人見 文弥	京都工芸繊維大学
	02	062	久永 和咲	京都大学
◎	02	063	原田 秀太郎	名古屋市立大学
	03	071	松島 佑宜	金沢工業大学
◎	04	072	宮下 幸大	金沢工業大学
	01	078	関野 洸汰	芝浦工業大学
	02	087	谷 寿歩	日本大学
	03	089	齋藤 柊	東北大学
	04	090	坂本 修也	北海道科学大学
	01	091	Ulomjjargal Bileguutee	豊橋技術科学大学
	01	093	稲野邊 義紀	日本大学
	02	094	柳瀬 真朗	九州大学
	04	097	Chen Ken	神戸大学
	03	106	樋口 紗矢	九州大学
	03	107	棚田 有登	早稲田大学
			河合 七海	
			神谷 悠大	
	03	115	嶋田 千秋	早稲田大学
			五十嵐 萌乃	
			田中 陽菜	
	02	118	車田 日南子	芝浦工業大学
	03	122	長谷川 将太郎	千葉大学
	02	124	亀田 菜央	大阪大学
	03	127	西丸 美愛子	大阪大学
	04	136	関 港	千葉工業大学
◎	01	149	土田 昂滉	佐賀大学
◎	01	151	岩崎 正人	日本大学
◎	01	170	金沢 美怜	近畿大学
◎	01	174	中村 美月	日本大学
	02	177	坂上 直он	工学院大学
	03	178	小山田 駿志	日本大学
	02	180	石田 大起	近畿大学
	03	188	西 寛子	東京都市大学
	03	193	藤川 凌	早稲田大学
			杉本 功太	
			松尾 朋哉	
	04	194	伊藤 謙	愛知工業大学
◎	01	195	服部 秀生	愛知工業大学
	04	202	加藤 佑規	神奈川大学

20選	SF審査員G	ID	氏名	学校名
	01	204	山下 耕生	早稲田大学
			友光 俊介	
			松本 隼	
	04	207	片平 有香	東北大学
	03	215	黒田 悠馬	九州工業大学
	02	225	井山 智裕	日本大学
	02	226	吉村 萌里	近畿大学
◎	03	233	村上 卓也	早稲田大学
			小濱 まほろ	
			吉川 伊織	
	04	235	藤原 比呂	神戸大学
◎	04	241	丹羽 達也	東京大学
	01	246	児玉 祐樹	名古屋大学
	01	250	白石 尚也	九州大学
	01	251	阿瀬 愛弓	武蔵野美術大学
	03	255	徳田 華	早稲田大学
			山川 冴子	
			吉沼 優花	
	02	256	上村 理奈	熊本大学
	02	260	青木 美沙	明治大学
	03	262	森 祐樹	慶應義塾大学
	04	264	恒川 紘和	東京理科大学
	04	279	竹中 遼成	早稲田大学
			高橋 秀介	
			須栗 諒	
	04	283	加藤 駿一	名城大学
	01	284	武部 大夢	小山工業高等専門学校
	01	285	杉山 翔太	信州大学
◎	04	291	大久保 尚人	芝浦工業大学
	04	299	歌川 喜子	千葉工業大学
	01	302	根本 敏史	明治大学
	03	303	加藤 大基	東京工芸大学
	02	306	糸岡 未来	信州大学
	02	316	小林 尚矢	大阪大学
	03	318	中川 貴秀	東京理科大学
	04	322	中村 実希	椙山女学園大学
	01	334	羽田 知樹	仙台高等専門学校
◎	01	344	岡野 元哉	島根大学
	04	345	竹田 文	芝浦工業大学
◎	03	351	岡崎 あかね	大阪大学
	02	365	市原 尚典	九州大学
◎	02	375	和出 好華	早稲田大学
			稲坂 まりな	
			内田 鞠乃	
	03	384	江邨 梨花	日本大学
	01	385	大川 珠瑞季	明治大学
	01	400	奥田 康太郎	佐賀大学
	04	401	三谷 望	東京大学
	01	402	日暮 裕哉	千葉工業大学
◎	04	404	田口 正法	熊本大学
	03	425	福井 将理	東京都市大学
	01	440	荻原 朋也	千葉大学
	04	447	小林 勇斗	宮城大学
◎	03	450	八木 耀聖	千葉大学
	02	454	中嶋 美里	京都建築大学校
	01	456	栗林 太地	近畿大学
	04	459	渡部 泰宗	摂南大学
	03	461	黒沼 栞	昭和女子大学
	02	462	野村 陸	近畿大学
	03	473	尾崎 聡一郎	京都大学

凡例：
ID＝SDL2020応募登録時に発行された出展ID番号。下3桁表示
◎＝セミファイナル通過作品（20選）
SF審査員G＝セミファイナルで審査を担当した審査員グループ
01＝グループ_1：永山祐子＋五十嵐太郎（25作品→5作品選出）
02＝グループ_2：金田充弘＋西澤高男（25作品→5作品選出）
03＝グループ_3：野老朝雄＋中田千彦（25作品→5作品選出）
04＝グループ_4：冨永美保＋福屋粧子（25作品→5作品選出）

註
＊4組に分かれた各審査員グループは、予選通過100作品を主催者がランダムに振り分け4等分した25作品を審査し、それぞれ5作品選出。
5作品×4グループ＝20作品（20選）がセミファイナル通過。

審査員：永山 祐子(右)、五十嵐 太郎(左)

グループ **1**

永山 祐子
＋
五十嵐 太郎

それぞれの方向性でアイディアを伸ばした作品が残った

このグループでは、25作品から5作品を選んだ。審査では、大きなモニタ画面で全25作品ファイルの全ページを閲覧し、最後に永山審査員と五十嵐がそれぞれ気になる作品を複数選び、そこから異なるタイプの5作品に絞り込んでいった。

まず選出した作品の評価したポイントを挙げる。

『Re. Perception Base』(149)の図書館は敷地の状況を生かした空間の構成、『SQUATTERS』(151)は他者の介入を導入する実験的なデザイン手法、『Omote-ura・表裏一体都市』(195)はアイディアにとどまらない、ていねいな細部の設計、『出雲に海苔あり塩あり』(344)は地域性と密着したプログラムの発見(ちなみに、この時点では日本一になるとは思っていなかった)、最後に『母は柔しく、父は剛く。そして子は鎹』(404)は壮大なランドスケープ(人工的な地形デザインを伴う景観)の創出である。

なお、討議の対象となりながら、残らなかったのは、『PLACE FOR FOREST DIVERS』(044)と『転生』(440)の2作品。前者は独特の世界観をもつプレゼンテーションが魅力的だったが、どこまでが現状の遺構なのかわかりづらかった。後者は細部もよく作り込み、無名の人物へのメモリアルを問いかけるものだが、デザイン自体は旧来のモニュメント的な手法に頼っていたのが惜しい。

上記以外の作品は、簡単に落ちた理由を述べておく。

リサーチは十分だが、その提案で解決できるのかの確証を得られなかったのは、ヴェトナムを調査した(285)である。(204)もよく調べられていたが、表現に統一感がないのが気になった。逆に感覚的なデザインに終わり、形態についてのロジック(論理)が足りないのが、霧のメタファ(隠喩)を用いた(078)だった。強烈な形態とプログラムの関係が不明瞭なのが、(250)のシードバンクである。(456)のリノベーション(改修)も、既存建築の特徴である、くの字型の壁を生かしたプログラムになっていない。(246)は神社の塀をすべて建築化したため、プログラムをもて余し気味だった。(014)は寺院へのシークエンス(連続性)はおもしろいが、肝心の寺院のデザインが普通である。(020)はていねいに設計され、和紙の生産という今年らしいテーマだが、ややインパクトに欠ける。(425)は実際に建設に着手した点は評価できるが、今後、デザインのポイントとなるであろう家屋に近接する版築*1の意図が説明不足だった。千年後の廃墟をイメージした(046)は、逆に最初の状態に不要なものが多すぎる。(302)はオリンピックへの批評性を示しつつも、何を設計したかがわかりづらい。(093)は、なぜ敷地が東京のお台場なのか、不明だった。(091)の留学生宿舎は、なぜアーバンファーミングを持ち込むと有効なのかが判然とせず、また周辺環境と隔絶した設計に疑問が生じた。街区を丸ごと上下反転する(402)は、あまりの大仕掛けにもかかわらず、それがもたらす効果に説得力が足りない。(400)も大胆な提案だが、そこまでしてつくるべき空間なのかが気になった。(334)は過去の日本一(SDL2012)との造形的な類似が気になった。プレファブの工法をシャッフルした(284)も、過去の上位作品(SDL2018日本三)の影響を感じられたが、リサーチが不十分のように思われた。そして(385)はユニークな着眼点だが、断片をちりばめるだけで、建築的な統合が足りない。 (五十嵐 太郎)

編註
＊1 版築：土を建材に用い、強く突き固める工法。堅固な土壁や建築の基礎部分を徐々に高く構築する。

■セミファイナル　作品選出結果：永山 祐子 ＋ 五十嵐 太郎

選出	ID	氏名	学校名	作品名
	014	江馬 良祐	関西大学	胎内堂宇
	020	辰巳 詞音	島根大学	伝統を漉く
	044	小金澤 将達	工学院大学	PLACE FOR FOREST DIVERS
	046	古城 偉央理	神奈川大学	死シテ生ヲ為ス
	078	関野 洸汰	芝浦工業大学	霧と幻想のシークエンス
	091	Ulemjjargal Bileguutee	豊橋技術科学大学	Connected House
	093	稲野邊 義紀	日本大学	死の寓話
◎	149	土田 昂滉	佐賀大学	Re. Perception Base
◎	151	岩崎 正人	日本大学	SQUATTERS
◎	195	服部 秀生	愛知工業大学	Omote-ura・表裏一体都市
	204	山下 耕生 友光 俊介 松本 隼	早稲田大学	開かれた地平と生きる
	246	児玉 祐樹	名古屋大学	神社境界の準え
	250	白石 尚也	九州大学	瀬戸内の種護舎
	284	武部 大夢	小山工業高等専門学校	無形式の市井
	285	杉山 翔太	信州大学	農村民をつなぐ肢
	302	根本 敏史	明治大学	TOKYO2020 2.0
	334	羽田 知樹	仙台高等専門学校	ははその大工
◎	344	岡野 元哉	島根大学	出雲に海苔あり塩あり
	385	大川 珠瑞季	明治大学	偏狂都市　過剰同調性患者の診療録
	400	奥田 康太郎	佐賀大学	崖に立つ。
	402	日暮 裕哉	千葉工業大学	ぼんやりとする都市
◎	404	田口 正法	熊本大学	母は柔しく、父は剛く。そして子は鎹
	425	福井 将理	東京都市大学	サンノハチ
	440	荻原 朋也	千葉大学	転生
	456	栗林 太地	近畿大学	湯の街のにぎわい

◎ = セミファイナル通過作品　　＊作品名は、サブタイトルを省略

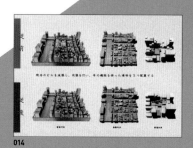

020

014

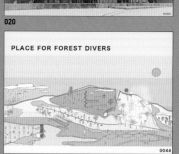

PLACE FOR FOREST DIVERS

0044

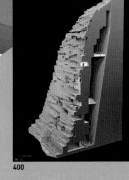

400

*文中の作品名はサブタイトルを省略。
*（　）内の3桁数字は出展作品のID番号。

151

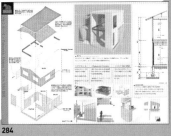

284

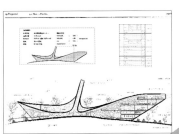

046

285

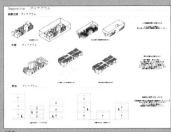

402

078

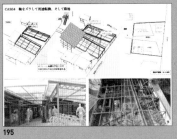

195

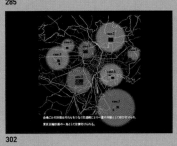

302

404

091

204

334

425

093

246

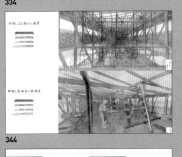

344

440

149

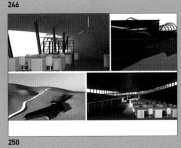

250

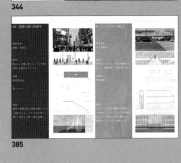

385

456

審査員：金田 充弘（右）、西澤 高男（左）

グループ **2**

金田 充弘
＋
西澤 高男

何が伝わり、何が伝わりにくいのか

*文中の作品名はサブタイトルを省略。
*（ ）内の3桁数字は出展作品のID番号。

このグループでは、予選通過100作品を4等分にした担当25作品を審査し、5作品を選出。プレゼンテーション（提案表現）のメディアが限定的な今回、何が伝わり、何が伝わりにくいのかを考えながらの審査となった。最初に、興味深い作品を確認しつつ全作品を一通り見て、似通ったテーマごとに分類。それぞれの中で比較検討し、完成度や5作品のバランスをもとに決定した。

はじめに、最も多かった、空き家再生や改修、地域再生に関する提案から、印象的だった3作品を選出した。まず、「視覚情報」では伝えきれない感覚、「嗅い」に着目し、地方問題解決のための場の創出に挑んだ（375）。密度の高い図面は、記憶の底で眠っている感覚を呼び覚ますのに十分な力を持っていた。次は、和紙の制作工程を分離し、街に開くかたちで集落の日常生活の場とすることをめざした（018）。産業を顕在化しつつ、生活行為と一体となった建築の姿からは、懐かしくも新しい未来が想起され、痛快ですらある。3つめは、空き家となった民家を住み継ぐための仕組みを、集落の文化の継承と併せて提案した（003）。「仏壇倉庫」のアイディアは秀逸で、集落の記憶や文化の継承、家の住み継ぎなどの問題点を見事に解いている。

その他、段階的な減築を経て廃墟となり、自然と一体化する建築（031）は、最終的な美しさに共感できる一方で、自然が宿主となった際、これが理想的な姿とは思えない。また、ほのぼのとした表現が好印象の（124）は意欲的な提案だが、各建築の形状に対する言及が不十分。（306）は、既存校舎の精緻な調査と細部まで配慮した改修計画が金田審査員から高評価だったが、改修後の姿が既存の美しさに及ばない。（316）は空き家を活用した街の移住促進と交流の拠点、（454）は、土砂災害で被災した小さな村の複合的な再生拠点の提案。いずれも実現すれば地域活性化の拠点として貴重な場所となりそうだが、その場所を運営／活用する主体の姿が見えない点が惜しまれた。（454）

と同様に近年、目立つのが、頻発する自然災害の被災地の再生に目を向けた提案。（062）は、非日常的なスケール（規模）の中で展開される祝祭に固有の魅力を感じるが、その契機となる出来事を結婚式と披露宴に集約した点が惜しい。（365）は、ボタ山が掘削され都市が生成されていく過程は魅力的だが、完成された都市の姿に、この場所ならではのオリジナリティがほしかった。

続いて、都市の再構築を扱った作品群。（034）は、切断された既存の高速道路躯体に代わって、都市機能を搭載した小さな木構造が分断の余白をつなぐというコンセプトには共感できたが、陸上と水上とのつながりの弱さに不満が残った。（118）は、音の反響による造形のダイナミズムに目を引かれたが、その物理的根拠が不十分。東京、新宿の紀伊國屋ビルを段階的に改築する（177）は、アプローチとしては興味深い。しかし、金田審査員の指摘通り、残存させる要素に必然性のない点が惜しまれる。（462）は、平和祈念公園という象徴的な場所に壁のようなビルを挿入することへの疑問、適正な床面積や規模への考察不足が指摘され、惜しくも選外となった。

次は、街区の再生案。防火壁の挿入による木造住宅密集地域の改修（225）と、貨物線の廃線跡に農を核としたコミュニティの場を展開する（226）。いずれも、街区を俯瞰した幾何学的なおもしろさはあるが、生み出された空間は制約の多い窮屈な場となってしまった。（094）は、最後まで当落が議論となった。街の断片を人間的なスケール（寸法）で離散的、立体的に配置した佇まいは、独特の言葉遣いとグラフィックによる世界観が、審査員の深い共感を得た。だが写真の模型には空間バリエーションが少なく、新しい方法論もないため、選外に。

そして建築と環境との関係を扱った3作品。（087）は、創出される景観の美しさを容易に想像できたが、既存の人間本位の建築構法を主体としたのが残念。環境再生のための公共空間を提案した（260）は、美しい水辺空間だが、周辺との関係が不明瞭だ。（180）は郊外斜面地での新たな農地インフラの提案だが、過度な構造体だと指摘された。

形の生成プロセスを扱った3作品。まず、家の歴史（連続性）や機能、家具などを遺伝と仮定して設計手法を考察する（052）と、インスタグラムにより断片化された情報を建築として再構築する（059）。（052）は複雑な形状を作り出すことが目的化し、思考過程は通常の建築行為に過ぎない点、（059）は建築は確かに「映える」が、手法としての新しさや批評性に欠ける点で評価できなかった。子供たちが遊び方や形を作る過程の記録映像と観察ノートを通して、素材とそれを構築するアルゴリズムを提示した（055）は、検証の深さや記録の密度の高さ、架構の考え方を評価し、選出。模型や図面で記録できない、建築の生きた側面を顕在化した表現手法に、今後のSDLでのプレゼンテーション素材のあり方を考えさせられた。

最後は、偶然にも同じ熊本県の菊池恵楓園を敷地に、差別と偏見に苦しんだハンセン病患者の痛みの顕在化をめざした2作品。（063）は、かつてこの地に隔離された人々が望郷の念を持って望んだ風景を再現。（256）は、視覚や触覚を失った作家の知覚を想起させる音だけで構成された空間で、ドローイングには想像力を掻き立てられた。2作品の比較で議論を重ね、最終的な空間の説得力の僅差で（063）を選出。コロナ禍が広がり、感染者に対する差別と偏見が見られる中、奇しくもこの両作品を審査することになった。理性的な判断の下、悲しい歴史を繰り返さない世の中となることを切望する。

以上の経緯で、（003）（018）（055）（063）（375）の5作品を選出した。

（西澤 高男）

■セミファイナル　作品選出結果：金田 ＋ 西澤グループ

選出	ID	氏名	学校名	作品名
◎	003	西田 静	東京大学	住み継ぎ
◎	018	田所 佑哉	九州産業大学	便乗する建築
	031	山本 彩菜	九州産業大学	棲家
	034	横畑 佑樹	日本大学	「切断」すること、それは「繋ぐ」こと
	052	小林 友哉	東京都市大学	DNA of Architecture
◎	055	関口 大樹	慶應義塾大学	建築と遊具のあいだ
	059	人見 文弥	京都工芸繊維大学	"Like"の肖像
	062	久永 和咲	京都大学	蛇落地佳渓
◎	063	原田 秀太郎	名古屋市立大学	見えない壁をこえて
	087	谷 寿步	日本大学	数%の居場所
	094	柳瀬 真朗	九州大学	死街地書府自治区
	118	車田 日南子	芝浦工業大学	水辺のpassage
	124	亀田 菜央	大阪大学	経験を描く
	177	坂上 直子	工学院大学	記憶を用いた建築の転生
	180	石田 大起	近畿大学	孤独な散歩者の夢想
	225	井山 智裕	日本大学	脱法建築解体新書
	226	吉村 萌里	近畿大学	Human Scape City
	256	上村 理奈	熊本大学	哲ちゃんのまほろば
	260	青木 美沙	明治大学	Re: Plant
	306	糸岡 未来	信州大学	妻籠舎
	316	小林 尚矢	大阪大学	ちづぐらし
	365	市原 尚典	九州大学	ボタ山再構築
◎	375	和出 好華	早稲田大学	嗅い
		稲坂 まりな		
		内田 鞠乃		
	454	山中 美里	京都建築大学校	しば
	462	野村 陸	近畿大学	記憶の刻印

◎ = セミファイナル通過作品　　*作品名は、サブタイトルを省略

055

118

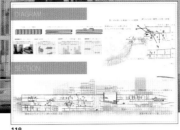

260

003

059

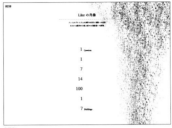

124

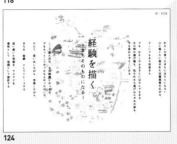

306

018

062

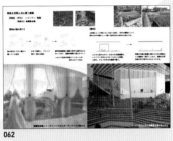

177

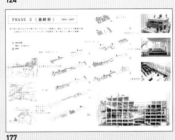

316

031

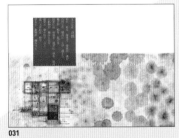

063

180

365

034

225

375

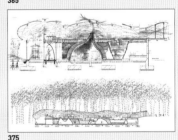

087

052

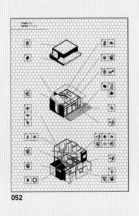

094

226

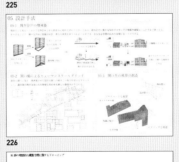

256

454

462

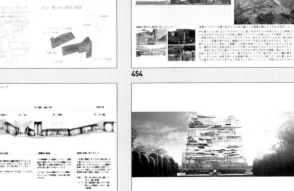

審査員：野老 朝雄(右)、中田 千彦(左)

模型のない審査の難しさ

新型コロナウイルスの感染拡大の影響で、会場に作品展示はなく、セミファイナルでは審査員は5組に分かれ、パネルとポートフォリオの電子データをもとに、個室で審査することとなった。このグループでは、予選通過100作品を4等分した25作品を審査し、5作品をファイナルに選出した。

予選を審査した中田審査員の解説の下、両審査員は大型モニタ画面に映し出された作品の画像を見ながら、審査を進めていった。野老審査員は、模型なしで作品を評価するのは思った以上に難しいと感じながら、時折、作者の意図や作品の背景などについて中田審査員と相談しつつ、自身が感じた魅力的な点や、良い点を積極的に指摘していく。とは言え、中には『きいろのねどこ』(188)への「密閉空間に火気を使うキッチンを置くことが、どれほど危険かわかっていない。このような建築を作ってはいけないし、それを許す学校にも問題がある」などのように、厳しい指摘もあった。

はじめに25作品を概観したところで、特に印象に残らなかった『記憶を登る』(473)、『日光と花家体』(051)の2作品を除いた23作品を再度チェックすることに。2巡めの審査で野老審査員は、ポートフォリオをより詳しく読み込みながら、作品への理解を深めていった。

その結果、冠婚葬祭に適さない『感情トリガー装置』(071)、ダムである必然性がない『遺産の余韻』(089)、リアリティを感じられない『他者から見た世界』(106)、『三〇二〇、天と地の結ぶ光の詩』(122)、『万物流転』(127)、『武甲山再神聖』(193)、『都市の稜に漂う』(262)、『触れられる距離に未来を』(384)、頑張っているが、それ以上の魅力が足りない『のぞむ文化の結節点』(107)、『技工の短冊』(215)、『塔は旧来の作法にのっとる』(303)、『ひろがるいえ』(461)、地下にする必然性が不明の『BORDERLESS ARCHITECTURE』(178)、安全面に重大な問題がある『きいろのねどこ』(188)、構造的な疑問が残る『湾岸のEXPRESSION MOVEMENT』(255)、『置き去りにされた断片』(318)、最後まで心を残し迷っていた『馬搬ぶ暮らし』(115)、の17作品がふるい落とされた。

残る6作品を野老審査員が推す順番に並べると、手法が興味深い『風景へのシークエンス』(450)、25作品中、最もリアリティのある『アメヤ横丁解放区』(233)、建築の楽しさが伝わる『個と孤が連なって』(351)、図面表現に圧倒される『東京暗渠再生』(174)、船の解体というテーマが魅力的な『船を解くことと建築』(008)、身近な課題に誠実に取り組んだ『不図』(028)となり、この中から1作品を落とし、5作品を選出する方向に進んでいった。

ここで、野老審査員からは、「今回、担当した25作品の中に、2017年の日本一、何競飛『剥キ出シノ生 軟禁都市』、2018年の日本三、谷繁玲央『住宅構法の詩学』のように、『これだ！』というとび抜けた作品は見当たらなかった。どれも小粒な印象を受ける」という感想がこぼれ、改めて評価基準の厳しさが伝わってきた。

その後、審議が硬直する。一旦、頭をリフレッシュさせてから5作品を選ぼう、という野老審査員の提案で、休憩を挟んだ後、改めて6作品を検討。その結果、『船を解くことと建築』(008)が、「建築と言うよりは、船の構造体の使い道の提案では」という理由で再検討の中、沈下した。

最終的に、『不図』(028)、『東京暗渠再生』(174)、『アメヤ横丁解放区』(233)、『個と孤が連なって』(351)、『風景へのシークエンス』(450)の5作品が、20選に進むことになった。

(戸井 しゅん)

■セミファイナル　作品選出結果：野老 ＋ 中田グループ

選出	ID	氏名	学校名	作品名
	008	千葉 拓	東京大学	船を解くことと建築
◎	028	渡邉 憲成	北海学園大学	不図
	051	宮崎 千遥	宮城大学	日光と花家体
	071	松島 佑宜	金沢工業大学	感情トリガー装置
	089	齋藤 柊	東北大学	遺産の余韻
	106	樋口 紗矢	九州大学	他者から見た世界
	107	棚田 有登 河合 七海 神谷 悠大	早稲田大学	のぞむ文化の結節点
	115	嶋田 千秋 五十嵐 萌乃 田中 陽菜	早稲田大学	馬搬ぶ暮らし
	122	長谷川 将太郎	千葉大学	三〇二〇、天と地の結ぶ光の詩
	127	西丸 美愛子	大阪大学	万物流転
◎	174	中村 美月	日本大学	東京暗渠再生
	178	小山田 駿志	日本大学	BORDERLESS ARCHITECTURE
	188	西 寛子	東京都市大学	きいろのねどこ
	193	藤川 凌 杉本 功太 松尾 朋哉	早稲田大学	武甲山再神聖
	215	黒田 悠馬	九州工業大学	技工の短冊
◎	233	村上 卓也 小濱 まほろ 吉川 伊織	早稲田大学	アメヤ横丁解放区
	255	徳田 華 山川 冴子 吉沼 優花	早稲田大学	湾岸のEXPRESSION MOVEMENT
	262	森 祐樹	慶應義塾大学	都市の稜に漂う
	303	加藤 大基	東京工芸大学	塔は旧来の作法にのっとる
	318	中川 貴秀	東京理科大学	置き去りにされた断片
◎	351	岡崎 あかね	大阪大学	個と孤が連なって
	384	江邨 梨花	日本大学	触れられる距離に未来を
◎	450	八木 耀聖	千葉大学	風景へのシークエンス
	461	黒沼 栞	昭和女子大学	ひろがるいえ
	473	尾崎 聡一郎	京都大学	記憶を登る

◎ = セミファイナル通過作品　　＊作品名は、サブタイトルを省略

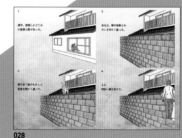

028

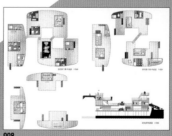

008

051

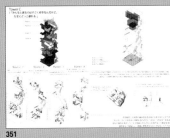
318

＊当日録画したセミファイナル審査の映像をもとに作成。
＊文中の作品名はサブタイトルを省略。
＊（　）内の3桁数字は出展作品のID番号。

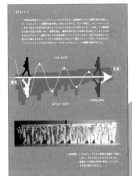
127

193

351

071

215

384

089

174

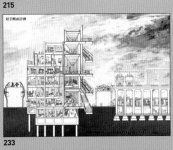
233

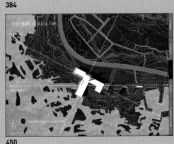
450

106

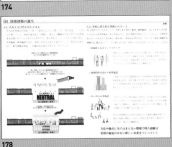
178

255

461

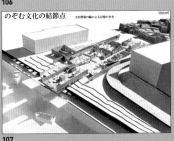
107

188

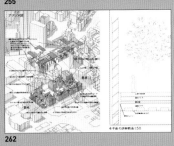
262

473

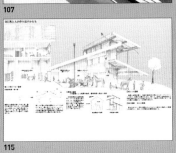
115

122

303

審査員：冨永 美保（左）、福屋 粧子（右）

問題設定の明確な視点と完成度

このグループでは、25作品の閲覧審査を行ない、5作品に絞り込んだ。

大画面モニタに出展されたパネルとポートフォリオのpdfデータを映し、両審査員で操作しiPad上で拡大縮小して提案内容を読み込んでいった。25作品を1作品あたり約3分程度で読み、作品の概要や敷地、問題設定について記録しながら審査を進めた。模型が見られない分、ドローイングの美しさが際立つ作品（251）（283）やプロセスデザインの緻密さなどがポートフォリオに現れている作品（241）を時間をかけて読み込むことができた。

25作品を一巡した後、問題設定の視点がはっきりしている作品、完成度が高い作品を中心に、数を限定せずに両審査員それぞれが推薦する作品をピックアップした。冨永審査員が当初推薦した作品には（072）（251）（264）（291）（322）があった。

最終的にこのグループから選出した作品は、『言葉による連想ゲームを用いた設計手法の提案』（013）、『小さな環境』（072）、『転置する都市生活』（170）、『TOKIWA計画』（241）、『葡萄畑のある暮らし』（291）の5作品である。審査対象作品には全般的にしっかりと読み込みのできる作品が多く、激戦であったと言えるだろう。

建築そのものの形式に向き合った作品として、（251）（283）の2作品のメイン・ドローイングは記憶に残るものだったが、再構成操作の必然性に疑問が残り、惜しくも落選となった。（022）（090）（235）は都市環境に合わせて中層の建築の新しい構成方法を試みている。複雑な3D空間を実現できていることが模型なしでも伝わってくるが、日常時の利用についてのアイディアが読み取れず、選外となった。

都市部の作品だけでなく、地方や海外都市でコンテクスト（背景や状況）がはっきりした敷地の作品も多かった。シンガポールのコンテクストを大胆にリノベーション（改修）する（097）、干拓との関係をデザインした（194）、愛媛県今治市の集落全体の復興を提案する（202）、福島第一原発事故の悲劇の記憶を継承する（299）、ダムで水没した家のその後を描いた（322）、茶園を扱った（401）、東日本大震災前の記憶を伝える（447）、沿線の無人駅と一続きの建築体験をとらえた（459）など、その場所を訪ねてみたい気持ちになる作品も多いが、敷地のキャラクター（性格）が明確な分、建築的アイディアとして何を提案したのかが伝わりづらい側面もある。

その他、定番ではあるが、服からの発想を建築につなげた（136）、時間の建築化を試みた（207）、東京、神楽坂の建築を都市地形として読み解いた（264）にも目が留まったが、発展力や使い方のイメージを議論する中、僅差で選外とした。建築形態ではなく、陶器産業と暮らしを再編成した（038）、新しい家族のあり方を模索した（047）、街の中での借り暮らしを提案する（279）も、都市に偶然現れた行き止まり形態のおもしろさから建築をネガとして描き出した（345）なども、アイディアだけではなく空間としておもしろさを想像できるものだった。

すべてのポートフォリオが1編の物語のように感じられる、充実した審査であったが、提案されている仕組みが興味深く、ぜひ作者の話を聞いてみたいという5作品が最後に選ばれた。

（福屋 粧子）

■セミファイナル　作品選出結果：冨永 ＋ 福屋グループ

選出	ID	氏名	学校名	作品名
◎	013	寺島 瑞季	東京都市大学	言葉による連想ゲームを用いた設計手法の提案
	022	佐藤 大哉 久山 遼 松井 紅葉	早稲田大学	PUBLIC VIEWING TOWER
	038	皆戸中 秀典	愛知工業大学	Apartmentコウボウ
	047	湯川 絵実	京都大学	ツカノマド的家族
◎	072	宮下 幸大	金沢工業大学	小さな環境
	090	坂本 修也	北海道科学大学	触風景
	097	Chen Ken	神戸大学	タブラ・ラーサから50年
	136	関 港	千葉工業大学	服飾と建築
◎	170	金沢 美怜	近畿大学	転置する都市生活
	194	伊藤 謙	愛知工業大学	還拓の作法
	202	加藤 佑規	神奈川大学	その道の先に
	207	片平 有香	東北大学	伸縮する夜
	235	藤原 比呂	神戸大学	都市のヨリシロ
◎	241	丹羽 達也	東京大学	TOKIWA計画
	251	阿瀬 愛弓	武蔵野美術大学	Misreading
	264	恒川 紘和	東京理科大学	地形ビルヂング
	279	竹中 遼成 高橋 秀介 須栗 諒	早稲田大学	暮らすを身軽に
	283	加藤 駿一	名城大学	旧伽藍線再興計画
◎	291	大久保 尚人	芝浦工業大学	葡萄畑のある暮らし
	299	歌川 喜子	千葉工業大学	福島をこえて
	322	中村 実希	椙山女学園大学	このひきのいえ
	345	竹田 文	芝浦工業大学	ドンツキの向こう側
	401	三谷 望	東京大学	逆転の放棄茶園
	447	小林 勇斗	宮城大学	生活像の遺構
	459	渡部 泰宗	摂南大学	断片に宿る懐かしさ

◎ = セミファイナル通過作品　　＊作品名は、サブタイトルを省略

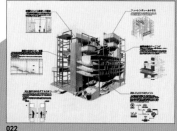

022

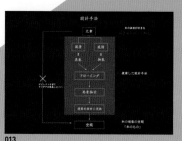

013

038

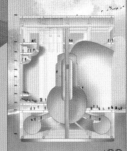

299

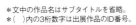

※文中の作品名はサブタイトルを省略。
※（　）内の3桁数字は出展作品のID番号。

136

241

047

170

251

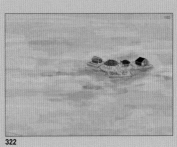

322

072

194

264

345

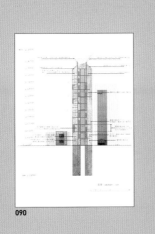

090

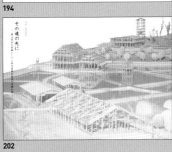

202

279

401

207

283

447

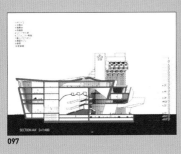

097

235

291

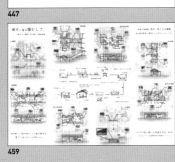

459

「SDL: Re-2020」総評とセミファイナル作品へのコメント

■総評

審査員長という大役を仰せつかりながら、残念にもコロナ禍で「SDL: Re-2020」のファイナルの審査に参加できなかった。渦中、SDL2020自体が中止になるということだったので来日をキャンセルしてしまったわけだが、主催者の機転の利いた対応で急遽リモートでの開催というポジティブ(前向き)な方向転換がなされた。1人だけ、しかも審査員長がリモートで参加しても迷惑をかけてしまうということと、他の審査員と直接、プレゼンテーション用のパネルとポートフォリオを見ながら議論しないと的確な審査ができないという思いから、リモートでのリアルタイムな参加をも辞退した。だがリモートが当たり前になった今になって思い返すと、節操なく聞こえるだろうが、参加すべきだったと思っている。このような非常事態だからこそ生まれる批評性の観点があり、それに沿った議論ができたはずだからだ。既成概念に屈した自分が情けない。そのような状況で快く引き継いでくれた永山審査員長代理に、この場を借りて深く感謝したい。とは言え、セミファイナルという枠で20ほどの作品の中から気になった作品にコメントする機会を得た。

正直に言うと賞を与えられるほどの作品は見当たらなかったが、下記のように全体的な傾向は理解することができた。

「地方産業再生」「コミュニティとの対話から生まれる小さな介在」「地形との融合」「ディストピア(暗黒世界)」「社会の疎外感」「都市のすき間の建築」「段階的・自発的建築」

などだ。このような方向性が最近の学生の興味の範疇だと、ある程度は理解していたものの、超高層、図書館、美術館、音楽ホール、オフィス、デパート、スタジアム、空港、駅、公園、集合住宅、個人住宅など、街を形成するいわゆる建築的な類型を素直に扱った作品があまりにも少なくショックを受けた。単純に、ある類型を新しく作るということは、今の学生にとってそこまでリアリティのないものなのか。個人的には昨今どの類型をとってみても著しい変革期を迎えていると確信しているのに、そこにはポレミック(論争すべき意味)や社会的な意義が見出せないのか。それは学生をインスパイア(啓発)する建築(正に、せんだいメディアテークのような)を作れていない我々の責任なのか。このコンペ(SDL)の過去の結果から導き出された傾向と対策なのか(地域に寄り添う建築のほうが超高層よりも評価されやすい?)。それともパーソナル(個人的)な問いに対峙する卒業設計ならではの方向性なのだろうか。

最近、いろいろなコンペ(設計競技)などで、若い世代のデザイナーに対して過度に環境性や社会性を期待する傾向があると感じている。もちろん、そのような大義自体に異論はないが、同調圧力のかかったフレームワーク(枠組み)によって、表現に多様性が失われる可能性には気をつけなければならない。

今回は残念ながら叶わなかったが、上記のようなことは、SDLのようにすばらしい公のプラットフォームで継続して議論してほしい点である。コロナ禍を通して既成概念を覆すほどの大きな変化を経験した後、来年のSDL2021ではどのように斬新な作品が生まれ、どのような議論が起こるのか、今から楽しみだ。

■4作品への講評

田所佑哉『便乗する建築』(018)

日々の生活と密接に関わる地方の産業において「便乗」(この言葉は好きじゃないが)という効率化を重視する概念は死活問題であり、「地方はシンプルでゆったりとしている」的なクリシェ(常套句)を超えた機能を、リサーチやフィールドワークから導き出しているところが評価できる。また、バナキュラー(土着的)な小屋から発想を得た屋根の構造体を美化するだけではなく、工程やアクティビティ(活動)が表現される機能的な領域として活用しているところが良い。そして、模型の力強さとパース(透視図)でアクティビティ(活動)を伝えようとする意欲は評価できる。

奥田康太郎『崖に立つ。』(400)

このような究極の地形と一体化した建築は、誰もが一度は妄想するもの。その妄想を現実的とは言えないが、卒計でチャレンジしたことは評価できる。本当にできたとしたら行ってみたいと思わせる魅力的な空間である。地方におけるホスピタリティ(もてなし)の限界と衰退する産業など、日本の各温泉地においてもレレバント(関連的)な問題意識がある。

しかし、不十分な地盤調査や不完全な工法のリサーチ、宿として必要な機能の欠如、サーキュレーション(動線)の不備など、現実性の薄さは致命的だ。

類型を新しく作ることの意味

人見文弥『"Like"の肖像』(059)

SNS(social networking service)や建築系のブログがもたらすデザインへの影響は少なからずあると思っている。悪い意味で奇抜なものが好まれ、特殊性や独自性をもったデザインが特定の「カテゴリー」に勝手に振り分けられてしまう。だが作り手にとって、こういうことを意識していること自体が軽薄ととられがちで、議論はなかなかしづらいものだ。もちろんポジティブな面もあるはずだからおもしろい試みだが、「インスタでLike = いいね! される」建築のエレメント(要素)をそのまま採用するのではなくて、逆にもっと乱用することによって、非現実的で挑発的な建築をつくってほしかった。問題提起とともに、その問題を利用して新しい建築の可能性が模索できるはずだ。

嶋田千秋 + 五十嵐萌乃 + 田中陽菜『馬搬ぶ暮らし』(115)

地方の慣習を残すだけではなく、それをビジネスや運営の観点まで含めたアイディアとして提案するという、正に昨今、建築家に必要とされる企画力の職能を示していて良い。現実性もあるし、条件や環境設定はおもしろいが、その特殊性を十分に汲み取った建築になっていないのが残念。

*予選審査終了後、予選を通過した100選のうち、アドバイザリーボードが、各予選審査グループの選出作品より4作品ずつランダムに選んだ下記の20作品の電子データを重松ゲスト・クリティークに送付し、4作品の選出と講評の執筆を依頼した。本稿は、ファイナル当日、依頼に応えて審査した重松ゲスト・クリティークから寄せられた。
審査対象作品ID: (018)(052)(055)(059)(094)(106)(115)(122)(178)(188)(202)(241)(279)(283)(291)(302)(385)(400)(425)(440)
*文中の作品名はサブタイトルを省略。
*( )内の3桁数字は出展作品のID番号。

018

059

115

400

幻となったSDL2020の重松象平審査員長から出展者へのメッセージ

観察し、抽出し、パーソナルな想いをぶつける

Photo by Toru Ito. (SDL2012)

3.11東日本大震災から1年後の2012年、伊東豊雄審査員長の下、審査員の1人として「せんだいデザインリーグ2012 卒業設計日本一決定戦」(SDL2012)に参加した。当然のように、復興への思いと建築の社会的な役割を再考するという総意の中でのSDLだった。

そして今年、2020年は復興五輪と銘打って獲得した東京2020オリンピック・パラリンピック競技大会が開催される予定であった。大規模な破壊と建設、この間に中学、高校と青春期を過ごし、大学や専門学校で建築を専攻し、この2020年に卒業するみなさんは、社会のどこに着目し、建築をどう位置付けるのだろうと興味津々だ。

多様に変化する現代をじっくりと観察して、興味のあることを抽出し、そこにパーソナルな想いをぶつけて掛け合わせてほしい。社会への問題提起と自分への探究、その両方が絡まり合ってにじみ出てくるような試行錯誤の中に、卒業後のいろいろな活動におけるオリジナリティの兆しが見えてくるはず。建築の領域を超えて共有できるということも大事だ。建築を知らない小中高生が見ても、他分野の人たちが見ても、建築の楽しさや社会的存在意義を感じ取ることのできるような作品を期待している。

*本稿は、未刊となったSDL2020公式パンフレット、SNS企画「Countdown for SDL2020」への寄稿を一部修正。

Document 01

SDL2020→「SDL: Re-2020」

状況の変化と主催者の対応

新型コロナウイルスの感染拡大の影響により、
急遽SDL2020から代替企画「SDL: Re-2020」への変更が求められた。
「SDL: Re-2020」実現の陰で、緊急事態への対応に翻弄された主催者側の
2020年1月以降の動きを追った。

Contents:

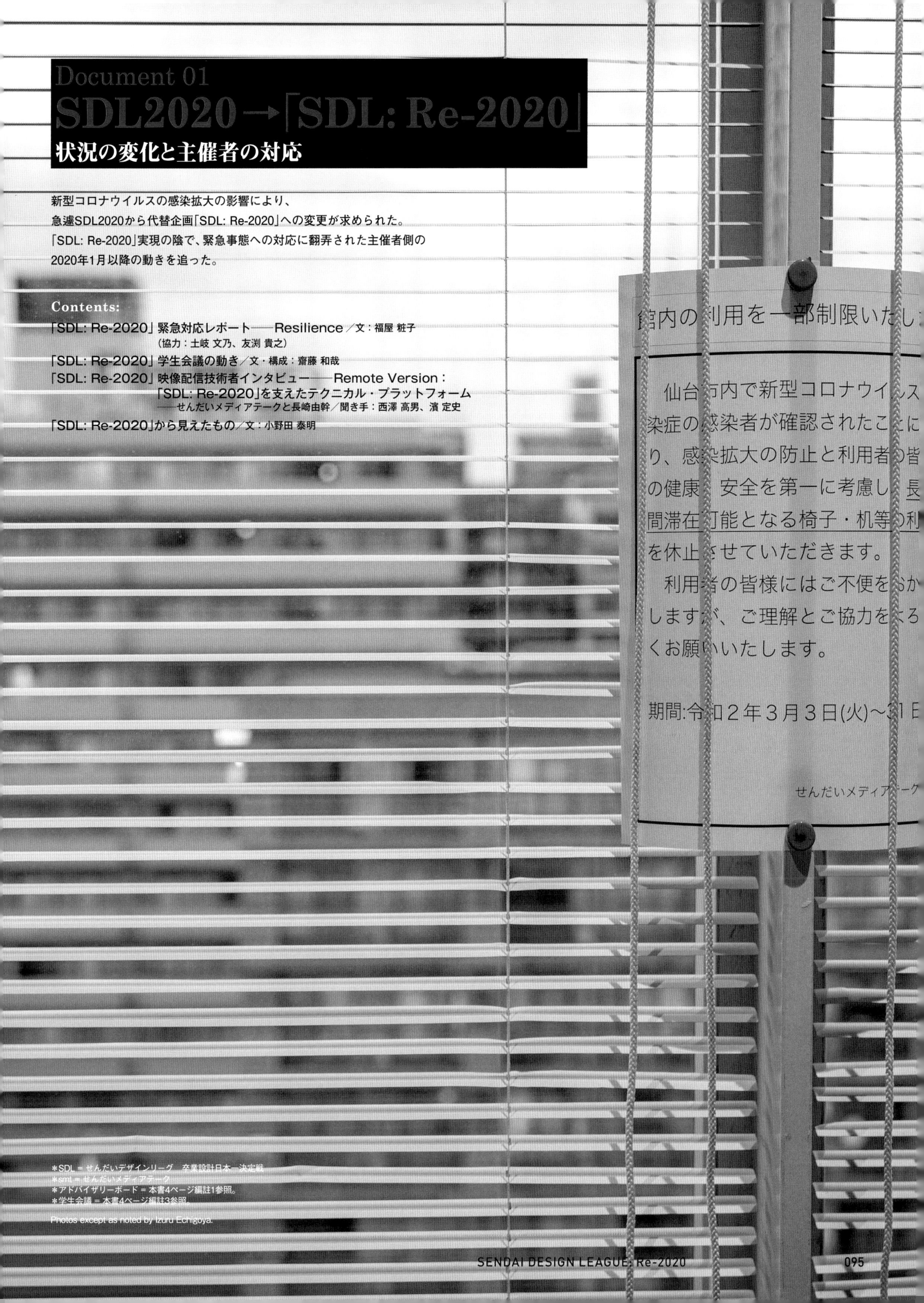
館内の利用を一部制限いたし
仙台市内で新型コロナウイルス
染症の感染者が確認されたことに
り、感染拡大の防止と利用者の皆
の健康・安全を第一に考慮し、長
間滞在可能となる椅子・机等の利
を休止させていただきます。
利用者の皆様にはご不便をおか
しますが、ご理解とご協力をよろ
くお願いいたします。
期間:令和2年3月3日(火)～31日
せんだいメディアテーク

*SDL = せんだいデザインリーグ　卒業設計日本一決定戦
*smt = せんだいメディアテーク
*アドバイザリーボード = 本書4ページ編註1参照。
*学生会議 = 本書4ページ編註3参照。

Photos except as noted by Izuru Echigoya.

「SDL: Re-2020」緊急対応レポート——Resilience

緊急時に、新しい可能性をどうつくるか。

福屋 粧子（アドバイザリーボード）
（協力：土岐 文乃、友渕 貴之〈アドバイザリーボード〉）

凡例：
[社]：社会の動向
[S]：SDLの流れ
[smt]：smtの状況
[会]：ミーティング、打合せ
[メ]：メール連絡
[決]：決定事項
[案]：提案
[問]：問題発生、懸案事項
[理]：理由
[作]：作業
[心]：筆者である福屋Adの心情

＊SDL = せんだいデザインリーグ　卒業設計日本一決定戦
＊smt = せんだいメディアテーク
＊Ad、アドバイザリーボード = 仙台建築都市学生会議アドバイザリーボード：本書
4ページ編註1参照。
＊学生会議 = 仙台建築都市学生会議：本書4ページ編註3、172-173ページ参照。
＊定例会 = 学生会議各局長 + アドバイザリーボードの打合せ（通常は月1回程度）
＊smtミーティング = 学生会議4役+smt+関係者の打合せ（通常は2カ月に1回程度）
＊文中は敬称略。

Photos except as noted by Izuru Echigoya.

3月3日　第8回定例会（web）

2019年から2020年にかけて、仙台の冬は、地面が凍りつく日もなく、穏やかな天気が続いていた。年が明けて1年生から3年生で構成される仙台建築都市学生会議（以下、学生会議）のメンバーは、せんだいメディアテーク（以下、smt）7階の緑のプラスチック・チェアにいつもどおり座り、わいわい話しながら、「せんだいデザインリーグ　卒業設計日本一決定戦」（以下、SDL）の開催に向けて、通常通りの準備を積み重ねていた。

大学7校、高等専門学校1校、専門学校1校の学生が参加する学生会議の会合は、いずれもsmt7階で行なわれる。SDLの開催前は特に忙しい。審査員の宿泊手配、応募者への出展登録呼びかけやフォローアップ、運送業者との搬入日程の確認、当日の審査段取り、公式パンフレット（以下、パンフ）の印刷所への入稿データ作成、カフェなどの連動学生企画の練り上げなど、170人以上の学生がそれぞれの作業を続け、徹夜した話もよく聞く。

1月17日（開催50日前）

【社】 後に大きな変化をもたらすニュースは、はじめ、隣国の新たな疾病として聞こえてきた。
【会】 SDL第4回定例会
（参加：学生会議、友渕Ad、中田Ad）
議題：サテライトトーク、予算案
大会実施に向けて、当日の細かな調整について議論していた。

1月下旬

【社】 中華人民共和国（以下、中国）、武漢における新型肺炎（新型コロナウイルス）の感染拡大が報じられ、日本でマスクが品薄になる。

2月上旬

【社】 横浜に停泊中のクルーズ船や中国人観光客から、日本国内に新型コロナウイルスが持ち込まれたとの報道。

2月4日（開催32日前）

【メ】 第5回定例会（最終回）の呼びかけ。
出展登録、公開審査時の審査員の席順、審査員スケジュールの確認。

2月13日（開催23日前）

【社】 新型コロナウイルスによる国内初の死亡者を確認。

2月17日（開催19日前）

【メ】 中田Adから、台湾の学生によるSDL見学ツアーが今年は中止になったという情報が届く。

2月19日（開催17日前）

【会】 19:00〜　第5回定例会（当初、最終回の予定）
（参加：学生会議、齋藤Ad、土岐Ad、中田Ad、西澤Ad、濱Ad、福屋Ad）
議題の討議後、「コロナウイルス対策についてはどうするか？」と中田Adから提起。
【問】 今日まで通常開催の準備をしてきた手前、定例会でいきなり中止を決めることはできない。止むを得ない場合を除いては、開催する方向で検討したいのは、学生会議もAdも同じである。中止するかどうかの判断は、感染の拡大状況を見ながらギリギリまで待つことにした。西澤Adから感染防止に配慮したイベントの開催やオンライン開催など、横浜市での対応状況が入り、開催の判断材料となった。遠方（九州など）から模型の搬送準備が始まる3月1日が開催可否のデッドラインとなる。
2つの大きなイシュー（課題）
①通常開催の中止
②オンライン審査での開催
は別々の問題として、しかも同時に解決しなければならない。

【決】 ①今年のSDLでは、全国から人や作品が集まることを禁止するなど、感染防止の対策が必要で、通常の実施はできない、という認識がはじめて共有された。
②周知の時間を考えると、2月26日（開催10日前）には決定しなければいけないと判断した。
③感染防止用マスクと消毒用アルコールを審査会場に準備する。
④通常開催はできるのか、オンライン開催の可能性など、他の卒業設計（以下、卒計）イベントの情報を集める。どのような開催方法にしても、YouTube配信は行なう。
⑤関係者の都合がつかず、最終決定を行なう定例会（web）の日程を27日19:00〜と決定した。
⑥本日以降、重要な決定と審議は、学生会議とのミーティングも含めて、すべてオンラインに移行した。
【心】 ただし、最終決定を27日に設定したことは、後から考えると1日遅く、後々悩むことになる。

2月20日（開催16日前）

【S】 学生会議の公式ホームページで、会場に消毒用アルコールを配置する旨を告知。

2月21日（開催15日前）

【メ】 中田Adより、公式ホームページに新型コロナウイルスに関する対応の告知内容（感染防止用マスクの着用と消毒用アルコールの配置について）の実現可能性について問合せあり。
【問】 smtの協力は得られるが、仙台市の施設であるため、いつ閉鎖されるか、消毒用アルコールが確実に貸与されるかは不明。

2月23日（開催13日前）

【社】 天皇誕生日の一般参賀中止。
【問】 学生と福屋Adが地域イベントへ出張中の車内で、パンフについて相談。
①入稿準備は終わっているが、印刷するとさらに数十万円の追加費用が生じる。
②来場者にはパンフが必要。
③協賛企業の広告を掲載しているため、印刷しない場合は協賛金を返還する必要も生じる。
④印刷所への入稿を判断する期限は数日以内。
【決】 27日まで待てないため、暫定でパンフの入稿＝通常開催を指示（後に学生会議が自主的に印刷を止めていたことが判明）。

2月25日（開催11日前）

【社】 ①首相官邸で新型コロナウイルス感染症対策本部の会議が行なわれる。クラスター（集団感染）対策の始動。
②テレワークの要請が始まる。
【問】 ①開催可否を決定する定例会は2日後の27日夜に予定。しかし、キャンセル料の発生など、SDLを中止にできない要因をすべてクリアしなければ、27日の定例会では開催中止を判断できないことが予測された。
②開催中止により大きな影響を受けるのは、学生会議とライブ映像配信技術協力者（以下、映像技術者）、会場であるsmt、管理者である行政（仙台市と市民文化事業団）である。
③学生会議から映像技術者への協力要請は進んでおり、代表学生3人と福屋Adがライブ配信についてsmtに事前ヒアリングすることとした。

2月26日（開催10日前）

【社】 ①政府よりスポーツなど大規模イベントを2週間、自粛する要請が出される。
②2月28日に東北工業大学の卒計発表会をsmtで行なう計画は予定どおりに進んでいた。
【会】 午後、smtと学生会議、福屋Adが打合せ。
【smt】 ①この時点では、smt主催の催しは中止、その他の貸室で行なうイベントは各主催者の判断に任せられていた。
②文部科学省より、厚生労働省「『イベント開催に関する国民の皆様へのメッセージ』

の周知について（依頼）」（事務連絡2月21日付）が示され、感染拡大防止の観点から、不特定多数を全国から集客するイベントに政府が難色を示していることがsmtから伝えられた。

③smtは通常開催でのSDLに主催者としての協力はしがたい。

④消毒用アルコールの備蓄はあるが、常識的な対応以上の量は会場に配置できない。

⑤3月に入ってsmt自体が閉鎖される可能性もゼロではない（実際には2020年4月11日から5月31日まで閉館）。

［問］　以上のことを踏まえると、オンライン審査での開催に大きく舵を切るしかない。全員がマスク着用の物々しい雰囲気の中、手探りで開催への準備を開始。オンライン審査での開催に向け、課題をリストアップし、解決していく作業に入った。

①審査をオンラインで行なう場合、会場の配置や進行をイチから考えることになる。準備が間に合うのか。

②審査会場に出展学生が集まると、審査自体が中止となる。来場の禁止を徹底できるか。

③smtのインターネット回線にはプロキシ（接続制限）がかかっており、なおかつ図書館と共有しているため、過大なトラフィック（データ量）となると、smt全体の回線が落ちるリスクがある。オンライン審査をsmtで行なう場合、複数人が一度にアクセスするweb会議の過大なトラフィックにsmtのインターネット回線が耐えられるのか、先に検証が必要。

④審査だけであれば容易に修正できるが、16年の歴史を重ねて巨大化してきたSDLは、テレビ放映のための収録、オフィシャルブック用の撮影とインタビューの収録、配布物、協賛各社からの物品寄贈、協賛金と広告、ライブ配信など、さまざまなメディアミックスが2日間の審査期間にすき間なく詰め込まれている。それらをすべて適正に再配置できるかは、その場にいた学生会議の3人、Ad1人だけでは予測できず、対応しきれないこともわかった。

⑤安易なオンライン審査では、SDLの歴史を築いてきたすべての関係者、出展者たちに申し訳が立たない。

⑥「模型もない、学生もいない状態で、審査方法を変えても『卒業設計日本一決定戦』と言えるのか？」。審査当日に繰り返される問いの答えを最後まで探していくことになる。

⑦アメリカ合衆国（以下、米）在住の重松審査員長が来日できるかも不明なままである。

［S］　あと10日しかない。学生会議には全力での対応を依頼し、Adもできる限り全面的に協力することを決めた。

［メ］　①その夜、中田Ad、西澤Ad、福屋Ad、本江AdがSDL2020の中止と代替企画について具体的な議論を開始した。

②当時、米国在住だった阿部Ad、小野田Ad、槻橋Adから「米国の状況と日本政府からの要請を鑑みた結果、安全の確保が最重要であり、対面審査やイベントの開催は見送るべき」というアドバイスがあった。

［決］　学生会議とAdがメールで議論した中で、可能性を以下に絞り込んで、予定どおり27日の定例会（web）で開催の可否を決定することとし、出席可能なAd全員が招聘された。選択肢は以下の3つ。

①展覧会、公開審査ともに中止（スポンサーと協議し、これまでの出資金については返還免除の確約）

②展覧会、審査（非公開）ともに実施。ライブ配信の実施。

③展覧会、公開審査ともに延期して開催（具体的には、9月か）。

2月27日（開催9日前）

SDL2020中止決定

［社］　全国の小中学校、高校に、3月2日から春休みに入るまで臨時休校の要請。

［会］　19:00～　第6回定例会（web）でSDL2020の中止決定。
（参加：学生会議、斎藤Ad、土岐Ad、友渕Ad、中田Ad、西澤Ad、濱Ad、福屋Ad）
オンライン・サービスWherebyを使用して接続し、議事録はすべてオンライン・ドキュメントで、共同編集しながら視覚化。この手法は、アーキエイド*¹の審議方式を援用した。

［S］　イベントの収支や応募者の気持ち、協賛各社への対応など、さまざまな課題を洗い出し、ある程度の目処がつけられた時点で、以下の決定をした。

［決］　日本一決定戦として（文責：smt + 学生会議 + Ad）

①2020年のSDLでは、例年のような模型を含む出展作品による審査は行なわない。

②新型コロナウイルス感染防止のため、多くの人数が集まっての展覧会、審査は行なわない。

［理］　新型コロナウイルス感染防止のための国の指針に鑑みて、全国から不特定多数が集まるイベントを、2020年3月15日までの間に開催することは適切でないと判断したため。

［決］　今後の対応策について

①卒計を何らかのかたちで講評する代替の方法を検討し、早期に発表する。
案として、オンラインでの「拡大版エスキス塾（仮称）」開催を検討している。

②登録済みの出展者からPDFデータを送ってもらう。
→データ容量、提出期日、送付先の明確化。
→集まった作品数に対する対応策（審査員）。

［問］　3月8日にゲスト審査員（+ Ad）がsmtに集まるのが理想。
→smtに要確認。smtが使用不可能の場合、代替の場所を探す。

①依頼済の要件の内、現段階で止められるものはすべてキャンセル。

②審査員に連絡（異論がある場合、翌日まで）。阿部Ad、竹内Ad、槻橋Ad、恒松Ad、中田Ad、西澤Ad、堀口Ad、本江Ad、厳Adから承認。告知の出し方に「今後の企画を予告」「未定とするほうがいい」などさまざまなアドバイス。

③協賛各社に連絡。

④明日の12:00にホームページで公表。

⑤3月2日に次回の定例会（web）。

［心］　大きな判断をした瞬間。一方、この決定がもう少し早ければ、400人近くいた出展者で代替企画への出展を諦めた人の内、何人かでも出展できたのではないかと個人的には悔やまれる。

2月28日（開催8日前）

［社］　北海道が緊急事態宣言、外出を控える要請。大型テーマパークが29日から休園。

［会］　9:30～　smtミーティング（以下、smt会議）。
（参加：smt、学生会議、福屋Ad）
学生会議が資料を準備し、smtに開催方針を報告。

［問］　この時点で、SDL2020の中止は告知できるが、代替企画（オンラインでの「拡大版エスキス塾（仮称）」）は企画書がなく、全体像が見えないことから、まだ発表できないとsmtからアドバイス。

［メ］　smt、学生会議、大会当日は不在の槻橋Adがオンライン上で告知文案を練り直し、夕方に告知開始。

［S］　SDL2020開催中止を告知。「SDL2020が中止になった」という情報がTwitter上で広まった。

［問］　代替企画案はほぼ振り出しに戻った。

2月29日（開催7日前）

［社］　①WHOが新型コロナウイルスの感染拡大リスクを最高水準に引き上げる。
②仙台市の市民センターが、3月30日までの新型コロナウイルス感染拡大防止に向け、イベントの中止などに関わる施設の使用料を全額返金することが伝えられる。

［問］　①SDL2020は中止するが、作品の審査は行なう。イベントに該当するかどうかが次の課題となってきた。
②テレビ番組の収録クルーが20人、オフィシャルブックの関係者が5人など、当日smtに出入りする人数が当初、主催者側で決めていた開催規定をオーバーする事態となり、人数を減らす必要が生じる。

3月1日（開催6日前）

［社］　大相撲春場所の無観客による開催が決定。東京2020オリンピック・パラリンピック競技大会も無観客での開催になるか、など予想され始める。

3月2日（開催5日前）

［会］　15:00～　smt会議。
（参加：smt、学生会議、福屋Ad）

［決］　イベント開催ガイドラインに抵触しない50人以下で運営し、開催場所を非公開にすることになった。

［案］　コロナ禍という状況で審査したことについてのシンポジウムを行ない、後日まとめるアイデアをsmtが提案。

【問】①当日のYouTube配信には懸念が残った。
②通常なら、学生会議メンバーだけで170人以上、審査員、関係者を含めると200人近くがsmtに出入りするイベントを、人数を圧縮しながら安全性を上げて開催するという、微妙な調整を始めた。
【会】20:00〜　第7回定例会（web）で代替企画の検討。
（参加：学生会議、五十嵐Ad、小野田Ad、土岐Ad、友渕Ad、中田Ad、西澤Ad、濱Ad、福屋Ad）
【決】①「SDL: Re-2020」の名称、コンセプト（3月は仙台で会おう）。
②50人以下で運営。
③重松審査委員長に時差審査の依頼。
【案】五十嵐Adから勝ち抜き方式など、従来の審査システムとは異なる、オンライン上でわかりやすい審査方法の提案。
【問】①スポンサーへの対応、予算組み（協賛減）などに懸念。
②応募者への応答、smtに集まれない中でSDLとしての継続性と可能性をどこに求めるか。
③10選と各審査員賞を選ぶファイナルに最適な、予選、セミファイナルの審査方法。
④模型やパネルを実際に見ないで、日本一を選ぶことは適切なのか。

3月3日（開催4日前）

【smt】smt2階〜4階の市民図書館の閲覧席が使用禁止となった。
【会】12:00〜　smt会議。
（参加：仙台放送、smt、学生会議、小野田Ad、福屋Ad）
【案】テレビ番組の収録は当日、人数を絞って行ない、また審査員のインタビューを遠隔で実施する方法が提案された。
【会】20:00〜　第8回定例会（web）。
（参加：学生会議、五十嵐Ad、小野田Ad、土岐Ad、友渕Ad、中田Ad、西澤Ad、濱Ad、福屋Ad、本江Ad）
代替企画の検討。
【決】①企画書最終案をメール審議。
②各組の審査ブースの設定と配信会場のレイアウト確認。
③大型モニタと手元のPCを使い、2人1組でセミファイナルの審査を行なう仕組みとし、必要機材を手配。
【作】①本江Adによる、勝ち抜き方式のビジュアル化、学生会議内での仕組みの理解と図式化。
②土岐Ad、友渕Adによる、予選プロセスとpdfオンライン閲覧システムの構築。
【問】①出展者が審査員に対してプレゼンテーションする方法。
webcam（有線接続）>携帯動画（スマホ、タブレットなどを使用）>電話>プレゼンテーションなし
②予選通過者（100選）に事前連絡しておき、セミファイナル通過者（20選）に即時資料を送ってもらっての審査はできるが、オンラインでプレゼンテーションできるか不明。
③審査および配信用オンライン・サービスの検討候補（Zoom、YouTube、Insta Live）。
④協賛企業への連絡を学生だけでは対応できないことが判明。
⑤smtを会場にできるか、この時点でも不確定要素が多く読み切れない。
【作】①審査員の予定の確保（リマインド）。
②西澤Adの指示で、音声品質を確保するための機材と撮影機材の手配について学生会議でも調査を進めて提案を持ち寄る。その上でAdが技術アドバイスをしながら映像や操作の精度を上げていくこととした。
【心】smtが会場使用不可だったら……。今さらどうしたらいいのかという心配が繰り返し起きるが、その場合、代わりの会場を確保するというタスクが1つ増えるだけ。すべてはオンライン上にあるのだから強い気持ちでいよう、という気にもなってきた。

3月4日（開催3日前）

【S】①「SDL: Re-2020」の企画書最終案（細部は当日まで変更された）。
②「SDL: Re-2020」の応募開始。
【作】午後　smt5階の会場にて、インターネット回線で4回線同時のオンライン・プレゼンテーションを行なえるか検証。IPアドレスを手動設定すれば問題ないことがわかる。
【決】smt技術職員のサポートの下、学生会議の石黒十吾（東北電子専門学校1年）

が審査経過ライブ配信の担当となる。
【心】応募期間たったの2日間という短さ。あと1日か2日早く代替企画の告知をできていたら、出展数が2倍に……。

3月5日（開催2日前）

【社】海外からの帰国者や入国者に対し、入国後2週間の自宅などでの待機要請を発表。
【会】13:00〜　代替企画ミーティング。
（参加：smt、学生会議、土岐Ad、福屋Ad）
【決】①予算案の決定。
②映像技術者の長崎氏の協力を得ることを決定。
【問】会期を短縮したため、通信関連でキャンセル料の発生する可能性がある。
【smt】smtが週末までに閉館する見込みは低くなり、smtを会場として使える可能性が高まる。一方、時間を延長しての使用が難しいため、3月7日は17:00撤収の約束をする。

3月6日（開催前日）

【S】①応募総数242が確定。
②オンライン・ストレージで出展作品データなどの共有開始。学生もオンライン上でのやり取りに慣れてくる。

3月7日（開催初日）

「SDL: Re-2020」予選

【社】世界の新型コロナの感染者数が10万人、感染国が90カ国を超えた。
【S】①朝　学生会議、審査員、Adがsmtに集合（一部）。
②予選審査。齋藤Ad、恒松Ad、濱Ad他がサポートに入り、242→100選を分担して審査。
【問】各学校の感染防止ガイドラインに抵触していることが判明したため、本江Adから「出展作品の審査はできるが、各学校で学生活動禁止ガイドラインが出ているため、学生会議は運営側でも会場にいることはできない」と学生会議に通達。この日は、学生会議は退出。
【心】もしかすると、例年よりも審査しやすいかもしれないという感想が出た。ポートフォリオを時間をかけて読めるメリットもある。
【会】午後　再度の打合せ。
（参加：smt、小野田Ad、福屋Ad、本江Ad）
議題：審査の配信方法、学生会議の参加方法の確認。
会場の安全は確保されていること、学生会議主催のイベントであること、代表学生が審査会場にいることが、来年以後のSDLにとって必要であること、審査をライブ配信することの先進性、安全確保への配慮をAdより説明。
【決】各大学のAdが責任を持って参加する条件で以下が決定。
①翌日は学生会議13人が立ち合う。
②審査経過ライブ配信の実施。
【S】審査経過ライブ配信のYouTubeアドレスを告知。

3月8日（開催2日め）

「SDL: Re-2020」セミファイナル、ファイナル（公開審査）

【S】学生会議13人が審査のサポートと運営を分担しながら、審査、ライブ配信までのシステムを10日間でつくり上げた、全く新しい形の卒計講評会「SDL: Re-2020」が始まった。
【心】「模型もない、学生もいない状態で、審査方法を変えても『卒業設計日本一決定戦』と言えるのか」。開催10日前に問われたことへの答えは、審査の終盤で発見できたのではないだろうか。

当日の様子は、審査経過（本書45ページ〜）をご覧ください！

編註：
＊1　アーキエイド：アドバイザリーボードの多数が携わった、建築家と教育関係者からなる東日本大震災の復興ネットワーク。震災直後の2011年3月16日から2016年3月までの5年にわたり、主に建築関連の分野で数多くの復興支援を行なった。

緊急事態下、大会再構築に向けた学生会議の3週間

文・構成：**齋藤 和哉**（アドバイザリーボード）

「せんだいデザインリーグ　卒業設計日本一決定戦」（以下、SDL）は仙台建築都市学生会議（以下、学生会議）が主体となり、約1年がかりで準備する。本番まで1カ月を切った2020年2月に新型コロナウイルスの影響が出始めた。そこからわずか3週間で学生会議がどのようにこの代替企画の大会を再構築したのか。時々刻々と変化する状況をまとめてみる。

表1　SDL: Re-2020　学生会議活動記録

月日	曜日	主な出来事	活動スケジュール	内容
2/17	月	台湾からの学生のSDL見学ツアー中止		●中田Adに、台湾からのSDL見学ツアーの学生たちが来日できない旨の連絡が届く。
18	火	新型コロナウイルス対策がはじめて議題に上がる	17:00　執行部ミーティング	●smtより、コロナウイルス対策がはじめて議題に上がる。 ●協賛企業に、台湾からの学生のSDL見学ツアー中止に伴う歓迎会の中止を報告。
19	水		19:00　第5回定例会	●コロナウイルス対策が、議題に上がる。
20	木			
21	金		19:00　第39回局長会議	●出展者、搬送会社にメールで開催検討中の連絡。 ●審査員、関係各者に中止の可能性があることを連絡。
22	土			
23	日			
24	月			
25	火			
26	水		午後　smtミーティング	●smt、学生会議、福屋Adと開催についてミーティング。 ●各協賛企業、個人協賛者（学生会議の先輩、過去出展者）にメールで中止の可能性があることを連絡。
27	木	SDL2020の中止決定	10:00　シミュレーション(-17:00) 19:00　第6回定例会(web) 23:00　代替企画立案(-29:00)	●宮城大学でSDL2020のシミュレーションを実施。 ●アドバイザリーボードとwebで大会可否について検討。SDL2020の中止決定。 ●東北工業大学で代替企画の立案。
28	金	代替企画の開催を学生会議内で確定	9:30　smtミーティング 14:00　開催中止を一般公開 15:00　代替企画ミーティング	●smt、福屋Adと代替企画のミーティング。 ●ミーティング終了後、一般公開用の文面を作成。 ●審査員、各協賛企業、関係各所に中止決定と代替企画が開催予定であることを連絡。 ●公式サイト、SNSでSDL2020の中止を公開。 ●smtで代替企画についてミーティング。 ●搬送会社に出展物搬入のキャンセルを連絡。
29	土	代替企画応募要項作成開始		●代替企画の応募要項を作成開始
3/1	日		12:00　smtミーティング 17:00　代替企画ミーティング	●smtと代替企画についてミーティング。会場レイアウトについて検討。 ●東北工業大学で代替企画についてミーティング。
2	月		15:00　smtミーティング 16:00　代替企画ミーティング 20:00　第7回定例会(web)	●smt、福屋Adと代替企画についてミーティング。 ●smtで代替企画についてミーティング。 ●webで代替企画についてミーティング。
3	火	代替企画応募要項／規約完成	10:00　仙台放送ミーティング 12:00　smtミーティング 16:00　東北工業大学集合 20:00　第8回定例会(web)	●仙台放送と代替企画についてミーティング。 ●smt、仙台放送、小野田Ad、福屋Adと代替企画についてミーティング。 ●ミーティング終了後、東北工業大学に移動。 ●webで代替企画についてミーティング。
4	水	「SDL: Re-2020」応募開始	10:00　協賛企業に協賛の打診	●協賛企業各社にメールで代替企画の協賛を打診。 ●協賛企業数社から「協賛しない」との返答。 ●出展者にメールで企画内容を連絡（Googleフォームのリンク添付）。 ●代替企画「SDL: Re-2020」の応募規定公開
5	木		11:00　協賛企業ミーティング 13:00　代替企画ミーティング 18:00　データ整理	●協賛企業で代替企画と協賛についてミーティング。 ●東北工業大学で代替企画についてミーティング。 ●出展者から届いた作品データを整理。
6	金	「SDL: Re-2020」出展締切	16:00　データ整理 17:00　smtミーティング	●出展登録締切後、残りの出展作品データを整理。 ●smt、齋藤(東北共立)、土岐Ad、福屋Adと大会当日の進行を確認。
7	土	「SDL: Re-2020」予選	9:00　会場設営 11:00　退館 19:00　準備	●smtで会場設営。 ●本江Adから「学生はここで帰宅し、明日は自宅で待機すること」と指示を受け、退館。 ●18:00頃に実行委員長から「明日は幹部陣のみ入場可能と小野田Adから指示があった」と連絡を受けた。 ●東北工業大学で翌日の準備（主に資料の作成や印刷）。
8	日	「SDL: Re-2020」セミファイナル、ファイナル(公開審査)	9:00　集合 15:00　ライブ配信開始 20:00　撤収作業 20:30　退館	●smtに13人が集合し、20選が確定するまで審査の様子を見学。 ●20選の確定後、20選の出展者リストの作成と印刷。 ●審査経過映像のライブ配信。長崎(映像配信技術者)をサポート。 ●ライブ配信終了後、撤収作業。

＊SDL=せんだいデザインリーグ　卒業設計日本一決定戦
＊smt=せんだいメディアテーク
＊Ad、アドバイザリーボード = 仙台建築都市学生会議アドバイザリーボード：本書4ページ編註1参照。
＊学生会議 = 仙台建築都市学生会議：本書4ページ編註3、172-173ページ参照。
＊東北共立 = smtの映像と音響を担当する企業
＊執行部ミーティング=学生会議4役 + smtの打合せ（月1回程度）
＊定例会=学生会議各局長 + アドバイザリーボードの打合せ（通常は月1回程度）
＊局長会議=学生会議各局長の打合せ（通常は週1回程度）
＊smtミーティング=学生会議4役 + smt + 関係者の打合せ（通常は2カ月に1回程度）
＊代替企画ミーティング=学生会議各局長の打合せ（今回特別に設置）
＊学生会議の構成=代表、SDL実行委員長（副代表）、運営局長、広報部長、運営部（事務局、会場局、アワード局、審査局、会計局）、 広報部（デザイン制作局、メディア局、企画運営局）[全170人（SDL: Re-2020）]
＊文中は敬称略。

Countdown for SDL2020

SNS上で展開された企画。SDL2020開催準備のため、日替わりで学生会議メンバー、関係者が登場した。

Photos courtesy of the persons in the photos.

素材にふさわしい技術を使って魅力的なコンテンツを

「SDL: Re-2020」の成功の陰には長崎由幹氏（映像配信技術者）あり。
SDL2017以降のライブ配信を手がけ、「SDL: Re-2020」のオンライン審査とライブ配信を技術面で支えた長崎氏に、
画面には映らなかった現場の状況や技術チームの動きについてうかがった。（2020.6.11）

聞き手：西澤 高男、濱 定史（アドバイザリーボード）

——「SDL: Re-2020」のオンライン審査とライブ配信の成功は長崎さんの技術サポートのおかげだと聞いています。

僕はSDL2017以来、ライブ配信のサポートを担当してきました（本書164〜165ページ図1参照）。毎年、配信するコンテンツを学生会議と一緒につくり、その過程自体が、僕にとって建築を別の角度からとらえ、新しい評価を模索する機会でもあります。一方で、思い描いたアイディアが実現に至らずとも、真摯に取り組む学生たちの態度に励まされてきたのも事実です。
急遽立ち上げたオンラインでの「SDL: Re-2020」が、わかりやすく現代的な魅力を備えて成功したのは、技術やノウハウを代々つないできた学生会議があってこそだと思います。
今回はsmtの映像と音響の専門家集団（東北共立）とフリーランスの僕が互いの進め方の垣根を越え、協力してコンテンツが成り立っていったこともおもしろい経験でした。

——今回、短期間での準備でしたが、苦労した点や技術的な問題点を教えてください。

「SDL: Re-2020」では、予算の都合もあり、機材は特にレンタルしませんでした。配信用のベーシックなシステムはSDL2017の頃から変わっておらず、映像のミキサー、そのソースをパソコンに取り込むためのコンバータ（変換器）の2つがあれば、コンテンツの種類が変わっても配信できます。
一番難しいのは音声をきちんと分配することです。審査員の音声を会場でも流し、同じ音をそのままオンライン上の出展者に流すとハウリング（不快な雑音の発生）が起きてしまうので、出力の設定を変更したり、マイクの位置を変えたりと、いろいろ調整する必要がありました。
一方、映像については、プレゼンテーションをしている学生と審査員、それとスタッフが見ている画像を3つとも同じものにしなければなりません。そのことを意識し、組合せを考えて映像を振り分けていました。
カメラは2台使い、それにプレゼンテーション用のポートフォリオ（PDF）の内容と、各所からテレビ電話でつないでいる出展者という、合わせて4つのソースがメインとなります。この4系統を審査の様子などに合わせ、随時切り替えていました（図1参照）。本来は3〜4人のチームで行なう作業です。これまで操作を含めて学生会議主体で進めていましたが、今回は緊急事態ということで、僕1人で対処しました。

——オンラインに効果的なコンテンツをつくるポイントは何ですか？

結局、うまくいくかどうかは技術や機材ではなく、素材の中身にかかっています。今回、観客がいないことでカメラのポジションや配線の変更など、現場の状況の変化に応じてフレキシブルに対応できたことが大きかった。これまでのSDLでは、観客やテレビ番組の収録を邪魔しないよう配慮していました。ライブ配信はおまけのようなものだったので。
審査の場面にもこれまでと違ったものが現れました。それは、審査員が映像の配信先、つまり会場の外のあらゆる状況を意識したからでしょう。これまでは、配信先に会場より多くの視聴者がいたとしても、会場の雰囲気やその時に集まった作品のノリが審査に影響していたように思います。今回は、例年より世の中が抱える問題に寄り添ったのではないでしょうか。
また、いつもSDLのコンテンツは非常に長く、今回も5時間くらいありました。VR（Virtual Reality＝仮想現実）やAR（Augmented Reality＝拡張現実）などの新技術も

ありますが、SDLのようなイベントの場合、視聴者にとってはオーソドクスな映像のほうが見やすい。今回の「SDL: Re-2020」をオンラインで建築を評価する実験としてとらえ、その上で番組づくりやオンライン配信の可能性を考えていく必要があります。番組の内容を考えることが、「建築を誰がどのように批評し、それをどのように他者へ受け渡すと効果的か」を考えるきっかけになるでしょうし、そこには大きな可能性があるはずです。

——SDL向きのコンテンツのアイディアはありますか？

僕は教育的な意味を含めて、学生たちの問題意識をアップデートしたいと思っていますが、その中でコンテンツをつくるという視点はすごく重要です。
たとえば、SDL2018で学生会議に、審査員の発言とは別に副音声のようなコンテンツが同時にあってもよいのではないか、と提案しました。民俗学者や歴史研究者など、建築家以外で学生の問題意識に合致する人を独自に審査員として選び、通常の審査とは別の切り口から批評してもらう場を設けたら、それはSDLオリジナルの視点であり、コンテンツになり得ます。

——今回はオンライン・サービスという新しいメディアを使ってのSDLでしたが、メディアと場所性のあり方が変わりますね。

現在、PUMPQUAKESという宮城県を拠点としたチームを立ち上げて活動していますが、最初のプロジェクトとして、民話研究者の小野和子さんが50年にわたり東北の村々を訪ね、記した旅の日記を軸とした『あいたくて ききたくて 旅にでる』（PUMPQUAKES刊、2020年）の出版に携わりました。実は、この経験を通してメディアと場所性について考えるようになったんです。各地域で語られる民話は一見同じように見えても、場所ごとに話の細部が違う。なぜ違うかというと、語り手（＝メディア）にはそれぞれ、風土や地理といった場所性、経験や語り口という固有の背景があるからです。語り手の背景の違いにこそ意味がある。小野さんにそのことを教えてもらいました。
今滞在しているメキシコのオアハカは、農業が盛んで、手仕事や芸能がたくさん残っているし、それこそ民話も語られていて、東北に似た風景と文化にシンパシーを感じる。
このように、これからは個性豊かな場所性を備えた地方での活動が重要だと思う。日本でも、各地方で頑張っている若い人はたくさんいます。東日本大震災直後は若い人の間に連帯が生まれゆく感覚がありましたが、なかなか持続するのが難しい。連帯できないまま10年を過ごしてしまった。でもやっぱりあきらめたくない。遠隔地の人同士をピンポイントでたやすく結び付けられる新しいメディアを主体的に活用することが、将来的に、地方で活躍する若い人たちをつなぐ助けになるのではないでしょうか。
SDLも学生主体で、この規模のイベントを仙台という地方都市で20年近く続けてきたことは本当にすごいことです。そのすごさを改めて自覚して、学生たちには、もっと自分たちのやりたいことを考えてほしい。その時に「SDL: Re-2020」での経験がきっと力になると思います。

＊SDL＝せんだいデザインリーグ 卒業設計日本一決定戦
＊smt＝せんだいメディアテーク
＊アドバイザリーボード：本書4ページ編註1参照。
＊学生会議：本書4ページ編註3、172-173ページ参照。

Photo by Izuru Echigoya.

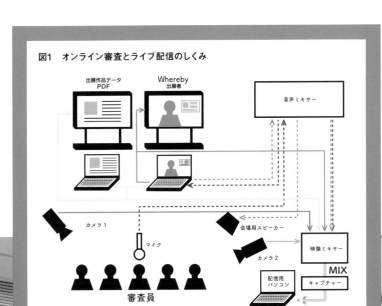

図1　オンライン審査とライブ配信のしくみ

出展作品データ
PDF

Whereby
出展者

音声ミキサー

カメラ1

マイク

会場用スピーカー

カメラ2

映像ミキサー

MIX

配信用
パソコン

キャプチャー

審査員

※一部簡略化してあります　映像━━━　音声┈┈┈

長崎 由幹
ながさき・よしとも／映像技術者

1985年宮城県生まれ。宮城県在住。映像制作を独学で習得し2011年から2013年までせんだいメディアテーク「3がつ11にちをわすれないためにセンター」スタッフとして東日本大震災の記録制作に携わる。展覧会「記録と想起　イメージの家を歩く」（2014年）に出展。展覧会制作に『物語りのかたち』（2015年）、出演舞台、舞台美術制作に『砂連尾理　猿とモルターレ』（2017年）などがある。2019年よりPUMPQUAKES（https://www.pumpquakes.info/）を立ち上げ活動中。ロックカフェピーターパン2代目。2020年3月より、文化庁の新進芸術家研修制度で派遣中のパートナー、清水チナツ氏（インディペンデント・キュレーター）とメキシコに滞在。

「SDL: Re-2020」から見えたもの

「過度な忖度」から「合理性への意思」へ

小野田 泰明(アドバイザリーボード)

Covid-19の脅威

新型コロナウイルスCovid-19の世界的な流行により、我々の生活様式は大きく変化している。思い返せば、日本政府による東京2020オリンピック・パラリンピック競技大会の正式な延期決定は、2020年3月24日であり、テレワークなど今(2020年5月現在)では当たり前の対応も2月の段階では手探り状態であった。SDL2020開催可否の決定を迫られた2月の時点でCovid-19について知り得ることは極めて限られており、どのように対応すべきか、自治体から確固とした方針も出てはいなかった。

告白すると、「ネット配信は不謹慎なので不可」「感染予防のため、学生たちも一切、来場させてはならない」という社会に対する忖度が、「SDL: Re-2020」の募集直前まで大きな影響力を持っており、そうした中での開催決定とそのための調整作業は、良識ある大人であれば遠ざけて当然のリスク満載の作業であった。

一方、曖昧な指示が生み出す余白(グレイゾーン)が大抵、制約する方向に働いてしまう事実は、テレビ番組のワイドショーなどが主張している「管理側を叱責すればいい」では解決できない。法律上の限界などで、中央政府が曖昧な指示しか出せない状況では、結果責任を負う現場が安全側に傾くのは当然だからだ。

合理の獲得のために必要な資源

それでも、今回の「SDL: Re-2020」が、多くの組織が陥ってしまう「過度な忖度による機会損失」を遠ざけることに成功したのは、以下の4つの資源を我々が活用できたからでもある。

①情報の収集とそれに基づく具体的な対策:

主な懸念は感染の拡大にあるので、その原因を的確に理解し、具体的な対策に落とし込むことが求められていた。これについては、宮城大学の中田Adが早くから情報の収集に努めていたことが功を奏し、学生の対応などについて、関係者内で合意可能な対応を比較的しっかりと組めた。

②責任の所在の明確化とその分担の枠組み:

対策が取られたとしても、いざ感染が発生した時に誰が責任を負うのかという問題が残っていた。「何かあったら袋叩き」という昨今の風潮もあり、「責任の所在」をはっきりさせることは最も警戒が必要な領域である。多くの懸念すべき事項があったが、その1つが各学校がばらばらに出しているCovid-19の対応ガイドラインと開催要項のすり合わせである。今回は、各学校の代表教員が、「SDL: Re-2020」の開催要項を確認し、責任の所在を署名文書で明確に残すということでsmt、各学校と合意した。一方、「全国的に自粛ムードの中、イベントの開催は不謹慎」という問題の扱いには苦慮したが、本事業を「ネットを使った社会実験」と定義することで、各学校の理解に漕ぎつけた。これによって「SDL: Re-2020」のコンセプトが明確となった。

③技術資源と資金:

感染の防止や問題の発生に対する責任体制が組めたとしても、実際に技術を実装できなければ意味はない。今回は、smtがプラットフォームとして「SDL: Re-2020」の活動を支えるとともに、東北工業大学の福屋Adが中継点となって、イベントの

仕組みを構築してくれた。大口スポンサーが降りたことで、活動資金が減少したため資金面では調整が困難となったが、予算を組み替え、ライブ映像配信に専門家を登用する余地ができた。

④受け手側のリテラシー(活用力)と信頼:

直前での変更にもかかわらず、ネットで出展してくれた242作品の学生、回線を捕まえてしっかりしたプレゼンテーションをしてくれた20選、難しい審査に対応してくれた審査員、イベントの開催を支えてくれたsmtと仙台市、SDLを見捨てなかったスポンサー、真摯に議論ができたアドバイザリーボード、そして学生会議。これらの存在がなければ、本企画は決して実現しなかった。これこそSDLが18年間をかけて構築してきた財産なのだと思う。

「集まれなくてもできること」で見えてきたもの

また、「SDL: Re-2020」が実現したことで、経験を通していろいろなことを改めて確認できた。

①空間に対する時間の優越:

従来のSDLの審査では、多彩で創造的な発見があった。もちろん、今回も貴重な発見があったが、これまでのものとは異なる。従来のように審査員と作品や出展者が、共有する空間の中で各自がさまざまな媒体を介して拾える「発見」とは違って、時間軸に沿って順次、議論の場へ介入する発言者により意図的な「発見できる機会」が生み出されていた。つまり、与えられた時間内でいかに意図を的確に伝えられるかが問われたのである。このことは、今回、空間より時間が優位となったことを示している。

②キャラクタとシナリオ:

ネット上での作業が中心となる場合、そこで起きる出来事は空間における偶然ではなく、番組に登場する人物のキャラクタやディレクターのシナリオに帰属する部分が大きい。

③情報のプラットフォームとその備え:

オンライン審査やライブ映像配信を可能にするためには、情報をやり取りできるプラットフォーム(場)が必要となり、それを支える技術的、経済的な基盤を備えることが重要となる。これはGAFA[*1]がなぜ社会で権勢を振るっているかという事実と同根の問題でもあろうか。

今回得た知見が、空間の創造と批評にどう関係し、どういう意味を持つのか。もちろん、単純に答えが出る問いではない。だが、来年のSDL2021においても引き続き、答えが模索されていくに違いない。そういう意味では、次回が楽しみでもある。

編註
*1 GAFA:現在、世界的なIT業界において巨大で支配的、独占的な企業群(Google、Apple、Facebook、Amazon)を指す用語。

JURY, GUEST CRITIQUE, COMMENTATOR

永山 祐子

セミファイナル & ファイナル審査員長代理

SEMI-FINAL & FINAL JURY, GUEST CRITIQUE

■ それぞれの卒業設計
今につながる原動力

実は、私の卒業設計はあまり良い思い出ではない。敷地はJR山手線の日暮里駅だった。日暮里は、高低差のある全く性格の異なる場所が駅によって分断されている。その分断された場所を1枚の布を折り曲げるようにつなげ、ラチ内外(有料空間と無料空間)の新しい関係をつくろうとした。電車を縦糸とし、周囲から駅に染み込んできたその土地の性質を含んだ要素を横糸として1枚の布のように織りなされる総体を新しい駅として提案した。自分がその時に考えた精一杯の思いを込めた。

その当時に比べ、今、駅構内が通過点ではなく、より目的地化してきている。それを予感させる提案であったと自負もしているが、学内では評価されなかった。

実は、評価されなかったのは提出の紙のサイズに規定違反があったからで、それがなければ上位に推されていたということを知ったのはここ最近のこと。評価されなかったという悔しさは今でもずっと持っている。

当時、「せんだいデザインリーグ 卒業設計日本一決定戦」があったらきっと出していただろう。卒業設計は良くも悪くも心のシコリみたいなもので、それが今の原動力になっているような気がする。

ながやま・ゆうこ
建築家

1975年　東京都生まれ。
1998年　昭和女子大学生活科学部生活美学科卒業。
　　　　青木淳建築計画事務所勤務(~2002年)。
2002年　永山祐子建築設計設立。

主な建設作品に、『LOUIS VUITTON 京都大丸店』(2004年／2005年JCDデザイン賞奨励賞)、『丘のある家』(2006年／2006年AR Awards〈イギリス〉優秀賞)、『ANTEPRIMA』(2007 09年)、『カヤバ珈琲』(2009年)、『sisii』『木屋旅館』(2011-12年)、『豊島横尾館(美術館)』(2012-13年／2014年JIA新人賞)、『西武渋谷A・B館5階』(2015年)、『女神の森セントラルガーデン(小淵沢のホール、複合施設)』(2014-15年／2017年山梨県建築文化賞、2017年JCD Design Award銀賞、2018年東京建築賞優秀賞)など。
その他の主な受賞に、ロレアル賞奨励賞(2005年)、ARCHITECTURAL RECORD Award, Design Vanguard(2012年)など。
現在、『ドバイ国際博覧会日本館』(2020年)、『新宿歌舞伎町の高層ビル』(2022年)などの計画が進行中。
http://www.yukonagayama.co.jp/

豊島横尾館／2013年／Photo: Nobutada Omote

＊smt＝せんだいメディアテーク
＊SDL＝せんだいデザインリーグ 卒業設計日本一決定戦
＊アドバイザリーボード：本書4ページ編註1参照。

Photos except as noted by Izuru Echigoya.

金田 充弘

セミファイナル & ファイナル審査員

■それぞれの卒業設計
卒業設計の頃

なぜ卒業設計の記憶がないのか。

消し去りたい過去だったというわけではない。アメリカ合衆国の大学の建築学科は通常5年制だが、私の卒業したカリフォルニア大学バークレー校は4年制だったからか、卒業設計がなかった。

1994年の6月に大学を卒業し、大学院に進むまでの1年間、バークレーの設計事務所で働いた。働き出して半年後の1995年1月、阪神・淡路大震災が発生した。大学の恩師の紹介で、阪神高速道路公団と協力関係のあったカリフォルニア交通局(CALTRANS)から派遣される調査団に通訳として同行した。

卒業設計をしなかった私には、この被害調査に同行して見たこと、聞いたこと、考えたことが、大学院での研究テーマとなり、その後の設計活動の原点となった。兵庫県の芦屋浜の高層住宅の破断した鉄骨フレームを見た時に恩師が呟いた言葉が、後に『銀座メゾンエルメス』の浮き上がるステッピングコラム構造*¹の発想に結び付いた。

卒業設計に取り組むこの時期に、見て、感じて、考えることの大切さを改めて思う。

編註
*1 ステッピングコラム構造：ロッキングの原理を応用し柱を浮き上がらせて地震力を低減する制震構造システム。

かなだ・みつひろ
構造エンジニア、東京藝術大学准教授、Arupシニアアソシエイト

1970年　東京都生まれ。
1994年　カリフォルニア大学バークレー校環境デザイン学部建築学科(アメリカ合衆国)卒業。
1996年- 同大学院工学部土木環境工学科修士課程修了。
　　　　Arup入社。
2007年- 東京藝術大学美術学部建築科准教授。

主な建築作品に、『銀座メゾンエルメス』(2001年／建築設計：Renzo Piano Building Workshop)、『ぎふメディアコスモス』(2015年／建築設計：伊東豊雄)、『台中国家歌劇院』(2016年／建築設計：伊東豊雄)など。
主な受賞に、第12回松井源吾賞(2002年)など。
主な著書に、『ヴィジュアル版建築入門3　建築の構造』(共著、彰国社刊、2002年)、『松井源吾賞作品集』(共著、松井源吾記念会刊、2003年)、『オルタナティブ・モダン　建築の自由をひらくもの』(共著、TN Probe刊、2005年)など。

台中国家歌劇院／2016年／Photo: Tsuneo Tanehashi

野老 朝雄

セミファイナル & ファイナル審査員

■それぞれの卒業設計
群としてその時代を表す

数々の卒業設計は、群としてその時代を表す。

個としては自身の一生に影響を及ぼすこともある。

私は未だにその悪夢を見る。

それは建築の学徒としての誇りである。

手描きによる卒業設計ばかりの中、私は母校ではじめて、コンピュータで描いた卒業設計を提出した。しかしそれは全く認められず、大学と大学の教育過程に反感と不信感を抱いたものである。

それにもかかわらず、当時実施されていた日本建築学会の卒業設計展に、大学の代表として私が出展することになり、その際、提出することになっていた何百字かの提案概要を悩みながら作成した。自分の卒業設計の稚拙さを認識していただけに、まじめに取り組むほど悪夢に襲われた。結局、本当に伝えたかったことを書ききれず、悔いを残したことを覚えている。

その後、書店で見たAAスクールの『プロジェクト・レヴュー』の表紙を飾っていたドローイングが私を虜にする。これが長年の師となる建築家、江頭慎の作品との出会いであった。彼を追いかけてイギリスのAAスクールに行って学ぶ中で、まさに「目から鱗が落ちる」ように、先達のやってきたことに圧倒された。他分野との橋渡しが自分の役目だと思ってさまざまな仕事を手がけるようになった今でも、イギリスでの経験は、いつも私の礎になっている。

ところ・あさお
美術家

1969年　東京都生まれ。
1992年　東京造形大学造形学部デザインⅡ類卒業。
　　　　Architectural Association School of Architecture(イギリス)に在籍(-1993年)。
1993年　江頭慎の制作助手、ワークショップアシスタント(-1998年)。
2003年- 武蔵野美術大学造形学部空間演出デザイン学科非常勤講師(-2016年)。
2016年- 東京大学工学部建築学科非常勤講師。
2017年- 筑波大学非常勤講師。
2018年- 東京大学教養学部非常勤講師。
2019年- 宮城大学客員教授。
　　　　四国大学特認教授。

幼少時より建築を学び、江頭慎に師事。2001年9月11日より「繋げる事」をテーマに紋様の制作を始め、美術、建築、デザインの境界領域で活動を続ける。単純な幾何学原理に基づき、定規やコンパスで再現可能な紋と紋様の制作や、同様の原理を応用した立体物の設計と制作も行なっている。
主なデザイン、造形作品に、『TOKOLO PATTERN MAGNET』(2006年／新日本様式100選　J023)、『ブリーゼタワー』(地下通路床面作品、2008年)、『工学院大学125周年記念総合教育棟　ファサードパターン+サイン計画』『大名古屋ビルヂング下層部ファサードガラスパターン』(2012年)、『東京2020オリンピック・パラリンピック競技大会エンブレム』(2016年)、『TOWER OF CONNECT』(大手町パークビルディングのための屋外彫刻、2017年)、『CST SPHERE』(日本大学理工学部創設100周年記念モニュメント、2019年)など。

TOWER OF CONNECT／
2017年／Photo: Asao Tokolo

冨永 美保

セミファイナル & ファイナル審査員

■ それぞれの卒業設計
時間と建築の関係

私の卒業設計は、東京のお台場にある人工の無人島を改修するものだった。その島は、江戸幕府が黒船対策として作ったものなので、もはや現代においては役割を持たない。

誕生してから160年ほど流れた島の時間のことを考えると、途方もないような気持ちになる。今残っているのは、2mの潮位差と正方形の盛り土、いくつか散らばる砲台場の遺構、陽あたりが良いところにわさわさと生い茂る緑の植物、ぽっかりと海に浮かんでいる誰のものでもない、ひと気のない無人島である。

この島が経験してきた過去から、現在に何を残し、何を変えていくべきか、という延々とした悩みの中で、時間と建築の関係についての興味を強く自覚した。

「せんだいデザインリーグ2011　卒業設計日本一決定戦」(SDL2011)の2日後に、3.11東日本大震災が起きた。

それから建築にまつわる社会も変わっていくのだが、あの頃発見した興味は私の根っことして残っている。

とみなが・みほ
建築家

1988年　東京都生まれ。
2011年　芝浦工業大学工学部建築工学科卒業。
2013年　横浜国立大学大学院Y-GSA修了。
2014年-　トミトアーキテクチャを伊藤孝仁と共同設立、共同主宰。
　　　　　東京藝術大学美術学部建築科ヨコミゾマコト研究室教育研究助手(-2016年)。
2016年-　慶應義塾大学、芝浦工業大学、横浜国立大学、関東学院大学、東京都市大学、東京電機大学非常勤講師。

主な建築作品に、『丘の町の寺子屋ハウス CASACO』(2016年／2016年度JIA神奈川デザインアワード優秀賞)、『庭が回る家』(2016年／第9回三井住空間デザインコンペ三井空間デザイン賞(最優秀賞))、『WAEN』(2017年)、『真鶴出版2号店』(2018年／SDレビュー2017入選、2019年Local Republic Award最優秀賞)など。(以上、伊藤孝仁との共同設計)
その他の主な受賞に、第16回ヴェネツィア・ビエンナーレ建築展(2018年)出展など。

丘の町の寺子屋ハウス CASACO／2016年／Photo: Miho Tominaga

重松 象平

ゲスト・クリティーク(SDL2020審査員長)

SDL2012／
Photo: Toru Ito

■ それぞれの卒業設計
1人で生み出す苦しさ

IT化が進み、銀行業務がバーチャル化されるため、旧来の執務空間が解体され、銀行の本店が多目的施設として生まれ変わるという卒業設計(以下、卒計)だった。バブル経済の崩壊直後だったため、資本主義への懐疑心とそれが解体され再編されるという期待感が根底にあった。一等地に建つ権威主義的な銀行の本社屋をパブリックに開放したかった。建築が世の中の変化と正義を反映するべきだ、と威勢だけはよかったのだ。

今思えば、わりと的確に現在起きている変化を想定していた感はあるが、多目的プログラムのリサーチも甘かったし、自分自身の建築言語に関しては深く向き合うことができなかった。好きな建築家の真似はしないと潔く決めた反面、行き詰まり、手が動かず、形態、ドローイング、模型などはほとんどスタディ(習作)できなかった。冬の寒い製図室、ストーブのまわりで談笑しているみんなに参加したくてタバコを吸い始めたり、意味もなく徹夜を繰り返したりと、(体力だけはあったが)弱さを露呈した。月並みな感想だが、卒計を通して建築を自分1人で生み出す苦しさをつくづくと実感した。

それから約25年が経ち、経験を積んだ今でもその苦しさは変わらないが、世界が大きく変化しているのを見ていると、常に設計する意欲が湧いてくる。建築や都市に携わるには今が最高におもしろい時代だと確信している。

しげまつ・しょうへい
建築家

1973年　福岡県久留米市生まれ。
1996年　九州大学工学部建築学科卒業。
1997年　ベルラーヘ・インスティテュート(オランダ)在籍(-1998年)。
1998年　OMA(Office for Metropolitan Architecture)入所。
2006年-　OMAニューヨーク事務所代表。
2008年-　OMAパートナー。
2013年　ハーヴァード大学デザイン学部大学院GSD(アメリカ合衆国)においてAlimentary Design Studioを率いる(-2017年)。

主な建築作品に、『コーネル大学建築芸術学部新校舎』(アメリカ合衆国、2011年)、『COACH表参道フラッグシップストア』(2013年)、『ケベック国立新美術館新館』(カナダ、2016年)など。

ケベック国立新美術館新館／2016年／Photo: SS.inc

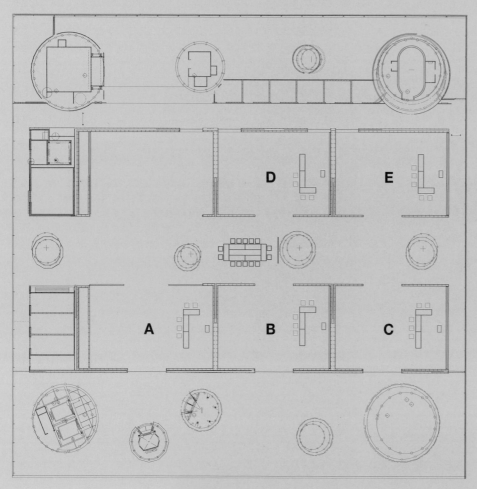

五十嵐 太郎

セミファイナル審査員、ファイナル コメンテータ／アドバイザリーボード

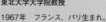

いがらし・たろう
建築史家、建築評論家、
東北大学大学院教授

1967年　フランス、パリ生まれ。
1990年　東京大学工学部建築学科卒業。
1992年　同学大学院工学系研究科建築学専攻修士課程修了。
1997年　同博士課程単位取得後退学。
2000年　博士（工学）取得。
2005年　東北大学大学院工学研究科都市・建築学専攻准教授
　　　　（～2008年）。
2008年～　同教授。

第11回ヴェネツィア・ビエンナーレ建築展日本館（2008年）コミッショナー、あいちトリエンナーレ2013芸術監督、『戦後日本住宅伝説』展（2014-15年）や『インポッシブル・アーキテクチャー』展（2019-20年）の監修、『3.11以後の建築』展（2014-15年）のゲスト・キュレーター、『窓』展（2019-20年）の学術協力を務める。第64回芸術選奨文部科学大臣芸術振興部門新人賞（2014年）を受賞。
主な著作に、『建築家の東京』（みすず書房刊、2000年）、『ビルディングタイプ学入門』（共著、誠文堂新光社刊、2000年）、『日本建築入門』（ちくま新書、筑摩書房刊、2016年）、『モダニズム崩壊後の建築』（青土社刊、2018年）など。

小野田 泰明

予選コメンテータ／アドバイザリーボード

おのだ・やすあき
建築計画者、東北大学大学院教授

1963年　石川県金沢市生まれ。
1986年　東北大学工学部建築学科卒業。
1993年　同学にて博士号（工学）取得。
1997年　同学大学院工学研究科都市・建築学専攻助教授
　　　　（～2007年）。
1998年　UCLA（アメリカ合衆国）客員研究員（～1999年）。
2007年～　東北大学大学院工学研究科都市・建築学専攻教授。
2010年～　重慶大学建築学院（中華人民共和国）客員教授。
2012年～　東北大学大学院工学研究科都市・建築学専攻長
　　　　（～2014年）。
　　　　同大学院災害科学国際研究所災害復興実践学教授。
2015年　香港大学客員教授（～2016年）。

建築計画者として参画した主な建築作品に、『せんだいメディアテーク』（2000年）、『横須賀美術館』（2006年）、『東北大学百周年記念会館 川内萩ホール』（2008年）など。
東日本大震災後は、岩手県釜石市にて復興ディレクター、宮城県石巻市復興推進会議副会長、宮城県七ヶ浜町復興アドバイザーなどを務めながら各地の復興計画に参画。アーキエイド発起人（2011年）。
主な受賞に、日本建築学会作品賞（2003年、阿部仁史と共同）、同著作賞（2016年）、公共建築賞（2017年、阿部仁史らと共同）など。
主な著書に、『プレ・デザインの思想』（TOTO出版刊、2013年）など。

小杉 栄次郎

予選審査員／アドバイザリーボード

こすぎ・えいじろう／
建築家、秋田公立美術大学教授、
team Timberize副理事長

1968年　東京都生まれ。
1992年　東京大学工学部建築学科卒業。
　　　　磯崎新アトリエに勤務（～2001年）。
2002年　KUS一級建築士事務所を設立（～2015年）。
2011年～　NPO法人team Timberizeを設立、副理事長。
2013年　秋田公立美術大学美術学部美術学科景観デザイン専
　　　　攻准教授（～2018年）。
2017年　一級建築士事務所コードアーキテクツを設立、共同
　　　　代表。
2018年～　秋田公立美術大学美術学部美術学科景観デザイン専
　　　　攻教授。

建築・都市の設計理論と実践を専門とし、木質・木造建築の新たな可能性を追求している。
主な建築作品に、『下馬の集合住宅』（2013年／第41回東京建築賞『共同住宅部門』奨励賞（2015年）、他）、『JR秋田駅待合ラウンジ』（2017年／Wood-Design賞2017最優秀賞〈農林水産大臣賞〉）など。
主な著書に、『都市木造のヴィジョンと技術』（共著、オーム社刊、2012年）など。

齋藤 和哉

予選審査員／アドバイザリーボード

さいとう・かずや
建築家

1979年　宮城県仙台市生まれ。
2001年　東北工業大学工学部建築学科卒業。
2003年　同学大学院工学研究科建築学専攻修士課程修了。
　　　　阿部仁史アトリエに勤務(-2004年)。
2004年　ティーハウス建築設計事務所に勤務(-2009年)。
2010年-　齋藤和哉建築設計事務所を設立、主宰。

主な建築作品に、『八木山のハウス』(2012年)、『浦和のハウス』
(2019年)、『金蛇水神社外苑 Sando Terrace』(2020年)など。

櫻井 一弥

予選審査員／アドバイザリーボード

さくらい・かずや
建築家、東北学院大学教授

1972年　宮城県仙台市生まれ。
1996年　東北大学工学部建築学科卒業。
1998年　同学大学院工学研究科都市・建築学専攻修士課程修了。
　　　　伊藤邦明都市・建築研究所に勤務(-2000年)。
2000年　東北大学大学院工学研究科都市・建築学専攻助手
　　　　(-2007年)。
2004年　博士(工学)取得。
2007年　SOY source建築設計事務所を共同設立。
　　　　東北大学大学院工学研究科都市・建築学専攻助教
　　　　(-2010年)。
2010年　東北学院大学工学部環境建設工学科准教授
　　　　(-2014年)。
2014年-　同教授。
2017年-　学校法人東北学院理事長特別補佐。

主な建築作品に、『日本バプテスト仙台基督教会』(2007年／
グッドデザイン賞2008、他)、『S博士の家』(2008年／第5回
キッズデザイン賞、他)、『田郷医院』(2012年／第1回北上市景
観賞)、『富谷ファミリーメンタルクリニック』(2014年／日本建
築学会第36回東北建築賞作品賞)など。
http://www.soy-source.com

恒松 良純

予選審査員／アドバイザリーボード

つねまつ・よしずみ
建築計画研究者、東北学院大学准教授

1971年　東京都生まれ。
1995年　東京電機大学工学部建築学科卒業。
2001年　東京電機大学大学院工学研究科建築学専攻博士課程
　　　　修了。博士(工学)取得。
2002年　秋田工業高等専門学校環境都市工学科助手
　　　　(-2006年)。
2006年　同准教授(-2015年)。
2015年-　東北学院大学工学部環境建設工学科准教授。

主な著書に、『建築・都市計画のための　空間の文法』(共著、彰
国社刊、2011年)、『建築・都市計画のための　調査・分析方法
[改訂版]』(日本建築学会編、井上書院刊、2012年)、『建築設計
テキスト　図書館』(共著、彰国社刊、2016年)、『建築・都市計
画のための　空間学事典[増補改訂版]』(日本建築学会編、井上
書院刊、2016年)など。

土岐 文乃

予選審査員／アドバイザリーボード

とき・あやの
東北大学大学院助教

1983年　青森県弘前市生まれ。
2005年　筑波大学芸術専門学群建築デザイン専攻卒業。
2007年　同学大学院芸術研究科デザイン学専攻修士課程修了。
2012年　同学大学院人間総合科学研究科芸術学専攻博士課
　　　　程修了。博士(デザイン学)取得。
　　　　東北大学大学院工学研究科都市・建築学専攻助教
　　　　(-2020年)。

友渕 貴之

予選審査員／アドバイザリーボード

ともぶち・たかゆき
建築家、地域計画者、宮城大学助教

1988年　和歌山県海南市生まれ。
2011年　神戸大学工学部建築学科卒業。
2013年　神戸大学大学院工学研究科建築学専攻博士課程前
　　　　期課程修了。
2016年-　一般社団法人ふるさとの記憶ラボ理事。
　　　　和歌山大学COC＋推進室特任助教(-2018年)。
2018年-　宮城大学事業構想学群価値創造デザイン学類助教。

主な活動に、宮城県気仙沼市大沢地区における復興計画、造
成計画、住宅設計、コミュニティデザインなどの総合的な集落
デザイン、オープンスペースにおけるアクティビティ促進に向
けたデザイン活動『直島建築──NAOSHIMA BLUEPRINT』
(2016年)の制作といったアートワークなど。
主な受賞に、気仙沼市魚町・南町内湾地区復興まちづくりコン
ペ　アイデア賞(2012年、気仙沼みらい計画として)、気仙沼
市復興祈念公園アイデアコンペ総合部門／モニュメント部門
優秀賞(2018年、共同受賞)など。

中田 千彦

予選&セミファイナル審査員／アドバイザリーボード

なかた・せんひこ
建築家、宮城大学教授

1965年　東京都生まれ。
1990年　東京藝術大学美術学部建築科卒業。
1993年　コロンビア大学大学院建築・都市・歴史保存学科
　　　　Master of Architecture(建築修士課程)修了(アメリ
　　　　カ合衆国ニューヨーク州)。
1994年　東京藝術大学美術学部建築科常勤助手(-1997年)。
1997年　京都造形芸術大学通信教育部専任講師(-2000年)。
　　　　コロンビア大学大学院建築・都市・歴史保存学科研
　　　　究員(-2000年)。
2000年　京都造形芸術大学芸術学部環境デザイン学科助教授
　　　　(-2003年)。
2003年　新建築社に在籍。『新建築』誌、『a+u』誌副編集長
　　　　(-2006年)。
2005年　東京藝術大学大学院美術研究科建築専攻博士課程
　　　　満期退学。
2006年-　rengoDMS：連合設計社市谷建築事務所プロジェク
　　　　トアーキテクト。
　　　　宮城大学事業構想学部デザイン情報学科准教授
　　　　(-2016年)。
2016年　宮城大学事業構想学部デザイン情報学科教授
　　　　(-2017年)。
2017年-　同事業構想学群価値創造デザイン学類教授。価値創
　　　　造デザイン学類長。

主な活動に、企業のブランド・ビルディングと空間デザインに
関連する記事の作成、国土交通省、慶應義塾大学、日本建築
センターとの共同によるプロジェクト、建築・空間デジタルアー
カイブス(DAAS)の設立など。

西澤 高男

予選&セミファイナル審査員／アドバイザリーボード

にしざわ・たかお／
建築家、メディアアーティスト、
東北芸術工科大学准教授

1971年　東京都生まれ。
1993年　横浜国立大学工学部建設学科建築学コース卒業。
1994年-　メディアアートユニット Responsive Environmentを
　　　　共同設立、共同主宰。
1995年　横浜国立大学大学院工学研究科計画建設学専攻修
　　　　士課程修了。
　　　　長谷川逸子・建築計画工房に勤務(-1998年)。
2002年-　ビルディングランドスケープ一級建築士事務所を
　　　　山代悟と共同設立、共同主宰。
2007年　東北芸術工科大学デザイン工学部プロダクトデザイ
　　　　ン学科准教授(-2012年)。
2012年-　同建築・環境デザイン学科准教授。

近年の主な建築作品に、LVL厚板による木造準耐火建築『みや
むら動物病院』(2015年／第19回木材活用コンクール 林野庁
長官賞、ウッドデザイン賞2015、他)、リサーチとワークショッ
プの積重ねで実現した『上島町ゆげ海の駅舎』(2017年／SDレ
ビュー2016入選)など。

濱 定史

予選審査員／アドバイザリーボード

はま・さだし
山形大学助教

1978年　茨城県石岡市生まれ。
2002年　武蔵野美術大学造形学部建築学科卒業。
2004年　筑波大学大学院芸術研究科デザイン専攻修士課程修了。
2005年　里山建築研究所に勤務(-2007年)。
2009年　筑波大学大学院人間科学研究科芸術専攻修了。
2010年　東京理科大学工学部第一部建築学科助手
　　　　(-2012年)。
2012年　同助教(-2017年)。
2017年-　山形大学工学部建築・デザイン学科助教。

主な活動に、日本およびアジアにおける伝統的な建築構法の
研究、歴史的建築の保存・再生設計など。
主な共著に『小屋と倉』(建築資料研究社刊、2010年)、『建築
フィールドワークの系譜』(日本建築学会編、昭和堂刊、2018
年)など。

福屋 粧子

予選&セミファイナル審査員／アドバイザリーボード

ふくや・しょうこ
建築家、東北工業大学准教授

1971年　東京都生まれ。
1994年　東京大学工学部反応化学科卒業。
1996年　同建築学科卒業。
1998年　東京大学大学院工学系研究科建築学専攻修士課程
　　　　修了。
1999年　妹島和世+西沢立衛／SANAAに勤務(-2004年)。
2005年　福屋粧子建築設計事務所を設立(-2013年)。
2006年　慶應義塾大学理工学部システムデザイン工学科助
　　　　教(-2010年)。
2010年　東北工業大学工学部建築学科講師(-2015年)。
2013年-　AL建築設計事務所を小島善文、堀井義博と共同設立、
　　　　共同主催。
2015年-　東北工業大学工学部建築学科准教授。

主な建築作品に、『梅田阪急ビルスカイロビー tomarigi』(2010
年)、『八木山ゲートテラス』(2017年)など。
「東日本大震災における建築家による復興支援ネットワーク
[アーキエイド]」から始まった宮城県石巻市牡鹿半島での復興
まちづくりから、建築設計、家具デザインまで幅広いスケール
でデザイン活動を行なっている。
主な受賞に、日本建築学会業績賞(共同受賞、2015年)、第3
回吉阪隆正賞(2015年)など。

本江 正茂

予選コメンテータ、ファイナル 司会／アドバイザリーボード

もとえ・まさしげ
建築家、東北大学大学院准教授

1966年　富山県富山市生まれ。
1989年　東京大学工学部建築学科卒業。
1993年　同学大学院工学系研究科建築学専攻博士課程中退。
　　　　同助手(-2001年)。
2001年　宮城大学事業構想学部デザイン情報学科講師
　　　　(-2006年)。
2006年-　東北大学大学院工学研究科都市・建築学専攻准教授。
2010年　せんだいスクール・オブ・デザイン校長(-2015年)。
2015年-　東北大学大学院工学研究科フィールドデザインセン
　　　　ター長。

システムデザイン作品に、『時空間ポエマー』『MEGAHOUSE』
など。
主な著訳書に、『シティ・オブ・ビット』(W.J. ミッチェル著、共
訳、彰国社刊、1996年)、『Office Urbanism』(共著、新建築社刊、
2003年)、『プロジェクト・ブック』(共著、彰国社刊、2005年)
など。
http://www.motoelab.com/

Curator's View

ヴェネツィアの「クラゲ」と
ヒマラヤの「青山」

清水 有 *Tamotsu Shimizu*
（せんだいメディアテーク　企画・活動支援室、学芸員）

ヴェネツィアの「クラゲ」と
ヒマラヤの「青山」

新型コロナウイルス感染拡大のもたらしたもの

2020年4月上旬、海水の透明度が増したイタリア、ヴェネツィアでは、運河の水面にクラゲの泳いでいる姿が確認され話題となった。さらに4月中旬、インド北部では深刻な大気汚染のため、これまで都市部から見えなかったヒマラヤの山脈が数十年ぶりに姿を見せるようになり世界を驚かせた。経済活動を優先し自然破壊を繰り返してきた人類が、新型コロナウイルスのパンデミック(世界的大流行)を収束させるために、世界中に広がった都市の封鎖や経済活動の停止が、皮肉なことに自然や生命の美しさ、すばらしさを再発見させることになったのだ。

「防疫」と「自主的な活動」の間で

さて、今年の「せんだいデザインリーグ　日本一決定戦」(以下SDL)は、出展締切の直前まで「開催」「中止」「延期」の議論を関係者間で重ね、「模型」や「出展者」を集める形での開催を一旦中止とした。それは苦渋の決定だったと思う。だが、学生会議[*2]の執行部やアドバイザリーボード[*3]はコロナ禍の状況を冷静に判断し、ネット配信で出展者と審査員が議論を交わす無観客の代替企画「SDL: Re-2020」を立ち上げるに至った。これはSDLにとって、とても大きな収穫と言えるだろう。

中止から新企画の実施までの数日間、さまざまな情報や憶測が飛び交い変化する状況の中で、我々せんだいメディアテーク(以下、smt)側は、協力という立場ではあったが、積極的に代替企画の運営補助に努めた。未だ新型コロナウイルスについて確たる情報がない中、楽観的な意見も少なからずあったが、公共施設を預かる側としては「防疫」と「自主的な活動」の間で、この予測不能な事態に可能な限り真摯に対応したつもりである[*1]。

思いもよらない新しい発見に向けて

幸いなことに、はじめてのリモート審査は大きなトラブルもなく無事に終了したが、未だ世界はパンデミックの影響下にあり、いつ抜け出せるともわからない不安な日々は続いたままだ。4月から学生会議は代替わりし、2020年度の執行部は「SDL2021」をどうするかの判断を迫られている。しかし、どんなに来年のことを想像してみても、現在の状態にどれほどの変化がもたらされているかは誰にもわからない。今後「新しい審査方式」でのイベント開催が迫られるとすると、数多ある卒業設計展のどこよりも早くリモート審査で代替企画を成功させた経験は、SDLにとって大きな強みになるだろう。

しかし一方で、SDLでは、これまで20年近く、審査においては審査員が「出展者」と直に会って決定してきたという公開性、ていねいに「模型」を審査してきたということ、そして「せんだいメディアテーク」に集うという求心性などは、今後も大切な要素と言えるだろう。どんなに「建築」というものが進化したとしても、物理的な制約を離れ、情報だけで成立するとは思えないからだ。むろん、現在の状況では、「模型」のあり方や出展者との関わり方など、大切なことを犠牲にする選択を強いられるかもしれない。だが数年先を見据え熟慮すれば、その犠牲さえも新たなコンテンツやコミュニケーション、表現方法を見つける機会としてポジティブ(前向き)にとらえられるのではないか。ちょうど、世界が自粛した後に見えてきた「クラゲ」や「青山」という自然の美しさやすばらしさのように、SDL執行部の主体的な判断の後に見えてくる思いもよらなかった新しい発見や新鮮なアイディアに、今は期待したい。

しみず・たもつ
1971年、山口県下関市生まれ。1994年、多摩美術大学美術学部芸術学科卒業。1994-98年、山口県徳山市美術博物館(現・周南市)美術担当学芸員を経て、1999年からはせんだいメディアテーク学芸員。現在は企画活動支援室、企画事業係長。主な共著書に「博物館の歴史・理論・実践——挑戦する博物館」(京都芸術大学＋東北芸術工科大学刊、2018年)など。

註
＊＊1：具体的には、県や市、各学校のガイドラインを基軸に据え「オンライン・イベント」であっても、関わるスタッフ数を可能限り少なくし、感染のリスクを減らした。また、参加者へはマスクの着用と手指の消毒の励行、「ソーシャル・ディスタンシング」(社会的距離の順守)を呼びかけ、施設の使用後は徹底した消毒、開催中は3つの密(密接、密着、密閉)を防ぐという意味で定期的に換気作業などを繰り返した。

編註
＊2　学生会議：本書4ページ編註3、172-173ページ参照。
＊3　アドバイザリーボード：本書4ページ編註1参照。

Photo by Izuru Echigoya.

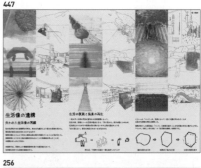

447

178

256

スポットライトの外側できらめく作品たち

五十嵐 太郎（アドバイザリーボード）

全作品を電子データで閲覧

2016年から始まったエスキス塾は、今年で5年めを迎える予定だったが、新型コロナウイルスの感染拡大が「せんだいデザインリーグ2020　卒業設計日本一決定戦」（SDL2020）本選の開催を不可能にしたため、本企画も流れた。しかし、ファイナリスト（「SDL: Re-2020」では20選）に残らなかった学生の案をなるべく多く取り上げ、論評することは可能である。

そこで今回は、「SDL: Re-2020」に出展されたパネルとポートフォリオの電子データをもとに、誌上エスキス塾を試みることにした。基本的にすべてのパネルを閲覧し、気になった作品はポートフォリオも確認することで、作品を選んでいる。したがって、興味深い作品でも、パネルの情報や表現が不十分な場合は、見逃しているかもしれない。従来はせんだいメディアテーク（smt）に展示された模型とパネル、そしてポートフォリオをあらかじめ見ておき、抽選で選ばれた作品と推薦枠で選んだ作品（合計でだいたい40組だが、当日の持ち込みで追加するケースもある）について、本選の翌日、建築家の堀井義博氏とともに講評を行ない、

その後に懇親会を開くという形式をとっている。SDLが巨大化するとともに、かつては存在した学生と直接対話する場がほとんどなくなったこと、またファイナリスト以外にも多くの力作があることをもったいないと思っていたことが、エスキス塾を開始した動機である。

そうした意味では、今回の出展作品数242は昔の水準に近づいており、直接の対面はできなかったけれども、1つあたりの作品と向き合う時間は確実に長くなった。

世界の風景を変え、日常の前提を覆したコロナ禍

さて、新型コロナウイルスは瞬く間に世界の風景を変えてしまった。2020年1月に京都で演出家の高山明氏と、オーバー・ツーリズム[*1]を題材にトークをしたのだが、現時点（2020年3月末）では観光産業は壊滅的なダメージを食らっている。美術館や博物館などの文化施設が閉鎖され、劇場やホールは開演することすらままならない。それどころか、世界中が同時に鎖国しているような状況である。加速化していたグローバリズムに対し、一気にブ

レーキがかかった。一般的に、人の集まるものが、すぐれた建築とされているが、人の移動を制限された今、その前提が正に否定されたのである。

分断とつながり、災害で失われたもの

小山田駿志『BORDERLESS ARCHITECTURE』（178）は、アメリカとメキシコの国境をまたぐ共育施設／研究施設をつくり、分断に対するつながりを提案した。イノセントな面もなくはないが、ポスト・コロナの現在、別の意味も獲得し得るだろう。SDL2011は、展示期間中に3.11東日本大震災の被害を受けたが、今回、印象的だったのは、おそらく中学生の時に被災した学生が地元に対して提案していたことである。小林勇斗『生活像の遺構』（447）は、宮城県女川町において目に見える建物は復興したが、目に見えない生活が戻っていないこと、歌川喜子『福島をこえて』（299）は、日本で原発事故が忘却されていることを問題に取り上げた。ただし、（447）は実感をもった観察と記憶を引き出しつつも、主にベンチの設置で解決したところがもの足りない。（299）は、水上の移動劇場に原発を再現する大胆なアイディアはおもしろい

299

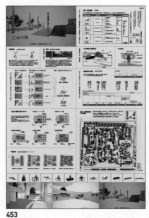

453

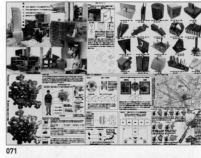

071

385

＊文中の作品名は、サブタイトルを省略。
＊（　）内の3桁数字は出展作品のID番号。
＊smt＝せんだいメディアテーク
＊SDL＝せんだいデザインリーグ　卒業設計日本一決定戦
＊アドバイザリーボード：本書4ページ編註1参照。
＊出展作品の詳細は、本書116〜157ページ参照。

231

115

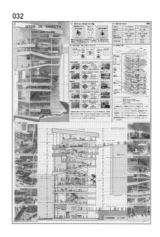
032

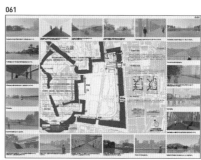
061

が、デザインの密度が低いこと、また批判の対象としている「福島第一原発観光地化計画」の読み込みも浅いことが惜しい。

個人的な精神に基づく空間

強い印象を与えたのは、上村理奈『哲ちゃんのまほろば』(256)と、大野めぐみ『亡命の町』(453)である。(256)は、視覚と触覚を失ったハンセン病の詩人の作品を紹介する施設だが、社会的な問題はもちろんのこと、むしろ指向性スピーカーなどを用いつつ、とても具体的に音を聴きながら体験する空間のシークエンス(連続性)を設計していることに好感をもった。卒業設計(以下、卒計)のプログラムでは、よく美術館やギャラリーが選ばれるが、展示される対象をまともに考えているケースは少ない。(453)は、人格を否定されながら暮らした自分の街に対し、主に外構やランドスケープ(地形)の床の操作を通じて、救済の居場所をつくるものであり、デザインの切実さにおいて際立つ。惜しむらくは、その手法が福祉施設の内部空間にあまり生かされているように見えない。

個人的な精神状態に基づく空間という意味では、松島佑宜『感情トリガー装置』(071)と大川珠瑞季『偏狂都市　過剰同調性患者の診察録』(385)も挙げられる。いずれも多くの類型を提示しているが、結婚式場と葬儀場を組み合わせた(071)のほうが建築的により統合されていた。

ローテクな生産施設が目立った2020

今年の傾向としては、海苔、塩、和紙などを扱った、特にローテクな生産施設が目立った。中尾直暉＋今村亮太＋新田竜『原地形を望む』(231)も、土木計画スケール(規模)の操作を伴いながら、独特な風景を出現させている。嶋田千秋＋五十嵐萌乃＋田中陽菜『馬搬ぶ暮らし』(115)も、岩手県、遠野の地域性に注目し、馬を媒介とする生活圏を再構築しており、興味深い。建築レベルではよく練られているが、交通を含む、もっと広域の計画への踏み込みもほしかった。

こうしたタイプで意表を突いたのが、山田朋希『MADE IN SHIBUYA』(032)だった。なぜなら、生産系のプロジェクトは、大都市ではない地方が敷地になりがちだが、これは「縫製工場の工程を垂直に積層させるビル」を東京の渋谷パルコの隣に提案しているからだ。経済原理に縛られた渋谷の再開発に比べてラディカル(過激)であり、現在の東京に対する批評性も持ち得るだろう。

東京への意欲的な提案

東京に関しては、学生になじみがある渋谷や新宿はよくある敷地だが、今年はめずらしく皇居前広場を選んだ作品が2つもあったことが興味深い。除村高弘『オオゲツヒメの瞳』(033)と、松下龍太郎『現代アジール論』(061)である。いずれもその歴史を論じた原武史の著作『皇居前広場』を参照していると思われるが、(033)は「稲作ナショナリズム」を想起させる新しい広場、(061)は消費や情報の渦から逃れる場を提案している。ただし、(061)はやはりそこに手を付け難いのか、やや及び腰になっているのに対し、(033)は巨大な農広場の四隅をめぐる大胆なランドスケープ・デザインを挿入した意欲を高く評価したい。

もう1つ、現在の東京に対する批評的な作品だと思われたのが、横畑佑樹『「切断」すること、それは「繋ぐ」こと』(034)である。ついに日本橋の首都高速道路(以下、首都高)の地下化が決定したが、こ

033

034

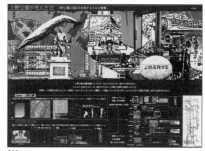
144

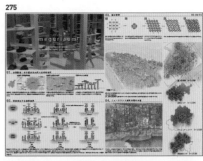

275

008

135

031

の案は首都高を部分的に残しつつも、あえて日本橋の上だけ切断し、その後、和風の木組を継ぎ足しながら、空中の賑わい空間を創出するものだ。なるほど、これならば、かつて、一度首都高が建設されたが、それが否定され、取り壊されたという歴史が、モノとして可視化される。歴史の重層性という点では、福岡咲紀『上野公園が死んだ日』(144)が挙げられる。江戸時代から昭和後期までの上野公園の地図の変化をもとにボリューム(立体)構成を算出し、バカでかいメガ・ストラクチャー(巨大構築物)が既存建築を侵食しながら、その上部に出現する。ほとんどありえない設定は、パラレルな東京、すなわち、2019年の東京を描いた物語『AKIRA』のスピンオフ(派生)として構想されており、第3次世界大戦後に復興した上野公園の姿になっている。

今年のリノベーション案

リノベーション(改修)はしばらく前から、卒計の定番のテーマになっているが、今年はさらに未来に向けてかなり長いスパンの時間を設定した作品が目立った。まずリノベーション系としては、千

葉拓『船を解くことと建築』(008)、大高宗馬『輪廻する劇場』(135)、平野哲也『meguriaum』メグリアウム(275)が気になった。(008)は千葉県、舞浜の堤防沿いで船舶を連続的に解体しつつ、浮体構造は残しながら、海上公園を伸ばしていく。(135)は街の象徴である劇場が使われなくなった後、その廃墟に住戸が挿入される(実際に西洋の長い歴史では起きているが)。(275)は商店の売残りが蓄積し、やがてミュージアムになっていく構想だ。いずれもデザイン的には弱いが、アイディアは興味深い。

時間の経過を導入するデザイン

続いて、時間の経過を導入した提案をいくつか挙げよう。山本彩菜『棲家』(031)は、人の住まいにやがて草木と動物が棲みつくプロセスを、やさしく愛おしさをもって想像したものだ。井戸澤亮介『溶ケ還ル情景』(039)は、いずれ地下水位まで水が溜まり、湖になることを踏まえ、鉄骨フレーム＋版築*2工法の構築物が段階的に変化していく計画案である。藤川凌＋杉本功太＋松尾朋哉『武甲山再神聖』(193)は、100年後に石灰岩が掘りつくされた後、鉱山をくり抜きながら、巨大な柱のあ

る崇高な空間を提案している。もっとも、古来の柱信仰に言及しているが、やはり何のための聖なる場なのか、については日本的な曖昧さがあり、説得力が足りないように思う。この手のタイプで意外性を持っていたのが、加藤駿一『旧伽藍線再興計画』(283)である。歴史的な建造物である東大寺に対し、＋α(プラスアルファ)を試みるという提案だ。しかし、境界としての柱を付加するだけの、ささやかな提案に終わっている。フランス、パリのノートルダム大聖堂の屋根や尖塔が、火災によって崩れた後、世界各地から大胆な修復案が寄せられた2019年を思い起こすと、あまりに貧弱ではないか。いや、微細さで通すならば、もっと緻密な観察と分析と設計がほしいし、そのいずれもないなら、自分で立てた問題に対して、ただの及び腰で終わってしまう。

時間の軸を無茶苦茶に飛ばしたのは、古城偉央理『死シテ生ヲ為ス』(046)と、長谷川将太郎『三〇二〇、天と地の結ぶ光の詩』(122)である。前者は将来、富士山の噴火が起こり、それでもなお残る千年後の廃墟をイメージしたものだ。しかし、出発点の造形がなぜ、こうなっているのかについて、

039

036

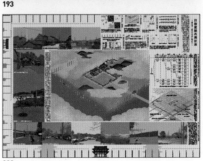

193

283

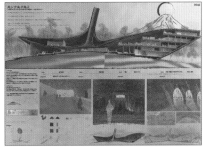

046

122

188

095

逆算的に設定されているだけで、そのわざとらしさが否めない。また後者は現在から千年後の世界を妄想した壮大なヴィジョンである。独自の世界観の表明としてはよく構築されており、ある種の懐かしさとともに、気持ちがいいスケール感の提案だと感銘を受けたが、建築のプロジェクトとしては疑問点がいくつか残った。たとえば、なぜ全体の形状が（安易な象徴性を獲得してしまう）十字形なのか（本人がクリスチャンだとしても、それを東京に押しつける理由が不明）、両サイドに壁がない状態で本当に光が劇的にトップライトから落ちる現象が発生するのか。ともあれ、この千年後の世界を設定する物語が不明確なまま、この提案を評価することは難しい。卒計に物語とデザインの両方を課すことはハードルが高いと思われるので、ここはせめて既存の小説かSFを原作としながら、（フィクショナルであっても）建築のリアリティを追求してほしかった。

発見、実作、実験、独特の世界観

最後は断片的に作品に触れよう。小野由裕『カシャバラ』（036）は、太平洋戦争時に弾薬庫の建設用地に選ばれたことにより、強制移転させられた神奈川県の柏原村を扱っている。着眼点は発見的で良いのだが、村の履歴を継承するデザインはやや大雑把な印象を拭えない。二宮拓巨『祈りの表裏』（095）は、各宗教のステレオタイプ（類型的）な外観を寄せ集めながら、東京の神宮外苑に宗教混淆の施設をつくるベタな建築だが、ある意味でこうした提案が出てくること自体がとても日本らしいように思われた。毎年、実作系も登場するが、今回は西寛子『きいろのねどこ』（188）が強烈である。なぜなら、このタイプの作品で「カワイイ建築」を探求したものは、おそらくSDLではじめてだろう。またスタイロフォームを大量に用いて制作しており、モックアップ的なキャラ建築になっている。実験的な手法としては、岩崎正人『SQUATTERS』（151）と、阿瀬愛弓『Misreading』（251）のいずれもが、模型や図面という媒介物＝メディアを手がかりとしながら、ル・コルビュジエのサヴォア邸をモチーフにその変形を試みていることが興味深い。1960年代にアーキグラム*3が、やはりこのモダニズムの名作が変容するアニメーションを制作していたことも想起させる。また、柳瀬真朗『死街地畫布自治區』（094）は、カラフルな表現、漢字をちりばめたドローイング、表層に対する操作、2次元的な建築の感覚など、プレゼンテーションに対する独特なセンスと世界観が光っていた。個人的に、今年は圧倒的に空間造形がすごいと思う作品には出合わなかったが、おそらくアニメを含むサブカルチャーからの影響を受けたこの案は、忘れがたい表現の強度をもつ。

前述したように、本来であれば、講評を終えた後、エスキス塾ではさらに作品をめぐる議論を継続する懇親会が開かれるはずなのだが、今年はそれが開催できなかったのが残念である。

編註
＊1　オーバー・ツーリズム：観光地に許容量を超えた大勢の観光客が訪れること。それにより引き起こされる生活環境の悪化や景観の破壊など、さまざまな問題が指摘される。
＊2　版築：本書86ページ編註1参照。
＊3　アーキグラム：(Archigram) 1960-70年代イギリスで活動した前衛建築家グループ。仮想プロジェクトを雑誌『アーキグラム』など紙媒体を中心に発表した。グラフィカルな表現は、さまざまなメディアに影響を与え続けている。

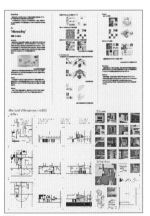

251

151

094

Exhibitor

SDL: Re-2020

出展者・作品一覧

242 作品

本書117-157ページのリストは、「SDL: Re-2020」に応募した出展者の登録申請時の情報をもとに作成。
学校学部学科名は、学校の改組再編などにより入学時と卒業時の名称が異なるものがあるが、原則として出展者の登録申請時
の名称を優先し、混在する場合は「SDL: Re-2020」開催時点の名称に統一した。
作品名は、原則として出展時のものに変更した。「作品概要／コンセプト」は、原則として原文のままであるが、読者の混乱を避
けるために、一部、出展作品の文章を変更したり、意味の取りにくい点を修正したり、数字や記号などの表記を統一した。
「審査講評」は、予選審査にあたった予選審査員が執筆。
執筆：濱 定史[ID002-070]、齋藤 和哉[ID071-109,123,130]、中田 千彦[ID111-122,124-127,131-167]、恒松 良純[ID168-246]、
西澤 高男[ID247-285]、土岐 文乃[ID286-344]、櫻井 一弥[ID345-418]、小杉 栄次郎[ID423-473]
予選では全242出展作品を以下の5グループで分担して審査。
予選審査：Aグループ（友渕 貴之、濱 定史）[ID002-070]（49作品）／
　　　　　Bグループ（齋藤 和哉、中田 千彦）[ID071-167]（49作品）／
　　　　　Cグループ（恒松 良純、福屋 粧子）[ID168-246]（48作品）／
　　　　　Dグループ（土岐 文乃、西澤 高男）[ID247-344]（48作品）／
　　　　　Eグループ（小杉 栄次郎、櫻井 一弥）[ID345-473]（48作品）
＊ID074、140は、主催者側の不手際により、当日、予選で審査されていなかったが、後日改めて審査し、講評を掲載している。
＊SDL＝せんだいデザインリーグ　卒業設計日本一決定戦

Portraites by the exhibitors.
Photos except as noted by Izuru Echigoya.

作品名　　　　　　　　　　　　　　　　　　　　　　顔写真
ID
氏名 しめい
学校名　　学科名
学部名　　学科名
作品概要／コンセプト　　　　　　　　　作品パネル

■審査講評
審査講評

ID = SDL2020応募登録時に発行された出展ID番号。下3桁表示
100選 = 予選通過作品（100選）
20選 = 20選。セミファイナルのグループ審査で選出
11選 = 11選、賞名は別記
○○賞 = 永山賞、金田賞、野老賞、冨永賞／各審査員賞
日本一 = 日本一　日本二 = 日本二　日本三 = 日本三

生活的文化空間
3つの映画館への投影

002
前田 隆宏 まえだ たかひろ
京都大学
工学部 建築学科

消費空間として全国的に均質な現代
の映画館に「生活的文化空間」の概念
を投影する。オルタナティブ（代案）
としての映画館のバリエーションの
提示であり、「生活的文化空間」の概
念を確立するためのケーススタディ
でもある。

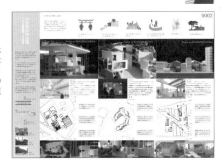

■ 審査講評

映画を「つくる」「つなぐ」「みる」というキーワードをもとに、映画と建築のあり方を再定義し、オルタ
ナティブ（新規案）として3敷地に3つの建築を提案している。「生活的文化空間」としての条件を満た
した3つの建築は、いずれも概念としての文化摂取をめざした新しい提案となっているが、それぞれ
が独立した建築として見えてしまうところで、本来の設計意図が伝わりづらく、落選。それぞれの関
係や共通言語があると伝わりやすかったのではないか。

船を解くことと建築

008
千葉 拓 ちば ひらく
東京大学
工学部 建築学科

現在、南アジアの沿岸で無計画に解体
されている大型商船たち。船舶解体
の担い手となる途上国がいなくなっ
た未来に、日本国内で自国の廃船を
解く工場を計画する。

■ 審査講評

船舶解体のプロセスで、解体途中のタンカーなどの大型船舶を一時利用し、船をつなげて人工地盤を
作り公園とする提案。さらに解体された構造体や部品を居住区として再構成する。『三国志』の「連環
の計」のような突飛な提案に見えるが、解体のプロセスに応じてまだ使えるものは公園として利用さ
れており、興味深い。直接的で単純な機能に留まっていないか、価値を転換させるような提案もある
のか、という議論となったが、船の解体時の利用に着目した点や、解体された部品からキメラ*1的に
組み合わせた居住区は建築提案として新規性があると評価され、予選通過。

編註　*1 キメラ：ギリシャ神話に登場するライオンの頭、ヤギの胴、ヘビの尾を持った怪物。転じて、由来が
　　　　　 異なる複数の部分から構成されたものを指す。

住み継ぎ

003
西田 静 にしだ しずか
東京大学
工学部 建築学科

福島県奥会津地域の集落を対象に、住み継ぎ——住み
ながら家を整理し開いていくことで、家主亡き後、空
き家として放置されることなく次の住み手に継がれる
こと——により、空家と高齢化問題を同時に解決し集
落の維持を試みる。

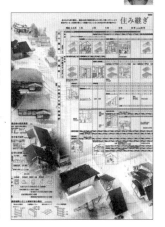

■ 審査講評

集落の住み継ぎ問題への提案。民家のリノベーション
（改修）に合わせた20年後までの住まい方を提案して
おり、建物転用の際に起きる問題を解決するための倉
庫群と、都市部からの移住者が間借りしながら徐々に
住み継いでいく様子がていねいに設計されている。提
案した倉庫群の建築形態に新しさがあるのか、地域デ
ザインを反映させているのか、など読み取りづらい部
分はあるが、「仏壇倉庫」「こたつコミュニティ」など、
集落における問題点を地道なフィールドワークとヒア
リングから導き出したのだろう。小さな建築提案だが、
地域を継承するための機能や仕組みは秀逸ということ
で100選へ。

あるき ワタリ まち カケル
熱田地域交流センターの提案

010
百合草 美玲 ゆりくさ みれい
名古屋工業大学
工学部 第一部 社会工学科建築・デザイン分野

「このまちらしさ」が薄れゆく現代、これまでの歩みが
点在する名古屋市の熱田南西部。新たなワタシで「こ
のまちらしさ」を顕在化し、その中で「まち」が子供を
育てる文化を形成する、地域交流センターの提案。

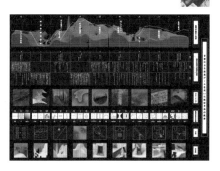

■ 審査講評

市営住宅をコンバージョン（用途転換）し、ペデストリ
アンデッキの新設により、体験施設で活躍する高齢者
と、こども園と、地域の歴史的資源とをつないだ提案。
ていねいな地域分析と、木立を思わせる特徴的な木組
みの耐震構造が子供や老人のための施設となるパース
（透視図）は魅力的である。一方で、数々の歴史遺産を
つなぐためではあるが、そのためだけに地区全体の2
階レベルにデッキをかけるというのは大き過ぎるので
はないか、と議論となり落選。

改近する水圏

004
佐藤 椋太 さとうりょうた
北海道大学
工学部 環境社会工学科

北海道、石狩川流域。ここは、川との戦いの歴史の上
にある。人と川の戦いは休戦を迎え、今は暴れ川の形
相が残るのみとなった。北海道の茫漠な風景と力強い
治水の歴史の上で、その地で育まれてきた暮らしが交
じり合う。

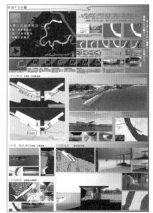

■ 審査講評

石狩川の三日月湖にかつてあった舟運と地域の歴史を
掘り起こす提案。川に舟運のネットワークをつくり、生
産拠点、観光拠点として再生させる。それぞれの地域
分析はていねいで興味深く、水辺の提案としてよく考
えられているため補欠で選出。しかし、分析結果を舟
運や水と建築の関係にどう反映しているのかが図版か
ら読み取りづらく、審査員全員の議論の中で、惜しく
も選外となった。これらができた際の人々の新たな暮
らし方が提示されているとより良かったのではないか。

言葉による連想ゲームを用いた設計手法の提案

013
寺島 瑞季 てらしま みずき
東京都市大学
工学部 建築学科

「あなたは迷子になり、歩いていた
ら思いがけない世界に辿り着いた」。
これを聞いて何を想像しますか？
そういった想像を、空間に落とし込
むプロセスを提案する。

■ 審査講評

物語のテキストから取り出した風景を具象的に、感情を抽象的に変換してドローイングを作成し、ド
ローイングから抽出した要素を建築化する提案。感情の起伏を3次元的に変換して地形とする過程は
個性的な提案で興味深く、でき上がった空間は不思議な詩的空間となっている。一般化できる提案で
はないが、卒業設計だからこそできる非常に挑戦的、意欲的な設計手法であるということで予選通過。

100選

胎内堂宇

014
江馬 良祐 えま りょうすけ
関西大学
環境都市工学部　建築学科

現在、寺に古くから備わっていた文化的／社会的機能はなくなり、周辺環境とのつながりや、人々との精神的な結び付きがなくなっている。そこで、合理化された都市の中に、豊かさを内包し、人の一生を見守り寄り添う現代の寺のあり方を提案する。

■ 審査講評

寺院の伝統的な伽藍配置をもとに、回廊と見立てた通路を周囲のビルに巡らせ、大阪の商業ビルに囲まれた寺院を中心とする街区を再構成する提案。まるで各ビルを串刺しにするように、寺の持つ小さなスケール（規模）の要素を周辺の商業ビルの中に挿入していく手法は、独創的で刺激的である。商業施設の合理性とは別の、宗教施設で感じられる余裕と環境の良さを獲得している。都市における宗教施設にはどのような形があり得るかを議論できる提案で、宗教施設をどのように都市に介入させるのかを考えさせられる意欲作として予選通過。

100選　20選　11選

便乗する建築
和紙産業の作業工程を機能分解し地域資源として共用

018
田所 佑哉 たどころ ゆうや
九州産業大学
工学部　建築学科

土地に根付く伝統産業の新しいあり方の提案。和紙産業の作業工程を分解し、工程内にある機能を地域の新しい暮らしの資源として読み替えていくことで、産業と暮らしの新たな関係性を生み出す。

■ 審査講評

和紙の制作過程における楮を育てる、蒸す、干すなどの作業を分解。それぞれの作業場を、各作業に便乗して生活行為も行なう場所とする提案。衰退しつつある伝統工芸の工程であるが、かつては川の上流では楮を育て、中流で和紙を漉いていた。生産と日常生活が一体となっている風景は、一般的なものだったのかもしれない。両者が切り離された現代で、生産のラインに生活行為が挿入されていく様子は非常に刺激的である。木造建築を作り上げる仕組みと、人の生活が生産に便乗する形の組合せは完成度が高く、予選通過。

対をなす風景

015
中島 健介 なかじま けんすけ
関西大学
環境都市工学部　建築学科

近年、京都は伝統や文化を無視し、各々の都合により不均質で無秩序な住環境となっている。その現状を踏まえ、京町家をヒントに京都に建つ高層建築のあり方を再構築し、住環境からなる京都の新たな風景を提案する。

■ 審査講評

町家などが並ぶ街並みを再解釈して、京都における高層ビルのあり方を提案。高層ビルのスケール（規模）やコミュニティに着目し、格子や間取り、素材などに見られる京町家のデザイン要素を再解釈して構成する手法は興味深い。しかし、京都のつくってきた景観や町家の真正性はどこにあるのかが不明で選外へ。これらを高層に積み重ねることで生まれる新しいコミュニティのあり方や、ファサード（建物正面の立面）の構成について説明があると理解しやすいのではないか。

御殿堰再生計画
親水空間へリノベーション

019
大宮 拓真 おおみや たくま
東北芸術工科大学
デザイン工学部
建築・環境デザイン学科

山形市では、かつて生活用水として利用されていた水路が、市の全域に流れていた。しかし現在では、水路は街の裏側や見えない場所を流れている。これらの空間を親水空間へと変化させ、街の裏側に流れる水路を、また表側に戻そうという提案だ。

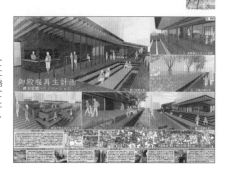

■ 審査講評

御殿堰という水路をリサーチし、建築や都市と水との関係を再考した提案。街なかの水路周りの風景をていねいに分析していて、現実的にも可能な程度、ほんの少し手を入れるだけでこんなに良くなるということがわかるが、ささやかな提案に見えてしまうため、選外へ。水路と建築との新しい関係をもっと強調して表現したほうが良かったのではないか。

耕人たちの帷幄
温泉源の転換による、農産共同体の暮らしと風景の提案

016
山内 翔馬 やまうち しょうま
北海学園大学
工学部　建築学科

現在、北海道各地で多くの温泉施設が閉館している。かつてそこにあった温泉は、もはや人の手に触れることはない。本提案は森町の濁川温泉を対象とし、その地に強く根付く生業と温泉との関係を模索し、温泉を媒介とした暮らしを提示する。

■ 審査講評

温泉を媒介とした北海道の暮らしの提案。マンサード屋根[*1]やトラス[*2]、コンクリートブロック、ポリカーボネートなどの地域の建築の文脈をていねいなリサーチで読み取っている。温泉を中心に、食品加工などを介して地域住民と観光客をつなぐ提案で、ゼロエネルギーやパッシブ・エネルギー[*3]など環境工学的な課題も解決している。しかし、地域の文脈を引き継いだマンサード屋根の建築が新しい風景となっているか議論となり、惜しくも選外へ。

編註　*1 マンサード屋根：上部から下部にかけて、2段階に勾配がきつくなる形の屋根。腰折れ屋根。
　　　*2 トラス：本書66ページ編註2参照。
　　　*3 パッシブ・エネルギー：太陽光など自然から得られるエネルギー。

100選

伝統を漉く
三つの生業を介した伝統技術の継承と地域再生計画

020
辰巳 詞音 たつみ しおん
島根大学
総合理工学部
建築・生産設計工学科

紙漉きは日本が誇る文化である。しかし、時代の変化により紙漉きとそれに関わる地域の生業は衰退の一途を辿っている。3つの生業を介して先人たちが築き上げてきた紙漉きの伝統技術を継承し、地域再編計画を試みる。

■ 審査講評

衰退する地域の伝統的な和紙産業の中で、原料栽培、道具制作、和紙制作の3つの工程の作業場を傾斜地に配置し、ファサード（正面の立面）に生産過程を表現することで、地域の風景を印象づけるもので興味深い。地域の伝統建築を再解釈した構法や周辺の派生建築まで提案しており、完成度が高く100選へ。しかし、一方で観光客と地域住民との関わり方が読み取りづらいのが残念。

裏側の共謀
スラム文化による団地の侵蝕

021

渡邉 康介 わたなべ こうすけ
日本大学
理工学部 海洋建築工学科

私は、世界最大のスラム街であるブラジル、リオデジャネイロのホシーニャを訪れた。そこにはスラム・クリアランス（行政や公共団体が主体となる再開発）によって建てられた団地が存在する。そこで私は、住民たちと共謀し、ホシーニャの建築文化によって団地を侵蝕していく。

▌ 審査講評

行政主体のスラム・クリアランスでは、風景には文化が継承されないのではないか、と問題提起したもの。住民の意思を表出させるべく、住民が少しずつ増改築できるように、手がかりをつくり、それをもとに新たな建築が増殖していく設計手法である。自然発生的に住民の意思を表出させる建築となる一方で、住民にとって増改築の手がかりとなる形態のバリエーションをもっとたくさん考えても良かったのではないかと議論になり、選外へ。

糞活
落ちている資源

026

矢崎 孝幸 やざき たかゆき
琉球大学
工学部 環境建設工学科建築コース

糞は、資源として、高い潜在能力を持つことが評価されている。しかし、景観や衛生環境上の理由により問題も引き起こしている。そこで、建築物を通して糞をエネルギーに転換し、社会に還元するシステムを提案する。

▌ 審査講評

沖縄県、久米島の路上に落ちている野生動物やペットの糞を集めて、穀物生産に利用したり、バイオガスを発生させてエネルギーとして利用する提案。糞を回収する機械、穀物生産の機械、発電所など、近未来的で興味深い。糞回収のシステムの提案だけでなく、このシステムが稼働した際に、島の生活や畜産の業態がどのように変わるのか、まで提案があるとより良かったのではないか。選外へ。

100選

PUBLIC VIEWING TOWER
ターミナルビスタの立体的構築による娯楽の再考

022

佐藤 大哉 さとう ひろや
久山 遼 ひさやま りょう
松井 紅葉 まつい こうよう
早稲田大学
創造理工学部 建築学科

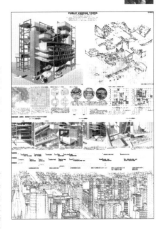

下町である東京の錦糸町に、娯楽の塔を設計する。戦災復興で錦糸町に導入されたターミナルビスタ（道路が貫通せず、内部にいる人の視線が突き当たる広場計画）を建築空間に落とし込んだ本計画では、「いつ、誰が、どんな時に来ても、誰とでも楽しめる娯楽」としてPublic Viewingを提供する。

▌ 審査講評

娯楽施設と避難ビルを融合させて、日常的には市民が劇場や馬券売場などの娯楽施設として利用し、水害時には使い慣れたこれらの建築が避難タワーとなる提案。戦災復興の都市計画を文脈として、人の集まる空間を立体的に構成した。状況に応じた避難計画と建築計画は緻密で説得力がある。既存ビルに対する改修提案としても可能性があり、広がりのある提案ということで予選通過。

部活、ここで交えて。
部活生とまちをつなぐ運動公園の提案

027

安谷 岳 やすたに がく
琉球大学
工学部 環境建設工学科建築コース

学校の部活（部活動）が盛んな沖縄県のコザの街で、部活生（部活に励む学生）と街とが接合する場をつくる。さまざまな街の機能を含んだ建築が絡まり合う。その際に生まれる外部空間が、周囲の学生に開かれることで、部活生と街の人々が交わる機会をつくることができる。

▌ 審査講評

爽やかなイメージのある学校での部活動であるが、一方で閉じられた村社会のような窮屈さがある。それを解決するために開かれた部活動、または部活動外の活動ができる建築を提案している。目線や動線、空間を共有するために、クネクネと曲がる関節のような構成モデルを用いてさまざまな空間を作り出している。それぞれの空間ダイアグラム（図表）から導き出されたものは見て取れるものの、複雑になった構成が当初の目標と合致しているのかがわかりづらく、選外となった。

祭りを、創る

025

内田 春希 うちだ はるき
北海学園大学
工学部 建築学科

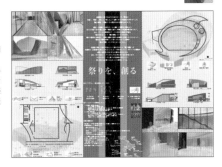

北海道の初夏を代表するYOSAKOIソーラン祭は第1回から現在まで、企画運営を学生主体で行なっている。私は学生の力で北海道の文化を継承していこうとする姿に魅力を感じている。踊りを分析し、建築手法とした。

▌ 審査講評

踊る建築の提案。YOSAKOIソーラン祭の踊りの振り付け時の腕の動きの軌道を、言葉に変換し、その言葉からイメージされる空間をつくる試みである。振り付けや動きによって、でき上がる空間が変わる。それぞれの振り付けに合わせて建築化される多様な形態と、意欲的な設計手法は興味深い。一方で、構成する建築に備えた機能空間が、このルールで生み出される自由な形態を制限しているようにも見えてしまい、選外へ。

100選 20選

不図 ふと
図面に載らない線を引く

028

渡邉 憲成 わたなべ けんせい
北海学園大学
工学部 建築学科

樋の中から雨の音が聞こえ、どこか落ち着く。塀の上を猫が歩いていて楽しい気持ちになる。普段、図面に記されるわけではないが、生活の中で偶然発見される多義性を持った事柄「不図」を意識的に建築に取り込み設計する。

▌ 審査講評

図面には現れない記憶や意図しない行為を「不図」として再構成した提案。リサーチから日常に隠された意図しない行為を掘り起こしてカタログ的に網羅している。可視化されてはじめてその行為に気づくという設計手法は興味深い。一方で、各行為を変換した形が少々直接的な形態であり、それらを組み合わせる意味や効果については、ややわかりづらく、説明が足りないかもしれない。しかし、挑戦的な設計手法の提案ということで予選通過。

棲家
侵食されることを前提とした在り方

031

山本 彩菜 やまもと あやな
九州産業大学
工学部 建築学科

私は草木の侵食を前向きにとらえ、棲家を見出す建築を提案する。数十年の歴史しかなく侵食から守られないこの土地が、私の故郷である。人と草木と動物の棲家として存在する建築は、この先の時の流れを見つめる。

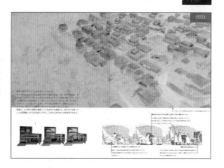

■ 審査講評

熊本の空き家を対象とした、動物や草木に徐々に侵食されて最終的に地に戻る、という建築の提案。完成した瞬間からすべての物は、侵食、風化、劣化して変化していくが、どのように侵食されていくのかを設計する方法で興味深い。建築が朽ちていく過程におけるこの建築での生活や、朽ちた後にどのような世界を描けるのかについては説明不足かもしれないが、風景の時間変化をノスタルジーに描いている点が評価され、予選通過となった。

「切断」すること、それは「繋ぐ」こと
日本橋における歴史の切断した首都高の再歴史化

034

横畑 佑樹 よこはた ゆうき
日本大学
理工学部 海洋建築工学科

東京、日本橋の上空に首都高(首都高速道路)が誕生して57年。建設当初に批判されていたものが、今では都市の歴史の一部となっている。現在、その歴史遺産が取り壊されようとしている。この「歴史の切断」に対して、首都高を歴史の継ぎ手として再歴史化する。

■ 審査講評

日本橋の首都高速道路(以下、首都高)の地下化にあたり、河川上に残された首都高の構築物を単純に解体して土地の歴史を断ち切るのではなく、歴史の一部として高架道路を切断して残し、間を木の立体格子フレームでつなぎ、商店や舞台とする提案。かつての首都高はテラスとなり、それを取り囲む立体格子フレームには、日本橋地域における都市機能の変遷を仮説的に挿入している。その景色は壮観で、プレゼンテーション(提案の説明と表現)はていねいに作られており、100選に選出。

MADE IN SHIBUYA
服の新たな循環を生む建築

032

山田 朋希 やまだ ともき
東京理科大学
理工学部 建築学科

東京、渋谷は服飾の文化を牽引してきた。しかし昨今、日本の服飾文化が窮地に立たされている。私たちは、これからどのように服と関わっていくべきなのか。服の新しい循環を生む建築を提案し、人と服との新しい関わり方を描く。

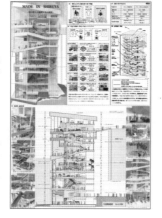

 審査講評

東京、渋谷の中心地に服飾の生産工場と販売する場所を一体化した建築を設計し、これまでの服を買うという行為だけではなく、服の生産、体験や発信といった新しいファッションのあり方を提案した。利用者と生産者を混在させて、建築により新たなファッションを提案することには新規性があり、密度の高いプレゼンテーション(提案の説明と表現)はわかりやすく補欠として選出。しかし、最終議論で、工場としての生産性や店舗と組み合わせることへの疑問から、惜しくも選外となった。

水辺再編
「みずまて」による水害地域の新しい水辺空間

035

長岡 稜太 ながおか りょうた
小山工業高等専門学校
建築学科

栃木県小山市に流れる思川流域には、「ミズマテ」という治水の文化が存在していた。水塚という土盛りをはじめとした「ミズマテ」の教えを再び建築に挿入する。そうして地域の歴史が継承された回遊式庭園へと再編されていく。

■ 審査講評

栃木県小山市の水害地域において、「ミズマテ」という、かつてあった治水対策のように、水上の回遊式庭園を提案したもの。水上の舟屋や東南アジアのカンボン・アイール、イタリアのヴェネツィアのような景観をつくり出していて魅力的である。一方、水害が起きる地域で防災拠点と回遊式庭園を共存させる効果については図面から読み取りづらく、選外となった。

オオゲツヒメの瞳
皇居前広場稲作計画

033

除村 高弘 よけむら たかひろ
工学院大学
建築学部 建築デザイン学科

皇居前広場を田んぼへと開墾し「新しい日本の広場」を構築する。生物多様性や祝祭性の器である稲を、均質化された都市に新たなアイデンティティとして植え付け、近代化によって忘却された日本を移植する。

■ 審査講評

東京の皇居前広場に水田と紙をめくり上げたような形状の舞台を作る提案で、水田を作ることで環境を良くする効果も狙う。めくり上げた舞台は独特の景観をつくり、あえて空白を中央につくったことにより、不思議で神秘的な祭壇ができている点は評価できる。しかし、ここでどのような祭を行なうのかについての言及が少ないところは惜しい。選外へ。

カシャバラ
まちのコミュニティ拠点の再構築

036

小野 由裕 おの よしひろ
大阪大学
工学部 地球総合工学科

かつて戦争によって住拠点を奪われ、強制移住を余儀なくされた、神奈川県の柏原村(現・逗子市池子)。家々の多くは空き家となり、村のコミュニティも衰退していった。本設計では、村の記憶を継承しつつ、これらの家を街の交流拠点として再構築する。

■ 審査講評

戦時下に強制退去させられて移転した歴史を持つ地域に対して、地域の歴史を継承しつつ、コミュニティと防災の拠点をつくる提案。現在は多くが空き家となっているが、連なる屋根で回廊のように民家をつなぎ、間にできた軒下をコミュニティ拠点としている。屋根の形状は魅力的だが、その生成のプロセスを示すとより共感を得られたように思う。選外へ。

東墨田、日常の集積

037
植野 果歩 うえの かほ
東京電機大学
未来科学部　建築学科

町工場が集まる東京の東墨田。この地で暮らす人々がつくり出した雑多的な日常空間の集積は、東墨田の急進的な居場所として残り続ける。構築した人々の日常的な居場所は、非日常時にも有効に活用される。

■ 審査講評

町工場が集積する地域の日常を、逃げ地図を作成するなど、ていねいに分析。日常生活風景と街に使用されている建材から地域に特徴的な要素を抽出し、それらを再構成した空間のパターンを立体的に積層させた、職住近接の建築とする提案である。ダイアグラム（図表）やプレゼンテーション（提案の説明や表現）はわかりやすく、完成度が高かったため、補欠として選出。しかし、新しく作られた建築要素により、町工場のものづくりの工程と日常の生活景とがどのように接続するのか読み取りづらく、予選審査員全員での最終議論の中で、惜しくも選外となった。

武蔵野の息吹き
都市に残る国分寺崖線と人のための植物園

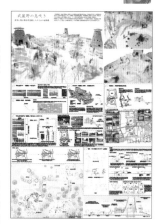

041
柏木 優之介 かしわぎ ゆうのすけ
芝浦工業大学
工学部　建築学科

「武蔵野」と呼ばれる風土は、古来より現代まで、絵画や書物によって多様に表現されてきた。都市化や開発などで、失われつつある「武蔵野」の風景をとらえ、「武蔵野」と人との架け橋となる「植物園」を提案する。

■ 審査講評

東京、国分寺の武蔵野の風景についてのていねいな分析をもとに、地下水や自然エネルギーを利用した植物園を提案したもの。イタリア、アルベロベッロのように、有機的な形態をした光と風の塔により植物園内部の風や熱をコントロールしており、体感的にも視覚的にも特徴的な空間となる。エネルギー環境と建築形態を一緒に提案しているが、その効果や必然性が議論となり、選外となった。

［100選］
Apartmentコウボウ
郊外集落における生業集約型賃貸住宅

038
皆戸中 秀典 かいとなか ひでのり
愛知工業大学
工学部　建築学科

「この街に良いところなんかない」。愛知県の瀬戸に暮らす人がそう言った。そんな人々に「瀬戸に暮らす＝やきもの文化と共生する」という言葉の意味を考えてほしい。これは、瀬戸での暮らし方を再考するきっかけとしての提案である。

■ 審査講評

窯元の陶磁器貯蔵庫をリノベーション（改修）し、作業場と住宅を一体化した窯住一体の住まい方の提案。陶器製作の工程に合わせて既存壁の構造体を残したファサード（建物正面の立面）と、その風景は魅力的である。改築の具体的な方法として、建築のつくり方から運営計画までが詳細に設計されており、すぐにでも実現可能な提案は完成度が高く、予選通過。

混沌という名の秩序
大阪市役所建替計画

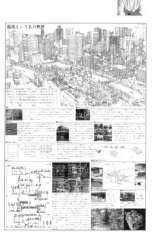

042
森 遼太 もり りょうた
京都建築大学校
建築学科

2025年の大阪市役所の建替えを提案する。AI（Artificial Intelligence＝人工知能）の進化により、行政の業務が大幅に変わることが予想される2025年に「街のような」そして「あけっぴろげ」な大阪市役所を計画する。

■ 審査講評

大阪市役所を路地、市場、公園の要素と合わせて再構成した提案。開かれた行政機能をめざし、物理的にも開放空間を増やして建物の密度を下げたフロアを積層させた建築の形態には不思議な魅力がある。しかし、市役所の機能と、立体的な路地、市場、公園とを積層させることにより生まれる利点や効果がポートフォリオからは読み取りづらく、選外となった。

溶ケ還ル情景
採石場跡地を用いた風刺的風景の創出

039
井戸澤 亮介 いどさわ りょうすけ
関西大学
環境都市工学部　建築学科

現在の人々は、さも人間は大きな生態系にとらわれていないかのように振る舞っているが、人間もその一部である。そこで採石場という超人間主義的な環境を舞台に、自然中心主義的な思考で人間と自然との共生について再考する。

■ 審査講評

不透水層の採石場を掘り下げていく過程で、徐々に水没する採石場を変化する建築としてとらえて、最終的にはほとんど埋没するという、詩的な提案。残土を用いた版築*1の壁や、時間変化に応じて機能を変化させる手法は挑戦的で可能性があり、表現もすぐれている。しかし、予選審査員全員での最終議論の中で、水没後の建築の利用や、本当に埋没するのかなどについて議論となり、惜しくも選外。

編註　*1 版築：本書86ページ編註1参照。

［100選］
PLACE FOR FOREST DIVERS

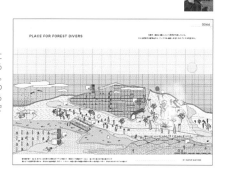

044
小金澤 将達 こがねざわ まさみち
工学院大学
建築学部　建築デザイン学科

森の中にダイブし（飛び込み）、水に浸かることで、自然を肌から感じる場所として6つの建築を提案する。水というものは、自然と私たちをつなげる媒介であり、自然を探求するような遊び心のある場所になるのではないだろうか。

■ 審査講評

森の中に、自然に寄り添い自然に浸る装置のような建築を作り、人間の感受性を自然と共鳴させる提案。廃集落となった場所で、既存の建物の基礎や擁壁を利用して人工の滝を作り、自然を感じる装置に見立てていく手法は秀逸で興味深い。人間の認知と自然の関係を問い直した意欲的な提案ということで、100選に選出。

西新宿生態都市計画

045
尾形 直紀 おがた なおき
多摩美術大学
美術学部　環境デザイン学科

昨今の環境問題は、アクティブ・デザイン[*1]によって解決が試みられている。デザインの中心を先端科学技術から、人間と自然との接点における持続可能性へと代替するものを提案できないかと取り組んだ。

編註　*1 アクティブ・デザイン：冷暖房機器や照明器具などの人工的な設備を効率的に組み合わせ、快適な居住空間の実現をめざす設計手法。

■ 審査講評

ヒートアイランドに苦しむ東京の西新宿において、自然換気などパッシブ・デザイン[*1]を取り入れた集合住宅を、既存のRC（鉄筋コンクリート）造建築のラーメン構造（柱梁材で支える構造）を残して、スケルトン・インフィル[*2]の提案として再構成した提案。テラスには浄化設備としての庭があるが、もっと土を多く入れて、人と植物がともに暮らす提案もあるかもしれない。スケルトン・インフィルとする意味やパッシブの仕組みによる新しい建築的提案が読み取りづらく、選外となった。

編註　*1 パッシブ・デザイン：自然エネルギー利用を取り入れた設計手法のこと。ID016編註3参照。
　　　*2 スケルトン・インフィル：建物のスケルトン（構造体）に触れずに、インフィル（内装や設備）を交換できるよう、両者をあらかじめ明確に切り離しておくという、建物を長期的に使い続けるための設計の考え方。

継承する架構
奈良が生んだ歴史と文化

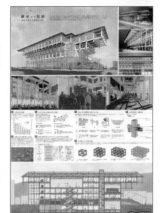

050
瀧澤 幹人 たきざわ みきと
三重大学
工学部　建築学科

奈良は長い歴史のある街である。しかし、現代の奈良は観光地化による形骸化から、歴史ある文化の衰退が懸念されている。そこで、古き良き奈良の歴史や文化を慮る賑わいを街に与える場を創出する。

■ 審査講評

伝統的な柱貫架構[*1]を用いた大規模木造の複合施設の提案。観光客や住民など、奈良に関わる人たちの要望からプログラムを作成している。大仏殿のように軒を迫り出した立体格子の架構は合理的で迫力があるが、人と街をつなげるプログラムとの関係が読み取りづらく、選外となった。

編註　*1 柱貫架構：柱、貫、梁などを組んだ、伝統的な木造軸組工法。

100選

死シテ生ヲ為ス
建築のはじまりから富士山噴火に伴う機能喪失、自然へ還るまで

046
古城 偉央理 こじょう いおり
神奈川大学
工学部　建築学科

自然にはゲニウス・ロキ（地霊）が宿り、建築と精霊は切っても切り離せないものであるが、現在では大きく引き離されてしまった。本計画では、精霊たちと再び手を結び友となる建築の始まりから終わりまでの物語を提案する。

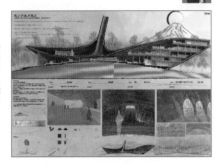

■ 審査講評

富士山信仰の聖性を詩的に表現した提案。富士山の岩石を用いたRC（鉄筋コンクリート）シェル構造[*1]で外皮をつくり、内部は噴火時に燃えて消える木造としている。現在は自然環境保全センターとしての機能を備えた建築だが、いずれ地震が起こり、繰り返されるであろう噴火に飲み込まれて、なお地霊となって残るような建築を表現している。山への軸線と光と風から導き出された独特な形態で興味深く、詩的なドローイングは秀逸なため予選通過となった。

編註　*1 シェル構造：曲面状の薄い板からなる建築構造。

100選

日光と花家体

051
宮崎 千遥 みやざき ちはる
宮城大学
事業構想学部　デザイン情報学科

日光の町の神輿である「花家体」の家を設計する。

■ 審査講評

日光に花家体という伝統的な祭の舞台があり、それらを格納する倉庫と市民交流のための集会所を提案している。小さな建築提案だが、各地域のていねいな分析から導き出された形態が、地域の歴史やアイデンティティを引き継いだ風景をつくり出していることが評価され、100選に選出された。

100選

ツカノマド的家族
未来の家族の形と暮らし方の提案

047
湯川 絵実 ゆかわ えみ
京都大学
工学部　建築学科

20～30年後には単身者が日本の世帯数の半数を占めるといわれている中で、1人1人が自立しながら助け合って生きていける未来の家族の形を、自動運転によって動くsumi-carと、sumi-carが集まるHOUSE-STATIONによってつくる。

■ 審査講評

自分と他者との距離感から人間同士の新たな関係性をつくる提案。近未来に人々が各自の個性に合わせたsumi-carという移動式住居を持ち、各地にあるHOUSE-STATIONと自由に接続して、個人空間を拡張する仕組みは興味深い。交通インフラとの関係やモジュール（基準寸法）の設定、接合する仕組みなど説明不足の感もあるが、移動する個室の組合せという新たな建築提案が評価されて、予選通過。

100選

DNA of Architecture
小林家系における慣習的な設計手法の確立

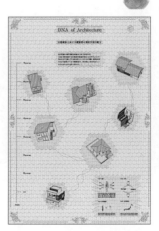

052
小林 友哉 こばやし ともや
東京都市大学
工学部　建築学科

私は、父親似の顔で性格は母親似だと言われる。それはDNAの遺伝で、顔の形や性格が似たのである。私は実家に対しシークエンス（連続性）や機能、建具が系譜のように遺伝しているという仮説を立て、それを設計手法として自邸を設計した。

■ 審査講評

DNAの構造を建築のDNAとしてとらえ、建築のエレメントが持つ情報を遺伝情報ととらえて、さまざまな建築を交配しながら子孫の建築を残していく設計手法の提案。組合せによって弊害が起きないか、などの疑問は残るが、実は現代の建築もこのような方法でつくられている側面があることに気づかされる提案で、挑戦的で新規性があると評価され、予選通過となった。

行人の逢ふ坂
「斜面建築」がつくる奥性の空間

053
田崎 幹大 たさき かんた
立命館大学
理工学部　建築都市デザイン学科

多くの人や物が行き交っていた逢坂は、旅人のオアシスとして賑わいをもってきた。しかし、多くの交通網の発達により逢坂特有の文化が失われつつある。かつて斜面地に発達した逢坂の文化を再構築し、旅人たちの拠点をつくる。

▌ 審査講評

滋賀県大津市の斜面地に、風景を巡り文化を体験する冠婚葬祭場をつくる提案。視線が導かれるように動線を曲げて奥性（奥行きを感じられる空間性）を獲得する空間構成になっている。斜面に対する建築のシステムや、地域の文脈からデザイン・コードを設定するところには説得力がある。一方で、大規模木造の立体格子のビルがどのような場所性を表現するのかなど、目的と機能や地形との関係が読み取りづらく、選外となった。

"Like"の肖像
インスタグラミズムの美学の分析と建築への応用、あるいは積丹の大地と新たな蒸留酒への賛歌

059
人見 文弥 ひとみ ふみや
京都工芸繊維大学
工芸科学部　設計工学域デザイン経営工学課程

インスタグラムをはじめとする新しい、生活に最も身近なメディアは人々の世界への見方をどのように変え、実体験を生み出す存在としての建築とどのようにポジティブ（積極的）な関係を結び得るのか、模索する。

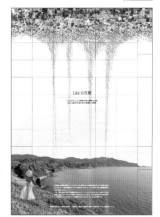

▌ 審査講評

インスタグラムなどの写真映えと、実際の空間との差異をシニカルに提案した作品。人が認知する空間を検証している。たとえば、空間を写真や映像などで2次元に切り取ると、切り取った外側にも空間があるかのように想起させることができる。現実の空間と写真は異なることを端的に表現すると同時に、新しい空間体験を生み出す手法となっている。実は現代の建築もすでに、このような特徴を持ちつつあることに気づかされる提案であり、予選通過となった。

建築と遊具のあいだ

055
関口 大樹 せきぐち だいき
慶應義塾大学
環境情報学部　環境情報学科

建築とは、ある「かち」を「かたち」に翻訳すること、遊具とは、ある「かたち」から「かち（遊び方）」を読み取ること、だとすると本提案は、子供たちが遊びの建築家であり、遊ぶ人であれる場所ではないだろうか。

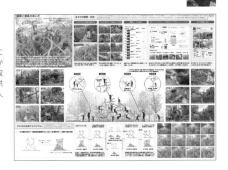

▌ 審査講評

子供と一緒に小さな木材を組み合わせながら、遊具的な建築を作る提案。構造体として成立するように「冗長性をもたせる」ルールをつくり、どのような空間を作ると子供がどのように振る舞うかを観察記録してパターン集をつくる。形態の生成アルゴリズムに遊具制作という実験を加え、発見した振る舞いと形態の関係を分析してカタログに昇華させる過程は秀逸。設計手法としての新規性もあり、建築のプロジェクトとして完成度が高く、予選通過となった。

現代アジール論
皇居前広場回遊路計画

061
松下 龍太郎 まつした りゅうたろう
東京工業大学
環境・社会理工学院　建築学系

皇居前広場は、民衆のための広場である。かつて天皇主体の儀式や左翼勢力によるメーデーが行なわれていた場所が、現在では、ただ松が植えられた空白となって都市に残っている。この空白とどのように向き合うべきか。

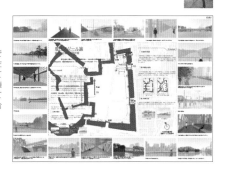

▌ 審査講評

東京の皇居前広場を消費社会から逃れるアジール（聖域）として構成する提案。かつて江戸城の門があった場所に、入口をつなぐように巡る城壁上部に、回遊通路を建築して広場を囲む計画である。囲まれた広場空間が、どのような聖性を獲得し、逃れの場となるのかが図版からは読み取りづらく、選外となった。

MARCEL DUCHAMP's ARCHIVE

058
齊藤 風結 さいとう ふうゆ
京都大学
工学部　建築学科

大阪の堺銀座商店街は、商業の衰退と建物の老朽化のために、いずれ消えゆくであろう。この街並みを「そのままの状態」で強引に残そうとするのではなく、変化を許容しながらその本質的な魅力を継承するあり方を提案する。

▌ 審査講評

衰退し、老朽化する商店街で、上階に増築して新たな街をつくる提案。街のスカイライン（空を背景とした輪郭線）の形をした地盤を上部にずらし、既存建築を手がかりとしながら建築を構成する。下階の商店街は徐々に衰退して公共的な場へと変化する。こうした、都市を積層させていく手法は興味深い。一方で、上階へずらす意味や、かつて商店街であった下階の公共空間がどのような魅力を持つのかが、図版からは読み取りづらく、選外となった。

蛇落地佳渓
原風景として刻まれる慰霊と祝祭の空間

062
久永 和咲 ひさなが かずさ
京都大学
工学部　建築学科

5年前に土砂災害に見舞われた広島市の八木では現在、砂防堰堤や土木構築物の大規模な工事が住宅地のすぐ側で続いている。本来、住むには危険なこの土地が、これから育つ子供にとっては日常風景となり、祝祭の日には、特別な場所となるための建築。

▌ 審査講評

現在は砂防堰堤が建設されている、広島の土砂崩れの災害地を対象として、災害の暗い歴史をどのように継承するのかを考えた提案。擁壁の活躍する災害時をハレととらえ、人生の儀礼や晴れの舞台になぞらえて、結婚式場、地域施設とする計画である。土地の記憶の継承手法の新しさと、秀逸なプレゼンテーション（表現）が評価され、予選通過となった。

見えない壁をこえて
ハンセン病を辿る資料館

063
原田 秀太郎 はらだ しゅうたろう
名古屋市立大学
芸術工学部　建築都市デザイン学科

差別と偏見のあったハンセン病。患者の減少に伴い薄れつつある記憶。この痛みを建築で残し、伝えていくことはできるのか。差別と偏見の「壁」を越えた先に見えるものとは。

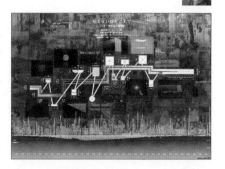

審査講評

ハンセン病患者の記憶を伝える資料館の提案。差別と偏見の象徴であった壁を主題に、隔離施設の入所者数の推移を、地下に向けて深く掘った壁として表現している。壁により入所者が体験した事柄を追体験できるように設定されており、壁に穿たれた小さな穴は、引き取り手のなかった故人を追悼する窓となる。補欠で選出。最終段階で、壁をジグザグと横切る通路の意味がわかりづらいことや、論理の飛躍はないかと、予選審査員全員で議論になったが、完成度の高さが評価され、予選通過となった。

見えない都市

067
本宿 友太郎 ほんしゅく ゆうたろう
東京工業大学
環境・社会理工学院　建築学系

海から川へ、川から道へ時間が重ねられてきた場所にもう1つの時間を重ねる。どのようにして？「群衆の三態」のための空間は、都市空間のアナロジー（類推）としてのシークエンス（連続性）「もう1つの都市」をつくる。

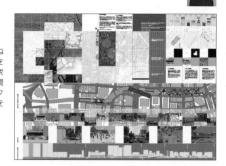

審査講評

群衆と時間という視点から都市を読み解き、その場所性から導き出された劇場、商業空間、公園を計画している。視点の設定には魅力があり、構造体がビビッドな赤で表現されたプレゼンテーション（提案の表現）も印象的。実物の模型があれば印象は変わったのかもしれないが、設計内容が伝わりづらく、選外となった。

国会の最新章
影響力の根源を改変する

064
渡邉 浩行 わたなべ ひろゆき
名古屋市立大学
芸術工学部　建築都市デザイン学科

現代政治の「暗い」「冷たい」「つまらない」印象はどこから来るのか。「政治の象徴」は左右対称で堅牢なファシズム建築でいいのか。国会議事堂が「すべての人々と文化」に開かれることで、この国の最新章が始まる。

審査講評

国家権力の象徴である国会議事堂を市民に開く提案。現在、閉じられている議事堂の正面広場の柵を取り払って開放し、そこにガラス張りの議事場と、もとの議事場を鑑賞する「視点場」を設けた広場をつくり、もとの国会議事堂は展示室やシアターへと転換する。新しい討議の場は共感できる場として魅力的にデザインされているものの、象徴的な意味の改変には至っていないという議論になり、選外となった。

藁と蜜柑

068
鹿山 勇太 しかやま ゆうた
大阪工業大学
工学部　建築学科

建築の「解体／構築」が必然的に生み出す、利用者にとって「無価値」な過程は「空間の実験場」として「藁」となり得る。「わらしべ長者」の交換原理に則り、その交換によって創造される空間の連鎖を構築する。

審査講評

他の建築の解体時に生まれる部材や廃材を集積して、ブリコラージュ*1的に組み上げた建築を作る提案。誤謬（ごびゅう）を手がかりとして、わらしべ長者的に物々交換によりさまざまな建築の要素を組み合わせた空間を生み出し、局所的再開発の多発する都市に挿入するという設計手法は、新規性もあり興味深く、補欠で選出。しかし、最終の全員審査で、建築の設計手法として信憑性があるのか議論となり、惜しくも選外となった。

編註　*1 ブリコラージュ：あり合わせの材料と道具を用いて、試行錯誤しながら新しいものをつくること。

珊瑚基地
人とサンゴの新たな共生関係

065
小東 凜太郎 こひがし りんたろう
琉球大学
工学部　環境建設工学科建築コース

人とサンゴを共生させる。沿岸部の開発により減少している沖縄のサンゴは、珊瑚基地で人と共生することで再び増殖し始める。そして100年後、沖縄は再びサンゴの島となる。

審査講評

沖縄県名護市の辺野古埋立地に隣接する地区において、珊瑚が生き延びるための基地を作る提案。山状に積層させた建築の中心を珊瑚の研究所と体験施設、周囲を珊瑚の保護栽培施設として構成し、パッシブ・エネルギー（ID016編註3参照）を使いつつ栽培するシステムはよく考えられている。しかし、積層させる建築ではなく、海に寄り添う形態もあったのではないかと議論となり、選外となった。

5W2H

069
中本 昂佑 なかもと こうすけ
大阪工業大学
工学部　建築学科

従来のビルディングタイプに基づく「機能的建築」ではなく、一見無意味とも思える複数の機能が連鎖的な関係を結ぶ建築を提案。連続的でシームレスな（継ぎ目のない）「生活」を可能にし、複数の連鎖的な関係が、個々人の多様な欲求に応える。

審査講評

娯楽や文化を含めた生活の場と、労働の場所を共有し、24時間動き続ける新たなオフィス・ビルの提案。複合的な機能を落とし込んだ各階の平面計画には、全体を構成する力量が感じられ、時間経過とともに詩的に表現されたプレゼンテーション（提案説明）は魅力的だった。しかし、共異体建築と名づけた本提案と一般的な多機能複合ビルとの差異や、素材の使い分けと実際の空間の使われ方との対応が読み取りづらく、選外となった。

再起する景

070
高永 賢也 たかなが けんや
大阪工業大学
工学部 建築学科

本提案は、観光による集客性と空洞化をポジティブ（肯定的）にとらえることを通じて、「提供する／される」の関係性から外れたことで分断的な状態にある生活者の暮らしと観光、そしてその両者が生み出す「風景」の共存的な関係を築いていく。

■ 審査講評

観光と生活が融合して成り立つ生活空間の提案。京都市東山区の観光地として集客力がある一方、住民は生活上の困難を強いられている。この問題に対して、住民の生活景自体も観光の対象とする形で、住民が観光地の営みに参加し、新たな生活を獲得するという提案内容は興味深い。一方で、新たにフレーム（構造物）を街並みに挿入して空間化するプロセスと、それによる全体計画が見えづらく、選外となった。

誘発の殿堂　メタ.モルフォーゼ
「消費」と「アイコン」の関係変容から構築される新消費ん

074
山崎 晴貴 やまざき はるき
金沢工業大学
環境・建築学部 建築デザイン学科

プログラム固有の形態形式によってデザインされた建築が、社会にあふれている。そこで、既存状態を裏切った複合商業施設を東京の原宿に設計することで、建築によって、消費者が、さまざまなメディアによって刷り込まれたイメージに左右されて消費をしている事実を認識する機会をつくる。

■ 審査講評

人々がさまざまなメディアから刷り込まれたイメージを買い、消費しているだけの現代社会において、物事の本質と対峙できる建築を提案。消費の中心地である東京の原宿に、相反する要素を持ったプログラムを組み合わせた複合ビルを計画した。全体でどのような空間となるのか、めざしている状況をつくり出せているのか不明だったため、選外へ。

感情トリガー装置

071
松島 佑宜 まつしま ゆうき
金沢工業大学
環境・建築学部 建築デザイン学科

人生には、爆発的な強い感情の湧き上がる状況がある。そうした感情の裏に内在する対極的な感情こそが、人が人らしく生きる源泉となっている。そんな人間の豊かな感情を喚起する引き金となる装置としての建築を提案する。

■ 審査講評

東京の千駄ヶ谷トンネルの上に結婚式場と葬儀場を組み合わせた施設を建てる。抑圧された現代社会において、感情のトリガー（引き金）を引くキッカケとなる空間的仕掛けをちりばめた建築の提案。一見、荒唐無稽に思える計画だが、図面を見ると緻密に設計しているため、100選へ。

百年回帰
名も無い、時間と建築。自然環境を内包する思考への回帰

075
笹川 蒼 ささかわ そう
東京電機大学
未来科学部 建築学科

建築が場を作り、場が建築を作り出した。環境と深いつながりがあるはずの建築は技術の進歩によって、環境から引き剥がされた。街を変えた造成地が空白化した時、突発的な更新ではなく長い時間軸を持つ提案が必要である。

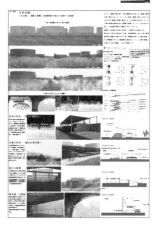

■ 審査講評

使われなくなった石油タンクを長い時間をかけて浄化し、環境を感じ取れる建築にするというプロジェクト。現実的な手法と時間軸を設定している点が評価され、選出した。しかし、自然に還るというストーリーになっているのが少し引っかかり、最終段階、予選審査員全員での議論で選外へ。

小さな環境
風景のリノベーションにおける用水と人の新たな関わり方

072
宮下 幸大 みやした こうだい
金沢工業大学
環境・建築学部 建築デザイン学科

身近な環境に愛着を持つこと。それは日々の暮らしに豊かさをもたらすこと。何気ない日常に潜む小さな環境。私たちの近くに、私たちの知らない、小さな環境は存在する。その小さな環境に気づいた時、私たちは、世界の美しさに触れるだろう。

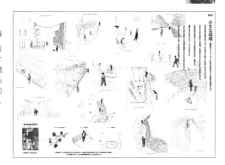

■ 審査講評

金沢市にある用水網を散策路にするプロジェクト。人々に対して環境への気づきを与える小さなキッカケを点在させ、人と水の関係性を再構築しようとしている。1つ1つの建築を細やかに設計していることが評価され、100選へ。

霧と幻想のシークエンス
建築の形態操作を用いた空間体験の研究

078
関野 洸汰 せきの こうた
芝浦工業大学
デザイン工学部
デザイン工学科建築・空間デザイン領域

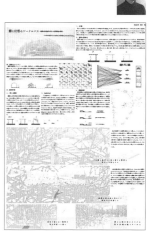

日常に密着していればこそ、わかっていない自然の美しさというものがあるはずだ。しかし、今日の建築物は自然と人間を分離させてしまっている。そこで私は、建築を自然のほうに近づけ、建築に人間と自然をつなげる役割を持たせる。

■ 審査講評

東京の不忍池の上に浮かぶ、霧をモチーフにしたフォーリー（東屋）。建築を現象化することで、周囲の自然をより美しくとらえることができるのではないかという考えの下、ランダムなすき間が開くように線材を組み合わせて屋根や壁を作り、霧のような建築を生み出した。その造形の美しさも相まって100選へ。

文化のよすが
道頓堀における舞台型職住一体施設の提案

081
松山 知暉 まつやま ともき
京都工芸繊維大学
工芸科学部
設計工学域デザイン経営工学課程

劇場の廃座とともに文化的空洞化の進む大阪の道頓堀において、芸人たちが表現し、働き、棲み着く場を提案する。道頓堀に大勢の芸人が棲み着き、その活動が街にあふれることで、道頓堀の劇場文化が再構築されていく。

■ 審査講評

劇場街としての歴史を持つ道頓堀に劇場文化を取り戻そうとするプロジェクト。計画では川側がクローズド(閉鎖的なデザイン)で道路側がオープンになっているが、歌舞伎役者が船上で船乗り込みというパレードを行なったりすることを考えると、逆にしたほうが良かったのではないかという疑問が生じ、選外へ。

道ばたのたんぽぽ
ゴルフ場から樹木型墓地へ、転用拠点の提案

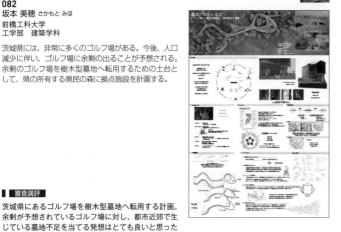

082
坂本 美穂 さかもと みほ
前橋工科大学
工学部 建築学科

茨城県には、非常に多くのゴルフ場がある。今後、人口減少に伴い、ゴルフ場に余剰の出ることが予想される。余剰のゴルフ場を樹木型墓地へ転用するための土台として、県の所有する県民の森に拠点施設を計画する。

■ 審査講評

茨城県にあるゴルフ場を樹木型墓地へ転用する計画。余剰が予想されているゴルフ場に対し、都市近郊で生じている墓地不足を当てる発想はとても良いと思ったが、建物造形のイメージが鳥類である必然性がいまひとつ理解できなかったため、選外へ。

数%の居場所
建築やりすぎたくない

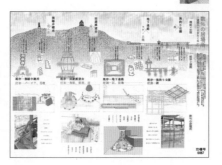

087
谷 寿歩 たに ことほ
日本大学
理工学部 建築学科

私が建築を美しいと思う時、そこには人間以外の生物がある。人が作った建築の中にも、生命はあらゆる形で居場所を発見する。人間にとってのデッドスペースは人間以外の生命にとって居心地のいい場所になるかもしれない……。

■ 審査講評

神戸市の自然と一体になった公園内にある4つの無人施設を、生物のための居場所に変えるプロジェクト。既存施設の機能を損なわないよう、設定したそれぞれの生物のスケール(規模)で付加部分をうまく設計できているように思えたので100選へ。

遺産の余韻
卒業設計「近代化遺産の更新」

089
齋藤 柊 さいとう しゅう
東北大学
工学部 建築・社会環境工学科

機能を終えた後のダム跡地に、ダムが残した要素を、ダムが持つ空間性を引き継ぎながら建築に還元していく。

■ 審査講評

神戸市にある老朽化したダムを建築的に再活用しようという提案である。近い将来、社会が抱える問題に対し、建築を通して真摯に取り組んでいることが評価され100選へ。ただし、環境システムとしては良いが、ダムと建物が空間的に融合できているのか、という点で少し疑問が残った。

触風景

090
坂本 修也 さかもと しゅうや
北海道科学大学
工学部 建築学科

誰も来ることのない忘れ去られた裏路地。光のない空間に多くの歴史が語られている。ビル裏の壁面、すき間から見渡す風景に焦点を当て、札幌市のすすきのでの新たな過ごし方を提案する。

■ 審査講評

札幌市のすすきのに建つ複合用途のペンシルビルである。四周をビル裏に囲まれた、都市のすき間のような敷地を積極的にとらえ直し、意匠や環境面でうまく建築的に解けていることが評価され100選へ。ただし、この立地が不動産的な視点からどう評価されるのかが、少し気になった。

Connected House
When we design for sharing, we all benefit

091
Ulemjjargal Bileguutee
うれむじじゃらがる びるぐて
豊橋技術科学大学
工学部 建築・都市システム学系

学生たちの経済負担が少ない「シェアハウス型の宿舎」と街に開かれた「アーバン・ファーミング(都市のすき間を利用して取り組む農業)施設」を合体させた建築の提案。

■ 審査講評

東京都豊島区に留学生のためのシェアハウス型の宿舎を計画している。「アーバン・ファーミング施設」を併設することで、地域との交流もできるよう工夫していることが評価され、100選へ。敷地周辺とのつながりがもう少し描かれるとより良かった。

100選

死の寓話

093
稲野邊 義紀 いなのべ よしき
日本大学
理工学部　建築学科

人々から隔絶された死は建築をつくった。死後の世界で構成されたこの建築は、人々に死を意識させる。死を身近に感じることで生をより感じることができるだろう。人々は運命を受け入れ、1日を大切に生きていく。

審査講評

死を意識することで、生をより感じることができるという考えの下、生と死の出合いを建築が担うという提案。死の際を感じさせる8つの空間を組み合わせ、1つの建築としている。その造形力と空間性に魅力が感じられ、100選へ。

公園と日々

096
石川 光希 いしかわ みつき
前橋工科大学
工学部　建築学科

公園はあらゆる人々の小さな居場所であり、限りなく自由に使えるオープンスペースである。本設計では公園に5つのパビリオンを設計した。パビリオンは公園で人々が過ごすための建築であり、新たな憩いの場となる。

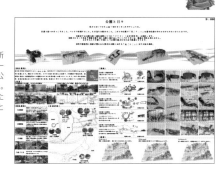

審査講評

客足が途絶え始めた栃木県にある公園に5つのパビリオンを計画し、公園の魅力を引き出そうとしている。リサーチをし、1つ1つの建築をていねいに設計しているが、最終的な目標が公園内で完結しているため選外へ。都市的な視点を持ち得ると良かった。

100選

死街地畫布自治區

094
柳瀬 真朗 やなせ まろう
九州大学
工学部　建築学科

再開発への叛逆の象徴をつくり出す集団が現れる。

審査講評

東京で行なわれている画一的な再開発へのアンチテーゼ（反論）。最小限の住戸と雑多性を感じさせるモノを使って、集合住宅を都市的に作り上げている。その思想とグラフィック（視覚的）な表現が相まって、独特な世界観を描き出せていることが評価され、100選へ。

100選

タブラ・ラーサから50年

097
Chen Ken ちぇん けん
神戸大学
工学部　建築学専攻・建築学科

陸地面積が小さい、人口密度が高い、歴史が短い、多民族国家のシンガポールにおいては、どのように文化を継承すべきか。時代の変化とともに、文化的な価値のある建築はどのように保存すべき、進化すべきか。

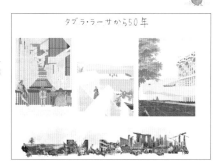

審査講評

多民族国家のシンガポールにおいて、文化的価値のある建築をどのように保存し、継承させるべきか。ゴールデン・マイル・コンプレックス[1]という実際にある近代遺産の題材に真正面から取り組んだ姿勢が評価され100選へ。ただし、なぜこの形態になったのかという説明がほしかった。

編註　[1] ゴールデン・マイル・コンプレックス（Golden Mile Complex）：上層階に住居、下層階にオフィス、飲食店、スーパーマーケットなどの商業施設が入った複合ビル（1973年竣工）。

祈りの表裏
The Melting Pot of Belief

095
二宮 拓巨 にのみや たくみ
東京理科大学
理工学部　建築学科

「祈り」や「信仰」という分野が多様化し混在している日本の文化は、世界的に見ても平和な文化であると言われる。このポジティブな側面（長所）とこれらの分野への無知さというネガティブな側面（短所）から新たな建築を生み出す。

審査講評

東京の神宮外苑に、複数の祈りの場を内包した施設を建てる計画である。日本特有の、宗教に対する寛容さをポジティブにもネガティブにもとらえた建築であり、たしかに日本でしか実現できない計画ではないか、という評価になり補欠で選出。しかし、予選審査員全員での最終議論の中で、選外に。

歩の群渦
「人」に生きる都市、浪速再考

098
東村 丈 ひがしむら じょう
関西学院大学
総合政策学部　都市政策学科

都市では技術と利潤を先行する開発が進むが、未来でも「考える葦」と称される「人」と都市との関係性は不可欠だ。この計画は、忘れられた「出会いと、人からの学びの喜び」を取り戻す、浪速の追憶と未来の大阪の物語である。

審査講評

大阪、浪速の各所をつなぐ歩道とその結節点を計画し、人々の新しい出会いの場をつくり出そうとしている。万国博覧会の開催を控える大阪を踏まえたダイナミックな案だが、歩道と建築のありようが単調に感じられたため選外へ。場所や機能に応じて、有機的に変化していくとおもしろい計画になる。

解、のちに現
分解された空き家における新たな振る舞いの観察

101
建入 大地 たていり だいち
明治大学
理工学部　建築学科

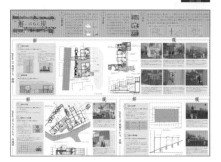

本提案では、生物の死骸や排泄物が土壌生物によって分解され世界の循環を保っている自然界の分解のプロセスに着目し、それらが建築にも発現するかを試行し観察する。

■ 審査講評

空き家を解体して再構築し、利活用しようというプロジェクト。発想はおもしろいと思ったが、内壁を外壁化するなど、現実にはかなり大掛かりなことをしないといけない計画になっているため選外へ。計画の必然性についての説明がほしかった。

他者から見た世界
新たな感覚の扉を開く実験的建築

106
樋口 紗矢 ひぐち さや
九州大学
工学部　建築学科

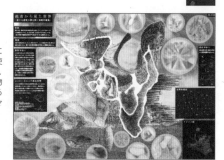

新世代における技術や機械の発達により、人々は自らの感覚や肉体を使わなくなっていった。この未来に、進化の過程で枝分かれしてきた生物たちの環世界(生物が経験している知覚世界)から空間を創造し、人々が感覚を獲得する建築を提案する。

■ 審査講評

人類が失い始めている身体性を、改めて獲得しようという提案。生物の感覚や生体から単位空間を創出し、それらを組み合わせて建築化している。各単位空間の間には折衷空間があり、より多様な空間体験ができるよう考えられている。実際に経験してみたいと思わせる提案のため100選へ。

雪は愛へと昇華する
札幌市都市部における雪堆積場のプロトタイプの提案

102
奥村 拓哉 おくむら たくや
京都大学
工学部　建築学科

世界の人口100万人を超える都市の中で最も雪が降る札幌市の都心部では、「雪」は人々の暮らしの障害となり避けられてきた。今、「雪」本来の価値を引き出し、人々から都市から「愛」される存在へと変えていく。

■ 審査講評

札幌市において、雪の堆積場を組み込んだ建築を提案している。トラック用のスロープが建物の中を走り、利雪のシステムまで考えているのは好印象だった。だが、これだけの雪を抱き込むとなると、機能(学校や美術館)のあり方自体がガラリと変わるのではないかという議論になり、選外へ。

のぞむ文化の結節点
文化循環の輪による記憶の共有

107
棚田 有登 たなだ ゆうと
河合 七海 かわい ななみ
神谷 悠大 かみや ゆうだい
早稲田大学
創造理工学部　建築学科

衰退する地域の文化を留める建築を、集積と共有によって自然発生的な文化の依り代(神霊の憑依物)として計画する。再開発による駅圏の急速な空間再編に抗う街の駅を設計した。交通の結節点に見られた文化の風景を現代都市の裏である東京の隅田川沿いに再編する。

■ 審査講評

東京、向島の歴史性に着目し、隅田川沿いに文化の拠点を計画している。敷地周辺をしっかりとリサーチした上で、都市と河川をつなげる建物としててていねいに設計されていることが評価され、100選へ。この建築は周囲とどのように接続されるのか、もう少し説明があるともっと良い。

巣だちの郷
本とともに育つ

104
佐藤 希望 さとう のぞみ
秋田県立大学
システム科学技術学部
建築環境システム学科

コンセプトは「子供のための空間と居場所」である。ここから巣立った子供たちが、どこか懐かしさを感じられる特別な空間をめざした。自分が幼い頃に通った絵本教室での経験をもととした、認定こども園と図書館の計画である。

■ 審査講評

横浜市に図書館と認定こども園を組み合わせた建築を提案している。子供の成長に応じた居場所を細やかに設計しているところに好感を持ったが、周辺との関係性が描かれていないため選外へ。プログラム上、建物が閉鎖的になるのはある程度仕方ないが、そこも腕の見せ所だと思う。

証跡の蘇生
土地性を失った場に対する更新手法の提案

109
小林 陽太 こばやし しょうた
日本大学
理工学部　海洋建築工学科

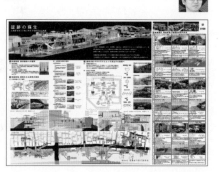

土地性を鑑みず、均質的に行なわれていく都市開発により、地域が潜在的に有している経済性や発展性が失われる例は数多く存在する。その場所らしさと向き合い、地域が培ってきた土地性を生かした更新の手法を提示する。

■ 審査講評

横浜市にある子安漁港に土地性を取り戻し、更新しようというプロジェクト。入念に現地をリサーチし、漁港が持つ要素を取り出して再構築していることに感心した。だが、そうやってつくり出された空間自体が魅力的なものになっているのか疑問に感じられたため、選外へ。

解体の創るイエ

111
鈴木 滉一 すずき こういち
神戸大学
工学部 建築学科

近くの家が、ある日解体されてなくなっていた。その時に少しの虚しさを感じたのがこの設計の始まりである。解体と言うとマイナスのイメージを抱きやすいが、ここでは解体するという行為が、変化するための起点となり得ることを提案する。

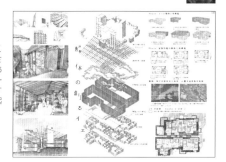

審査講評

建築と解体のプロセスは決して可逆的ではないにもかかわらず、その時間の往復を感傷的にとらえるだけでなく、技術的に相互補完する関係としてとらえようとする試みは興味深い。本提案は、その相互作用を「建設」という時間の流れの中で併用しようとする試みと見ることができる。何かが生成すると何かが消滅する、あるいは、何かが進展すると何かが減少するという、科学の実験のような操作の中で建築をとらえ、郷愁を誘う構造体を題材として1つのプロトタイプを示そうとする点で、審査員たちの高い関心を集めたものの、強く推す声がなく落選。

水辺のpassage
御茶ノ水に奏でる音風景

118
車田 日南子 くるまだ ひなこ
芝浦工業大学
工学部 建築学科

楽器演奏や音楽を趣味とする人々のための居場所の提案。東京、御茶ノ水の街に、一度きり楽器を購入するためだけではない、音楽趣味の人々の拠点をつくる。通りかかった人をも巻き込み、新たな水辺の音風景をつくり出す。

審査講評

音楽を楽しむことができる都市の空間を、駅という都市施設の中に組み込んだ提案。敷地の特異な地形と音響に功を奏する独特な造形を融合させながら、魅力的な空間として形づくろうとする姿勢が興味深い。また、歴史的な背景を踏まえ、魅力的な界隈との機能的な融合を図ろうとする試行錯誤も感じられ、建築の提案として楽しい。その恣意的な造形が、設計のプログラムにおいて、意匠面でどのような効果をもたらしているか、音楽鑑賞のための場として、構造面での発展の可能性を示すことができるかなど、さらなる発展が期待され、補欠で選出。最終の議論で100選に。

環る里山

114
石井 香也子 いしい かやこ
九州大学
工学部 建築学科

地方の小さな街には里山という大きな資源がある。里山を取り囲む自然資源は、そこで暮らす人々によって利用され保たれる。里山における地産地消の循環に寄り添う建築の提案。

審査講評

里山をめぐる天然(自然)と生活、産業との循環について、建築的な提案によって何かしらの方針を示すことができるかという問題は、常に多くの関心を集めている。そしていつも私たちを悩ますのは、建築がその天然環境の中で何かしらの行為(作為)をする場合、どのような環境インパクト(自然環境や生態系を変化させる影響力)を発生させるのか、それが場や環境の生命力、持続力にどのような影響を及ぼすのか、そして、その結果が何をもたらすのか、という自問自答を繰り返すことによるある種のジレンマである。この提案には、その問題を浮き彫りにするに十分な内容と表現があったが、強く推す声がなく落選。その風景が魅力的であったことは特筆しておきたい。

前を向く勇樹
復興プロセス×地域活動の場

120
河本 燿杜 かわもと てると
日本大学
生産工学部 建築工学科

災害復興から地域活動の場へ。復興を早く「終える」ことではなく、被災者の不安を拭い、居場所を残し「続ける」ことを意識している。復興の中で生まれる種を育て、人々が前を向く「勇樹」に変える、願いを込めた提案。

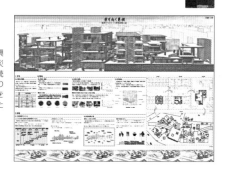

審査講評

建築設計による自然災害への対応という課題については、東日本大震災を契機に、さまざまな模索や検討、検証が行なわれてきたが、その後に生じるであろう多様な自然災害の脅威に対して、さらに綿密かつ柔軟な手法の開発が求められるようになってきている。そのような状況下で、こうした計画に取り組む姿勢に心から敬意を表す。この計画案に込められたいくつもの挑戦が、今後の建築の可能性を拡充するための知見として共有、活用されることを希求したい。しかし、強く推す声がなく落選。

馬搬ぶ暮らし
share horse計画

115
嶋田 千秋 しまだ ちあき
五十嵐 萌乃 いがらし もゆの
田中 陽菜 たなか はるな
早稲田大学
創造理工学部 建築学科

岩手県遠野市は昔から有名な馬産地であり、人々の暮らしと馬とが深く関わっていた。本計画では、現在も残る馬搬技術の継承のために、多様な人々が住まい、馬と関わる場を設計。継承が緩やかに行なわれるような環境を生み出す。

審査講評

遠野は人馬がともに生きる習慣がとても身近にある地域だと言われている。大屋根の下で現代の生活を営みながら、馬を林業などの産業に必要不可欠な動力として使い、動物と共生するということをテーマにした作品である。ほのぼのとしたドローイングから匂い立つ山村の芳ばしさが魅力的な提案であり、予選通過。

三〇二〇、天と地の結ぶ光の詩

122
長谷川 将太郎 はせがわ しょうたろう
千葉大学
工学部 建築学科

千年後、海に沈んだ東京に残されてしまった「持たざる」人々。原始的な幾何学の天蓋を階層的に集合させることで、彼らがそんな悲惨な状況の中でも原理を引き摺りつつ、明日を生きる希望を抱くことができる祈りの空間。

審査講評

千年後に巨大な十字形の建築が存在する風景を、退廃的な描写を徹底して提案したこの作品は、大変力強いメッセージを発している。長い時間を経ても朽ちることのない建築を実現するために採用した幾何学そのものが、人知の及ばない巨大な存在としての造形をもたらしていて、予選通過。建築が見据える(ことすらできない)未来をどのように描写するか。人は建築することが可能なのか。建築が建築であり得るのか。そうした思いが脳内を繰り返し巡る。しかしながら、そのような予言的な言動によって、今ここにある何某(なにがし)かについて是非を確認することや、作者と世界との意思の疎通を可視化することが可能なのかを論じることは難しそうである。

Cultivating Post-suburban Landscape

123
野上 正行 のがみ まさゆき
東京大学
工学部 都市工学科都市計画コース

工業景観を新時代に向け転換するPost-industrial
Landscapeにヒントを得て、郊外景観を新時代に向
け転換するPost-suburban Landscapeの姿を提案
する。

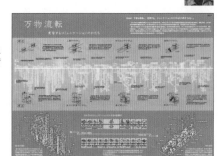

■ 審査講評

戦後の経済成長期を支えたが、コンパクトシティ化に
よって役目を終えつつある市営団地を、ライフスタイ
ルとしての農を通じて再編する計画である。次世代の
郊外に何が求められているのか、それに対してどの程度
のインフラが必要かなど、綿密な分析に基づいたマ
スタープランまではとても良くできていると思った。
しかしそれに対して建築の魅力が追い付いていないた
め選外へ。

100選

万物流転
変容するコミュニケーションのかたち

127
西丸 美愛子 にしまる みあこ
大阪大学
工学部 地球総合工学科

万物は流転し、変容する。コミュニ
ケーションの「かたち」もその例外で
はない。

■ 審査講評

SNS(Social Networking Service)で起きる現象を建築のエレメント(要素)に翻訳し、その大きさ
や強さを建築の構成に表出させ、情報と建築を結び付ける試行錯誤に大変興味を持った。両者の符合
については議論の余地がありそうだが、行為をもとにしたプロトタイプの設計、あるいは仮説の表明
として、説明的になり過ぎずに計画できていたことは評価でき、予選通過。地上面の平面計画はチャー
ミングであるものの、その造形と立面展開との連関は希薄に感じられた。

100選

経験を描く
まちそのものになる

124
亀田 菜央 かめだ なお
大阪大学
工学部 地球総合工学科

建築が環境になるということ。

■ 審査講評

設計者に馴染み深い地域に子供たちの学びの環境を生
み出す試み。街全体に子供たちが「寄る」ことのできる場
を設け、それぞれの場と場の合間に魅力をつくり出し、
こうした地域のための枠組みを象徴する建築を添えることで、
地域全体の、少し大きな世代間交流のネットワークを
実現しようとしている。若い世代の育成の手法が、家
庭や個による局地戦ではなく、群として地域の総力を
挙げた挑戦へと、緩やかにシフトしている世界観に基
づく提案である。予選通過。

加賀屋桟橋

130
釜谷 薫平 かまたに くんぺい
大阪大学
工学部 地球総合工学科

かつて街をつなげていた造船業の遺構から街につなが
る桟橋をかける。そこは、さまざまな人々、建物のマ
テリアル(材料)で構成され、人々にとって街の風景が
「自分ごと」化する。

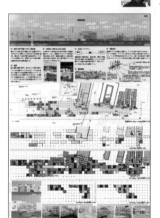

■ 審査講評

防潮堤や工業地帯によって分断された水辺と街をつな
げるための桟橋を架けるプロジェクトである。造船所
のドックの軸線上に建築することで、水位を変化させ
親水性を高めていることには大変好感を持った。桟橋
には敷地周辺の建物に呼応したプログラムが入ってい
るのだが、図面や模型を見てもどのように使われてい
るのかがうまく表現されていなかったため選外へ。

仮真郷
野沢温泉村の息遣いに住まう

126
難波 亮成 なんば りょうせい
東北大学
工学部 建築・社会環境工学科

高度に情報化する現代社会において、あらゆる体験は
自己の中で完結するようになり、他との関わりしろを
なくしている。そのような現象が見られる長野県、野
沢温泉村を舞台に、完結した体験に関わりしろを見出
していく。

■ 審査講評

温泉街は湯屋や宿、商店、寺社仏閣などが有機的につ
ながり、人々を迎え入れるある種の温床のような空間
である。多様なエレメント(要素)を温泉街の施設構成
のための素材として収集し、快適な条件を整えようと
する試みに興味を持った。一方で、それらの「エレメ
ント」たちは、どことなく現代的な建築の要素ばかり
が選りすぐられている。その選抜の視点が最後までこ
の温泉街の個性と符合しなかったことが疑問として残
り、選外に。

余白再編

131
佐々木 主海 ささき かずみ
名古屋大学
工学部 環境土木・建築学科

現在、名古屋市都心部では、その地下に深さ50m、
長さ5kmに及ぶ雨水を処理するための地下調整池の
建設計画が進められている。この計画で生み出される
立坑を都市の新たな余白ととらえ、建築空間として都
市に還元する。

■ 審査講評

都市機能の必然から突如現れる巨大な地下空間は、と
ても魅力的で、その土木構造物としての成り立ちは、
何の装飾がなくとも美しい。それに魅了され、建築と
しての関わりを持ちたいという切望が表明されたよう
な提案。模型やパース(透視図)にもその欲求がにじみ
出ている。土木構築物を思わせるブルータルな(荒々
しい)造形は、構造としてもっている強度がもたらす
美に抗うのか、あるいは馴染もうとするのか、そのど
ちらでもない、新たな美の追求なのか。この提案で挑
むべきところは、それらへの明確な意思表示であろう。
この点について、一層の探求が必要なのではないか、
という評価で選外に。

ほとぼりの流転

132
中上 和哉 なかがみ かずや
関西大学
環境都市工学部　建築学科

自然は緑（植物）、水、熱、さまざまな要素が互いに影響を与えながら循環し続けている。あらゆるものに潜在している自然のエネルギーに、適切な形を与えることでできる空間を考える。本設計では、藍の製造工程に沿った自然の流れから建築化していく。

■ 審査講評

藍染の製作プロセスが、象徴的な木造の構造体を伴いながら、リニア（直線状）に配置されて展開。ものづくりの過程を可視化させながら、快適な作業環境を提案した点が興味深い。プレゼンテーション（提案の説明や表現）も十分にその魅力を伝えていて、補欠として選出。しかし、こうした工芸の作業プロセスにとって、これほど長大な空間で、人や物の移動を前提とした可視化に妥当性があるかどうかが最終議論の中心となり、選外へ。説得力のある言説に遭遇できなかったことは悔やまれる。

現象する地性型
モノの表出による地域圏の作法

133
小林 佳祐 こばやし けいすけ
関西大学
環境都市工学部　建築学科

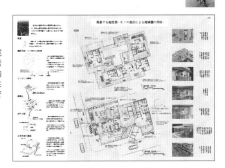

都市圏に暮らす若い社会人は、地域との関わりを得難い状況にいると考える。承認し合う人間関係が地域内で構築され、互いの生活の一部を共有できれば、彼らは心豊かに生活できるのではないだろうか。

■ 審査講評

コンビニエンス・ストアは、日常生活環境において、生産、流通と消費とを結ぶ極めて重要な接点である。何事も支障なく運用されている時には、とても安定的で安堵の拠り所となる存在であるにもかかわらず、一旦、何らかの事情で、生産、流通のどこかに障害が発生すると、途端に機能不全になる脆い存在でもある。それに目を付けて、コンビニエンス・ストアのいくつかの条件を改変し、直接的な生産システムを組み込むことで、個人の生活に持続と継続の可能性を担保させようとする意欲的な提案であることは興味深かったが、強く推す声がなく落選。

輪廻する劇場

135
大高 宗馬 おおたか そうま
関西大学
環境都市工学部　建築学科

シャッターを下ろした建物が並ぶ絶望的な地方都市に、元劇場の集合住宅と劇場が並ぶ風景をつくる。日本一魅力のない茨城県の都市に、地域の強いアイデンティティを創出するとともに、時間の蓄積を感じられる風景を創出する。

■ 審査講評

初見では、ネオクラシカル（新古典主義様式）な建築造形が寄生する形で、劇場空間を浸食するように、人々の生活がその過程の中で、別の秩序を獲得しようと苦悩する建築のように見えた。一旦、その変態が終わると、対をなすように別の劇場が現れるらしい。ボザール[1]風なドローイングも力強く圧倒的だ。もしこの理解が正しければ、なぜ劇場が輪廻転生するのかが、私の大きな関心であった。そこへの言及が読み取れず、選外へ。心残りである。

編註　[1]　ボザール：ボザール様式。19世紀にフランス、パリにある国立美術学校、エコール・デ・ボザールで教えた建築様式。ゴシック様式やルネサンス様式の雰囲気を残しつつ、鉄やガラスなどの近代的な材料を取り入れた。

服飾と建築

136
関 港 せき こう
千葉工業大学
工学部　建築都市環境学科

友人である服飾デザイナーのシーズン撮影に参加した。撮影の終わりに彼のスタジオに行った時、「トワル」を見つけた。それを見て建築の白い模型が頭をよぎり、建築とファッションの交差を思いついた。

■ 審査講評

ファッションと建築との関わりについて、装飾性、構造、造形美、機能などからの言及は大変興味深い。服のスタディ（習作）である「トワル」を白い建築模型と見て、その意味や形、作り方などを参照しつつ、エレガントな提案に展開しようとする試みは大変魅力的だ。密集した都市での佇まいをどのように考えるかについても、コンピュータのプログラミングを使った試行錯誤がおもしろく、100選へ。しかし、残念ながら、この建築の中で、衣服（を作る行為そのもの）と身体性との相関関係が、どうとらえられているかは、どうしても読み切れなかった。何かの機会にぜひ探求してみたいテーマだ。

超狭小住宅群
シェアの時代の所有するすまい

140
石崎 大誠 いしさき だいせい
関東学院大学
建築・環境学部　建築・環境学科

学生でも所有することのできる住宅と、その集合としての住宅地の提案。

■ 審査講評

こうしたシェアを前提とした集合住宅の提案は、これまでに数多くの学生たちが挑戦し、それぞれ新規性や特異性を競い、そして合理性や実現可能性に関する無数の議論や批判を経験してきている。数多の卒業設計展にも多数出展され、ある意味では既視感に包まれた提案である。その中で、本作品独自の発想、あるいは挑戦を見定めるとするならば、群像としての雲のような造形美かもしれない。しかしながら、このような提案を現実に受け入れるためには、さまざまな解決すべき課題も多く、選外に。やはり、学生の夢想としての提案に留めていてはいけない。

まんがインヴァート

143
並木 雅人 なみき まさと
東洋大学
ライフデザイン学部　人間環境デザイン学科

東アジア文化都市として発展を続ける東京の池袋。商業的発展を続ける都市をさらなるものへと昇華するためには、新たな漫画家がそこで生まれるべきだ。池袋発祥の漫画家たちが、反転した2つの建物を介して、それぞれ活躍の場を見出す。

■ 審査講評

マンガをモチーフに問題提起、設計、プレゼンテーション（提案の説明と表現）を一貫して行ない、その表現力、完成度については他者を唸らせるものがあった。建築設計の作法や構法にまで、マンガの構成や物語展開、表現手法などを巧みに取り入れ展開しているところも興味深い。建築の平面計画としてのこうした描法には造形的な魅力も感じる。一方で、その平面計画を特殊な構造で積み上げているため、断面的な展開が抑制されているように見えるのはなぜだろうか。マンガの流儀との整合性がどこにあるのか。その点についても関心があるが、読み取れず落選。

上野公園が死んだ日
上野公園の混沌を表現するための建築

144
福岡 咲紀 ふくおか さき
東北大学
工学部 建築・社会環境工学科

「上野公園は暗黒星雲のようにあり とあらゆるものを、渦の中に巻き込む」。空間的、人的混沌を内包した この場所に、それらがひとまとまり の建築として露呈した時、新たな可 能性を現出させるとともに、さらな る混沌を生むことをめざす。

Re. Perception Base
出会いの群生建築

149
土田 昂滉 つちだ たかひろ
佐賀大学
理工学部 都市工学科

現代建築の空間を構成する単位であ るボックスをチューブへと拡張し、 自由に伸縮、錯綜させることで、空 間同士が出会い、こちらが意図しな いようなアクティビティ(活動)や空 間性を形成する自然物のような建築 を試みる。

トナリノイエ
祖母と描いた設計図

145
山崎 友輔 やまざき ゆうすけ
大阪大学
工学部 地球総合工学科

夕方になると聞こえてくる古びた自転車の音も、しわ くちゃにした制服にアイロンを当てている姿も、今と なってはもう遠い記憶。祖母を想い、祖母と描く、と ある家の改修の設計図。そして、僕からの少し遅めの 恩返し。

SQUATTERS
集合知的建築設計の提案

151
岩崎 正人 いわさき まさと
日本大学
理工学部 建築学科

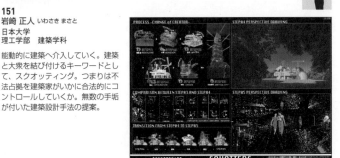

能動的に建築へ介入していく。建築 と大衆を結び付けるキーワードとし て、スクオッティング。つまりは不 法占拠を建築家がいかに合法的にコ ントロールしていくか。無数の手垢 が付いた建築設計手法の提案。

線がつなぐ、虚構と日常。
都橋商店街ビルを中心とした劇場化計画

146
西牧 菜々子 にしまき ななこ
法政大学
デザイン工学部 建築学科

横浜の歴史的建造物である都橋商店街ビル。この建物 に直交する道と、建物に沿って流れる大岡川。都橋商 店街ビルをリノベーション(改修)し、この2本の線型 空間に劇場を設計することによって都市と劇場の新た な関係性を提案する。

Floating Room

162
森口 海生 もりぐち かいおう
千葉工業大学
創造工学部 建築学科

建築から個室を分離し、卵型のカプ セルに納める。個室から解放された 建築は、離散的なリビングと、リビ ングをつなぐダイニングキッチンで 構成される。nLDKの住宅に代わる 新しい住宅のプロトタイプを提案する。

KYOBASHIGAWA Highway-scape
京橋川再生による高架風景の再構築

164
高田 涼平 たかだ りょうへい
東京理科大学
理工学部　建築学科

敷地は東京、京橋。京橋と銀座を分断する高速道路の高架下には、かつて水運インフラとして人々の生活を支えていた京橋川が流れていた。この京橋川を再生することにより、閉じられた高架下とその周辺を再編する。

■ 審査講評

過密都市の中で不意に現れる「すき間」としての高速道路の下部空間に、建築的な施しを行なうという設計は、卒業設計において極めて魅惑的な衝動あり、テーマの1つと言えるだろう。高架という構造体の合理的な美しさに対し、建築空間、特に内部空間をきちんと照合させて充てがうという試みは、とても魅力的な創造行為である。一方で、提案された「建築空間」は、オーソドクス（正統的）な商業建築としての表情が際立ち、選外に。そのオーソドクスな表情を乗り越えて、構造体との空間的な競演を実現できていたら、さらに魅力的な作品になっていたのではないか。

隙間とくぼみ
居場所を提供するオフィス

169
齊藤 眞子 さいとう まこ
昭和女子大学
生活科学部　環境デザイン学科

建物を4種類のキューブ（立方体）で構成し、すき間のある空間をつくる。すき間は人への癒しと多様性を生み出すからだ。敷地は東京都中央区勝どき。合理的なものを是とする東京の象徴的な場所にあえてすき間を置くことで、そこが人の居場所になると考えた。

■ 審査講評

「居場所」をテーマに、近年の開発によるコミュニティのあり方を、この空間から建築へ建築からランドスケープ（地形）へと、多層的に提案。具体的に、この建築を挿入する地として、東京の勝どきを選定している。設定した手法を、忠実に展開しているプロセスは評価でき、選出。しかし、表現に平面的な印象があり、模型で表現される空間についての魅力が伝わりにくかったため、審査員全員での議論で選外に。

三日月形の廃線跡が残る路地まち再編計画

167
岩崎 美侑 いわさき みゆう
近畿大学
建築学部　建築学科

路地スケール（規模）とは異なる鉄道スケールの廃線跡である緑道。物質的な境界はなくなったが、この緑道を隔てて街は分断されている。アール（曲線）の特徴をもつ緑道が、街と人をつなぎ、人の居場所となる新しい千葉県、野田の風景をつくる。

■ 審査講評

弧を描いた、とても特徴的な敷地を選び、人の目線がリニア（直線状）に展開することを意識した空間構成に魅力を感じた。点景としてのスケッチもチャーミングで、移動しながらシークエンシャル（連続的）に空間体験を展開することが、建築全体のおもしろさにつながることを期待させる提案であった。ただし、模型写真などで表現されている「建築」そのものが、少々単調な造形に見えてしまい、とらえようとしていた連続的な空間体験を十分に獲得できていなかったように思えてしまったのが惜しく、選外に。

100選　20選　11選

転置する都市生活
百尺ビル再編による北船場らしい職住一体のあり方の提案

170
金沢 美怜 かなざわ みさと
近畿大学
建築学部　建築学科

古い街区構造が残る大阪市の北船場のオフィス街は、いろいろな時代のものが入り交じり、街路沿いには下町のような活気がある。職住一体の街へと変化しつつある北船場で街のポテンシャル（潜在力）を活かした市民に共通の余暇空間を提案する。

■ 審査講評

大阪の北船場を対象に、昔ながらの町割りなど地域の特色を踏まえて「自由駐輪」に着目し、減築によって生まれた「すき」の利用から人とモノの居場所に再構成していくプロジェクト。リサーチの結果をもとに、空間を提案している。ややロジック（論理）の一貫性を欠いている印象も受け、「自由駐輪」に既存ビルの再編が適切であるかが議論になった。しかし、各々のデザインを含めて、計画自体はていねいに作り込んでおり、100選となった。

陸の桟橋
地理的分脈を現す防災建築

168
岡田 吉史 おかだ よしふみ
千葉工業大学
創造工学部　建築学科

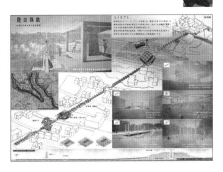

彫刻家ロバート・アーウィンが定義した「敷地を決定づける彫刻」は、敷地の潜在的な環境を反映し明らかにする彫刻であると言える。私はこれを建築に展開し、その土地の地理的分脈を現す防災建築を設計した。

■ 審査講評

東京都世田谷区の地下に埋め込まれた水道道路に着目し、地理的文脈を用いて防災建築を計画。部分的に水道管を見せながら、複数の機能を提案している。ていねいに敷地を読み込み、個々の建築を作り込んでいたものの、過去に作られた水道と現在の使い方、さらには計画と地域との関係がやや不明瞭で、選外に。日常での位置づけは無視できない。プレゼンテーション（提案の説明と表現）には人が描かれていたが、ユーザーの視点を踏まえた提案内容がほしかった。

「間」の再生
渋谷とは異なるまち、神泉

171
川西 絢子 かわにし あやこ
東京大学
工学部　都市工学科都市計画コース

東京の神泉は、地形の谷「間」、都市に必要な余白の空「間」、人の混在や関係を指す世「間」を失ってしまった。この3つの「間」を再生し、神泉を「間」の街に変え、再開発事業が進む渋谷とは異なる「間」のあり方を示す。

■ 審査講評

京王井の頭線の神泉駅周辺を中心に広場的な空間を創出している。周辺のリサーチから提案しており、現実的なプロジェクトとして見た場合には、空間への期待が持てる。しかし、卒業設計として評価すると、3つの「間」の解釈と、提案についてのテーマの一貫性に疑問があり、選外に。いくつかの模型写真があったが、創出した空間（デザイン）がわかりにくく、魅力の見せ方に工夫がほしかった。

寄生されるシブヤの繭
身体体験で開拓する都市の道

172
林 徹 はやし てつ
明治大学
理工学部　建築学科

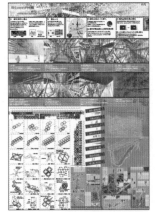

道が楽しい街に魅力を感じる。しかしシブヤ(東京、渋谷)の道は、ただ往来するだけの道に変貌しつつある。工事中の仮囲いの外面に、シブヤで起こるアクティビティ(活動)が、足場としてゲリラ的に現象化していくことで、シブヤがシブヤであり続ける。

■ 審査講評

端的に表現すると、東京の渋谷における、展開可能な立体格子の足場のプロジェクトである。提案しているプロセスや構成について、どの程度の実現の可能性があるのかなど、興味をもった。さらなる興味として、模型があったらどのような解説が聞けたのだろうかなど、期待できる作品であった。足場によってつくられた空間が都市と共有されるプロセスについて、やや不明瞭だった印象で、選外に。

100選

BORDERLESS ARCHITECTURE
国境におけるあそび場の提案

178
小山田 駿志 おやまだ しゅんじ
日本大学
理工学部　海洋建築工学科

近年、自国第一主義の風潮は国家間の関係性を過剰に悪化させているように感じられる。隣国との境目である国境の環境は、現在よりも悪化していく可能性がある。国境建築の設計により、国境は結び目に変わる。

■ 審査講評

世界的に話題になった国境を敷地に、地上部に透過性の高い国境線が、地下にコネクション(接続部)の空間が広がっている。地下空間に多様な要素を重ねすぎているために、空間の力を十分に活用できていない、という印象があった。また、地下に広がる平面計画に必然性がなく、地上の国境に引いたラインとの関係性を感じられない。しかし、卒業設計の着想という点で、注目できる作品として100選となった。

100選　　**20選**

東京暗渠再生

174
中村 美月 なかむら みつき
日本大学
理工学部　海洋建築工学科

東京に数多く存在するかつて「川だった場所」である暗渠(あんきょ)の上に、雨水を運び空気を浄化する環境装置を張り巡らせる。都市発展の負の面を背負わされてきた暗渠は、今、都市を再生し記憶を再生する場として、脈を打ち始める。

■ 審査講評

神田川の支流の1つである和泉川の暗渠を敷地に「景観」「空間」「時間」をキーワードとして、プロジェクトを展開。空気を循環する環境装置を都市に挿入している。ていねいなリサーチの下に提案しており、計画へのプロセスが十分に理解できる。時間軸も踏まえた装置の可能性を追求している印象で、好感の持てる作品だった。議論の対象としての可能性を感じ100選となった。

100選

孤独な散歩者の夢想
ベッドタウン生駒における生産緑地建築

180
石田 大起 いしだ ひろき
近畿大学
建築学部　建築学科

ベッドタウン生駒に相応しい建築家像とは何か。空き地と化した元農地をより多面的な機能を含む場として利活用するための土地復興計画を提案し、自身の芸術的背景の表現と社会的ニーズへの責任感の表明を行なう。

■ 審査講評

奈良県、生駒山の地域再生計画。生活の場として、周辺地域が抱える問題点、特に職の創出に着目し、具体的な用途を備えた空間をランドスケープ(景観計画)的な視点で展開している。モチーフと抽出した問題点の関係、地域の随所に挿入された緑地ユニットの活用方法、最終的な提案として帰着している形態への生成プロセスが伝わりにくかった。しかし、建築や都市が1つの形態を提案し、そこが利用者に安らぎや快適性などを提供する場となることは重要である。本計画がそのきっかけになることを期待して、100選とした。

100選

記憶を用いた建築の転生
紀伊國屋ビルディングを対象として

177
坂上 直子 さかがみ なおこ
工学院大学
建築学部　建築デザイン学科

忘れ去られる記憶や知られていない記憶をもっと人々の身近な存在として引き継ぎながら、建物を魅力的にすることはできないのだろうか。本提案では、東京、新宿に建つ紀伊國屋ビルディングの転生を試行した。

■ 審査講評

東京、新宿の紀伊國屋書店のリノベーション(改修)計画。建築を単純に壊すだけではなく、再生して新たな人々の居場所として使い続ける。ありがちなテーマに見えるが、竣工当時と現在の状況を整理し、見直す機能と、転生プロセスと呼んでいる計画の概要なども含め、ていねいに計画しているところを評価した。最終的な形については好みが分かれるかもしれないが、100選として魅力ある提案である。

JOKE IN THE PARADISE

181
山口 海 やまぐち かい
東京理科大学
工学部第一部　建築学科

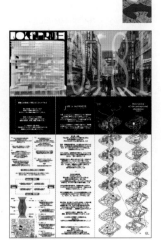

本来は接することのない人間同士が隣り合った時、建築はいかに立ち振る舞うのか。私は東京、新宿の歌舞伎町に刑務所と一般の施設を複合した建築を想像する。再開発が進む歌舞伎町に裏を裏のまま表にする刑務所を提案する。

■ 審査講評

歌舞伎町に、一般人と受刑者の接点としての複合施設を提案するプロジェクト。対象エリアをカオス(混沌)と分析しているが、そこに提案するものが刑務所である必然性について、共感を得られるかどうかが、評価を分けたかもしれない。多様な機能を同一空間に入り組むように提案した計画は理解できたが、実際に創出された空間は、一般人と受刑者がどのように接するのか、どのような生活が生まれるのかなど、もっと相互の関係性を感じられる表現がほしかった。選外へ。

Urbanism
持続可能な仮設建築による能動的建築空間の提案

182
江田 貴史 えだ たかふみ
日本大学
生産工学部 建築工学科

オフィス街に仮設のストラクチャ(構築物)と既存の緑地を介在させることで、人の自然な行動を補完しながら、持続可能で能動的な建築空間を誘発し、新たな出会いや活動を誘発する、本来あるべき都市モデルの提案。

■ 審査講評

東京の八重洲に仮設構築物と緑地を組み合わせて、能動的な都市を提案している。用途地域の規制や、建築のユニット化で危惧される人々の活動の場を、能動的に見つめ直す。魅力ある提案と感じたが、結果として、仮設ストラクチャ(構造物)で再設定していることが能動的な提案なのか、という疑問が残り、選外に。パース(透視図)は能動的な魅力を感じるものの、仮設ストラクチャとの関わりが希薄に思えた。

韜晦する茶源郷

186
村井 諄美 むらい のぞみ
近畿大学
建築学部 建築学科

「韜晦(とうかい)する」とは「自分の本心や才能、地位などを包み隠すこと」である。滋賀県の山中にある、人々が通り過ぎる集落で、ここにある特別な地形に交じり合う建築を辿ることにより、才能ある朝宮茶とこの秘境を味わうことができるのである。

■ 審査講評

京都府と滋賀県の県境「朝宮」にあるお茶の文化を題材に、空間を提案している。国道沿いの地域で得た風景や、人とのつながりから空間が提案されている。プログラムと「展望」として提案された空間とのつながりがわかりにくく、唐突な印象を受けてしまった。「創造」のイメージには魅力を感じたが、「体験」との連動を説明する解説では、その魅力が伝わりにくかったため、選外に。模型を見ることができたなら、空間の連続性が感じられたかもしれない。

付喪空間九十九
フィールドワークによる都市に隠れた空間の採取とその抽象化標本

183
小熊 広樹 こぐま ひろき
東京工科大学
デザイン学部 デザイン学科

日本はさまざまな空間であふれている。そのすべてが、完璧に完成された空間ではない。人知れずさまざまな意味で存在する空間も多い。そんな空間を調査、考察、単純化し、空間の要素を取り出し「足りていなくとも存在する空間」を提案する。

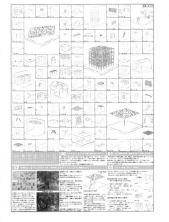

審査講評

付喪神(長い年月を経たものや道具に宿る精霊)をモチーフに、空間に存在するさまざまな要素を抽出し、独自の基準で整理している。分類するプロセスを設定し、要素をていねいに並べ替えた。その過程において優先されるべき要因が、形なのか、効果なのか、それとも機能なのかなど、もう少し整然としてほしかった。さらに見直すことで、精査された「付喪空間」の要素になったのではないか。採取した1つ1つの要素についても、もっと他のパターンがあったように思えるのが残念であり、選外に。

100選

きいろのねどこ

188
西 寛子 にし ひろこ
東京都市大学
工学部 建築学科

建築旅をする「ねどこ」を作った。旅する建築は、土地を持たないからこその出会いがある。都市、田舎、雨、晴れなど、その場所、その日、その時間の一瞬に価値がある。そんな一期一会の出会いのある旅に出てきた。

■ 審査講評

仮設の寝床を作製した軽トラックでの、5日間の旅を通じた体験である。5つの要素を展開したデザインに共感を持てるかどうかは評価が分かれるだろう。また、都市や建築との関連をどう考えるか。結果として、取組みの話題性と問題提起も含めて100選となった。ただし、計画の実行性への検討、安全性(耐火性、耐久性)への配慮が不足していることは否めない。この旅が、危険な行為であったことも知っておいてほしい。

朧げな境界線の波紋

184
宮下 龍之介 みやした りゅうのすけ
日本福祉大学
健康科学部 福祉工学科

愛知県半田市、亀崎の建築の構えは、仲町通りに対して常に開く形態をとってきた。曖昧な境界が、偶発的に空間の共有を誘発し、そこでの行為が共助を生む。新たな建築空間での活動が道に、街に、少しずつ染み出し、波紋となって亀崎の新しい風景をつくる。

■ 審査講評

地域を構成するエレメント(要素)を調査し、それをもとに再構成している。街のリサーチをしっかりとしているが、街を対象に複数のエリアを計画するのであれば、街としてどのような地域にしたいか、などの全体像を提案しても良かったのではないか。各々の敷地に対して計画したモノに、結果として全体をイメージできる共通性が見出せていないのが残念であり、選外に。

還相する土

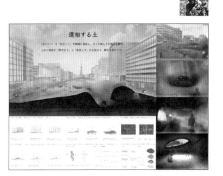

190
熊野 拓郎 くまの たくろう
名古屋大学
工学部 環境土木・建築学科

土が消えていった現代の都市。その無機質な都市空間に、時間を忘れて自然に還る時間はあるだろうか。土という生命の根源を盛ることで、新しい都市空間を提案する。

■ 審査講評

名古屋市の久屋大通に、立体的な空間と公園を提案。「華やかさ」「息苦しさ」に起因する都市の問題を提起し、その解決策を示している。しかし、問題の抽出から形の変容に関わるプロセスには、なかなか共感しにくい。空間の断面計画上の変化と広がりに対して、周囲を直線的な敷地境界線で切り取る平面計画に違和感を覚え、選外に。プロセスについて、もう少していねいな説明がほしかった。

100選

武甲山再神聖
秩父に生まれた新たな三位一体を通して

193
藤川 凌 ふじかわ りょう
杉本 功太 すぎもと こうた
松尾 朋哉 まつお ともや
早稲田大学
創造理工学部　建築学科

埼玉県秩父市の武甲山は神体山にも関わらず、日々ダイナマイトの発破によって石灰石の採掘が進められている。そこで、新たな山の削り方を提案する。

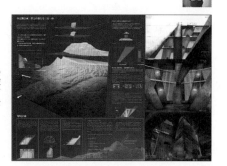

■ 審査講評

採掘により日々かたちを変えていく山と、信仰の象徴的存在としての山という、矛盾する二面性に着目している。空間のポテンシャル（潜在力）とダイナミックな表現が、ある種のインパクトを与える。話題性を期待して100選となったが、建築的な用途として適切なのか、地域にとってどのような意味があるのかなど、具体的にひもといていった時に、この空間であることの必然性が問われるのではないか。

100選

まむし谷の鎖

197
茨木 亮太 いばらき りょうた
慶應義塾大学
理工学部　システムデザイン工学科

神奈川県横浜市の日吉に位置する蝮谷は大学施設で賑わう土地。変哲もなく、今にも風化されそうだが、弥生時代からの有史が存在した。その土地に纏わる言語を拾い集めた、小さく仮設的な「デジタル建築」が蝮谷を貫く歴史の鎖をつなぐ。

■ 審査講評

敷地は横浜市、日吉のまむし谷。モックアップで架構を作製していて、実際に見てみたいと思った力作である。歴史から形をひもとくリサーチを行なっているが、形の生成に至る過程とリサーチ結果の関連性がやや不明瞭で、共感を得にくく選外に。形態に独自性や特異性をもたせる、という視点での検討があってもよかった。

100選

還拓の作法
干拓堤防のリノベーション計画

194
伊藤 謙 いとう けん
愛知工業大学
工学部　建築学科

人間優先の機能を第一とした堤防を、自然環境を生み出すための装置としてリノベーション（改修）し、地域との持続可能な関係を形成する。

■ 審査講評

木曽川、長良川が流れ込む伊勢湾における干拓と堤防のリノベーション（改修）を提案。地域の背景や現状について読み解く過程はていねいに行なっていたため、100選となった。しかし、「40年経過したことで干拓が自然化している」という評価は正しいのか、提案が人間のための機能を第一としていないのか、疑問が残る。個人的な考えはあるだろうが、現状を素直に肯定的にとらえて良いのか、議論の余地を感じた。

100選

Glocal Village
三宅島の火山災害復興住宅における「宇宙建築的進化」の設計思想の展開

200
朝日 智 あさひ さとし
東北大学
工学部　建築・社会環境工学科

「宇宙建築的進化」の設計思想を参照することで、輸送や中央集権化したインフラに依存した現代の建築技術のあり方、そして繰り返される火山災害に対する東京、三宅島の住宅供給のあり方を再考する。

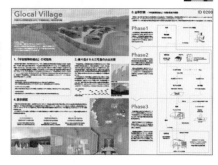

■ 審査講評

三宅島における火山災害復興住宅に関するプロジェクト。コンテナハウスを起点に、火山灰の活用からデザインを展開している。災害後の住宅の供給などに着目し、地域性とプレファブによる流通のバランスを解決しようとしている。問題への意識の高さは評価できるものの、提案した建築群との関わりが希薄な印象を受け、選外に。

100選 ▶ **20選** ▶ **永山賞**

Omote-ura・表裏一体都市
都市分散型宿泊施設を介したウラから始まる「私たちの」再開発計画

195
服部 秀生 はっとり しゅう
愛知工業大学
工学部　建築学科

都市は表と裏を持ち合わせており、その二面性が都市に多様性を与えると同時に、流動的な都市の雑多性や多様性を受容してきた。都市開発により全面オモテ化していく中で、都市ウラから表裏一体の都市風景を描いていく。

■ 審査講評

名古屋市の栄エリアで、空き地などを活用した宿泊施設の提案である。どこを壊して、どこを残すのかについてのロジック（論理）が明確なのかどうかに興味をもった。限られたポートフォリオの情報からの評価ではあるが、地域の調査やその読み解き、デザインへのプロセス、設計など完成度の高さ感じ、100選となった。

100選

その道の先に
農地再生を基軸とした土砂災害発生地域の復興計画

202
加藤 佑規 かとう ゆうき
神奈川大学
工学部　建築学科

愛媛県今治市大三島の1つの集落「井口」。2018年の西日本豪雨により土砂災害が発生し、柑橘畑や温泉施設が被災。私は2019年の夏を大三島で過ごし、島の魅力に心引かれた。本提案は1本の道から島の魅力を取り戻すものである。

■ 審査講評

農地再生を基軸とした復興計画を提案。各建築をていねいにデザインしていて、断面パース（透視図）をはじめとする図面の表現に魅力が感じられ、100選となった。ただし、架構と建築の用途との関係など、つながりの不明瞭な部分があり、詳しい解説があると良かった。

市役所再編計画
土地性を含んだコンバージョンによる市民参加の再考

203
大竹 浩夢 おおたけ ひろむ
愛知工業大学
工学部 建築学科

地域課題は複雑化し、市民ニーズが多様化した現代において、行政と市民の関係の構築は重要である。愛知県長久手市における地域性である「農」を付加することで、原住民と新住民、行政の三者を結び付ける。

■ 審査講評

愛知県長久手市の市役所の再編計画である。行政と市民の関わり、地域の農作地の状況など、変わりゆく地域の問題に思いを馳せた計画であった。既存建築から提案までを緻密に検討し、なぜ庁舎敷地内に農園なのか、現状の建築に対する工夫など、ストレートに表現しているが、根拠が不足していたため、選外に。強い意志を感じさせる作品だっただけに残念である。

伸縮する夜
空間による感覚時間顕在化の一思案

207
片平 有香 かたひら ゆか
東北大学
工学部 建築・社会環境工学科

私たちは、時計に縛られ過ぎているかもしれない。時計以外に私たちはどうやって時間を認識するのだろうか。個人の中に当たり前に存在し、眠る「感覚時間」を私たちに知らしめるための、空間を介した一思案を行なう。

■ 審査講評

タイムフリー・ゾーン（時間に縛られない地域）から、時間の概念に着目した作品である。「時間とは？」という問いに対して、複数の小説から拾い出した時間に関する表現や言葉を紡いで空間をつくっている。複数のロジック（論理）を積み上げて空間を構成するていねいさと、その逆に不自由さを感じる。仙台市を敷地に展開した計画と、積み上げたロジックとに共感できるか、に注目し100選となった。

開かれた地平と生きる
堤防の狭間から

204
山下 耕生 やました こうせい
友光 俊介 ともみつ しゅんすけ
松本 隼 まつもと はやと
早稲田大学
創造理工学部 建築学科

対象敷地は宮城県石巻市十三浜。本計画では、「防波堤を建設しない」選択を取り、高台への住居移転を迫られた人々の暮らしに着目し、土着舞踊である南部神楽と生業である漁業との関わりを集落単位で再編することを試みた。

■ 審査講評

石巻市北上町十三浜、高台移転による海との関わりを再認識することになった地域でのプロジェクト。地域の情景をとらえたていねいなリサーチと、提案された建築と風景の美しさから100選となった。建築的なデザインの必要性については評価が分かれるかもしれないが、ていねいに設計している。造形的な建築の提案と、祭や団欒などの人々のイメージとが少し悲しげに見えてしまうのは、表現の問題か。

大地の更新　act3
閉鎖ゴルフ場跡地の可能性

214
加瀬 航太郎 かせ こうたろう
関東学院大学
建築・環境学部 建築・環境学科

ゴルフ場跡地を再山林化させつつ美術館へ転用する提案。途方もなく続く18のホールとたゆたう建築、それらのわずかな変化に敏感になり、大地の記憶をその身、その地に刻む。広大な大地の百年前から百年後を想像した。

■ 審査講評

栃木県那須町のゴルフ場跡地に、1泊2日で巡る美術館を提案している。ゴルフで18ホールを巡る経年変化で破壊された自然への回帰をめざしていることは理解できるが、プロジェクトとして挿入させる建築の機能と趣旨に矛盾を感じる。機能を付加する時点で、自然に回帰させるプロセスがどうなるのかを検討してほしい。時間的な断片を拾うと美しいが、時系列での連続性に疑問が上がり、選外に。

どぶろくの巡るまち
宅地化地域における農耕儀礼の創造的再編

206
西村 亮太 にしむら りょうた
山口大学
工学部 感性デザイン工学科

名古屋都市圏の宅地拡大により衰退を迎えている長草天神社「どぶろく祭」。この500年以上続く文化を、どぶろく造りと米作りのシステムを変える「移動式酒蔵」と創造的な集会場「組蔵」によって再編する提案。

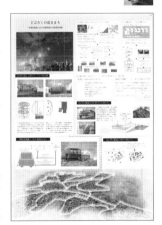

■ 審査講評

愛知県大府市の地域コミュニティのあり方を、祭と結び付けて検討している。リサーチを繰り返して複数の問題を抽出。多くの問題解決に取り組む姿勢は評価されたが、なぜ移動式酒蔵なのか、これは新たな提案なのか伝統なのか、設定した土地で展開するデザイン的操作は地域コミュニティとどのように関連するのかなど、数々の疑問が残り、選外に。設計者の好みに過ぎないのではないか、と感じる。

技工の短冊
播州刃物が結びつける職人技とともにある街の提案

215
黒田 悠馬 くろだ ゆうま
九州工業大学
工学部 建設社会工学科

使用する刃物が作業精度に大きく影響する職人から多くの支持を集める、兵庫県の播州刃物。現在、鍛冶屋は衰退の傾向にあることから、将来、他の職人業にも連鎖的な打撃を与える恐れがある。鍛冶職人の新しいあり方を示す。

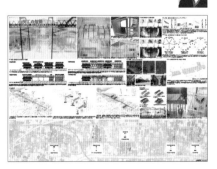

■ 審査講評

兵庫県小野市で播州刃物の鍛冶職人に着目した、街の産業と地域コミュニティの形成についてのプロジェクトである。問題の着眼点とリサーチには非常に興味がもてる。提案されている建築群のスケール（規模）感が、町工場的な人間的スケールに近い提案になっていることなどを評価し、議論の対象として100選とした。関連する職としての刃物だけでなく、鍛冶職人についても、デザインの中にもっと取り込めば良かったのではないか。

八方美人な建築

216
呉羽 玲 くれは れい
大阪大学
工学部 地球総合工学科

そこに家族像が描かれる「家」、家での暮らしの中にある「在」。「在の在」と「不在の在」。「在」を感じ、立ち上がるもの。「知覚の家」と「意識の家」2つの顔をもつ「家」は、そこに暮らす人々に向けて異なる表情を浮かべる。

■ 審査講評

時間と記憶、知覚と意識、そして家族をモチーフに家を設計している。物語のつくり方や、冒頭のイメージに利用した芸術作品など、詩的な感覚は評価できる。しかし、提案した空間が建築として成立しているのかが議論になり、選外に。語られる物語がもう少し空間の成立に呼応していると、冒頭のイメージとつながったかもしれない。

建築錬金論

220
小松 大輝 こまつ だいき
日本大学
工学部 建築学科

現代の建築は、根底でヒューマンスケールを超えている。そのような時、「ヒューマンスケールな理論体系」をもとにすることによって人間に注目するというのはどうだろうか。これはある種の、建築を記述する理論となり得るか。

■ 審査講評

「建築錬金論」という制作者の世界観でプレゼンテーション（提案の説明や表現）が構成されている。物語の展開や解説は独特な表現で、ある種の美しさを感じる。ただし、前提となる問題や、結果として表現された空間、もしくは提案の方向性は、限られた審査時間内で理解できず、選外に。主張したいことがどこにあるかなど、プレゼンテーションには、ある一定の伝達性が必要である。

汽獣域の未来
野良猫がつなげる人と人の暮らし

217
真栄田 裕 まえだ ひろし
琉球大学
工学部 環境建設工学科
建築コース

街が発展することで、野良猫の居場所がなくなってしまった。その野良猫に居場所と役割を与える建築物を作る。建築物が動物を受け止めることで、街は動物も受け止められる懐の深いものになっていく。

■ 審査講評

那覇市の国際通りに隣接する公園で、猫と人の共存や、野良猫がつなげる人と人に着目したプロジェクト。建築を構成する3つの要素の展開は明快で共感がもてる。ただし、猫と人を分けて共存させるという提案は理解できるが、ここまで明確に分けてしまわないと共存できないのか。既存の住宅群の中に猫の道を挿入していくようなシステムもあったのではないか、などの疑問が残り選外に。

巣喰う街の観察日記

221
山田 泰輔 やまだ たいすけ
大阪工業大学
工学部 空間デザイン学科

都市は誰によってつくられるのか。失われゆく小さな営みを顕在化させることによって、この先起こるかもしれない出来事を巣喰う者たちの視点で観察した都市更新物語である。あなたなら、この街にどんな日記を想像しますか。

■ 審査講評

大阪市の梅田で、対象エリアに散らばるさまざまな状況や人々の営みを観察し、現状を把握した上で提案している。仕掛けとして、提案のベースになる現代の街と、変化してゆく次世代の街とを物語として語っている点は興味深い。しかし、変わりゆく時代の人々の営みや空間が、現代のまま展開していくところに疑問が残る。仮に人間の本質が変わらないことを前提としても、2060年の街の構成はどうなのかについては議論があり、選外に。

12%の遍き
制約に偏らない多中心性を帯びる公園建築

219
関 健太 せき けんた
芝浦工業大学
工学部 建築学科

偏るものを遍（あまね）くあるものへ。都市公園内に存在する公園建築の建蔽率12%という上限。制約の中に広く行きわたる、散らばる形式による新たな公園建築は、疎（まば）らで具体的な外部空間とともに新たな都市の顔となる。

■ 審査講評

東京都葛飾区に古くからある住宅地の公園に関するプロジェクト。都市公園法の改正を背景に、計画を表現している。仮設的なデザインにより、自然を尊重する視点、たとえば、樹木のような形態のランダムさを取り込んで、公園の延長線上の空間とするなど、ある一定水準の完成度を感じる。しかし、法を展開していく上でのロジック（論理）と、公園を変質させることに対しての考察の不足などで、選外に。

PLAT HOME

224
福間 新 ふくま あらた
関東学院大学
建築・環境学部 建築・環境学科

駅のプラットフォームを拡張し、鉄道軌道に沿った空間にさまざまな「暮らしの空間」を挿入する。駅構内や駅周辺のエリアに人々の生活の場となる空間を形成し、これらの要素が駅と街をつなぐインターフェース（接点）となる。

■ 審査講評

東京都町田市の小田急線鶴川駅の改修を考えるプロジェクト。市民ワークショップを実施し、駅と線路を挟んだ不整形な敷地で、ていねいに設計したところに好感が持てる。駅空間の新しさや、周辺地域とのつながりをどのように追求できるのかがポイントとなる作品だが、既存の集合住宅と近い印象に留まり、選外に。卒業設計としては、もっと挑戦的な提案があっても良かったかもしれない。

脱法建築解体新書

225
井山 智裕 いやま ともひろ
日本大学
生産工学部　建築工学科

延焼や倒壊などさまざまな危険性を孕む木造建物の密集市街地。現在の法律に適合しない木造建築群に対し、人々の暮らしを守りながら、街の景を継承するべく、新たな解体手法を提案する。

審査講評

東京都墨田区京島を対象としている。木造住宅密集地域（木密地域）として注目されるエリアで、4つの手法から街を再構築していく。防火壁の挿入と解体によって発生した路地空間、ランダムに差し込まれた壁によって創出される空間には、ある種の魅力を感じる。既存の街との関わり方などを議論できる内容があり、100選となった。

都市のかさぶた

232
柴田 桂吾 しばた けいご
名古屋大学
工学部　環境土木・建築学科

商業建築が密集した名古屋市の栄では、建物跡の空間はまるで都市の傷口のようである。既存建物に依存した集合的な増築はこの傷口をやさしく包み、空間的、時間的なつながりをもった更新を可能にする。

審査講評

名古屋市において都市と建築のあり方に着目したプロジェクト。増築と減築をいくつかのphase（段階）に分割して、ていねいに検討しており好感が持てる。しかしながら、その結果としてさらに大きな建築が都市を覆い尽くすような計画が、設計者の意図する「かさぶた」だとすると、もっとやわらかい解決方法があったのではないか、と感じ、選外へ。イメージで表現した空間にたたずむ人が、本当に豊かな空間にいるのか、検討の余地がある。

Human Scape City
農を通じて形成される街コミュニティ再生計画

226
吉村 萌里 よしむら もえり
近畿大学
建築学部　建築学科

都市計画でできた場所は、どこか人の行為を制限しているところがある。世の中にさまざまな人がいるように、空間にも多様な振る舞いが許容されるべきではないか。廃線跡地における空間と行為が対等に共存する場の提案。

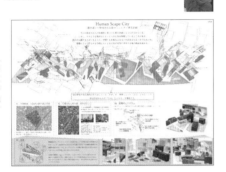

審査講評

大阪市港区、大阪臨港線の廃線跡地を利用したプロジェクト。廃線跡地沿いのファサード（建物正面の立面）を観察するなど、手法には興味を覚える。敷地を利用していくプロセスや話題性に期待して100選となった。ただし、でき上がった空間がボリューム（塊）の操作で終わっている印象なのは残念。もっと人の意識を実感できるようなデザインがあってもよかった。

アメヤ横丁解放区
人のインフラがつくる風景

233
村上 卓也 むらかみ たくや
小濱 まほろ こはま まほろ
吉川 伊織 きっかわ いおり
早稲田大学
創造理工学部　建築学科

JR山手線の環は、一定層の人のみを対象とした均質な都市開発を助長している。一方、かつて高架裏には、あらゆる人々が交流する場が広がっていた。そこで、裏側の風景を1つの建築として立ち上げ、表側の東京に提示する。

審査講評

東京、上野のアメヤ横丁を敷地に計画。設計の精度や実現性などについて意見は分かれるが、計画全体を新しい造形と、それを伝える表現力で上手に見せている。ある意味、力業の表現力で100選となった。JRの線路に沿って展開するこのエリアの特性を維持したまま、空間が広がっていくプロセスは興味深く、次の議論での評価が期待された。

原地形を望む
牡蠣と人間の営みによる渚の再構築

231
中尾 直暉 なかお なおき
今村 亮太 いまむら りょうた
新田 竜 にった りょう
早稲田大学
創造理工学部　建築学科

長崎県の佐世保港はかつて漁村であったが、現在ではすべての海岸線は人工護岸である。造船所のドックを使って牡蠣の養殖を行ない、牡蠣を食べ、牡蠣殻を用いて自然護岸を広げることで、新たな「原地形」を構築する拠点を設計する。

審査講評

造船所の跡地利用と地域との関わりを提案。既存ドックの特異な敷地の形状を利用した計画であり、産業の縮退とその後の土地のあり方に一石を投じている。建築のデザインについては、人間的なスケールに基づいて計画されているが、エリアを広域に考える上では、やや局所的な提案になっている印象があり、選外に。広域を変えていく仕掛けについての考察が不明だった。

奥の住環

234
古川 祥也 ふるかわ さや
立命館大学
理工学部　建築都市デザイン学科

現代日本の鉄道駅を中心とする求心的都市開発に対する批判の意を込めて、かつての線状集落をオマージュした都市空間に再編する。

審査講評

大阪府枚方市、東海道の宿場町であった地の地域プログラムの提案である。宿場町の街道筋に立ち並ぶ建築群を「表と裏」「商と住」など、複数の視点で分析し、その結果をもとに街を再構築。路地的な魅力ある空間を創出している。構成された建築群と地域との関わりについて、もっと周辺に広がっていくような展開や提案があると良かったのではないか、という意見もあり選外に。

都市のヨリシロ
三宮における行為に寄り添う拠り所となる創造の場

235
藤原 比呂 ふじわら ひろ
神戸大学
工学部　建築学科

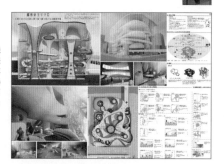

人の行為が多様化している現代、機能的で均質的な都市の建物は、多様化した行為に適応できないのではないか。そこで機能の中でも、人の行為と必要な空間に対する意欲の大きさなどに合わせて空間を構成していく。

■ 審査講評

神戸市の三宮に計画された複合文化施設である。造形的に特異な形状をつなぎ合わせてできた空間の連続的な表現が注目され、100選となった。一見すると、デザインを勝手に造形しているようだが、ボリューム（塊）と構造の空間操作を行なうルールに基づいた形態を構成するシステムに則して、ていねいにつくっている。

FARMLAND REPUBLIC
新規就農者集合住宅

240
岡田 亘生 おかだ こうき
東京都市大学
工学部　建築学科

農地を守るため、都市に潜在的にいる「農業をやりたい人たち」のための集合住宅。農地を個人や家族だけで守るのではなく、街を巻き込み地域で守る。日本の都市と郊外の境界における提案。

■ 審査講評

東京都世田谷区の農家の減少に着目した、新規就農者のためのプロジェクト。活動の拠点と農地を近接させるなど、計画上の工夫を行なっている。やさしい発想に共感をもった。ただし、計画全体を通じて、農業を生業とすることについて作者がどのように考えているのか、に疑問を感じた。都市と農地が近接する意味は何か、都市の就農者が減った理由はこれだけなのか、そもそも、この規模の収穫で提案内容と生活を担保できるかなど、疑問が多く選外へ。さらなるスタディ（検討）がほしい。

針と球
レシプロカルな球型高層建築

237
吉田 壮平 よしだ そうへい
武蔵野大学
工学部　建築デザイン学科

アメリカ合衆国のシカゴ、ニューヨークのマンハッタン、そして東京。都市開発が進む中で、いずこも針のような超高層建築が立ち並ぶ。針は最小の床面積で最大の高さである。球は最小の表面積で最大の体積である。球的な新しい高層建築のタイプを提案する。

■ 審査講評

東京の豊洲貯木場の跡地に、巨大な球体のランドマークを提案している。大胆に構築した巨大構造物の提案には、卒業設計ならではの勢いを感じる。形態的な特殊性や、他の都市にはないプレゼンス（存在）の重要性などは、わからなくもないが、計画された構造物の空間や周辺に及ぼす影響などへの検討も必要。この先のプロセスが成立しないと勢いだけで終わってしまうのではないか、との懸念もあり選外に。この後の展開が期待される。

TOKIWA計画
都市変化の建築化

241
丹羽 達也 にわ たつや
東京大学
工学部　建築学科

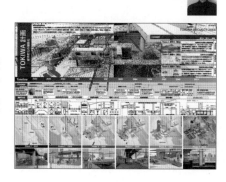

首都高地下化や再開発により今後20年にわたって「工事中」となる常盤橋において、工事プロセスの中で副次的に建築を構築・積層し、都市の「変化」と「活動」の共存を図る。変化し続ける都市の「永久計画」である。

■ 審査講評

東京の首都高速道路（以下、首都高）の常盤橋出入口付近において、時系列に沿って都市と首都高との関わりを提案している。都市、建築、活動の変化について、交通体系を含めたインフラと合わせて検討。そのテーマ性が評価され、100選となった。都市を変容させるプロセスや提案されている形態が美しいのか、など評価は分かれたが、ぜひ議論の対象として、作者や審査員の意見を聞いてみたい作品であった。

サハラの恩恵

238
鷹田 知輝 たかだ ともき
日本大学
理工学部　海洋建築工学科

アフリカのサヘル地方では、深刻化する砂漠化と経済発展についていけない人口爆発により、人々の生活圏が脅かされている。森林を伐採し土地を増やすのではなく、砂漠とともに生きる道を模索する。住居と研究施設の提案。

■ 審査講評

アフリカのサヘル地方のプロジェクト。設計者と敷地の関係が不明だが、現在の日本の環境とは異なる条件下でリサーチし、ていねいにプログラムをつくっている。しかし、さまざまなスタディ（習作）の結果だろうと予想はしたものの、提案されたパターンやダイアグラム（図表）などの実現性や、作者の問題解決予想について疑問を感じ、選外に。

Re: Tale
スポリア的手法による建築更新拠点

242
村中 祥子 むらなか しょうこ
宮嶋 雛衣 みやじま ひない
比護 葵 ひご あおい
早稲田大学
創造理工学部　建築学科

東京都杉並区の寺院が集積する土地に、STOCK、LAB、SHOPの機能を持つ建築更新拠点を計画する。役目を終えた建築からスポリア（古い建物の要素や建材を転用する行為）された部材が転用されるまでのプロセスを通し、建築はポジティブ（肯定的）に解体される。

■ 審査講評

東京都杉並区堀ノ内で、建築がさまざまな要因により、その最初の機能を終える時に、更新する術を提案している。リノベーション（改修）やコンバージョン（用途転換）と異なる手法について興味をもった。しかし、残念ながら、寺の関わりや受け皿の必然性など、設計者の意図を読み取れず、選外に。もっと複数の展開をスタディ（設計）してもよかったのではないか。

光と影の建築
レンブラント美術館設計

244
太田 康平 おおた こうへい
東洋大学
ライフデザイン学部
人間環境デザイン学科

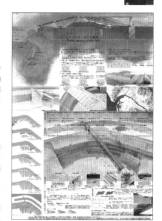

本計画は、建築における光を分析することで、人が普段の生活では気づくことのない光の重要性について理解することを目的とし、光の可能性についても提案したい。そこで今回は光を利用した美術館の設計を提案する。

█ 審査講評

福井県越前市に、画家のレンブラントをモチーフにした美術館を設計する計画である。地域産業の1つである越前和紙を、レンブラントが使っていたという説から、レンブラントの絵画の光と影をイメージして、ていねいに読み解いている。ただし、空間を設定するための拠り所を求め過ぎたのか、直接的に関連しない資料や、絵画的操作に起因しない要素などに頼った設計に疑問が残り、選外に。素直に空間や造形を提案しても良かったのではないか。

メメント・モリの継承
防潮堤に編み込んだ建築の設計

248
水野 結唯 みずの ゆい
張替 依里 はりがえ えり
松坂 峻三朗 まつざか しゅんざぶろう
早稲田大学
創造理工学部　建築学科

3.11東日本大震災の被災地、岩手県釜石市鵜住居では、巨大な防潮堤が身近な海と街を物理的にも心理的にも遠ざけている。防潮堤に建築を編み込むことで海と街をつなぎ、日常的に海に触れながら震災の記憶を継承する場を計画する。

█ 審査講評

津波被害を受けた三陸沿岸に整備された巨大な防潮堤は、各所で、海と人の生活空間との間に大きな乖離を生み出している。この問題が顕在化している鵜住居地区で、巨大な防潮堤へのアンチテーゼ（反論）として、屋根を架けて巨大建築化し、海や記憶との結節点にしようとする試みは興味深い。しかし、内部のアクティビティ（活動）がプレゼンテーション（作品の説明と表現）から読み取れない点や、陸に向けた表情と比較して海とのつながりが希薄な点に不満が残り、落選。地区住民の日常生活の中で、この施設との関わり方をていねいに描けば、作者の思いが伝わったのでは。

【100選】

神社境界の準え

246
児玉 祐樹 こだま ゆうき
名古屋大学
工学部　環境土木・建築学科

愛知県一宮市の真清田神社の塀には商店が入っているが、現在は老朽化し、利用者がいない状況である。この塀を再解釈し、減歩によって失われた旧境内に建つ公共施設と一体的に設計し、神社に神聖さ、活動の場を再構築する。

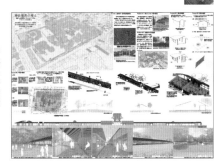

█ 審査講評

真清田神社と街との境界を再編するプロジェクト。歴史的な背景とともに、敷地周辺に形成される商業施設を、状況に応じて強く、弱く、周辺の街とつなげていく操作に共感を覚え、議論の対象として100選となった。単純な境界としてのデザインではない、つないだり隔てたりを繰り返す空間の連続は、地域に根差した神社の新しいあり方をも期待させる。

【100選】

瀬戸内の種護舎
種子銀行を主とした種を保全・継承していく建築の提案

250
白石 尚也 しらいし なおや
九州大学
工学部　建築学科

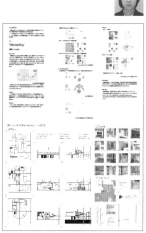

種子法の廃止や人工的な開発により危機に瀕される種（たね）。香川県の豊島に、遺伝的多様性の観点から種の保存と研究を目的とした種子銀行と、瀬戸内の植物や種を展示した美術館の複合施設を提案する。

█ 審査講評

主要農作物種子法の廃止による、地方自治体での農作物研究の必要性と、瀬戸内の海浜植物の危機的な状況。これに対し、種子銀行を中心とした研究展示施設を、耕作放棄が進む瀬戸内の離島に計画するというテーマ設定は説得力を持っている。棚田の形状特性をモチーフとしつつ、変化に富んだ内部空間をつくり出すことに成功している点も評価し、予選通過。塀に囲まれた空間に外部の起伏が入り込むような、鉄骨造の展示空間は外部との連続性が感じられ魅力的であるが、海浜植物の繁茂しているであろう周辺環境との関係をもっとていねいに構築できれば、より環境と一体化した建築となり得たのではないだろうか。

卸売市場2.0
物流拠点から多国籍タウンにおける新たな中間点への更新

247
山内 慶 やまうち けい
京都工芸繊維大学
工芸科学部
設計工学域デザイン経営工学課程

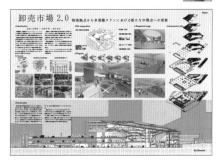

東京の北新宿には多くの外国人労働者がいるが、生活者の彼らと地域の接点はあまりない。そこで、転換期を迎える卸売市場に、両者の共生のきっかけとなるフードホールや集合住宅を組み合わせ、新たな地域の中間点へと更新する。

█ 審査講評

多国籍な人々の住まう新宿区大久保の淀橋市場再整備にあたり、住居機能と、周辺住民が集う「フードホール」を設けることで交流の場とする設定には、現在の場のポテンシャル（潜在力）を活かすことで市場が地域に貢献できる可能性を感じる。しかし一方で、地域で孤立しがちな外国人労働者と住民との交流を積極的に促すには、仕掛ける建築プログラムや空間相互の関係、それをオペレーション（操作）するソフトウエアに、もっと解像度を上げた、ていねいな設えが必要なのではないだろうか、との疑問が残り選外に。

Misreading
「誤読」から生む

251
阿瀬 愛弓 あせ あゆみ
武蔵野美術大学
造形学部　建築学科

建築設計において用いられる手法「図面」に着目し、その誤読の可能性を積極的にとらえる思考実験。ここでは建築家ル・コルビュジエ設計のサヴォア邸を取り上げ、その図面を誤読することで、ピュリスムの絵画的な空間の編纂を試みた。

█ 審査講評

2次元表現である図面の誤読から、3次元表現である空間を再構成する試み。あまりにもよく知られた近代建築のマスターピース（傑作）であるサヴォア邸に、第三角法*1からの誤投影に加え、マニフェストの再現やピュリスム絵画手法を想起させるプロセスなど、好奇心を誘うプレゼンテーション（表現方法）にひかれる作品である。ぜひ詳しく説明を聞きたいと思い、100選へ。本来なら、展示された模型見て、2次元表現と3次元表現との間のミスリーディング（誤読）を楽しみたかったところで、模型なしでの審査ゆえの歯がゆさを感じた作品でもあった。

編註　*1 第三角法：正投影図法の1種で、正面、平面、側面から対象物を表す。

湾岸のEXPRESSION MOVEMENT
創造を可視化し、表現と暮らしを繋ぐ芸術解放拠点

255

徳田 華 とくだはな
山川 冴子 やまかわ さえこ
吉沼 優花 よしぬま ゆうか
早稲田大学
創造理工学部　建築学科

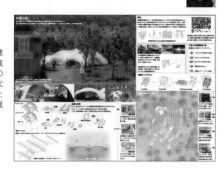

東京の芸術文化の結節点となる月島に、芸術に基づくあらゆる活動の拠点を設計する。作品物流と創作過程の可視化により、芸術が生活に根付かない現状の社会と芸術の親和を図り、日本での芸術の扱われ方を社会全体で考える端緒とする。

審査講評

隅田川河口に架け渡された、橋状の芸術創造空間。芸術が生活に根差していない現状を打開する手段として、その制作プロセスを可視化する装置となる造形が力強く、目を引いた。多様化する芸術表現そのものと、つくり出した空間との関係について、もっと言及されていればより説得力を持ち得た。しかし、東京湾岸という敷地周辺や、美術の置かれている現状についてのリサーチも精緻で、造形力もある。独特の表現力を持つドローイングも魅力的で、100選へ。

時器の森

258

北島 千朔 きたじま ちさき
九州大学
工学部　建築学科

劣化が起こりにくい磁器を用いて建築をつくることで、日本の建築の残し方を再考する。日本の磁器発祥の地である佐賀県の有田町で、一時代を築いた歴史と新たな要素の吸収とによって形成された象徴として、残す建築を提案する。

審査講評

劣化しづらい磁器によってモニュメンタル（記念碑的）な建築を立ち上げる、建築を「残す」ことを試行した作品。使われていない工場において、その外殻でなく磁器を製造するプロセスこそが不変の要素であるととらえ、空間を再構築しているところが興味深い。オブジェとしての形状は大いに魅力的だが、そこに単なる展示や資料の保存だけでなく、形にならない生きたアクティビティ（活動）そのものを持続させ、次世代につなげていくようなプログラムを内包させることができたなら、100選に進めたのではないだろうか。

哲ちゃんのまほろば
行間をよむ美術館

256

上村 理奈 うえむら りな
熊本大学
工学部　建築学科

未だに残るコンクリート壁により閉ざされた療養所と駅の間に、音で構成された「最後のらい詩人」桜井哲夫の世界を創造する。「哲ちゃん」の詩と詩の行間を表現した展示体験により、「まち」と「療養所」の行間をつなぐ。

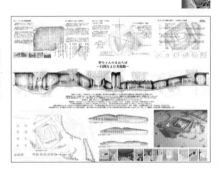

審査講評

ハンセン病回復者の詩人の記念館を、その歴史との関係が深い敷地に計画し、来訪者にコンクリートにより閉ざされた診療所と、街との行間を埋める体験を促すことを提案した作品。視覚や触覚を失い、音だけで構成された作家の知覚を空間として再現すべく、音の聞こえ方や、感覚を研ぎ澄ます体験を主とした空間となっている点が興味深い。ドローイングには空間体験のシークエンス（連続性）や、その場をつくり出す内部空間の素材と形状がていねいに描かれ、追体験を促す独特の世界観が構築されていることを評価し、補欠で選出。予選審査員全員での議論を経て100選に。

渓風の址

259

山本 和貴 やまもと かずたか
名古屋大学
工学部　環境土木・建築学科

愛知県春日井市、渓谷右岸の急斜地に位置する、JR定光寺駅。崩壊の危険性がある急斜面地において、土地を支えるためのインフラと老朽化した駅の再整備を一体的に提案する。

審査講評

災害が多発する近年の状況を見るにつけ、景勝地であることとリスクとが表裏一体であることを思い知らされる。本作品の問題意識はおそらくそこにあり、防災インフラとなる土木構築物に付属する豊かな遊歩道空間を提案するという発想は評価に値する。地域や流域の利用者を災害から守るという本来の目的や、杭の長さや軸力が、敷地の地質に対して適切であるかどうか、という工学的な裏付けに対する言及もあると説得力を持ち得たのではないだろうか。選外へ。

アクアハウス
音楽からの知覚変換による建築

257

宮内 さくら みやうち さくら
千葉工業大学
創造工学部　建築学科

現代の人々は常に時間に追われている。特に時間の流れが早いオフィス街に対し、時間軸を歪ませるための建築を計画した。時間軸の設計において、音楽という時間芸術から空間芸術である建築への知覚変換に挑戦した。

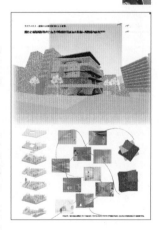

審査講評

音楽から知覚への変換によって空間を作り出すという、ともすれば感覚的でとらえどころのない問いに対し、作曲家、武満徹の図系譜をもとに、楽曲効果と形態の分析を経て建築形態への変換を行なうことで、豊穣な空間体験をつくり出すことに挑んでいる。そのプロセスを評価し、補欠で選出した。しかし、最終議論の中で選外に。敷地を窮屈で画一的な空間体験が繰り返される代表的な場であるオフィス街の一街区に設定し、ある種の癒しの場として計画されているが、個々の空間が魅力的なだけに、たとえば、敷地の輪郭や階高の設定など、もっと大らかに構築したほうが、提案の魅力が伝わりやすかったのではないだろうか。

Re: Plant
葦の干潟がつなぐ工場と暮らし

260

青木 美沙 あおき みさ
明治大学
理工学部　建築学科

失われた葦の干潟の再生と、縮小していく工場地帯の再編を一体的に行なうことで、都市のエッジ（周縁）となった神奈川県川崎市の多摩川河口に新たな水際公共空間を創造する。

審査講評

多摩川河口のブラウンフィールド*1利活用と、環境再生のための公共空間の提案。桟橋状の構造物と、葦による干潟再生の景観は、多少既視感はあるものの、きっとこの場にふさわしい、美しいものとなるであろう。都市のエッジ（周縁部）であるこの場所と、周辺の街との関係のつくり方や、内包しているアクティビティ（活動）のバリエーションについて、もう少し踏み込んで提案されていればと思うところはある。しかし、プレゼンテーション（表現）の美しさも評価し、100選に選出。

編註　*1 ブラウンフィールド：土壌や地下水の汚染など、何らかの原因で開発が進まない土地。

The Warka Village

261
川原田 健人 かわはらだ けんと
東京電機大学
未来科学部　建築学科

ガーナのアベテニムでは、貯水槽がなく、人々は汚れた水で生活しているのが現状である。本提案では、この集落の水不足を改善し、ビオトープ化により生態系を保全することで、砂漠化による問題を解決する建築を計画する。

■ 審査講評

ガーナのアベテニムという農村地帯を敷地とした、安全な水を供給するためのウォーター・インフラ(上下水道)を一体化した住居ユニットの提案である。水資源に対する視点や、自然由来のセルロース・ナノ・ファイバー*1の使用などといったリサーチがていねいに行なわれており、実現すれば意義深いプロジェクトになるであろう。一方で、このインフラ一体型住居が集まってできる集落の形成に際しては、もっと詳細な地域の文化や集落形成についての分析があってもよかったのではないだろうか。選外へ。

編註 ＊1 セルロース・ナノ・ファイバー:植物バイオマスから製造される、天然由来の繊維。鋼鉄の約1/5の軽さで、5倍の強度がある。

地形ビルヂング
ペンシルビルの連結による地形の創出

264
恒川 紘和 つねかわ ひろかず
東京理科大学
工学部第一部　建築学科

中小ビルのスケルトン(躯体)に着目し、老朽化したら建て替えるというスクラップ・アンド・ビルドによる開発の手法ではなく、既存の躯体を連結するストラクチャ(構築物)を構想。スクラップ・アンド・ビルドされる東京に対して、新たな都市の更新の手法を提案する。

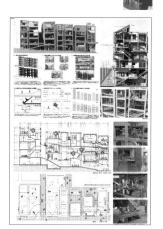

■ 審査講評

地形の複雑な、東京の神楽坂に林立するペンシルビルの建築躯体そのものを地形ととらえ、スクラップ・アンド・ビルドではない都市更新の手段を考えた作品。神楽坂という、現状ではどちらかというと閉鎖的な空間印象を持つ街並みに対し、アジア的な視線の抜けが連続する空間を提示することに意義を突かれるが、その潔さに心地よさを覚える。これも他の屋上利用の提案(ID262)と同様、土地所有区分や構造についての難しさはあるが、高密度な都市空間が、今後、人口減少などにより低密度化していく未来の姿として魅力的に映り、100選に選出。

都市の稜に漂う

262
森 祐樹 もり ゆうき
慶應義塾大学
理工学部　システムデザイン工学科

資本主義的な開発により高層化するビル群は、高さの制限と闘いながら上空に荒涼な微地形を形成している。雑多な屋上空間を地形としてとらえ、上空にビルにまたがる水平面を設置することにより、都市の空に新しい活動の場を生む。

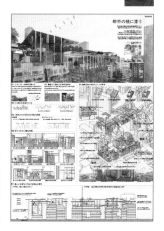

■ 審査講評

都市の屋上活用には大きな可能性があるが、その中でもこの案は、スカイライン(空を背景とした都市の輪郭線)を大きな地形ととらえ、敷地を横断する大きな水平面を架け渡して、その上下に多様な空間を生み出そうとしている大胆さが目を引く。実際には不動産所有の複雑さや、構造的な問題が多々あるとは思うが、こうした街の構造的変革によって、不動産や地域の価値を上げる可能性は十分にあるのではないだろうか。生み出される空間のおもしろさに加え、こうした可能性も評価し、100選に選出。

「ひとり」
居合わせた人々の関係性に着目した滞留空間による都市のリノベーション

267
山本 祥平 やまもと しょうへい
東京理科大学
理工学部　建築学科

人々の拠り所となる都市空間に潜む「隙」との対話、そして、そこに居合わせた人々の関係性を深掘りすることで、「ひとり」でも居心地よく長居できる滞留空間を生み出し、都市をリノベーション(改修)していく。

■ 審査講評

都市の中で、1人で時間を過ごす場所を見出すことは意外と難しい。東京の池袋にある、ごくありきたりな雑居ビルに、1人で過ごすための居場所を設けるという本提案は、経済原理の外にあるニーズが顕在化されたものとして興味深いが、そこでの空間体験の質が均質に見えてしまう点が惜しまれる。密集した都市空間の中だからこそ、距離感や関係性のつくり方が重要である。1人で過ごすからこそ、都市の研ぎ澄まされた知覚に寄り添い、提案する空間の設えをもっとていねいに、解像度を上げて作り込むことができれば、説得力を持ち得たと思う。落選。

Memorial to Sublimation
気嵐に下りる海猫の翼

263
田邊 翼 たなべ つばさ
明星大学
理工学部　総合理工学科

東日本大震災後の復興から9年を経た宮城県気仙沼市に、死者と生者が対話する空間を提案する。現代における新しい祈りの場を設計し、閉ざされた人の心が自然や建築とともに海に向かって開かれていく。

■ 審査講評

気仙沼の海を見下ろす高台に計画された、東日本大震災による死者との対話のための祈りの場。震災から9年が経ち、記憶が薄れつつある中で、死者との対話を促す空間について熟考したことは意義深い。一方で、敷地の選定プロセスや物故者との対話を必要とする人々についての思索など、計画にとって重要であると思われる事項への言及が読み取れなかった。構造体としては美しいのだが、モニュメンタル(記念碑的)で直喩的な形状だけが目立ってしまい、選外に。作家の恣意的な造形が提案の目的のように映ってしまう点が惜しまれる。

たゆたふ
生命の在り方を基に、これからの建築を考える

268
中村 翔太 なかむら しょうた
大阪工業大学
工学部　空間デザイン学科

生命の「動的平衡」「相補的関係」という特徴から、揺れ動き、残り続ける建築を考える。

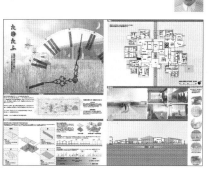

■ 審査講評

農作業を軸とした共同体が暮らす、自然環境に開かれた場の提案。床や柱、壁などの小さいスケール(規模)の要素が集まり、細胞が代謝するかのように変化していくという世界観には、作者の思いである建築の持続可能性を感じる。一方で、ここで生活をする人々の姿そのものが、プレゼンテーション(提案の説明と表現)から見えにくいため、選外に。建築と併せて、自然と共存する共同体の生活の持続可能性や、そうしたライフスタイルと建築との関係にも言及できていれば、新しい建築の未来像を描けたのではないだろうか。

meguriaum
meguriau + museum ものと人が新たに巡り会う場所

275
平野 哲也 ひらの てつや
愛知淑徳大学
創造表現学部 創造表現学科

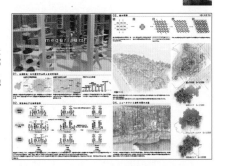

名古屋市に収蔵庫を中心とする新たな博物館を提案する。収蔵庫を来館者に開放し、年月を経て変化する、商業施設などさまざまな機能を内包する新たな博物館の形をめざした。

■ 審査講評

ニュータウンに計画する商業施設で、人口の減少に伴ってモノの集積が博物館化していき、それらは資本主義の廃墟としての美しさを纏うという、シニカル(皮肉的)な批評性を孕んだ計画。ドローイングは、ニュータウンや資本主義社会という存在の刹那性を想起させるのに十分な説得力を持つ。一方、ミクロな視点では多様性のあるモノが特徴付けるおもしろい場になりそうだが、マクロな視点で見ると、(地形との関係である程度の変化は生まれそうだが)比較的、均質な空間が連続する景観となってしまうのではないだろうか。設えや、その配置ルールに、多様な空間体験を生み出すアイディアがほしかった。選外へ。

都市と森の狭間

281
牛尾 翔太 うしお しょうた
東京大学
工学部 建築学科

都市と地方、木材生産と消費の乖離に対し、山裾の製材所を市民に開き、モノづくりを通して市民が山と関わる入口となる場をつくる。また、材木の成長サイクル60年と対応して、建物が更新されていく様子を描く。

■ 審査講評

近畿地方の里山に計画された、製材やものづくりを通じて里山と都市とをつなぐ施設。製材のプロセスの詳細な分析や、地産地消のための製材プロセスの開放、多拠点居住の拠点としての機能など、現在の林業の現状に対する適切な提案である点を評価し、選出した。しかし、最終議論の中で選外に。木材の乾燥過程に見られる、斜めに材が立てかけられた様子から引用した三角形断面の空間が、建築全体のデザイン・コードとして貫かれ、直線上に展開する製材プロセスと合わせて印象的な外観となっている。だが、この断面モジュール(基準寸法)は、製材の、特に初期段階においては些か窮屈。求められる個々の空間に応じた、もっと多様な展開の可能性もあったのではないだろうか。

イシからカメレオンへ
場所性に根差した定住しない暮らし

278
澁谷 侑里子 しぶや ゆりこ
前橋工科大学
工学部 建築学科

心地よいとは思えない環境で暮らさなければならない人もいる。さまざまな開き方をできる機能が備わっていて、誰でもどこでも外部との距離を自由に調節しながら暮らせる住宅を設計した。これは未来の暮らし方の提案である。

■ 審査講評

移動可能なタイニー・ハウス(小さな家)で渡り鳥のように暮らす生活スタイルへの提案。さまざまな場所へのインスタレーションの様子をカタログ的に並べたパネルや、外壁を変形することにより室内の形状や外部環境との関係が変化する仕組みは、実際にここに住んでみたいという好奇心を呼び起こすのに十分である。しかし、その仕組みを裏付けるユニット本体については、頻繁な移動に耐える構造や可動壁のギミック(仕掛け)への信頼性などに、心許ない印象を受け、選外に。このスケール(規模)の提案であれば、より解像度を上げて(詳細に)検討できていると説得力を持ったのではないだろうか。

街に溶け込む映画館

282
澤田 留名 さわだ るな
名城大学
理工学部 建築学科

商店街の空白部分に、多種多様な映画館や、それに関連する施設を展開していく計画。街並みと商店街の複雑なシステムに溶け込んでいくこの映画館は、街の記憶を未来につなげながら、全世代が楽しめる一大拠点となる。

■ 審査講評

シャッター商店街と化した、愛知県多治見市の中心市街地の空きスペースに、映画鑑賞のための場を点在させ、街の記憶を呼び起こし、人と人との関係を誘発する提案。仕掛ける空きスペースについて、リサーチの過程で周囲の色彩や素材を分析し、それをもとに提案を組み立て、非日常的な活動の場を街に溶け込ませる工夫をした点が特徴的で、補欠で選出。しかし、最終議論の中で選外に。ここまで詳細な街の調査を進めているのであれば、ここにいる人々の顔もある程度見えていたのではないだろうか。地域の人々の姿や運営方法についての言及があれば、よりリアリティが増した。こうした提案は、まずできるところから実験してみると、それを契機に実現に向けて動き出す可能性もあり、今後に期待したいところである。

暮らすを身軽に

279
竹中 遼成 たけなか りょうせい
高橋 秀介 たかはし しゅうすけ
須栗 諒 すぐり りょう
早稲田大学
創造理工学部 建築学科

人々の「身軽な活動」を自然に許容してきた東京の下北沢を舞台として、現代的な暮らし方を支援する新たな生活インフラストラクチャを構想する。個人は私物を放棄してトランクルームに収納し、必要なものを街全体で共有する。

■ 審査講評

下北沢の街全体に私物を収納する機能を分散させ、街全体を住民でシェアして使用可能なものとする提案。街を「使う」という行為を積極的に仕掛けるための小さな個人用の専有スペースは、今の下北沢に人々が引きつけられる要素を見事に空間化していると言えるだろう。「シェア・コミュニティ」でできた街の提案は、再開発によって「どこにでもある街」に成り下がってしまいかねない瀬戸際にある下北沢の魅力を顕在化させる仕掛けとして魅力的であり、100選に選出。

旧伽藍線再興計画
東大寺・次なる千年に向けて

283
加藤 駿一 かとう しゅんいち
名城大学
理工学部 建築学科

寺院の伽藍境界線とは、築地塀による精神的境界である。時間とともに失われてしまった伽藍線を柱によって再興する。列柱は歴史を顕在化し、時間とともに物質としての強度を増すことで、仏教観を次の千年につなぐ。

■ 審査講評

かつて広大な伽藍を誇った東大寺の伽藍線(敷地境界線)を、現在の市街地に柱として顕在化させ、それらをきっかけにさまざまなプログラムを誘発させる提案。奈良という古都のもつ歴史の深さを描き出そうという試みの、スケールの大きさを評価して100選に選出。伽藍線の変化の歴史に応じたさまざまな形状や、素材の列柱が立ち並ぶ風景は、現在の都市にオーバーレイ(重ね合わ)されることで、固有の景観を生み出す可能性があるだろう。時には民家の屋根を突き抜けるような配置も痛快で、「機能なし」を主題としていることは十分に理解できるが、日常の都市生活の中でも、人々と自然なかたちで何らかの関係を持ち得る絵が描けたら、よりリアリティが増したのではないだろうか。

無形式の市井

284
武部 大夢 たけべ ひろむ
小山工業高等専門学校
建築学科

プレファブ住宅は合理的ではあるが、形式じみた画一的なものとなっている。複数のプレファブ住宅メーカーの構法を合理的な状態のまま分解し、再度結合し直すことで、そこに無形式の住宅が浮かび上がる。

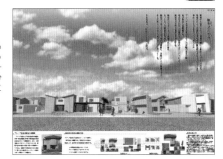

■ 審査講評

ハウスメーカーによる、規格化されたプレファブ住宅。これら合理性によって構築された住宅を解体、再構築することで、その狭間に生み出された非合理性を価値化する試みである。それぞれの規格間に生じるズレを積極的に空間化している点が興味深く、100選に選出した。規格品のコラージュにより生み出された形状のおもしろさは認めるが、こうした構法の合理性は、それを構成する部材断面や、それらの接合方法といった細部にも宿っているはずである。こうした点まで検討が及んでいれば、今後、余剰が想定される住宅ストックを部品レベルで再活用するという、新たなリノベーション（改修）手法の提案となり得たのではないだろうか。

輪廻の路、再生の渦

287
山田 将太郎 やまだ しょうたろう
東京理科大学
工学部第一部 建築学科

焼き物の街、愛知県瀬戸市。この街にあるかつての採掘場の埋め立て地に、椿を用いた樹木葬墓苑と窯業体験施設のコンプレックス（複合施設）を提案する。死者と椿と焼き物を巡るサイクルが墓苑を街に開き、荒廃した土地を色づける。

■ 審査講評

衰退しつつある焼き物産業と墓の維持管理問題を重ねて考え、かつての採掘場に公園のような墓苑を提案した。煙突のような納骨堂を中心にウイングのように対になっている焼き物工房と火葬場が、焼くつながりで機能的に連携されているところがシュール。形態としては凡庸で評価しないが、いずれも街にとって深刻な問題であるし、焼き物に使われる椿の樹木葬としてサイクルを生み出すなどおもしろい目の付けどころが評価され、選出されたが、最終の議論の中で選外に。

農村民をつなぐ肢
ベトナム チュエンミー社 ゴ村の再構築

285
杉山 翔太 すぎやま しょうた
信州大学
工学部 建築学科

近年見受けられる農村同士が連携をとる政策に対して、リスクを孕む農村ネットワークの構造をネットワーク理論を参考に明らかにし、そのネットワークを「多肢化」によってアップデート（更新）する手法を提示する。

■ 審査講評

現地での調査で見えてきた、地域の共同体の希薄化という問題点に着目し、ヴェトナムの小さな村に伝統工芸製作を軸とした交流のための場を提案。詳細なリサーチに基づいた提案は、日本でもある時期に急速に失われた農村共同体の再生の提案としても興味深く、100選に選出。コミュニティのデザインについてはとてもわかりやすいプレゼンテーション（提案の説明と表現）となっているのだが、建築として、何が既存のもので、何を活用して、新たに仕掛けた要素が何なのかがもう少しわかりやすいと、案の骨子がもっとよく伝わったのではないだろうか。

塔がいざなう劇場都市
移動することで変化する景観

289
中岡 瑞貴 なかおか みずき
武庫川女子大学
生活環境学部 建築学科

イタリア北部の山岳を舞台とする、劇場を中心とした中世の街。塔をランドマークとし、広場や街路などを織り交ぜながら、劇場までのアプローチ空間を提案する。現代建築では表現し難い、絵になる風景である。

■ 審査講評

イタリアを舞台とした架空の山岳都市。劇場を中心とした街のアプローチ空間を設計したとあるが、街全体が何のためにどのようにできているのか不明。城塞都市というものは、歴史やその形成プロセスが大事であるが、景観しか考えていないため、ただのファンタジーに見える。この手法で新しい空間ができているのであれば評価できるが、それも見出せず落選。既存の街のほうが、歴史的な積み重ねや偶然的な突然変異もあり、よほどおもしろいという厳しい意見も。

都市の賦活
秋田市泉地区における健康の基盤づくり

286
工藤 徹 くどう とおる
秋田県立大学
システム科学技術学部
建築環境システム学科

「健康」へのニーズの高まりを背景とし、2025年の秋田市泉地区を舞台に、泉地区独自の健康拠点施設とまちづくりを提案する。

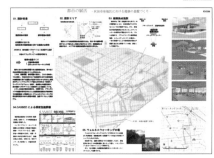

■ 審査講評

秋田市の新駅における健康拠点施設の提案。施設の必要性には共感するが、プログラムの設定や建築設計そのものが、通常の課題設計の域を出ず、ほとんど話題にならず、落選。どういう圏域でこの施設を設定したらよいか、周辺敷地の現状あるいは将来像はどうなっていくのか、ひいては、こうした施設のあり方によって地域全体がどのように変わり得るのか。卒業設計としてやれることはまだまだあるはず。

葡萄畑のある暮らし
耕作を媒介とした新たな公共の提案

291
大久保 尚人 おおくぼ なおと
芝浦工業大学
工学部 建築学科

人口減少の影響により地方の公共の骨格が崩壊し始めた。これからの地方において本当に必要な公共とは何か。既存の公共施設を、耕作を媒介とした新たな公共へ転換することで、人々の営みに寄り添う建築を提案する。

■ 審査講評

山梨の葡萄畑に6次産業化のための集落全体のネットワークを描きながら、市場、ワイナリー／移住者促進施設、福祉の家、を3つの異なる敷地に展開。版築*1と思われる構法を共通としながらも、それぞれ建築的に特徴が異なるところが魅力的だが、大きく異なる屋根や、それぞれの形態についてはほとんど説明のないのが残念。周辺環境も含めて建築を見られる敷地模型があると効果的だ。全体的にていねいに検討されている点が評価され、予選を通過。

編註 ＊1 版築：本書86ページ編註1参照。

繋がりを知覚する

293
山田 義人 やまだ よしと
立命館大学
理工学部 建築都市デザイン学科

かつて滋賀県において琵琶湖は、水の集積地であり、豊かな生態系の中心だった。現代の水の集積地である下水処理場を中心に、近代化によって見えなくなり、絶たれてしまったつながりを可視化する。

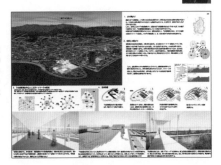

■ 審査講評

琵琶湖湖畔にある既存の下水処理場と公園を再構成。かつての水田と内湖を経た浄化プロセスを参照し、パブリックに開かれた処理場をめざした。テーマは興味深いが、風景の提案が中心で、処理場としての合理性や、どのように運用されるのかといったディテール（詳細の設計）がなく、人のいない公共施設になりそうということで落選。むしろ排水のプロセスでどういうものが発生して、それをどう活用するかといった点を、物流を含めて具体的に示してほしかった。

100選

TOKYO2020 2.0
祭典の排他的領域、あるいは複層化する潜在的規制線

302
根本 敏史 ねもと さとし
明治大学
理工学部 建築学科

東京五輪は大量のブラックボックスを生成する。チケットを持たない一市民は、ただ一方的に日常を阻害されてしまう。五輪開催時に形成される境界の空間化により、会場と周縁の新たな関係性を創造する。

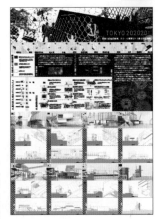

■ 審査講評

オリンピックによる空間規制をテーマに、首都圏にある13会場の境界を顕在化させた。周辺のプログラムを引き受けながら、人々の誘導に使われる手すりや階段、屋根といった凡庸な要素の組合せでできた空間は、テーマに対して小さ過ぎるが、むしろ各々の場で発生する小さな反応がネットワークを形成し、インフラ化するという構想はおもしろい。表現の力もあり予選を通過したが、オリンピックというスケールにどう応えるかをもっと示してほしい。

100選

福島をこえて

299
歌川 喜子 うたがわ きこ
千葉工業大学
創造工学部 建築学科

天皇即位や東京オリンピック・パラリンピック、大阪万博など、時代が進むにつれて他の華やかな催事に人々の記憶が上書きされている。3.11東日本大震災を忘れようとしている空気を感じている。このまま、その惨事を忘れていいのだろうか。

■ 審査講評

福島第二原発の原子炉をモニュメント化した、海上に浮かぶ移動式劇場。設計としては、福島第二原発を原寸大で再現し、劇場、展示、資料保管の機能を与えただけだが、意図がわかりやすく、アートとしてはおもしろいという評価で予選通過。表現力があり、見た目の異様に美しい原発が内臓を晒して、いろいろな都市に出かけていく風景は印象的。移動するが故に、1辺46mの立方体という原子炉のスケール感が相対的に感じられるところも良い。

100選

塔は旧来の作法にのっとる

303
加藤 大基 かとう だいき
東京工芸大学
工学部 建築学科

津波避難タワーと自治公民館を複合した、新たなタワー建築を提案する。場所は静岡県牧之原市に位置する静波地区。塔（タワー）は街の作法（行事や歴史）に則り、それぞれ再考される。

■ 審査講評

津波避難タワーと自治公民館を融合した建築を提案。5つの敷地にそれぞれ特徴を持たせたタワー建築は、既存施設のていねいな調査をもとに設計されており、ある程度の説得力があると認められ予選通過。6層ほどあるタワーの眺望を活かして、花火や初日の出を望む場所など、主に四季の祭にまつわる利用を考えた設計となっているが、自治公民館ということであれば、より日常的な利用も重ねて考えるとよいのでは。

湊川 LANDSCAPE CINEMA
都市空間と融合する映画体験の場

301
檀野 航 だんの こう
神戸大学
工学部 建築学科

知らない世界や新しい価値観を体験する映画と、生活の中では関わることのない人の人生の片鱗を垣間見ることのできる都市公園。出会いや共有といった共通項のあるこれらを融合させ、新しい映画体験を創出する。

■ 審査講評

神戸市の新開地にある湊川公園を敷地に、新たな映画体験の場を展開。あまり図面がなく、空間がどのようになっているのかが理解できない。完全には閉じられていない上映場を公園の中にちりばめ、公園という場と映画の交錯を狙っているようだ。しかし、なぜこの敷地で、なぜ映画なのか、といった最初の設定そのものが練られておらず、全体的に不十分な印象で落選。新たな映画体験とはどのようなものなのか、もっと突き詰めて考える必要がある。

風景の転写
名山横丁における木密長屋の新しい更新

304
森下 彩 もりした さい
熊本大学
工学部 建築学科

木密（木造住宅密集地域）長屋の更新。街に愛された風景の骨格をトレース（複写）し、木密の縛りから解放された、自由で新しい空間をめざす。豊かな芸術と文化に恵まれた鹿児島市に、街のプラットフォームとなるような文化交流施設の提案。

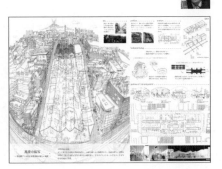

■ 審査講評

木造住宅密集地域（木密）の長屋の建替え計画。転写という手がかりはおもしろそうで、長屋と路地の平面的な関係を反転させたという、密度高く描き込まれた平面図は、一見、魅力的だ。しかし、連続切妻の大屋根の下に細長い空間が並ぶ断面計画や模型は構造が怪しく、その脆弱さに説得力が感じられず、あまり話題になることなく落選。風景を単に空間的に写し取るだけではなく、その風景を成立させている背景に迫り、その内面を転写することもできたのでは。

妻籠舎
木造小学校校舎の意匠を活かす廃校舎の改修

306
糸岡 未来 いとおか みき
信州大学
工学部 建築学科

廃校舎の活用は喫緊の課題である。中でも木造校舎は多くの人が懐かしいイメージを共有することができ、地域で愛着を持たれていることが多い。そこで木造校舎らしさを活かすことにより、地域内外の人に有効な施設を提案する。

■ 審査講評

長野県にある木造小学校のリノベーション(改修)。非常にていねいに調査と提案をしており、ドローイングも密度が高く、おもしろい。卒業設計でよくあるテーマだが、モノに対してかなりていねいにアプローチしている点が評価され、予選を通過。一方、何に使うかが重要なところだが、提案では、宿泊、公民館、食堂、展示などのよくある設定で、誰がどのように運営するのかなどの課題も残る。全体模型も魅力が感じられないので、インテリアの精細な模型のほうが効果的的では。

彼らの都市

309
廣野 智史 ひろの さとし
東京大学
工学部 建築学科

1970年代に車社会を予想して大規模に計画された都市、東京の「西新宿」。車スケール(規模)の構造物をさまざまな身体的スケールをもった動物の目から再考することと、この都市の内包する意味を探る。

■ 審査講評

オフィス街の動物園。地上は動物に引き渡し、人間は地下通路を使う。都市空間を再発見するスタディ(習作)としてのテーマはおもしろいが、「一発アイディア」で終わってしまっているため落選。電力や水など、インフラの問題も一部取り上げているが、トピック的に触れるに留まっており、空間の提案もほとんどない。エネルギー、空間のいずれも思いつきのまま過ぎるので、せめてどちらかを深く掘り下げて提案に盛り込むべき。

劇場をひらく

307
坂口 杏 さかぐち あん
東京大学
工学部 建築学科

オモテの舞台で演目を上演する従来の形に留まらず、制作風景や倉庫など芸能のウラの部分、アーティストの創作活動、住民や来訪客の活動など、絡み合う多様な要素を表出させた、「観せる」場としての新たな劇場の提案。

■ 審査講評

横浜市の野毛に、広場としての劇場を提案。劇場に必要な機能を内包した壁柱をランダムに配置、そこに多様な高さのスラブ(水平板材)が挿入されている。広場としては楽しそうだが、スラブの高低差により「見る/見られる」の関係を演出しているものの、劇場空間としてはリアリティや新しさが感じられず落選。マルシェ(市場)やアトリエなど、劇場以外のプログラムもあるので、これらが集まると何が起こるのか、劇場そのものがどのように変化し得るのかを示してほしい。

ちづぐらし
子どもと繋ぐふるさとリノベーション

316
小林 尚矢 こばやし なおや
大阪大学
工学部 地球総合工学科

鳥取県の智頭町は、過疎地ながらも多くの子育て世帯が移住している。祖父母の家を豊かな子供の居場所とすることで、移住者と地域住民の交流を生む。これからの暮らしを子供とつくる、ふるさとリノベーション(改修)。

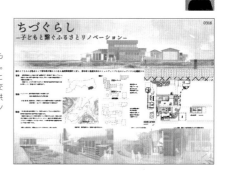

■ 審査講評

祖父母の家を、子育て世帯の移住者向けシェアハウスに転用。広い敷地に分散して建っていた既存住宅にはほとんど手を触れず、それらを子供の遊び場でつないでいく。一見ありきたりだが、実際にやったらおもしろいという意見もあり予選通過。それぞれの場所に細かな設定があるようだが、言葉で示されるのみで、十分に伝わらないため、ダイアグラム(図表)や視覚的表現を工夫すべき。地域の共同体として、どう運営していくかなどの課題も残る。

ハレの日の船出
縁を結ぶ建築

308
飯塚 真希子 いいづか まきこ
武庫川女子大学
生活環境学部 建築学科

近江(滋賀県)の風景の主役である、三上山と比叡山に敬意を払い、2つを結んだ軸上で人と人の縁を結ぶ、結婚式場のある宿泊施設を計画する。この建築は新郎新婦2人の門出を祝う神聖な場所であり、ここに泊まることが人生の通過儀礼となる。

■ 審査講評

近江八景に登場する2つの山を望む琵琶湖湖畔の結婚式場。2つの山をつないだ軸線をリニアな(直線状の)式場とし、これを中心に、新郎と新婦それぞれの宿泊棟を左右に分けている。建築全体がオーソドクス(正統的)な計画で、卒業設計として特筆すべき点がなく落選。本提案の肝であろう琵琶湖を挟んで東西に向き合う2つの山も、式場からの風景としてしか扱われていない。風景の歴史的な経緯や、そこにまつわる物語など、風景の持つ意味をもっと深く考えてほしい。

置き去りにされた断片

318
中川 貴秀 なかがわ たかひで
東京理科大学
工学部第一部 建築学科

高層ビルに囲まれた旗竿地、首都高速道路の出口に囲まれた未利用地。人の手があまり加えられず、都市の中で置き去りにされた場所。私はこの場所に、人間の都合により消長する生き物と人間の境界を再考する。

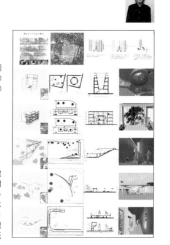

■ 審査講評

都心の空き地に、生き物と人間の境界を顕在化する建築を提案。異なる動物の特性に合わせて、特殊な空間をデザインしているが、いずれも人間優位の空間になっており、人間と動物が理想的な共存関係を築けるとは言い難い。都市にちりばめられた旭山動物園(北海道)とも言えるが、それほどの生態調査もしていない。課題は多いが、動物の行動範囲やテリトリーの違いを既存の都市環境に応答させ、新たな環境をつくろうとした点は評価され、補欠で選出。最終議論を経て、ぎりぎりで予選通過。

このひきのいえ
湖底の継承：御母衣湖における水位変化に伴った住処の提案

322
中村 実希 なかむら みき
椙山女学園大学
生活科学部 生活環境デザイン学科

約60年前、ダム湖になってしまったこの場所。そして水位変化で1年に一度湖底が現れ、過去と今を水を介して行き来する場所。そんな湖への物語を紡ぎながら提案した。

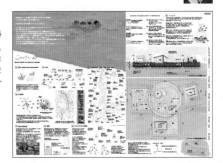

▌ 審査講評

60年前にダム湖になり沈んでしまった集落の記憶を伝える水上のメモリアル（記念碑的な）建築。4つの集落をモチーフとした、4つの異なる機能を持つ小さな人工島から成るが、なぜ小屋のような形の建物になったのかに説得力がない。しかし、テーマのおもしろさや真摯に考えている姿勢から、補欠で選出。最終議論を経て、最後の最後に予選を通過。1年に1度、水位が下がり、島が湖底と陸続きになる現象を生かし、過去と接続した島がダイナミックな展開を見せるなど、他に展開できる可能性はまだある。

日暮里消尽都市
テキスタイルを媒介とする文化創造拠点としての駅

335
吉田 康祐 よしだ こうすけ
上西 優太 うえにし ゆうた
藤本 秦平 ふじもと しんぺい
早稲田大学
創造理工学部 建築学科

「消尽」とは、生産に完全には還元されない消費活動のことである。本計画では、能動的に文化を創造する活動を消費活動と定義し、東京の日暮里織物街のテキスタイルを媒介とする、文化の創造と発信の拠点としての駅を設計する。

▌ 審査講評

JR日暮里駅の更新。テキスタイルを媒体とする文化拠点とした。崖地形により東西に分断された敷地に対し、布織りのように高低差のあるスラブ（水平板材）を連続させ、だらだらと上下のつながりを形成している。しかし、期待していた街との関係が見えず、落選。台地と低地をつなぐ中継地の役目を担う駅なのだから、街のほうにまで切り込んでつなげたほうがおもしろい。さまざまなプログラムの設定以上にテキスタイルという魅力的なテーマを設計に十分に盛り込めていないところも残念。

つなぐ構造体
現代都市の相似形としての日吉キャンパス改修計画

328
清水 俊祐 しみず しゅんすけ
慶應義塾大学
理工学部 システムデザイン工学科

あらゆる土地に馴染むシンプルな構造体により、人と社会をつなぐ。3つの異なる性質を持つ場所にその構造体を導入し、適応可能性と課題解決性を示す。

▌ 審査講評

慶應義塾大学日吉キャンパスの部分的な改修計画。傾斜地によって特徴づけられたキャンパスの問題点を指摘し、地形によるキャンパス内の断絶を解消するために、上下に対して機能する屋根のような構造体で全体を構成している。しかし、問題点の指摘も、それに対する提案も、卒業設計としては内容が不十分で落選。自身が過ごしているキャンパスであれば、状況を熟知しているはずなので、もっとていねいに調べて取り組めるはず。

禁足地の投影
禁足地における慣習と発生

338
菰池 拓真 こもいけ たくま
京都工芸繊維大学
工芸科学部 設計工学域デザイン経営工学課程

物理的に認知不可能な事象に対する人間の認知のあり方について思考するために、建築を通して禁足地（人が足を踏み入れてはならない場所）を解釈することで、実在としての物理的空間と不在としての観念的空間を結び付けることを試みる。

▌ 審査講評

長崎県の対馬の禁足地をテーマに、長期滞在研究に向けた植生研究所を提案。原始林と人との接点の創出をめざした。テーマはおもしろいが、観光施設のような研究所には既視感もあり、落選。どのような集落なのか、なぜこのような建築になったのかの説明が不十分で、禁足地との関係も感じられない。禁足地が持つ意味、石積みの重要性、植生環境など、取り上げた視点にはどれも可能性があるのに、取り上げ方がバラバラで、全体的に理解しにくい設計になっているのがもったいない。

ははその大工

334
羽田 知樹 はねだ ともき
仙台高等専門学校
建築デザイン学科

伝統的な宮城県の気仙大工の技術は、今後、廃れていくのだろうか。木造船に新たな価値を付加し、気仙大工の技術を継承するための建築を提案する。

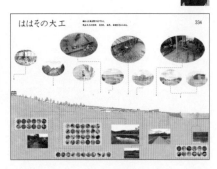

▌ 審査講評

気仙大工の記憶をつなぐ造船技術学校。高台から、使われなくなった低平地を超えて、海へと続く橋のまわりにさまざまな機能を分散させ、生態系の回復も狙う。精巧に作られた模型は、表現力が豊かで興味を引くが、全体的に廃墟感があり、人が去った後のように物寂しさが漂う。なぜこのような悲しい表現にしたのかを聞いてみたいという意見もあり、予選通過。時間的変化についても触れられているが、どのような将来像をイメージしたのか謎が残る。

知の樹木橋
分散と統合による大学都市の提案

339
尾崎 彬也 おざき あきや
立命館大学
理工学部 建築都市デザイン学科

点在し、増殖することででき上がった原初的な大学のあり方に着目し、橋でつなぐことで点在しつつも統合された大学のあり方の提案。

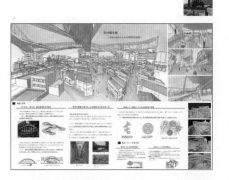

▌ 審査講評

大阪市の阪急電鉄の十三駅前における大学の提案。市街地に学部の棟を点在させ、既存の都市環境の上に巨大な橋を架け、橋の部分を図書館として各学部をつなぐ。イメージパース（透視図）には迫力があるが、具体的な設計が粗く、落選。特に対象敷地が特徴的なため、街との接続点となる橋のたもとについては、ていねいな設計が求められる。それぞれの学部の特色を踏まえ、地域との関係をもとにすれば、非常におもしろい設計ができそうだが、高層ビルを橋でつないでいるようにしか見えないのが残念。

食を支える、人をつなぐ

341
髙橋 美帆 たかはし みほ
首都大学東京
都市環境学部　都市環境学科

今、農業は後継者不足など多くの問題を抱えている。直接、農業に携わることができずとも、生産者と消費者がそれぞれの立場で1つのチームになり、農業を支え、食の発展を後押しできるよう、両者をつなぐ場を提案する。

■ 審査講評

後継者不足が深刻な農業の生産者と消費者をつなぐ施設。雪室を中心とするコの字の構成とし、食品工場や直売所、レストランなどを一体的に計画している。水田に浮かぶ大胆な大屋根が印象的だが、室内の計画はいたって普通で、雪室があること以上の特徴を見出せず落選。具体的な食品会社を想定しているのだから、そこから調査や分析を進め、単に一般的なプログラムを入れるのではなく、より具体的な課題をあぶり出して設計する方法もあったのでは。

河川敷が色づく　運動農園場

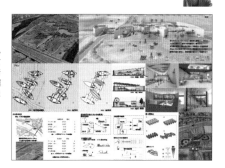

346
倉品 凜一 くらしな りんいち
東京大学
工学部　建築学科

東京の二子玉川河川敷は運動場として利用されていて、休日は賑わっているが平日は閑散としており、利用者でない住民は、領域化されている運動場に立ち寄れない。そこを農場として開放し、住民の交流の場とした。

■ 審査講評

普段は運動場としてしか利用されていない二子玉川河川敷に対して、牧畜を含む農場を整備し住民に開放する。作者は特に、平日の閑散とした運動場の風景と、運動をしない住民の近寄りがたさを問題として挙げている。農場としての利用には可能性があるが、運動場機能を単に潰すのではなく、時間帯によって機能と利用者が変化するなどの工夫があれば、良い提案になったと思われる。

【100選】【20選】【11選】【野老賞】【日本一】

出雲に海苔あり塩あり
岩海苔と神塩の生産観光建築

344
岡野 元哉 おかの げんや
島根大学
総合理工学部　建築・生産設計工学科

島根県の出雲大社の横にある小さな港に、岩海苔と神塩の生産観光建築を設計する。

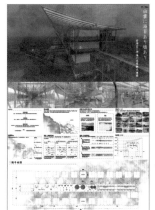

■ 審査講評

出雲市の港に観光を主眼とした製塩と海苔養殖の複合施設を提案。全体的なバランスの良さから100選には入るだろうという雰囲気で予選を通過したが、最終的には日本一に。敷地選択、リサーチ、提案まで説得力があり、図面やパース(透視図)も誠実に描かれている。一方で、沖に浮いていて街との接点が薄いのではないか、この規模設定に産業や有効空間のどういう意味があるか、どういう人がオペレーション(管理)して、誰が就労するのか、といった指摘も。

個と孤が連なって

【100選】【20選】

351
岡崎 あかね おかざき あかね
大阪大学
工学部　地球総合工学科

従来の都市にある単身者用の集合住宅の形態は、人々の孤独感のみを助長しているように思う。住まい手の「孤独でいたい」と「人と交流したい」という相反する気持ちを両立させることができる、新たな形態を提案する。

■ 審査講評

垂直方向に展開された単身者用集合住宅。個性の強い人たちが、「個」を大切にしながら、互いにほどよい距離感で関わり合うことのできるタワーを3タイプ提案している。シェアハウスとは異なる空間構成の中に独特の余白が生じ、そこが、それぞれのタイプごとに違った意味合いを持つ共有空間となっている。具体的な敷地を設定すればなお良かったが、緻密に設計された空間の評価が高く、100選に。

ドンツキの向こう側
ドンツキを用いた都市空間の提案

【100選】

345
竹田 文 たけだ あや
芝浦工業大学
工学部　建築学科

都市空間が不足している地元、東京の高田馬場に、都市における多様なドンツキを含んだ建築を計画する。東京の各所で進む再開発に対して、都市が本来持つ豊かな空間を用いて、新たな都市空間を提案する。

ドンツキ の向こう側

ドンツキを用いた都市空間の提案

■ 審査講評

高田馬場周辺に存在するドンツキ(行き止まり空間)に対する提案。それらのD-H-W(奥行-高さ-幅)比を算出して類型化し、それぞれの空間の可能性を引き出すように手を加え、豊かな使い方を提案した作品である。D-H-W比と最終的な提案の関係性が少々弱いと感じたが、都市の中に埋もれている要素に対する着眼点が評価され、100選に選出された。

建築に渦を
建築設計態度の探求

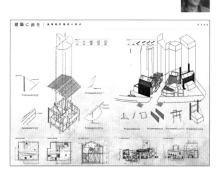

360
藤本 翔大 ふじもと しょうだい
芝浦工業大学
工学部　建築学科

建築に渦を起こす実験的設計。具象性の高い要素を抽象化する。そこから「カタチ」をつくり建築を誕生させる。カタチの成立のために、現実の建築の構成に渦が起こる。この建築は、理屈では説明できないもののための建築である。

■ 審査講評

作者にとって愛着のある東京の下北沢が、再開発によって「らしさ」を失っていくことに対する問題意識を根底にもつ作品。一義的に設計者が形態を決定していくのではなく、設計という行為によって生まれた「カタチ」に、作者が「現実」と呼ぶものを重ね合わせて、偶発的な副産物を生み出そうとする思考実験ととらえられる。最終的な提案にもっと説得力があれば良かった。

もうひとつのしま
せとうちに浮かぶ美術館

362
土屋 洸介 つちや こうすけ
大阪工業大学
工学部 空間デザイン学科

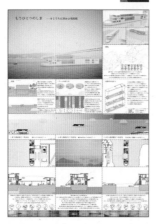

せとうちに浮かぶもうひとつのしま。アートにあふれた島々が静かに揺れるせとうちのうみでひとつにつながりそして交わる。アートを介してひとつがつながり島をもつなげる。そんな浮かぶ建築、浮かぶ美術館を提案する。

■ 審査講評

瀬戸内海を行き来する移動美術館。美術品の展示空間の他に、宿泊施設なども含んだ提案となっている。「せとうちの風景」そのものがアートであり、その中でアートを創作したり、鑑賞したりするというのは、とても旅情をそそる。現実的でいい提案だが、移動することや、さまざまな場所に停泊することを、より積極的に意味づける空間のあり方を示せていないのが残念。

公園3.0時代へ
均質に造られた街区公園における家具の設計

369
高橋 真由 たかはし まゆ
信州大学
工学部 建築学科

街区公園とは、街区に居住する者の利用を目的とする公園で、量や質の整備を急ぐばかりに、特色のない街区公園が各地にできた。本設計では、大人も子供も居心地のよい、街の特色が表出する「性格を持つ公園」を実現する家具をめざした。

■ 審査講評

公園に置く家具の設計。新潟県長岡市にある187カ所の街区公園を実地調査して、アクティビティ（活動）を綿密に抽出しているのがすごい。形としては1つのタイプの家具だが、それを場所に合わせて複数設置することで、スケール（規模）の異なった、さまざまな場面に適応できる。よくできた提案で、補欠として選出されたものの、最終の議論で選外に。惜しいのは、縮尺1／1のサイズで制作した痕跡がないことで、実物を作っていれば、説得力は格段に上がったかもしれない。

ボタ山再構築

365
市原 尚典 いちはら たかのり
九州大学
工学部 建築学科

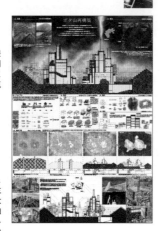

石炭産業の衰退とともに廃れてしまった福岡県の筑豊地方。当時の記憶を残す産業遺産であるボタ山を削り、その中に新たな産業を中心とした街を計画することで、地域活性化を図るとともに、失われつつある筑豊の原風景を残していく。

■ 審査講評

筑豊地方に存在する、石炭産業の廃棄物「ボタ山」を、単純に取り除いてしまうのではなく、その象徴性を生かして新たな価値を持った空間に生まれ変わらせる大胆な提案。産業廃棄物の処理場を中心に、住居や宿泊機能、廃熱を利用した工房、レストランなどを計画している。リサーチが非常にしっかりしている上、負の遺産を積極的に利用した着眼点が秀逸であり、100選に選ばれた。

個独な群衆

370
丹下 裕介 たんげ ゆうすけ
芝浦工業大学
工学部 建築学科

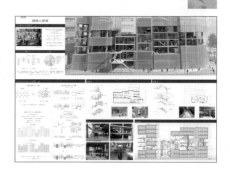

群を構成する個々の方向性が離散的なオフィスの提案。東京、九段下の雑居ビル群を対象に、階高のズレを都市の地形としてとらえ、その地形を拡張するように設計。空間は共有するが関係性が衝突しない「個独な群衆」を創出する。

■ 審査講評

オフィスビル群を横方向に貫く半公共空間を、新たなスラブ（水平方向の板材）と壁柱を挿入することで構築しようとする提案。現実的には難しいと思われるが、個々の建築ではなく、都市の街区スケール（規模や寸法体系）に着目した点は共感できる。作品名と計画された空間との関係性をもっとわかりやすく表現できると、評価が上がったように思われるものの、予選通過ならず。

日本橋らんうぇい

367
白石 せら しらいし せら
日本大学
生産工学部 建築工学科

職場における服装の自由化が進み、スマホ1つで服が買えるようになった現在、商業ビルの服飾店舗は相次いで閉店している。服の特性を生かした空間をつくり出し、人が服と関わる機会をつくる。東京、日本橋に人と服が出会う場をデザインした。

■ 審査講評

作者の大好きなファッションをモチーフにした建築を提案している。内部はアパレル・ショップとアトリエ、工房が、やわらかく近接した空間。被服で用いられる動作（めくる、編む、伸ばす）や、パーツ（ボタン、袖、しわ）を使って空間を構成しようとしている。意図は伝わるが、モチーフをあまりに直喩的に使っているのが残念。「ファッション→建築」への深い洞察に基づいた変換がほしいところ。

嗅い
記憶の紡ぎ方を再起させる特別な感覚

375
和出 好華 わで このか
稲坂 まりな いなさか まりな
内田 鞠乃 うちだ まりの
早稲田大学
創造理工学部 建築学科

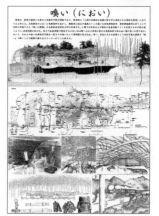

嗅覚は、将来、人間の本能的な記憶の紡ぎ方を再起させる特別な感覚になり得ると考える。その土地特有のニオイと気候条件を生かし、建築内に淀みを設計することで大地と対話できる「嗅いの建築」を計画する。

■ 審査講評

ニオイの建築。視覚情報のみに頼りがちな建築の評価に対して、記憶を強く呼び起こすニオイをテーマに、集落に点在するいくつかのニオイを集め、地域の記憶を留めるコミュニティ施設を設計している。地域の生活活動そのものとの結び付きが弱い点は気になったが、圧倒的で、文字通りニオイ立つようなドローイングが印象的で、100選へ。

複層する都市
活動から都市をリノベーションする

376

藤塚 紫苑 ふじづか しおん
北海道大学
工学部 環境社会工学科

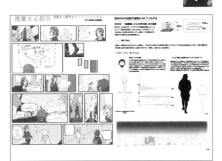

東京、渋谷はかつてカオス(混沌)でニッチなカルチャー(すき間の文化)を発信する都市だったが、その魅力は経済的な流れの中で徐々に薄れている。AR(Augmented Reality=拡張現実)と実際のリノベーション(改修)を複合して用いることで、都市に経済とは違う価値をオーバーレイ(積層)する。

▌ 審査講評

ARの技術を使うことによって、都市空間で展開される活動の増幅を意図した作品。独特のマンガとイラストによるプレゼンテーション(提案の説明と表現)が目を引く。さまざまなアクティビティ(活動)が重層化している象徴的な街、渋谷を対象に、気持ちをアシストする装置を提案している。着眼点はおもしろいが、最終的な提案に具体性が欠けたか、選外へ。ARを使うケーススタディをもっと提示すれば良かった。

Access, Connect, Research.

389

山崎 舞以 やまさき まい
東京大学
工学部 建築学科

世界の問題に対して解決を図る研究所。海に浮かび、移動して、海岸のある国へと接岸する。一般にも開かれており、研究者、訪れた人、周辺の人々に、世界の問題の当事者としての意識を植え付ける。

▌ 審査講評

世界のさまざまな問題を解決するための研究所で、海に浮かんでおり、移動して海岸国に接岸するという話。ポップなプレゼンテーション(提案の説明と表現)が印象的で、センスの良さを感じる。国籍を持たないボーダレスな研究所として洋上に浮かんでいるのは象徴的だが、洋上に浮かぶことによって建築空間がどう変わるのか、という提案があればなお良かった。

触れられる距離に未来を
統廃合における異種用途混在の提案

384

江邨 梨花 えむら りか
日本大学
生産工学部 建築工学科

保育園不足から3年、あの時の子供たちは小学生になる。バラバラな親子や地域をつなぎ、ともに学べる「小学校×コワーキング・スペース*1」を提案する。

編註 ＊1 コワーキング・スペース:本書48ページ編註1参照。

▌ 審査講評

コワーキング・スペースを包含した小学校の提案である。現代的な課題設定で、現実的な点が好評価。コワーキング・スペースは、子供たちの見守りができる場所に分散して配置されるなど、プランはよく練られていて、100選に選出。全体の形にやや既視感があることは否めないが、平面、断面ともきちんと計画され、東京都江戸川区の住宅地に馴染むよう分節化された形態となっている。

客人は黄昏に思惟する
水塚の用途転用

393

岡野 晶 おかの あき
千葉大学
工学部 建築学科

2019年の台風19号上陸時に活躍した、関東4県にまたがる渡良瀬遊水地。ここには、かつて村があり人の生活があった。痕跡である水塚を手掛かりに、忘れられた歴史を再想起させる。

▌ 審査講評

利根川に注ぎ込む3本の河川の水量が増えた際に、水を呼び込む防災インフラ。渡良瀬遊水地を敷地として選定し、そこに宿泊施設と、レストランや展示施設を中心としたビジターセンターを計画する。足尾銅山の閉山により廃村となった集落の歴史などを学びながら、周辺の自然を楽しめる施設だ。作者には設計力があり、魅力的な空間となっているため補欠として選出。しかし、最終議論で選外に。敷地に対する必然性という点で形に無理があったか。

偏狂都市　過剰同調性患者の診療録

385

大川 珠瑞季 おおかわ みずき
明治大学
理工学部 建築学科

都市は、多様なはずの人間をカテゴライズ(分類)し、各カテゴリーにとって合理的であるように設計される。本計画では、カテゴライズされることに苦しむ人間=過剰同調性患者の微細な状況や感情から都市を変容させていく。

▌ 審査講評

周囲に過度に合わせようとしてストレスを感じる人を「過剰同調性患者」と定義し、5人の典型的なタイプの症状に対して、建築的な解決を試みる提案。概念的ではあるが、現代社会に対して非常に批評性の高い作品となっている。最終的な提案がきちんと身体スケール(規模)で設計されており、独りよがりでないところがよい。プレゼンテーション(提案の説明と表現)の秀逸さもあり、100選に選ばれた。

終わらない映画

395

中平 詩歩 なかひら しほ
九州大学
芸術工学部 環境設計学科

近年の映画館は、街と切り離された空間となり、映画と個人の対話だけの関係となっている。福岡市の中洲に、街の構成を挿入することで、日常が入り込み、さまざまな対話が生まれ続ける映画空間を提案する。

▌ 審査講評

郊外型のシネマ・コンプレックスや、デジタル配信が増えている中で、街なかに映画を取り戻そうとする作品。敷地である福岡市の中洲に多く見られる、細い路地や、トンネルのようなパブリックな街路などを取り込んで、気軽に立ち寄れる場にすることを意図している。問題設定がシンプルであるが故に、空間としての魅力をもっと伝えることができれば良かったと思われる。予選通過ならず。

崖に立つ。
息吹く湯治文化

400
奥田 康太郎 おくだ こうたろう
佐賀大学
理工学部 都市工学科

熊本県の杖立観音岩温泉横の崖を対象敷地とした、崖の内部に温泉を設計する提案である。その地の湯治文化の「蒸し」と崖の垂直性を掛け合わせて、高さ100mの蒸気を利用した1カ月の長期滞在型温泉施設を考える。

■ 審査講評

杖立観音岩温泉横の崖の内部に、温泉を設計する提案。岩窟住居のように、崖に張り付くように諸室が配置され、それらの裏側にある、高さ100mもの巨大なボイド（空洞）からは湯煙が立ち上る。圧倒的なプレゼンテーション（提案の説明と表現）と、緻密に計画されたプランがすばらしい。文句なしで100選に選出された。

母は柔しく、父は剛く。そして子は鎹
諫早湾干拓堤防道路ミュージアム＆ラボ

404
田口 正法 たぐち まさのり
熊本大学
工学部 建築学科

7kmの堤防によって海が分断された。恵みの海の上に引かれた線は暴力的なスケール（規模）をもって、自然や生業と人々との分断を生み出した。大らかで柔しい母なる自然と剛い父なる土木構築物。その2つをつなぐ子は鎹。

■ 審査講評

環境悪化などが懸念されると話題になった、長崎県の諫早湾干拓堤防道路に直行するように、細長い展示空間と研究施設を配置する計画である。羽根のように伸びたリニア（直線状）な形態が特徴的。もっと軽やかにデザインできるとさらに良かったが、平面計画は緻密に設計されており、また土木構築物的なスケール（規模）で考えられた景観イメージが大変よくできていることから、100選に選出された。

逆転の放棄茶園

401
三谷 望 みたに のぞみ
東京大学
工学部 建築学科

茶の耕作放棄地を用いた新しい管理体制をつくり、業界内で閉じている茶業過程や品評会などの茶業イベントを市民に開くことによって、静岡県藤枝市の存在や、日本全国の茶の品種の多様性とその重要性を広く知ってもらうためのきっかけの場とする。

■ 審査講評

静岡県藤枝市の耕作放棄地を、茶園として復活させる提案である。6次産業化を図るべく、茶園観光と茶の生産、販売までを一体的な産業として成立させるために、入念なリサーチをしている。工場やレストラン、ホテルのほか、「ライブラリ」や就農者用宿泊所なども計画。建物を作り過ぎな感じもしないではないが、茶園の景観に馴染ませるよう、さまざまな工夫をしている。力作であり、100選に選ばれた。

ガレリア
現代建築における鉄骨造デザインの追求

407
野中 遥子 のなか ようこ
武庫川女子大学
生活環境学部 建築学科

鉄骨造を単なる構造としてではなく造形の対象としてとらえ、鉄骨造のディテール（部材の詳細な納まり）のデザインに着目して設計する。L型鋼やH型鋼の組合せによって柱や梁を構成し、鉄骨造の新たなデザインを追求する。

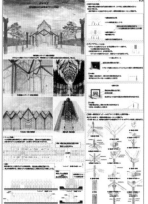

■ 審査講評

鉄とガラスでできた、まさしく「ガレリア*1」空間の提案。鋼材の接合部のディテール（詳細）をきちんとデザインしようとしている点に好感が持てる。しかし、中央の通路部分を挟むように対面する店舗は、用途がやや単調になっている、などの理由から選外に。鉄とガラスで覆われた空間の持つ、現代的な意味のようなところにまで踏み込んで考えられたら良かった。

編註　*1 ガレリア：ガラスなどの屋根が付いた歩行者用道路や商店街。

ぼんやりとする都市
反転性を用いた建築の提案

402
日暮 裕哉 ひぐらし ゆうや
千葉工業大学
創造工学部 建築学科

道に人はあふれる。道の役割であるはずだった「つなぐ場」を建造物が担い、建造物の役割であった「孤立化」を道が担う。世にあふれる反転性に着目し、都市の曖昧化を図ることによって、都市の近未来的形態を提案する。

■ 審査講評

JR東京駅八重洲口前のオフィスビル群を、上下反転してしまおうという大胆な提案。メガ・ストラクチャ（巨大構造物）のトラス*1架構でオフィスビルを吊り下げることによって、本来建物で埋まっている場所がオープンなパブリック・スペースとして提供され、さまざまな活動を展開できる。実現性は乏しいが、見上げると街区が浮かび上がるという発想の斬新さが評価され、100選に。

編註　*1 トラス：本書66ページ編註2参照。

ちょっと寄り道、新橋おとなプラザ

408
星野 真美 ほしの まみ
京都造形芸術大学
芸術学部通信教育部
デザイン科建築デザインコース

東京、新橋に働き盛りの大人たちが寄り道できる場所をつくる。現在、断絶されている飲食店と広場の間をつなぎながら、かつてここに学校があったという歴史を「学びの場」「コミュニティ形成の場」という形で継承する。

■ 審査講評

JR新橋駅前に、大人が寄り道できる空間を提供しようとするもの。対象敷地とした公園内の人の流れを分析して、形を作っている。コワーキング・スペース*1、ワークショップ・スペース、図書館、デッキから構成されている。図書館は少々やり過ぎか。近隣の飲食店をつなぐように配されたデッキが気持ちよさそうなので、明確な機能を持たせるよりは、既存のものを活かす仕掛けとしたほうが良かったかもしれない。予選通過ならず。

編註　*1 コワーキング・スペース：本書48ページ編註1参照。

覚知の記憶
継承の居場所

414
槌田 美鈴 つちだ みすず
日本大学
生産工学部　建築工学科

茨城県の840年もの歴史のある地。この地には志筑城、志筑陣屋、志筑小学校の3つの歴史がある。しかし、今、いずれも歴史だけが残った空地になっている。この状態が、歴史を伝える1つの新たな手がかりになるのではないかと考えた提案。

▌ 審査講評

筑波山の麓にある対象敷地は、かつて城、陣屋、小学校が建てられてはなくなり、現在は更地になっている。それらの記憶を呼び起こすような要素をちりばめながら、土地の記憶を感じて学ぶ歴史館をはじめ、シェア別荘やカフェなどの施設を分散的に配置している。空間の魅力がもっと伝わるようなプレゼンテーション（提案の説明と表現）だと評価が高かったと思う。落選。

サンノハチ

425
福井 将理 ふくい しょうり
東京都市大学
工学部　建築学科

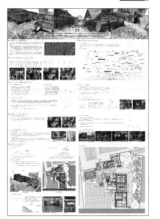

栃木県の西那須野で実施しているプロジェクト。この地に幼い頃から住む事業主の「この街をどうにかしてほしい」という願いから始まった。賑わいがなくなったという地域の問題を、開拓の歴史をもとに、建築を通して解決。今後、実際に建築していく。

▌ 審査講評

栃木県のJR西那須野駅の周辺を対象地とし、実際に地域に介入し、フィールドワーク（実地調査）と住民とのワークショップなどを行ないながら、古民家を改修するプロジェクト。現在進行中のプロジェクトとして、実践していること自体、高く評価できるし、今後の展開も応援したい。予選通過。

団地オフィス
新しい暮らしとオフィスの在り方

418
織田 尚人 おだ なおと
関東学院大学
建築・環境学部　建築・環境学科

郊外にある団地に巨大な平面を持つオフィスを構える。「働く」と「暮らす」がすぐそばにある新しいライフスタイルの提案。

▌ 審査講評

横浜市郊外にある団地のリノベーション（改修）計画である。職住近接をめざして、主にオフィス空間を新たに挿入するべく、低層部に巨大なスラブ（水平板材）を架ける。段差のある敷地をていねいに調査していて、その段差や斜面を活かした緻密な設計が好評価で、補欠として選出。しかし、最終の議論で選外に。現代的でわかりやすい課題設定なので、空間の力でもっと説得力を持てればよかった。

在る経験

428
立花 果穂 たちばな かほ
法政大学
デザイン工学部　建築学科

私の主観による街の魅力を伝えるために、「都市の経験」を内包する建築を提案する。自分の「街の経験」が「建築の経験」と一致する時、住宅の新たな住みこなし方が生まれ、今まで街を見てきた「経験」が塗り替えられる。

▌ 審査講評

対象地は東京都大田区の大森東。作者は都市における私的な体験を建築に持ち込み、立面に奥行を持たせると言い、街路を私有地に引き込む操作によって、建築空間に多様性をもたらせようとしている。その試みはおもしろいと評価されたが、一方で、そこに暮らす住民の生活の変化について言及されていない点で物足りないという意見もあり、予選通過ならず。

澄んだ川に、揺らめく緑、ワインは赤く、あなたは白く。

423
福井 優奈 ふくい ゆうな
日本大学
生産工学部　建築工学科

人が心を豊かにし、原点回帰できる建築を提案する。敷地は長野県高山村。この地に自然、ワイン製造の空間、見学空間が入り交じったワイナリーを設計する。見学者は、五感を研ぎ澄ますためのさまざまな空間体験を巡る。

▌ 審査講評

生活に疲れた人の心を癒し浄化する空間をコンセプトとした、体験型ワイナリーの提案。真摯にワイナリーのリサーチを行ない、設計に取り組んでいることは高く評価できる。その一方で、それぞれの空間デザインと敷地との関連が薄く、この土地ならではの提案があまり見えないのが残念でもあった。予選通過ならず。

Shibuya Skeleton Deck

431
伊勢坊 健太 いせぼう けんた
東京大学
工学部　建築学科

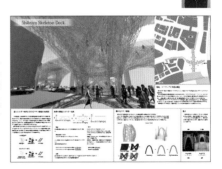

昨今、省エネが重要視されている。鉄の製造に関わる消費エネルギーは、加工時より製造時のほうが遥かに多い。これを考慮すると、鉄の使用量の少ない建築形状ほど省エネと言える。鉄の使用量を少なくする手段としてラチス構造[1]に目をつけ設計した。

▌ 審査講評

採用したラチス構造[1]のエネルギー消費量や、構造上の有利性を述べた上で、透明感のあるペデストリアン・デッキ（歩行者用高架通路）を提案している。CGは力作だが、納まりのディテール（部材の詳細図）は皆無で、CG世界の美しさという範疇に留まっている。このテーマであれば、各部材の納まりにまでこだわって提案しないと、本質には届かないのではないかという評価で、予選通過ならず。

編註　*1 ラチス構造：2つの平行な部材の間を補強材でジグザグ状につないだ構造。

転生
記憶／慰霊の空間

440
荻原 朋也 おぎはら ともや
千葉大学
工学部 建築学科

歴史に名を残さぬ祖母の記憶は、両親や私が死んだら消えてしまうが、個人的な経験や感情といったものは、記録や表象が可能なものではなく、共感によって記憶される。これは、共感による公共をつくり出すための箱である。

審査講評
個人的な住居を「家族的公共」というキーワードで蘇らせようという試み。家族葬用の施設が増えつつある昨今、戸建て住居を慰霊の場として再生するセンスがとても現代的であり、実にリアリティのあるプログラムだと高評価であった。設計やプレゼンテーション(表現)も高いレベルであり、予選通過。

まちなかの邂逅
コンバージョンによる大阪大学跡地の再編

448
山脇 慎平 やまわき しんぺい
立命館大学
理工学部 建築都市デザイン学科

「アクティビティ(活動)のあふれ出し」をコンセプトに、郊外における大学の跡地をコンバージョン(用途転換)していく。大学空間の持ち得るポテンシャル(潜在力)を周辺地域全体のコモン・スペース(居住者が使用できる私的な共有空間)に変換して街に還元していく。

審査講評
コンバージョン(用途転換)による大学施設の再生。真摯に設計に取り組んでいることは評価できる。しかし、アクティビティ(活動)のあふれ出しや住宅街に対応したスケール(規模)への組替えといったコンセプトが、ガラスの被膜でボリューム(建物)を包んでしまったことで実現できていないのではないか、という評価となり、予選通過ならず。

桃源郷を志した壁の行く末

442
本杉 一輝 もとすぎ かずき
東洋大学
理工学部 建築学科

精神科病院の壁の内部に存在する閉じた世界、その空間の内向性に私は憧れを抱くが、その環境を取り巻く秩序が巻き起こす諸問題に私は恐怖する。内向的で秩序がない、壁で隔てられた世界なら、もしかしたら私の理想の環境ではないか。

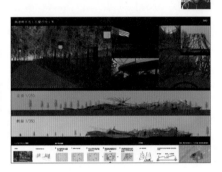

審査講評
東洋大学川越キャンパス内の林を敷地に、個人的理想郷のモデルとして精神病棟を挙げて、理想的な空間をつくり上げる試み。思考実験なのか、施設の提案なのか、何を提案したいのかが曖昧で、評価につながりにくい作品であったため、予選通過ならず。

100選 20選 11選

風景へのシークエンス

450
八木 耀聖 やぎ あきまさ
千葉大学
工学部 建築学科

本設計は、ある目的に至るまでのシークエンス(連続性)を設計したものである。その空間シークエンスを設計するための手法の提案とともに、それを用いてできたシークエンスの1例を示すことを目的とする。

審査講評
千葉県館山市の伊戸漁港に展望施設を提案。建築空間のシークエンス(連続性)をていねいに研究した上で記号化し、分析。それを設計手法として建築に応用することを試みている点が高く評価され、予選通過。ただし、作品として提案された空間自体に、新しい発見があまり見られないことが残念ではあった。

100選

生活像の遺構

447
小林 勇斗 こばやし ゆうと
宮城大学
事業構想学部 デザイン情報学科

出身地である宮城県の女川町を対象として、ポスト東日本大震災復興の被災地における、建築の果たす役割について考察する。

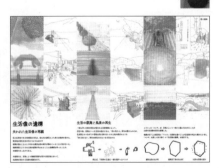

審査講評
復興が進む中、東日本大震災以前の風景が失われてしまうことに対して、個人的な記憶や体験をもとに空間(アートワーク)を紡ぎ出し、新しい景観に残していこうという試み。建築や土木では以前の景観を取り戻せないとしたら、こうした取組みには非常に共感でき、予選通過。一方で、欲を言えば1つでも実際に制作してくれたら良かった、という意見もあった。

あの頃の、記憶が透けてみえる町

451
平中 美雪 ひらなか みゆき
安田女子大学
家政学部 生活デザイン学科

海面上昇が進み、建物が沈んでいく中で形成されていく街並みの風景。

審査講評
広島市の沿岸部に、地球温暖化に起因する「水面上昇した未来の世界」という設定が、あまりにも特殊すぎて共感するのが難しいという評価であった。もし仮に、その設定で作品化するのであれば、その状況でも、人々がその場所に住み続ける理由を十分に説明するべきだという評価で、予選通過ならず。

亡命の町
私は建築に救われたかった

453
大野 めぐみ おおの めぐみ
千葉大学
工学部　建築学科

一見、都市としては健康そうな街でも、そこに住んでいる人たちは、それぞれ日常に「事情」を抱えて生きている。苦しい時や、自分の存在がわからなくなった時に助けを求める先が「建築」でもよいのではないだろうか。

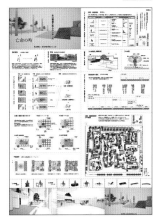

■ 審査講評
現代の都市空間には人の居場所がなく、人が救われない、という指摘から、東京都江戸川区の公園を人の居場所として改修しようという作品。空間を人間の行為やアクティビティ（活動）と関連づけて、細かくデザインしようとしている点は評価できるが、目的化された空間を公園に詰め込むことで、作者がめざす居場所となるのかどうかが疑問視され、予選通過ならず。

湯の街のにぎわい
伝統の可視化による湯と暮らしの提案

456
栗林 太地 くりばやし たいち
近畿大学
工学部　建築学科

長野県の渋湯田中温泉郷には、湯とともに育まれてきた生業や生活がある。日常に紛れた街の魅力を建築の力で可視化し、観光客と価値を共有できる空間を設計する。

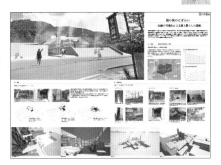

■ 審査講評
伝統的な温泉街の廃墟化した町立体育館を、温泉施設として大胆にコンバージョン（用途転換）する作品。廃墟の躯体（構造体）を手掛かりに、もともとの内部と外部を反転する形で各機能を無効化し、周辺の建築スケール（規模）に対応した形で新しいプログラムを構築することにチャレンジしていて、それが成功している。予選通過。

しいば

454
山中 美里 やまなか みさと
京都建築大学校
建築学科

私のふるさとは、九州山地の谷の中にある、宮崎県の椎葉村。約800年前、壇ノ浦の戦いで敗れた平家が逃げ落ち、住み着いたと言われる村だ。村の未来を考える、村に寄り添った建築とは何だろうか。

■ 審査講評
秘境と呼ばれる山村地域に、地域住民が集う場を創出するという提案。山並みなどの風景や、地域の伝統的な建築の構成などをていねいに分析して、軽やかな建築を生み出している。造形力も表現もレベルが高く高評価で、予選通過。

恒久的な道へ
旭川家具産業を中心とする街の建築

458
石崎 達也 いしざき たつや
東京理科大学
理工学部　建築学科

北海道旭川市では、家具産業、林業、「買物公園」が衰退の一途を辿っている。家具の生産過程を通じて地域の人、家具職人、観光客の交流を図る。ここで生産された家具は「買物公園」に広がり、家具産業、林業、「買物公園」の復興を促す。

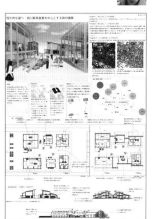

■ 審査講評
地元産業である家具業界の拠点施設を提案しようという作品。着目点については理解できるものの、敷地選びやプログラム、建築空間それぞれについての注目すべき視点、新しさを見て取れなかったのが残念という評価で、予選通過ならず。

草葉の露

455
石崎 瑠弓 いしざき るみ
安田女子大学
家政学部　生活デザイン学科

社会的に生きることに価値を見出す中で、火葬場でも葬儀場でも墓場でもない死の価値を創造する場。

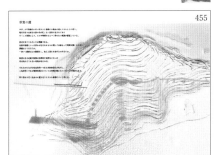

■ 審査講評
松山市の港山城跡に葬儀の場を提案しようということであるが、パネルやポートフォリオからは設計したものが十分に読み取れないため評価できず、予選通過ならず。

断片に宿る懐かしさ
断片から構成された新たな駅舎空間

459
渡部 泰宗 わたなべ たいしゅう
摂南大学
理工学部　建築学科

建築の良さというのは新しいか古いかではなく、長く残り続けていくことだ。今回の設計でも長く残り続けてほしい場所を扱っている。建築の断片に宿る懐かしさというものに目を向け、その要素で新たな建築をつくっていくことを考えた。

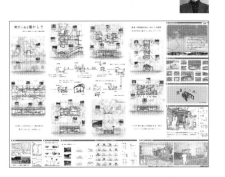

■ 審査講評
岡山県津山市の廃線が決定している路線の無人駅を、街の記憶として継承し、新たな地域の施設として再生するという作品。ていねいなリサーチと敷地の読取りの結果の上に、デザインを積み重ねていることは評価され、予選を通過。一方で、提案された建築の使われ方などに対して、リアリティがあまり感じられないという指摘もあった。

ウラハラのウラカラ、コレカラ
遷移するヴォイドによる未完成街区の提案

460
伊藤 ひなの　いとう ひなの
芝浦工業大学
工学部　建築学科

再開発が進行し始めている街、東京
の裏原宿、ウラハラ。このままでは
街が完成し、それと同時に街の終わ
りを迎えるだろう。そこで、街が完
成しないための新しい再開発の手法
として、変化し続けるような未完成
街区を提案する。

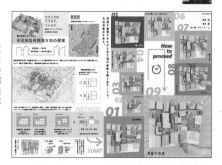
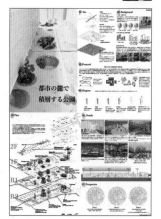

■ 審査講評

未接道敷地を隣接する接道敷地と一体化し、現状の建築スケール（規模）を保ちながら建て替えていく
というストーリーの作品。裏原宿の雰囲気を壊さぬように街を更新していきたい気持ちには共感する
が、これができないから現在の問題が生まれているのであり、それを突破できる強力なアイディアが
盛り込まれていないのが残念だった。予選通過ならず。

都市の麓で積層する公園

463
黒石 ゆうか　くろいし ゆうか
千葉大学
工学部　建築学科

民間の力でつくる超都市型の地下立体公園。海外の大
都市に比べ、広場や公園空間が少ない東京。さまざまな
性や国籍の人々が行き交う日本一多様性に富んでいる
街、新宿にすべての人にとっての憩いの場を設計する。

■ 審査講評

新宿の地下道を緑化して、公園化しようという作品。
地下道と地上とをつなげて立体的に空間化しようとい
う試みについて、一定の理解はできる。しかし、新宿
らしさやその魅力が失われてしまうことへの疑問が残
るという意見もあり、予選通過ならず。

100選

ひろがるいえ
住民間の「ゆるやかな認知」を促す共同住宅建築

461
黒沼 栞　くろぬま しをり
昭和女子大学
生活科学部　環境デザイン学科

現代都市の集合住宅では、住民同士の関係性は希薄だ
が、昨今のシェアハウスにおける多用途で複合的なシェ
アでは、人間関係が濃密過ぎる。「ゆるやかな認知」と
名づけた現象を起こす建築をつくることで、都市の人
間関係問題の解決を試みた。

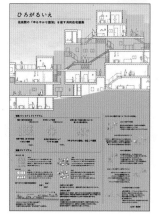

■ 審査講評

東京の代々木上原で、起伏のある難しい敷地に、さま
ざまに多様化する家族が生活する集合住宅を設計して
いる。既視感はあるものの、ていねいに、
しっかりと設計に取り組んで作品を完成させている点
が評価され、予選通過。

地域の種まく小さな空港
旅人と育む農文化

466
澁谷 日菜　しぶや ひな
新潟大学
工学部　建設学科

設備が充実する拠点空港とは反対
に、地方の空港は形や機能が均質
化されていく。大自然に支えられ
農業が盛んに行なわれる庄内にお
いて、生活、地域の産業、観光の
距離を縮め、互いに支え合い共生
する仕組みを提案する。

■ 審査講評

山形県の庄内空港に、新たな観光施設を提案。地方空港の建築空間やプログラムの退屈さに対する作
者の指摘はもっともであるが、その原因についてのリサーチが甘く、観光施設化することだけでは問
題が解決できないのではないか、という疑問が残った。提案するプログラムを持続できるかどうかに
ついて、もう少しリサーチして提案にリアリティをもたせてほしい、という評価で予選通過ならず。

100選

記憶の刻印

462
野村 陸　のむら りく
近畿大学
工学部　建築学科

1945年8月6日。原子爆弾により約
20万人の命が奪われ、広島は灰燼
に帰した。テロ、紛争、内戦、核兵器。
あの時、描かれた平和の姿は未だ実
現できていない。これは恒久平和を
かけた壮大な闘いの一手である。

■ 審査講評

原爆を投下された広島市の中心部に国連本部を建てるという批評的な作品。社会的な問題を建築と重
ねて提案している点や、建築デザインのセンスなどが評価され、補欠で選出した。一方で、広島に国
連を設置する意味を、もう少していねいに説明する必要があるという指摘もあったが、審査員全員で
の議論を経て、最終的には予選通過。

SICKNESS

469
吉川 達義　きっかわ たつよし
摂南大学
理工学部　建築学科

近代都市のゾーニング・システムに則った大阪は、既
存のグリッド（格子状の基準線）に従い都市が形成され
てきた。疲弊し切った現代社会において、都市のイン
フラストラクチャに穴を開け、余暇をつくり出すこと
ができるのでないか。

■ 審査講評

大阪市中心部での巨大商業施設の提案である。
しかし、デザインには既視感があり、作者独自の視点
が見出しにくい点で積極的な評価につながらず、予選
通過ならず。

自由な丘 in 自由が丘
そうさく行為が活性する拠点の提案

472

木原 葉子 きはら ようこ
東京工業大学
環境・社会理工学院　建築学系

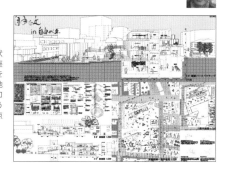

さまざまな時代のコンテクスト(状況)が残り、歩く、立ち止まる、座るといった、人のさまざまな活動を享受している東京の自由が丘。敷地に面した異なる時代による街区のコンテクストの特徴を踏襲した「そうさく行為」が、街を活性化する拠点となる。

■ 審査講評

その街の建築スケールに対応しながら建築をデザインするという設計姿勢が評価され、選出。しかしながら、ていねいに設計をしているものの、コンセプトに独自性や力強さがなく、全予選審査員での議論を経て、残念ながら最終的には予選通過ならず。

記憶を登る

473

尾崎 聡一郎 おさき そういちろう
京都大学
工学部　建築学科

日常と非日常をつなげて、記憶に残る祝祭の場をつくろうと思い設計した。

■ 審査講評

鳥取市で、街の中心軸の先に、人生の節目を祝うための施設を設計している。プログラムはシンプルであるが、日々の生活に人の死も含めたセレモニーの場を設けることで、さまざまな節目を日常に近づける試みが評価された。デザイン性については評価が分かれるが、図面も模型もしっかり表現されていることから、予選通過。

「SDL: Re-2020」オフ会──Remote Version

いつか実際にお会いしましょう。

日時：2020年4月18日(土)13:00〜16:00
使用オンライン・サービス：Zoom
出席者：「SDL: Re-2020」審査員=永山 祐子[審査員長代理]、野老 朝雄、冨永 美保
「SDL: Re-2020」11選 =岡野 元哉(344)[日本一、野老朝雄賞／現・島根大学M1]、
丹羽 達也(241)[日本二、冨永美保賞／現・東京大学M1]、関口 大樹(055)[日本三／現・慶應義塾大学M1]、
寺島 瑞季(013)[11選／現・東京都市大学M1]、田所 佑哉(018)[11選／現・設計事務所勤務]
仙台建築都市学生会議アドバイザリーボード=五十嵐 太郎、小野田 泰明、齋藤 和哉、友渕 貴之[司会]、
中田 千彦、西澤 高男、福屋 粧子
仙台建築都市学生会議 =今野 琢音[「SDL: Re-2020」メディア局長、東北工業大学B4]、
橋本 航[「SDL: Re-2020」デザイン制作局長、東北工業大学B3]、岩見 夏希[SDL2021実行委員長、東北工業大学B3]、
吉田 人志[SDL2021メディア局長、東北工業大学B3]、
石黒 十吾[「SDL: Re-2020」デザイン制作局、東北電子専門学校B2]

---

*smt=せんだいメディアテーク
*SDL=せんだいデザインリーグ 卒業設計日本一決定戦
*M0 = 大学院修士課程0年
*B0 = 大学学部、各種学校の学年0年
*Ad、アドバイザリーボード = 仙台建築都市学生会議アドバイザリーボード：本書4ページ編註1参照。
*学生会議 = 仙台建築都市学生会議：本書4ページ編註3参照。
*文中の作品名は、サブタイトルを省略。
*文中の( )内の3桁数字は「SDL: Re-2020」出展作品のID番号。
*文中は敬称略。

友渕(司会)：2020年は新型コロナウイルス感染拡大の影響で、「せんだいデザインリーグ 卒業設計日本一決定戦」(以下、SDL)の開催方法が変わりました。短期間での急な再募集にも関わらず、代替企画「SDL: Re-2020」に多くの出展があって、非常にうれしかった。ただし、模型の出展が中止になり、模型では勝負できずにパネルとポートフォリオの電子データによる審査と遠隔(リモート)プレゼンテーションという方式になった。
今回の審査方式による戸惑いや発見を11選の学生と審査員に訊くことで、新たなSDLの姿やこれからの建築のありようを探っていきたいという思いと、せめてファイナルの最終過程で得票した5作品の学生と審査員との交流の機会を設けたいという思いで「SDL: Re-2020」オフ会を企画しました。
まずは、自己紹介と「SDL: Re-2020」に参加した感想を聞かせてください。

田所(018)：大会当日、キャンプ場でキャンプをしていた田所(018)です。僕は、高校時代にSDLで『でか山』*1を見て卒業設計(以下、卒計)がしたいと思い、大学の建築系に進みました。しかし、コロナ禍の中で卒計を制作することになり、精神的にもどん底になっていて、正直きつかったです。しかし、SDL2020の開催を検討中の時期に広島の卒計展を見に行き、1年間かけてできた模型などが並んでいるのを見たら元気をもらえて、自分なりにできることをもう少しやろうと思いました。その中にあった岡野案(344)からも元気をもらいました。
「SDL: Re-2020」当日は、福岡県那珂川市の五ケ山クロスというキャンプ場(背景画像は当日のキャンプ場)にいたので、ファイナルの後はそのまま先輩と飲み会をして、4年間の学生生活の終わり方としてはすごく充実していたと思っています。

友渕(司会)：審査方法が変わったことで、考えた対策などはありますか?

田所(018)：プレゼンテーションの時、行動背景が選べるのは、今回の1つの特徴だと思って動いてはいました。

丹羽(241)：審査方法が変わったことでの焦りはなかったです。他の卒計コンペ(審査会)への応募も検討していたので、適応範囲の広いフォーマットで進めていました。学校の卒計提出期限が2月8日(土)で、そこから特に修正はせず、そのまま出展しました。
当日の審査では、審査員との質疑応答が予想より少なかった印象でした。また、事前にポートフォリオを丹念に読んでもらっていることが、作品内容の理解につながっていたのかな、と。内容を審査員はほぼ理解しているようで、不明点への質問がほとんどなく、それほど厳しい質問はなかったと感じました。

寺島(013)：SDLは卒計の目標のような位置付けだったので、私事ですが、公式パンフレットに載る顔写真をわざわざ写真部の友だちに撮ってもらいました。SDLのファイナルの舞台で審査員と議論するのが目標だったので、SDLの直前に髪の毛を切って、はじめてショートにしたんです。そのお披露目の場が「SDLの講評の舞台になる!」と思っていたので、SDL2020が中止になって少し悲しかった。「SDL: Re-2020」に変更となって、出展を止めた友だちもいましたが、私は、

このような状況になっても学生会議や関係者が一生懸命、開催に向けて進めてくれているのが本当にありがたい、という気持ちでした。こんな状況でも評価してもらえたので、出展して良かったと思います。

岡野(344)：海苔塩の岡野(344)です。自分の中で卒計は、特別に頑張りたいものでした。
島根に住んでいるので、まわりに他の学生の卒計を見られる場所がなくて、どういうものかよくわからない中、去年、SDL2019を見に行った時に、先輩たちが作った模型やポートフォリオからすごく熱いものを感じた(写真02参照)。以降、SDLは「自分もこういう場所に出展したい」という1つの目標となって、そのために頑張ろうと思った。地方からでもそう思えたのは大きかったです。それで、SDL2020に出展しようと思っていたので、新型コロナウイルスの影響で中止になった時はすごく悲しくて……。そんな中で、学生会議や審査員が卒計の発表できる機会をつくってくれたことに感謝しています。

関口(055)：『建築と遊具のあいだ』を設計した関口(055)です。最初は子供に関する遊び場や園舎の設計を考えていましたが、どうしてもリアルな子供と共同で制作したいと思い、今回のような作品になりました。原寸大の制作だったので、模型を作ることは考えておらず、動画や、制作した現地でのVR(Virtual Reality = 仮想現実)やAR(Augmented Reality = 拡張現実)などによる表現を考えていました。
遠隔審査だと、新たなパラメータ(媒介変数)として「背景」がある。たとえば、実際に作品を作った場所を「背景」にプレゼンテーションする、というような卒計の新しい見せ方を考えて、今回の審査に臨みました。
友渕(司会)：VRやARだと、どんな感じになったかを見てみたかったです。野老審査員からコメントをお願いします。

野老：開催できて本当によかったと思っています。でも今回は、「SDL: Re-2020」になってしまった。途切れてみると、今までいかに偉大なことを積み重ねてきたのかということが、痛切に感じられる。SDLは、建築をめざす学生たちにとって、とても大切なイベントだったと思います。今後、従来のSDLが復活できたら、我々が今ここで話していることは、SDLの今後のあり方を探る上でとても重要になる。
田所さん(018)が『でか山』*1を見て「建築を学ぼう」というスイッチを押された、というエピソードは、すごくいいなと思った(写真03参照)。今後、歴代SDLへの出展学生同士の年代を越えた交友がスムーズにできるシステムが生まれ、SDLをきっかけとした新たなつながりで新たな活動を展開できるといいですね。
僕は今回、SDLを介した時代のつながりみたいなものを本当に思い知らされた気がする。冨永審査員はSDL2011の日本一です。2011年に東日本大震災、2020年にコロナ禍を経験して、彼女にとって、仙台やSDLという場所は本当に重い場所になったと思う。この9年間に起こったことを思い返すと、10年後、20年後にまたこういうことがあると思うんです。だから、11選のみなさんは次の世代にSDLのバトンを渡すことを考えながら、生きていくんだろうなと思います。
寺島さん(013)の髪を切った話も、いいなと思った。そういう違いで「見る」「見られる」の関係が変わっていくよね。「プレゼンテーションとは何ぞや」という問い

につながる。
また、遠隔応対では「背景」が重要という話があった。僕の背景は、事務所が引越しの最中で、美しいスタジオという感じではないんだけど、「やっぱり五十嵐Adの後ろは本棚なんだな」など、参加者のスタジオ見学のようで、何が置かれているかという視点で見るのはおもしろい。そして、どういう服を着ているのか、も1つのメッセージだと思うんです。今日はちなみに(上着のファスナを下ろし、SDLのTシャツを見せる)。
西澤：おお〜！　それ気づかなかった。
野老：このTシャツを持っていることは、誇りですよ。
僕は、回線を通じた会話が実はすごく苦手です。相手の反応が聞こえないシーンとして静かな状況だと、自分の発言がどういうふうにスベっているかもわからない。今も僕は大げさにうなずこうとしている、というように、コミュニケーションの取り方が変わると思うんです。だから今はまだ、遠隔で審査をするにはシステムや応答手段が脆弱だと思う。今後、遠隔システムが普及していくと、建築の審査ではあまり意識されてこなかった「見る」「見られる」の関係性などが問われると思っている。
ところで、丹羽さん(241)は、審査員があまり厳しくなかった、と言いましたね？
丹羽(241)：そういう印象を受けました。
野老：今回の審査では、瞬間的に審査員の間で「作品のいいところを頑張って拾おう」といった空気が生まれたんだ。だから甘かったのかもしれない。
遠隔での審査に慣れていけば、丹羽さん(241)をボコボコに攻撃する自分が出てくると思うけれど、今はまだ、この方式での遠慮もあると思う。コミュニケーション力がすごく問われるね。

福屋：今、みんなと実際に会えている実感はありますか(笑)。
野老：使ってはいるけれど、僕は本当にパソコンが苦手なんです。遠隔でのミーティングなんて全くできる気がしないし、西澤Adが今ここにいなかったら「体調が悪い」と言って逃げようかと思っていた(笑)。今もビビってる。会えてるか、と言えば、会えていますが、いつもより区切って話そうとか、余計なことを考えてしまって。やはり、まだ慣れてない、というのかな。
少なくとも、建築系の我々はかなり早い時期からパソコンを使ってきた。僕はファッションの分野にもいたけれど、パソコンでテクスチャ(質感)や空気感をどうやって伝えられるのかは疑問に思う。
もちろん、こういう機会があれば参加していこうと思うし、遠隔で会う方法に希望を持ちたい。けれど一方で、僕は堂々とアナログなやり方で生きていこう、と思っていたりもする。「会うとは何ぞや」が問われますよね。
福屋：SDLの今後を考える上でも、審査員と出展者がどのように「会うか」は課題です。作品のプレゼンテーションや審査と「会う」とをどう両立させるか。
野老：今後、SDLをめざす学生たちには、従来通りの方法では開催されないと思う人もいるだろうし、直接のコミュニケーションは苦手だけど、今回の方式なら力を発揮する人もいるでしょう。今、僕が大学4年生だったら完全に脱落しています(笑)。いや、他のやり方を考えるかもしれない。建築の場合は図面があり、模型もある。模型がいかに多くの情報量を持っているか。
ただし、これからは、PDFなどの電子データが持つ強みをどう活かすかという問題も出てくる。今回、入

賞しなかったけれど『住み継ぎ』(003)はすごいなーと思って。「仏壇倉庫」と言われたら忘れられないじゃない？　ナイス・フレーズは、他者の心を引っ掛けるフック(鉤)になる。「あの『仏壇倉庫』の子だ！」みたいに、まず覚えるね。絵がうまい、へたみたいに、言葉がうまい、へたというのも重要で、言葉の才能のある人が絶対に出てくると思う。

友渕(司会)：「会う」感覚としては、少し違和感を覚えるけれど、今後、バーチャル(オンライン)ならではの発表方法やコミュニケーション方法を発展させることで、新しい可能性が拓けそうですね。
出展者はどう感じていたのかな？　寺島さん(013)はSDLの舞台という実空間をかなり意識していましたね。
寺島(013)：当日は全然準備ができていなくて、うまく説明できませんでした。オンライン審査では、「こういう時は模型を指して説明したい」と思うことでも言葉を尽くさないと伝わらず、実際の対面での審査とは違うと思うんです。
話す機会が2回ありましたが、2回めの時はアルバイト中で、倉庫みたいなところで話してたんです(笑)。
野老：そうなのか！
寺島(013)：説明を書いたノートなどの資料を全部家に置いてきていたので、全然うまく説明できなくて。その後、バイト先の店長に向かって泣いちゃって。結構、後悔が多かったです。
友渕(司会)：審査員に直接プレゼンテーションできない難しさやつらさを、ひしひしと感じたのですね。
寺島(013)：はい。相手の目を見ながら話すとか、身なりやしゃべり方、身振り手振りなどをすごく気にしていたので、それが一切できないとなると、自己表現の手段が減ってしまって、とても難しいと感じました。

友渕(司会)：なるほど。一方で遠隔の良さを発揮できたのは田所さん(018)だね。
田所(018)：はじめからキャンプ場に行くことを考えていたわけではなくて、たまたまキャンプ場にいたので、その場所で自分にできるパフォーマンスとしての最善策をとった結果でした。
また、僕は九州の大学生ですけれど、仙台に出展するだけでも運送費を含めて約10万円かかってしまう。学生にとっては厳しい金額ですが、今回は0円で参加できたという点で、遠隔方式のメリットはありました。他のいろいろなコンペ(設計競技会や講評会)にも無料で参加できた。ただし、模型を見てほしかったという気持ちはあったので、メリットもデメリットも感じながらの参加でした。

友渕(司会)：審査員として遠隔審査はどうでしたか。
永山：出展者同様、すごくいい部分と少し物足りない部分があったように思いました。
SDLは模型の迫力が伝わるところも大きな魅力だと思うんです。模型が見られなかったので、臨場感としては物足りない部分はあります。ただし、私は以前、SDL2007で審査しましたが、その時と比べて、模型がない分、ポートフォリオをよく読み込んだので、審査員の間の読み取りの誤差は少ないまま審査できたように思います。

友渕(司会)：「SDL: Re-2020」は、電子データと遠隔で審査する方式に変更となり、10選(実際には11選)の選出と各審査員賞の選定で終える想定でした。が、

永山審査員長代理が「日本一を決めよう」と声を上げたことで、日本一を決めることができました。実際に審査をしてみると意外と誤差は少なく、評価や議論ができるという実感を抱いたのでしょうか。

永山：ポートフォリオの内容は充実していました。「作品の意図をきちんと伝えよう！」といった意思を出展者から感じたので、日本一を決められるのであれば決めたほうがいいと思いました。
SDLで日本一になった、何位になった、ということが将来的に彼らの後押しになると思うんです。将来的にポートフォリオに記載できるし、輝かしい履歴として残っていく。私も賞をもらって背中を押されて、すごくやる気をもらったことがあったので、その感覚はすごく大事だと思ったし、そういう意味できちんと選んであげたいと思いました。

野老：本番の審査で隣に座って見ていたけれど、永山審査員長代理が「やっぱり日本一を決めるべきだ」と言った時、審査員4人みんなが、瞬間的に「もちろん！」という気分になった。「もう座長に従うっすよ！」みたいな。その時、小野田Adがバックステージから走り出て来た。我々審査員が押し切っちゃったとは思っていないけれど、日本一を決めるというのは、やっぱりすごく重い決定です。それで永山審査員長代理の「もう日本一を決めるぞ！」に対して、小野田Adから日本一を決めることに対する審議があった。僕は、あの時の小野田Adの心境を聞きたいな。

小野田：1カ月前の僕が日本一を決めることに対して意見を挟んだのは、やっぱりそういうキャラクタ（役割の人）はいたほうがいいと思ったからです。それに対して、永山審査員長代理が「日本一を決めるべきよ！」とバシッと見事に決めてくれたから、すごく良かった。
今回は一堂に会してのプレゼンテーションと質疑応答でないためフリクション（衝突）が発生しづらく、時間が何よりも優位に立って、進行がスムーズにいき過ぎていた。その中で、人が集まって議論して、何かを決定することの尊さを教えてくれたと思う。それはそれでおもしろい経験でした。

野老：永山審査員長代理と小野田Adが、事前に打ち合わせてたのかと思ったもんね。

小野田：してないよ（笑）。

野老：てことは、本当に永山審査員長代理かっこよかった。俺は、本当に怖くてさ。

小野田：そうだよね、俺は完全にヒール（悪役）だよね。

永山：冨永審査員に「日本一を決めたいですよね」と言われて、「そうだよな」と思って。私は、途中まで勝手に思い違いをしていて、いつも通りに日本一を決めるつもりでいたので、「あ、違ったの？」みたいな感じでした。だから、各審査員賞を決めた後、テンション（気分）が下がっていた。でもみなさんから同意してもらったし、後から考えても、その後、岡野さん（344）が地元で話題になっているのを見ても、日本一を決めてすごく良かったと思った。そういうことが重要じゃないですか。

友渕（司会）：状況が変われども、やはり出展者の背中を押すことはSDLの大きな役割かもしれません。そこで日本一を決めるのかどうかという緊迫した雰囲気になったことも「日本一」の地位を高めたように思います。また、SDLはsmtに同年代の仲間が集まるという点でも大きな意味を持っていたと思います。島根県からだ

と、卒計展を見に行く機会がないという話（344）もありましたし、特に今回の20選には地方からの出展者が数多く残っていました。そうした意味でも、人が一所に集まって直接話をすることや、都市と地方の差異などを含めて、場所が持つ意味（場所性）について考えてみたいです。

岡野（344）：去年、島根大学の先輩の作品（坂井案『海女島』／SDL2019特別賞／写真02）がSDL2019でファイナルに残って、ファイナリストは審査後に審査員と仲良くなれる機会があると聞いていたので、集まれなかったのはすごく残念です。やっぱり、いろいろな人からもう少し刺激を受けたかったという面はあります。

友渕（司会）：そうですね。もともとはコロナ禍が終息したらファイナリストと審査員で会おうという企画をしていたんですよね。

永山：落ち着いたら集まろう。

小野田：イタリアの地方でワインを作って、名声を得て幸せな暮らしをしている人たちのように、地方の人たちがつながっておもしろいことをやる、という展開もいい。そういうやり方を伝播させていくといいかもしれない。それがポスト・コロナなのではないか。

野老：地方がこれからどう頑張っていくかにとっては、今回のコロナ禍がすごく大きなターニングポイントになると思うんです。出展者のみなさんは、これから自分たちが地方を豊かにする筋道をつくる、という自負を持つべきだと思う。これから、都市のあり方についての議論は絶対に増えますよね？　感染者数の多い東京なんか日本中から目の敵になっていて、もう東京から地方に来るなみたいになっちゃってる。

五十嵐：コロナ禍の影響がどれぐらい続くかわかりませんが、ポスト・コロナで社会の仕組みが本当に変わるとしたら、密集して住む都市型の生活自体が変わってしまうほどの大変化になるかもしれません。
実は、1年半ほど前に冨永審査員の設計した『真鶴出版2号店』（2018年）を見て、なぜここまで周辺環境や土地の歴史を取り込んで建築をつくるのか、なぜ彼女がそんなことを考えるのに至ったのか、と感じたことがある。彼女は奇しくもSDL2011の日本一（写真04参照）になって、直後に3.11東日本大震災の洗礼を受けてすぐ大学院に進んで、大学院生で参加した被災地でのワークショップでやり残した宿題みたいなものを個人的に持っていた。それを『真鶴出版2号店』でやったと聞いた時、すごく腑に落ちたんです。そして、ポスト3.11の若手建築家が登場し、その作品ができたことにとても感動しました。今年もそういう意味で激動のタイミングだと思うので、「SDL: Re-2020」に出展した学生が、実際に作る建築を見てみたいと思いました。

冨永：SDL2011に出展するまで、自分が考えたり、作ったものが、全然話したこともない人に届くという実感はありませんでした。自分の発信したものにいろいろな意見をもらえたのがSDLで、その後もいろいろな人と卒計についての会話ができたのは非常に良かったと思っています。日本一になった瞬間は、「やったぞ！」という感じだったんです。けれど、SDL2011の2日後に東日本大震災が起きた（写真04参照）。その時は、自分がこれからどういうふうに建築を作る、ということはあまり頭になかった。しかし、震災でいつもの生活ができなくなった人たちへのヒアリングを重ねる内に、自分が作りたい建築は、いきなりグワッと建ち上がるようなものではなくて、生々しい出来事の積み重

ねの中にじわじわと構築する建築ではないのか、と発見していった感じです。
今回の出展者は、コロナ禍以前に作った卒計を、コロナ禍以後に自ら再解釈できる面があり、ある意味で冒険の年だと思う。私の従来の興味はこうだったけれど、世界がこう変わった時に、何が残って何が変わっていくんだろう、と考えられる。学生のみなさんは、そこに向き合って、これから建築を作っていくのではないでしょうか。

友渕（司会）：僕も冨永審査員と同じSDL2011に出展し（写真01参照）、同じく東日本大震災の復興に関わって、やはり震災の前後で価値観は大きく変わったと実感しています。今回の出展者もこの状況に直面して、いろいろと価値観が変わるかもしれません。こういう状況の中で何か考えたり、動いている人はいますか。

丹羽（241）：これまでは大学に行くと、たとえば同級生が設計して模型を作っている様子を見られたので、そこで何か議論することもできましたが、そういう状況がなくなった現在は、基本的に個人ワークが中心になっています。その中で、個人の研究や設計を大勢で共有しようという勉強会をちょうど始めたところです。まだ学生なので、できることは限られていますけれど。

野老：それは何人ぐらいで？

丹羽（241）：今は6人で、必要があれば広げていきたいのですが、想定としては最大15人くらいです。

野老：一番適切な人数というのがあると思う。1万人では無理そうだけれど、10人ぐらいならできそう、とか。人が大勢いると集中力がなくなってしまうかもしれないし、逆に別の集中力が出るのかもしれない。それは試しながら決めていくことかもしれないけれど、すごく興味があります。
今ここには建築系のメンバーが集まっているけど、ここに社会学者などが参加してもいいわけじゃない？新しいプラットフォームをつくるために勉強会をドンドンやってほしい。

福屋：オンライン上でどう集まるかという主題で、たくさん実験ができそうですね。
東日本大震災の話が出たので、当時を思い出しながら聞いていました。学生がリサーチに行く時には教員も一緒に行ったのですが、実は学生のほうがたくさん話を聞けることも多かった。新しい状況になった時、学生がつくった新しいミーティングの内容や成果が授業を上回ってしまう可能性だってある。ぜひ、そういう取組みを進めてほしいと思う。

友渕（司会）：コロナ禍の影響とメディアの発達が相まって、若い世代の活躍できる場は広がっていくと思います。みなさんの今後の活躍をものすごく楽しみにしています。
一方、審査の方法によってプレゼンテーションの方法は大きく変わってくる。多様性を受け止めるために、審査方法を今後どうするのか。今回、遠隔審査を経験して、オンラインでの可能性や未来を感じましたか。

丹羽（241）：「SDL: Re-2020」では、事前に送った資料を、審査員にきちんと読んでもらえました。VRという手法も有効かもしれませんけれど、個人的には、詳細な資料を用意して、しっかりと作品の意図を伝える方法がいいと考えています。
普段の設計課題でも、密度の高い設計にしたいという思いがありますが、限られた時間内で講評者の読み取

れる情報量には限界があり、そういう提案は理解されにくいと感じていました。だから、あらかじめ提出した資料を見てもらうのが一番理解されやすい方法ではないか、と。

岡野(344)：遠隔審査は、地方から会場までの旅費を軽減できることが大きな利点です。もう1つ、審査員との実際の距離は遠いんだけれど、逆に近くなったように感じる。従来の方式では、選出が審査員の深読みに左右されることが多いのではないかと感じていた。けれど今回のような遠隔審査であれば、段階ごとに出展者と審査員が直接やりとりできる場をつくれます。

田所(018)：遠方から出展すると送付に日数がかかるので、仕上げに十分な時間をかけられない。今回は、不要になった送付の時間を使って、最後の詰めができました。

関口(055)：制作した模型のサイズが大きく、2m×2mの展示スペースでは展示できないので、僕はデザイン言語のような見せ方をずっと考えていました。もしsmtで開催されたら、iPadやOculus Go(VRヘッドセット)などを持っていって、VRやARで体験してもらおうかと思っていました。

また、卒計で木造仮設ドームを作った知人がいます。そういう原寸大で製作した作品をどう伝えるかという時や、僕のように模型で勝負できない作品にとっては、遠隔審査は現代のテクノロジーを使った新しいプレゼンテーションができて、作品の良さを伝えられる新たなきっかけになると思っています。

友渕(司会)：模型やポートフォリオの他に、実際に、VRやARなど、複数の伝達手段を用いて出展されるようになった時、SDLの審査はどのように変わっていくのでしょうか。

永山：私事ですけれど、ちょうどこのコロナ禍のタイミングで延期になった重要な案件のプレゼンテーションが、もしかしたら、最終的に遠隔審査になるかもしれない、という話が出ている。それで、コンペ・チームでは、最後のプレゼンテーションを何で伝えるかに

ついて、本気で議論しています。まだ、模型を見せられるのかどうかが、わからないんです。「それならVRなどのほうがいいんじゃないか」「資料をわかりやすく作ろう」など、実際の仕事の中で同様の議論をしていたので、追体験しているような思いです。

これからしばらくの間はそういう模索が続くし、そうなると私たちは、「相手が見た時に一番わかりやすいのは何だろう」と本気で考える。それはそれで結構、勉強になると思います。対面審査だったら「大きな模型を持っていって、パワーポイントを揃えて」となるのですけれど、いつも通りの審査ではなくなった瞬間にアウトプット(最終表現形)の仕方について大いに議論しました。当たり前と思っていたことにも、もしかしたら、もっとわかりやすいアウトプットの仕方があるんじゃないか。そのことを考えさせられるタイミングだった気がします。

もちろんSDLでは模型を見たいと思いますけれど、それにこだわらずに、主催者側で最も効果的な方法を工夫すればいい。けれど、若い世代のほうがツールをよく知っているから、主催者が新しい枠組みを設けなくても、出展者が何か驚くような方法を編み出すのではないかと期待しています。若い人の新しい発想を寛容に受け入れる。それでいいと思います。

野老：僕は1992年に大学卒業です。当時、Macintosh IIあたりのパソコンがあって、それを使って卒計を提出しようと思ったら、図面を手描きしていないということでダメだったんです。僕の卒計は一応、大学の代表に選ばれたけれど、成績は優、良、可の可でした。当時の大学では、そのくらいデジタルが受け入れられていなかった。今後、若い人から、リテラシー(応用力)を含めて「こういうのどうですか」という提案は絶対に出てくると思います。

また、遠隔審査が広まっていけば、SDLが(国境も越えて)ものすごく広まる可能性もあると思う。言語を超越するのが模型や図面だと思うので、そういう時に自分の建築をどう他人に伝えるかが問われると思う。

友渕(司会)：そうですね。遠隔になったことで、新しい表現方法や伝達方法が生まれれば、おもしろいと思

います。もしかすると、これからは自分の作品をより魅力的に伝える方法を競い合うようなことが起きるかもしれないと感じました。

野老：東京都港区の三田で『蟻鱒鳶ル*2』(アリマストンビ)をずっと作り続けている岡啓輔という本当に偉大な建築家がいます。彼の行為そのものがプレゼンテーションになっているんです。今までは、教員に「こういう図面を出して」と言われて従ってきたと思うけれど、岡さんやYouTuberがやっていることのように、それとは違う効果的な表現方法がたくさんあると思う。

たとえば、渡邊案『不図』(ふと)(028)は、コツコツと自分の家を改修するなど、実際にやればいいと思うんです。教授の指示を待つのではなくて、これからはガンガン脳味噌を使って、新しい枠組みを自分からつくってほしいんだ。もちろん、おじさんたちも頑張りますよ。

話は変わって、僕はインターネットが苦手と言いましたが、この数時間の会合を通して、逆にがんばろうと思いました。そういう希望を建築というツールを通じて見出していきましょう。改めて、俺は本当に建築が好きなんだと強く思いました。建築の学徒であることの誇りを持ちましょう。

永山：建築は未来を想像して、未来をつくっていく仕事だから、私はいつも、逆にそのことに勇気づけられてもいます。今はこういう状況で不安もあるけれど、建築に関わる私たちは、やっぱり、そういう誇りを持っていなければいけないと思う。これからも勇気を持って進んでいきたいと思うし、今日は原点に戻ったような気持ちになっています。

まとめになっていませんが、最近ひしひしと感じたことをちょっとお伝えしました。私もいろいろ迷いながらですけれど、前に向かって進んで行こうと思います。みなさん頑張りましょう。また、いい時期が来ると思います。それでは、いつか実際にお会いしましょう。

編註：
*1 『でか山』：SDL2014の日本一。写真03参照。
*2 蟻鱒鳶ル：アリマストンビル。建築家の岡啓輔が東京の三田で自力で建築中のビル。2005年着工で、竣工時期は未定。

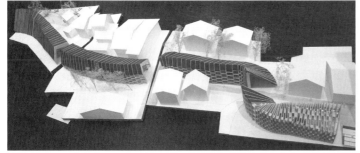

01 めぐらせ——町・住民・観光地をつなぐ新たな動脈　友渕 貴之
——僕も冨永審査員と同じSDL2011に出展

02 海女島——荒布栽培から始まるこれからの海女文化　坂井 健太郎
——SDL2019を見に行った時に熱いものを感じた、先輩たちが作った模型

03 でか山　岡田 翔太郎
——SDL2014で、田所さん(018)が『でか山』を見て「建築を学ぼう」というスイッチを押された

04 バレードの余白　冨永美保
——SDL2011ファイナルの2日後に東日本大震災が起きた

「せんだいデザインリーグ　卒業設計日本一決定戦」（SDL）のこれから──「SDL: Re-2020」で得たもの

日時：2020年4月2日（木）13:00〜15:00
使用オンライン・サービス：Wherby
参加者：仙台建築都市学生会議アドバイザリーボード＝五十嵐 太郎、小野田 泰明、齋藤 和哉、友渕 貴之[司会]、
西澤 高男、濱 定史、福屋 粧子
仙台建築都市学生会議＝福田 翔平[「SDL: Re-2020」実行委員長、東北学院大学B4]、
今野 琢音[「SDL: Re-2020」メディア局長、東北工業大学B4]、
田中 千尋[「SDL: Re-2020」会計局長、宮城大学B4]、岩見 夏希[SDL2021実行委員長、東北工業大学B3]

*smt＝せんだいメディアテーク
*SDL＝せんだいデザインリーグ　卒業設計日本一決定戦
*B0＝大学学部0年
*Ad、アドバイザリーボード＝仙台建築都市学生会議アドバイザリーボード：本書4ページ編註1参照。
*学生会議＝仙台建築都市学生会議：本書4ページ編註3参照。
*仙台国際センター＝仙台国際センター　大ホール
*東北大学 川内萩ホール＝東北大学百周年記念会館 川内萩ホール
*文中は敬称略。

Photos except as noted by the participants of the symposium.

友渕（司会）：今回、新型コロナウイルス感染拡大の影響を受け、「せんだいデザインリーグ　卒業設計日本一決定戦」（以下、SDL）は内容を大幅に変更して、代替企画「SDL: Re-2020」として開催されました。この出来事を記録として残すとともに、今回の経験を通して、今後のSDLがどのように変化していくべきかを考えることは、今後開催していく上でとても重要です。その議論を進めるために、まずSDL誕生の背景から現在までの経緯を改めて確認した上で、次回以降のSDLのあり方を浮かび上がらせていこうと思います。

まず、基本情報として、出展数の推移を見ます。SDLが初開催された2003年は出展数が152作品で、2010年の554作品まで右肩上がりで増えている。2011年は、少し減って531作品。そして翌年、10年めを迎えた2012年は、出展数が450作品と大きく減っている。そこから徐々に減少していって、最近は350作品前後で推移しています（図1参照）。

それでは、SDL発足の経緯を含め、これまでのSDLの歴史を紹介してください。

小野田：2001年にせんだいメディアテーク（以下、smt）が開館。その頃から、学生会議が創設されるなどSDL開催の気運が流れていて、2002年にSDLのプレ企画を実施しました。

齋藤：僕が学生の頃、その企画に出展して、大学院生の1位を取りました。一般部門と卒業設計（以下、卒計）部門でプレ企画を実施し、卒計部門では確か芝浦工業大学の学生が1位を取った。それは記録に残っていないけれど。

小野田：当時は、建築家以外の教員が設計を教える学校も多く、それぞれの大学内で個別に行なう卒計の講評会では、すごくいい作品や可能性のある作品でも評価されずに終わることがあった。阿部仁史Adとの「そういう状況は健全ではないよね」という会話から、アンデパンダン*1展のように、卒計の自由さを語ることのできる場がほしいと思った。

阿部Adと相談して、2002年にsmtにSDLのプレ企画を提案したのが始まり。試しにやってみて「やれるな」と感じたので、2003年から全国的に広報してSDLを開催することとなった。

福屋：smtではじめてSDLを開催したのが2003年。

小野田：そこから本格化した。

一同：なるほど。

小野田：SDL2003に出展されたのが152作品。今でも覚えているけれど、smt1階のオープンスクエアに全国から送られてきた152箱を並べた。箱を開けるとそこから若い人たちの野心が立ち昇ってくるような光景が見えて「これはおもしろくなる」と感じた。伊東豊雄、塚本由晴両審査員は、とても突っ込んだ批評をしてくれた。それは「学校の枠組みを超えること」「新しいsmtという空間で創造性について語ること」という理念が正に融合した幸せな時間だった。

それで、2004年、2005年と同じような形式で開催した。2006年からオフィシャルブックを刊行。2007年は出展数が477作品と膨大で、会場は黒山の人だかりですごいことになった。結局、これ以上来場者が増えるとけが人が出そうだということで、別のホールを借りてファイナル（公開審査）を実施したのが2008年。仙台放送のテレビ番組が開始した。

友渕（司会）：東北大学百周年記念会館 川内萩ホール（以下、萩ホール）？

小野田：2008年は仙台国際センター　大ホールだった。萩ホールに移行したのは2009年から。SDL2008からは、展覧会とファイナリスト決定までの審査過程をsmtで、その後で模型を大移動して、別会場でファイナル、日本一を決める議論をするという形式となった。

図1　SDLの歴史

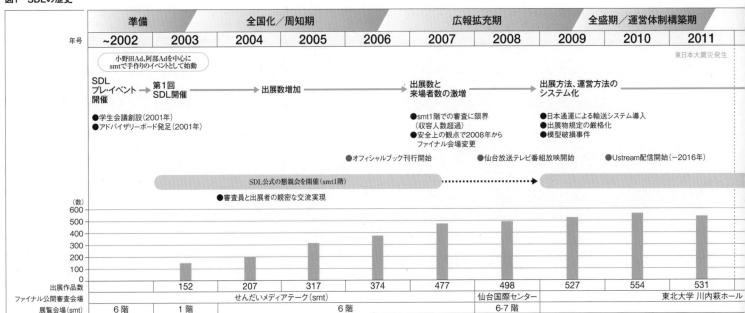

	準備	全国化／周知期				広報拡充期		全盛期／運営体制構築期		
年号	〜2002	2003	2004	2005	2006	2007	2008	2009	2010	2011
出展作品数		152	207	317	374	477	498	527	554	531
ファイナル公開審査会場		せんだいメディアテーク（smt）					仙台国際センター	東北大学 川内萩ホール		
展覧会場（smt）	6階	1階	6階				6-7階			

（作成：アドバイザリーボード）

転機になったのはSDL2013。審査はすごくおもしろかったけれど、最終的に、高松伸審査委員長は来場者を起立させる多数決で日本一を決めた。これが衝撃的で、現場に立ち会った主催者や来場者には「本当にこの方法で決めていいのか」という疑問が生じた。高松審査員長が悪いわけではなく、「審査員が議論して日本一を決めること」への建築界の不信感というか、審査の難しさが具体性をもって露呈したのかもしれない。その反省から、しっかり審査員間で議論して、日本一を決める過程を改めて大事にしていこう、と。以上がこれまでの大まかな流れです。

また、他にもいろいろな卒計展が増えてきたため、2011年あたりから出展数が減ってきた。一方、返却時に出展模型の破損事故が起きていたため、運搬や展示方法などのシステムをきちんとしないとダメだということになり、専門の搬送業者と専属契約を結んだ。そのため自由に持ち込めない、サイズの制限など出展物搬送のためのルールは相当厳しくなったし、規定の送料がかかるようになった。リスクヘッジ（危険の予防策）としては正しい変更だけれど、同時に出展者の負担は増え、窮屈にもなる。もともとは手づくりでやっていたものでも、開催規模が大きくなるとそうはいかない。この種の問題がその頃から発生するようになり、SDLは社会の融通が利かない制度（システム）に飲み込まれつつあった。もちろん、システムに飲み込まれないように手を替え品を替え試してはいたが、さまざまな問題が生じた。出展者の考えを主張することはいいし、当然の権利ではあるが、その結果、制度化されてくることによる負の結末に対して我々は自覚的であったほうがいい。こうした状況を呼び込むことは制度化につながるだけだから。

今回、新型コロナウイルスの感染拡大下でSDLを開催するにあたっては、「感染させない」「クラスターを発生させない」ための規制を検討した。最初は、「不謹慎だから審査経過のライブ配信はしない」、各学校には、新型コロナウイルス感染防止のガイドラインがあるから、不要なトラブルを避けるため「学生会議の学生を会場に入れない」といった恐ろしい規制の導入を決断しそうだった。しかし、それは社会の制度の暴走だ。だから、今回は、感染防止に必要なギリギリの範囲を探り、各学校のアドバイザリーボードから参加学生に

ついての確認書をとって各学校とsmtに提出し、人と人との距離をとって、ファイナルの動画の配信もした。動画配信は、「テレワークの仕事やイベントなど、コロナ禍での生活全般における可能性を実験するためだ」と各学校に理解してもらえたのはよかった。

振り返れば、SDLの歴史は、制度や抗いがたいものとどう付き合っていくか、という実験の歴史でもあったのではないだろうか。だから、制度に飲み込まれつつあるSDLに対するカウンターとして、2016年から始まったSDL連動企画、五十嵐Adの「エスキス塾」（本書112ページ〜参照）は、非常に有効に機能している。

友渕（司会）：2016年に「エスキス塾」の企画を立ち上げたのはなぜでしょうか。

五十嵐：僕がアドバイザリーに参加した時には、すでにSDLの制度はできていて、最初はSDL2006の審査員として参加しました。小野田Adが説明したように、今は大学で建築家が当たり前のようにデザインを教えているけれど、昔はそうでもなかった。在野で活躍しているイキのいい建築家を教員として採用することは、1990年代から急速に増えたと思う。以降は、それぞれの教員が知己を得た建築家を大学の講師として招いたり、学内の卒計の講評会にも建築家を招聘し、しっかり講評する文化が根付いていった。

SDLに先行する卒計イベントとしては「京都六大学卒業設計展」（現・Diploma×KYOTO）と九州の「学生デザインレビュー」があった。たぶん、SDLを創設した阿部Adも「学生デザインレビュー」などに参加した時にヒントを得たのではないだろうか。そうした背景もあって、smtからどんな企画をやったらいいかを相談され、SDLを提案したのだと思う。

登場した時、SDLのインパクトは非常に強かった。先行する2つの卒計展の会場は、そこまで有名な建築ではなかったから、平成のナンバーワン建築として評価されていたsmtが会場となり、さらに「卒業設計日本一決定戦」という名称を付けたことが成功した理由ではないだろうか。最初は勢いがあり、回を重ねるごとに出展数は増えていき、最多の時はsmt5、6階にすき間なく作品を展示するという、審査側にとっても大変な状態だった。

イベントのスケールが大きくなるにつれ、システムを

少しずつ変化させなければならなくなった。前出の「模型の破損事故」で、模型が破損した学生が強硬な態度を示したことから、出展者とSDLの間に専門の配送業者を入れて、保険をかけて、出展物をキチンと搬出入するようになったとか。

SDL初期の頃（2003〜2007年）は、smt1階のカフェで、審査員と出展学生が参加できるオフィシャルな懇親会を開いていた。SDL2006で、日本一になれなかった大西麻貴（SDL2006日本三、現・建築家）が、懇親会で曽我部昌史審査員に食いついて泣かされていた、という場面を覚えています。ただし、それが可能だったのは、出展数がそれほど多くなく、会場移動に時間を割かずに済んだからです。

仙台は東京から日帰りできることもあって、審査員がセミファイナル／ファイナルの1日で日帰りできるスケジュールを組むけれど、そうすると、大会の規模が大きくなるほど、審査員の1作品を見る時間が減って、審査員と出展者との接点は少なくなってしまう。「エスキス塾」を考えた背景には、そうしたことが個人的に気にかかっていたこともある。

それと、SDL2015では、どの審査員も強く推したわけではない作品ばかりがファイナリストに残る一方、強く推しても選ばれなかった案もあった結果、審査が白熱しなかったため、この際、責任をとってもう審査員をやめようかと思った。その代わりに、限られた上位の案だけを評価するSDLとは別の仕組みを考えてみようということで、2016年に「エスキス塾」を始めた。「エスキス塾」では、出展作品をできるだけ数多く見ることと、出展学生と直に接する懇親会をセットにする。懇親会は誰でも参加できるので、出展者以外の学生からポートフォリオを見せられて、コメントすることも多い。とにかくSDLはスケールが大きくなり過ぎて、いろいろとできないことが生じているので、小さいスケールで実現可能なことを考えたのです。

今はもうシステムが変わっているけれど、2006年に、九州の「学生デザインレビュー」に参加した時、最初から2日間のプログラムを組んでいるので、審査員は現地で1泊することが条件だった。だから、初日の懇親会に審査員が全員参加していて、そこでファイナリストに選ばれなかった学生が審査員と話し込むことも起きている。2日め、ファイナリストに選ばれた学生は1晩

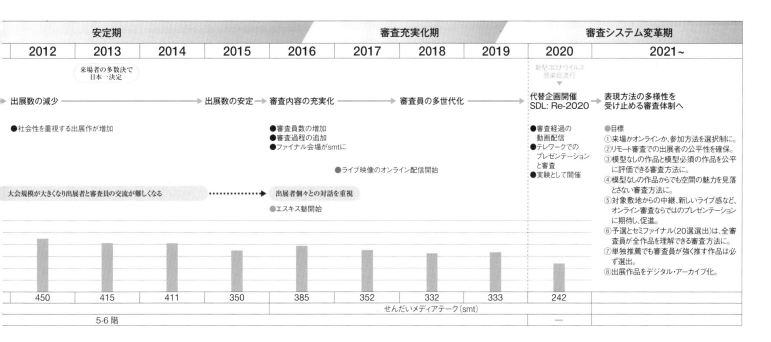

	安定期				審査充実化期				審査システム変革期	
	2012	2013	2014	2015	2016	2017	2018	2019	2020	2021〜
		来場者の多数決で日本一決定							新型コロナウイルス感染症流行	
	出展数の減少 ──			→ 出展数の安定 →	審査内容の充実化		→ 審査員の多世代化 ──		代替企画開催 SDL: Re-2020	表現方法の多様性を受け止める審査体制へ
●社会性を重視する出展作が増加					●審査員数の増加 ●審査過程の追加 ●ファイナル会場がsmtに				●審査経過の動画配信 ●テレワークでのプレゼンテーションと審査 ●実験として開催	●目標 ①来場かオンラインか、参加方法を選択制に。 ②リモート審査での出展者の公平性を確保。 ③模型なしの作品と模型必須の作品を公平に評価できる審査方法に。 ④模型なしの作品からでも空間の魅力を見落とさない審査方法に。 ⑤対象敷地からの中継、新しいライブ感など、オンライン審査ならではのプレゼンテーションに期待、促進。 ⑥予選とセミファイナル（20選選出）は、全審査員が全作品を理解できる審査方法に。 ⑦単独推薦でも審査員が強く推す作品は必ず選出。 ⑧出展作品をデジタル・アーカイブ化。
					●ライブ映像のオンライン配信開始					
大会規模が大きくなり出展者と審査員の交流が難しくなる			┈┈┈┈→	出展者個々との対話を重視					
				●エスキス塾開始					
	450	415	411	350	385	352	332	333	242	
		5-6 階			せんだいメディアテーク（smt）				—	

寝ているので、しっかりとプレゼンテーションすることができ、作品について落ち着いた議論ができた。その頃の「学生デザインレビュー」は出展数が200以下だったので、1次審査ではパネルの前で出展学生と直接話すことができ、審査員として充実した経験だった。それを踏まえて、SDLの位置付けを考えると……。最近は、主催者が出展作品の選び方に教育的配慮を求める傾向があり、ファイナルの審査では、かつてのような建築家の価値観が衝突するバトルが少なくなった。しかし、本来、教育面はそれぞれの学校できちんと教えているはずなので、SDLでは、そこまで、選ぶ作品の教育的な「正しさ」にこだわらなくてもいいのではないかと思っている。

福屋：SDLは「学内では評価されなかったけれど、こんなにおもしろいことを考えた学生がいる」ことを全国的に議論できる貴重な機会だと思います。

友渕（司会）：なるほど、おもしろいです。

福屋：「エスキス塾」登場の時期にも、SDLの歴史的な節目があるようです。

友渕（司会）：小野田Adの言う「制度に対する抗い」の1つとして、「エスキス塾」が誕生したと受け取れますね。

福屋：学生会議のメンバーは、SDLや学生会議のことをいつから知っていたのですか？

岩見：実家がたまたまsmtの斜め向かいにあって、母がsmtの図書館の司書、父が建築系の仕事なので、子供の時からsmtにはよく行っていました。建築に興味を持ち始めた高校1年生の頃に、「あ、何か建築のイベントをやっているな」と思ったけれど、わざわざ見に行くことはありませんでした。
高校3年生の時、大学で建築系に進むと決めてからSDLに興味を持って、SDL2018で観覧席の抽選に応募したら当たり、smt1階オープンスクエアで生の大会を見ることができました。その時は、「すごいことをやってるな」くらいの感想でしたが。
大学に進んで、知り合いから誘われて学生会議に入ったのですが、いざSDLに関わってみると想像以上に、すごいことをやっているので驚きました。「これはサークルというより企業なのでは？」と感じるぐらいにSDLの運営がすばらしいと思って。「すごいなー、すごいなー」と思っているうちにここまで来た、という感じです。

福屋：SDLの歴史をおさらいしたので、今年と来年以降についてはどうしょうか。

友渕（司会）：今回、初の試みとして、無観客で日本一を決めない方式（実際には選定）での開催に踏み切りました。また、模型の出展を禁止し、遠隔プレゼンテーションによる、パネルとポートフォリオの電子データの審査に変更しました。展覧会場に展示したパネル、ポートフォリオ、模型の審査と、電子データをモニタで見ながらの審査では、どのような差異が生じましたか。

斎藤：1つ1つの作品を読み込んだ量は全然違う気が

します。
予選では、自分で審査を担当する作品は限定されて数が少なかった（48〜49作品）ので、各作品のポートフォリオを十分読み込み、100選に選出するかについて、ものすごく議論したという印象です。
従来のSDLでは、短時間（約160分）で300超の全出展作品を見なければならないので、主にパネルの印象や模型の完成度で100選にするかを判断している気がします。
また、今回ファイナルの審査を見て、セミファイナルで審査を担当した作品とそれ以外の作品では読み込みの度合いにすごく差があると思いました。審査員はなるべく客観的に見ようとしていたけれど、やはり客観的に見ることのできない（思い入れの強い）作品があったのではないかな。

友渕（司会）：100選を選出する予選の審査方法の変更が、予選審査員（Ad）の中に、これまでとは違う責任感を生んだのかもしれませんね。

福屋：私が参加したのはSDL2010からです。当時は京都大学などの出展者による白い模型が主流で、ふわっとした気持ちよさそうな空間を思わせる、空想的な模型が多数並んでいました。
しかし、SDL2011会期中に起きた東日本大震災を境に、各審査過程で「敷地や社会状況を細かく読み込んだリサーチ型の提案でないと議論に耐えられない」という議論が出始め、渋い色のリアルな模型が一気に増えた印象があります。
以降、その傾向はずっと続いていますが、それでも今までは模型を見て「これは空間に光が落ちてきてとても居心地がよさそうだ」という視点で作品を選べた。しかし、今回の方式だと、ポートフォリオの内容で議論に耐え得る作品は選べるけれど、ポートフォリオの内容は薄くても空間として良さそうな作品を選ぶ選択肢がなくなってしまった。「空間性の評価軸が欠けた」とまでは言えないが、審査員が作品を3次元的に把握する手がかりは欠けたと感じているので、空間の魅力が見落とされない審査形式が必要だとは思います。

小野田：オンライン審査だと、空間より時間が優位になるね。

福屋：ポートフォリオの審査では「こんなこと考えてもみなかった！」という突飛なアイディアの作品はおもしろさが伝わりにくい。今回の出展作品のポートフォリオは10ページ以上あり、しっかり描き込まれていて迫力があった。一方、去年まであった、呆気にとられるような発想の空想的な作品は出展されていないかもしれません。

友渕（司会）：その一方で、ポートフォリオ審査で提案内容をきちんと示した作品が選出されたこともあり、オンラインによるファイナル審査は比較的スムーズだった印象です。
当初、各審査員賞しか決めない予定でしたが、永山審査員長代理の提案で日本一を決めることとなりました。オンラインのファイナル審査でおもしろかったのが、キャンプ場に向かう途中の車内からプレゼンテーションする出展者がいたこと。作品の敷地からだったら、さらに、おもしろいと感じたでしょう。これはすごく重要な従来との差異だと思う。これまでは同じ舞台、同じ方法でプレゼンテーションするという規格のフォーマットの中で闘わなければならなかったけれど、オンライン方式であれば、作品に適した場所や方式で

発表する出展者が登場する気がしました。

五十嵐：今回は、出展者それぞれの個性がよく出ていたと思う。いつもはファイナリストが、会場に集まった大勢の観衆の前で、しかも建築家の目の前で緊張した状態で話します。審査員が助け舟となる質問を出しても、その意図が伝わらず、突っぱねてしまい、うまく会話も成立せず、見ていてイライラするような状況がよく起きていた。今回は通信状況によって音声や画像が途切れたりしたが、従来と違う表現の可能性が感じられた。
また、例年のファイナルでは、期待したほどではなかったと感じる作品が、どうしても一定数入ってしまいますが、今回そういうものがほとんどなかった。とは言え、模型なしでは作者の意図を十分に表現できない作品があるのは事実で、今回の審査方法だと、そういうタイプの作品を評価しにくかったのはかわいそうだった。

齋藤：新型コロナウイルスの感染状況次第ではあるけれど、次回のSDLではしっかりと準備をして、リモート（遠隔）による出展や、従来の模型やパネルを持ち込んだ出展など、各自が出展方法を選択できるようにするといい。

福屋：基本的に賛成です。どのように成り立たせるかを考える必要はありますが。出展方式をある程度自由化できる可能性があり、仙台から遠く離れた出展者が送料が負担になっていることを考えると、搬入方法も自由化できる可能性がある。出展方式や搬入方法のフォーマットを早めに用意する必要があります。
今回、永山審査員長代理からの「審査の手段が制限されたから日本一が選出されない、というのは言い訳である」という指摘はある種の真理で、どんな状況でも優れた作品はあるから、それをあぶり出せるよう準備が必要です。

濱：私も出展方式の併用（電子データ、現物）に賛成です。ただし、福屋Adの言うようにsmtの場所性をどう扱うかは問題ですね。電子データ出展のみにしたら、smtの意味はなくなるのではないだろうか。

福屋：ファイナル審査のパブリックビューイング（映像での観覧）の場所をsmtにするなどの方法もあるのではないでしょうか。

五十嵐：今年の反省点は、各審査員がセミファイナルの過程で担当した作品はよく理解しているけど、ファイナルで、他の審査員が選んだ作品とその背景を理解するのには、時間が足りないように思いました。ポートフォリオの情報を短時間で共有することは難しい。それに比べ、模型が瞬間的に伝えられる情報量は圧倒的に多い。来年も今回の審査方式が残るのであれば、この点は改善する必要があるだろう。
一方、来年、例年通りのSDLが開催できるようであれば、各審査員が強く推したい作品を、1つは必ず選出する方式にしたら良いと思います。審査員が強く推したくもない作品が何となく選ばれてファイナルに進む状況は好ましくない。

小野田：SDLで、従来の方式にオンライン方式を含めた混成方式での審査をどのように実現するか。これは意外と難しい。技術的にも、公平性に関しても、審査方法に関してもSDLならではの知恵を働かせなければ実現しない。今回、主催側では福屋Adを中心に運営体制をつくり上げ、「SDL: Re-2020」を成功させたことはかけがえのないことで、記録として残すべきだろう。今後、新しい審査のプラットフォームをつくることが、関係者

SDL 2007

SDL 2011

Photos(p.167) by Nobuaki Nakagawa.

誰もを幸せにする上に、創造的な発展につながらなければ意味はない。しかし一方で、誰がその費用を負担するかという問題も残る。日本経済の空洞化という大きな社会問題とも連動する面もあるが、今後も新しいプラットフォームの実現について検討し続けたい。

友渕(司会)：出展方法の自由化に合わせた審査方法が必要です。出展者は審査方法に応じたクリティカルな発表方法を模索できる代わりに、選択した方法の是非が審査で問われる。

西澤：従来のSDLでは、多くの出展者は模型が審査される前提で、作品の情報を模型とポートフォリオに分担させていたと思う。建築のプレゼンテーションには実物を使えないので、ポートフォリオの中に描くストーリーや模型の空間などに自らの思考を投影させ、他者の共感を得る必要がある。
オンライン審査を実施する場合、今まで対象ではな

かったけれど、規定を設けて映像なども審査するなど、作品を紹介するメディアをもっと増やしていいと思う。「SDL: Re-2020」で見えた可能性と限界をもとに、審査方法と時間配分を考えましょう。

友渕(司会)：審査員側が創造性をもって作品を受け止められる体制を整えることも重要かもしれません。

西澤：メディアを重要視して審査するなど、メディアの多様性を受け入れる方向性もある。

今野：来年、もし例年通りのSDLを開催できたら、学生会議としては、審査員と出展者全員が交流をもてる懇親会のようなプラットフォームの実現をめざしたいです。SDLで毎年、大会初日の夕方に開催している台湾からの訪問団を歓迎するパーティは、とても楽しい雰囲気で盛り上がります。ここに出展者も参加できるといいのですが、初日は出展者の所在を把握できないため、これまで実現しませんでした。ファイナルの仕

組みを変えてファイナル後に懇親会の時間をつくる、出展者が2日間滞在する仕組みにする、など懇親会を実施する方策を検討したいです。また、将来に向けて、SDL開催後に時間をおいての再会交流会、地方ごとの交流分科会のように、出展者が交流できる場をつくって運営していけたらいいと考えています。

福屋：集まったパネルとポートフォリオのデータを卒業設計の一大デジタル・アーカイブと考えられるのではないでしょうか。今回は使用の許諾権などがクリアできないけれど、出展時に使用許諾を得られれば、出展作品データは貴重なアーカイブになっていきます。

友渕(司会)：過去の卒計を見られるのもアーカイブの機能ですね。ぜひ検討していきましょう。

編註：
*1　アンデパンダン：本書4ページ編註2参照。

Appendix——付篇

出展者データ「SDL: Re-2020」
20選一問一答インタビュー
SDL周辺情報を知って「SDL: Re-2020」をもっと楽しむ——仙台建築都市学生会議とは
過去の入賞作品 2003-2019

Exhibitors' Data
出展者データ「SDL: Re-2020」

登録作品数：425作品
出展作品数：242作品

*データの内容は、出展者の応募登録の際に、公式ホームページ上で実施したアンケートへの回答をもとに集計したもの（STEP 1-2: 2020年1月14日〜2月14日）。

出展者の男女別人数（人）

*複数人のグループはメンバー全員を含む（全268人）

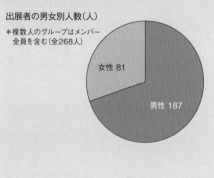

女性 81
男性 187

建築を志した動機（人）

*複数人のグループはメンバー全員を含む（全268人）

- 実際の建築から影響を受けて 54
- 本や雑誌、テレビなどから影響を受けて 53
- 両親・兄弟・知人から影響を受けて 53
- 何となく 43
- 適性があると思ったから 37
- たまたま進学できた学科だった 11
- 進路指導で示唆されて 3
- その他 14

出展作品のカテゴリー分類②：ビルディング・タイプ（作品数）

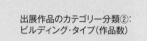

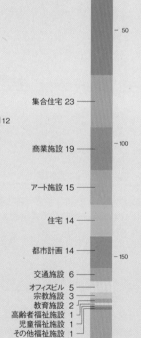

- 公共施設 70
- 集合住宅 23
- 商業施設 19
- アート施設 15
- 住宅 14
- 都市計画 14
- 交通施設 6
- オフィスビル 5
- 宗教施設 3
- 教育施設 2
- 高齢者福祉施設 1
- 児童福祉施設 1
- その他福祉施設 1
- その他 68

（全242作品）

出展者の出身地域（人）

*出展者の出身地を集計
*複数人のグループはメンバー全員を含む（全268人）

海外 3
- 北海道 7
- 東北 14
- 関東 126
- 中部 28
- 近畿 52
- 中国 11
- 四国 6
- 九州・沖縄 21

影響を受けた、あるいは好きな建築家

*任意、複数回答
*4人以上が挙げた建築家を掲載

- 安藤忠雄 12
- 平田晃久 9
- 藤本壮介 8
- 谷口吉生 6
- 三分一博志 6
- 内藤廣 5
- Alvar Aalto 5
- Antoni Gaudí 5
- Peter Zumthor 5
- 青木淳 4
- 石上純也 4
- 大西麻貴 4
- 坂茂 4
- 西沢立衛 4
- Rem Koolhaas 4

出展作品のカテゴリー分類①：プロジェクト・タイプ（作品数）

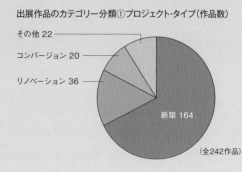

- その他 22
- コンバージョン 20
- リノベーション 36
- 新築 164

（全242作品）

影響を受けた、あるいは好きな建築（人）

*任意、複数回答
*3人以上が挙げた建築を掲載

- 豊島美術館 6
- 東京カテドラル聖マリア大聖堂 4
- 京都駅 4
- 太田市美術館・図書館 4
- 地中美術館 3
- 代々木体育館 3
- ポンピドゥー・センター 3

Question（問）

①受賞の喜びをひとことでお願いします。
②この喜びを誰に伝えたいですか？
③プレゼンテーションで強調したことは？
④勝因は何だと思いますか？
⑤応募した理由は？
⑥一番苦労したことは？
⑦大学での評価はどうでしたか？
⑧卒業論文のテーマは？
⑨2020年度の進路は？
⑩建築を始めたきっかけは？
⑪建築の好きなところは？
⑫影響を受けた建築家は？
⑬建築以外に今一番興味のあることは？
⑭Mac or Windows？　CADソフトは何？
⑮SDL（せんだいデザインリーグ　卒業設計日本一決定戦）をどう思いますか？

Answer（答）

日本一 野老朝雄賞
ID344 岡野 元哉（A型・射手座）

①感動です。
②家族、地域の人々、島根大学。
③地方の建築と観光のあり方。
④自身の設計の言語化。
⑤建築家が、自分の設計をどう見るのか、気になったから。
⑥軸組み模型を1人で作ったこと。
⑦良かったです。
⑧書いていません。
⑨島根大学大学院。
⑩高校で進路を決める時、自分に合っていると感じたから。
⑪人が作り出したもの。
⑫SANAA、藤本壮介、大西麻貴。
⑬ハンモックが欲しい。
⑭Windows、AutoCAD。
⑮SDLは憧れであり、目標でした。「SDL: Re-2020」という発表の場を設けてくれた運営、審査員には感謝しかないです。今年みたいに、多くの困難があると思うけれど、何十年後も続いていてほしい場です。

日本二 冨永美保賞
ID241 丹羽 達也（B型・さそり座）

①うれしいです。
②研究室の助教。
③計画の全体像とその意義。
④あまり手が付けられていない東京（都心）に問題を設定したこと。
⑤周りの人が応募していたから。
⑥苦労しない程度にやりました。
⑦辰野賞（最優秀賞）。
⑧建築設計における時間的「変化」の把握。
⑨東京大学大学院。

⑩きっかけは覚えていませんが、幼少期からの夢でした。
⑪学ぶだけで多分野について博識になった気になれること。
⑫磯崎新、Cedric Price、Kevin Lynch。
⑬旅行（して建築を見る）。
⑭Windows、Illustrator。
⑮内容の精緻さと社会的意義を重視する学内講評会に対し、ビジュアルと提案の新規性が求められる大会。

日本三
ID055 関口 大樹（O型・魚座）

①1年かけて取り組んできた卒業設計を評価してもらい、大変うれしく思います。
②この卒業設計に携わってくれたすべての皆様に。
③設計の設計をするためのモデルケースの構築。
④「かたち」のデザインだけではなく「あそび」という環境を構築するためのプロセス自体をデザインしたこと。
⑤多くの人に本制作を批評してもらうため。
⑥縮尺1／1スケールでの制作と施工方法の検討、「あそび」の観察と記述。
⑦槇文彦／伊藤滋賞（最優秀賞）をいただきました。
⑧「子どものあそび場環境」。
⑨慶應義塾大学大学院に進学。
⑩建築に限らず、ものづくりが好きだった影響から空間をデザインする建築を志した。
⑪建築をデザインすることは、社会をデザインすることと表裏一体である点。つまり、デザインする建築や空間を通して社会システムや社会の風景をデザインすることも同時に可能になる。
⑫仙田満、松川昌平。
⑬情報工学、文化人類学。
⑭Windows、Rhinoceros。
⑮「現代における建築とは何か？」を問いかける場であり、それを議論できる場だと思います。

11選
ID003 西田 静（A型・魚座）

①11選までいけるとは思っていなかったので驚いています。
②家族・後輩・同期、励ましてくれたすべての人に。
③住み継ぎのプロセス。
④勝ってません。
⑤学外の講評会でどう評価されるか知りたかったため。
⑥理想の制作物と締め切りに間に合わせることとの折り合いの付け方。理想と締切の間のマネジメント。
⑦辰野賞（最優秀賞）をいただきました。
⑧東京の小規模商店街の更新について。
⑨東京大学大学院。
⑩模型作りが好きだったから。
⑪散らばっていたリサーチやアイディアが収束して形になっていくところ。
⑫誰だと思いますか？
⑬バレーボール。
⑭Windows、Rhinoceros。
⑮学外で講評を受けられる貴重な場。今年は開催できないと思っていましたが、このような形で場を設けていただいたことに感謝しています。

11選
ID013 寺島 瑞季（A型・双子座）

①最後まで諦めないで良かったなと思っています。
②お世話になったみなさんです。
③考え方の提示と、自分の作品に合う雰囲気づくりです。うまく伝わるように1カ月前から「喋り」の練習をしていました。
④誰よりも自分の作品を愛したことだと思っています。
⑤SDLでプレゼンテーションするのが目標だったからです。
⑥提出3週間前にインフルエンザになったことと、大学での卒業設計講評会で発表順がトップバッターになったことです。
⑦建築家の長谷川逸子さん、高松伸さん、伊藤暁さんに個人賞をいただきました。信じられないくらいうれしかったです。

⑧卒論はありませんでした。
⑨東京都市大学大学院の福島研究室に行きます。
⑩父の影響です。
⑪自分の考えを無限に広げられるところです。
⑫山本理顕さんです。
⑬自分の知らない世界に行くこと、常に新しいアーティストを見つけることです。
⑭MacBook、Vectorworks。
⑮日本一を決める、建築系の学生みんなが目標としている一世一代の大事な大会です。この状況になっても、迅速に対応して大会の開催を続けてくれたSDLの運営関係者に感謝しています。

11選
ID018 田所 佑哉（A型・乙女座）

①自分の作品を多くの人に知ってもらえる機会をいただくことができ、とてもうれしく思います。
②手伝ってくれた後輩、支えてくれた先輩や恩師です。
③提案する建築で生まれる場面が伝わるよう意識しました。
④楽しく卒業設計に向き合えたことだと思います。
⑤高校2年の時にSDL2014で日本一になった『でか山』に衝撃を受けて、それ以来、応募しようと決めていました。
⑥自分がやりたいことは何なのかを考えることです。卒業設計が終盤に近づくにつれて周囲から理解されるようになりました。
⑦金賞をいただきました。
⑧九州産業大学は論文がなく、1年間卒業設計に打ち込みました。
⑨東京の設計事務所に勤めます。
⑩幼い頃から物作りが好きで、大工になりたいと考え出してから。
⑪人の生きる力があふれる建築が好きです。
⑫小林哲治（人の力設計室一級建築士事務所）。
⑬アニメ、漫画、音楽などに興味があります。
⑭Macです。Vectorworksを使用しました。
⑮同世代の仲間たちや今の自分と向き合うことのできる大切な場所だと思います。

11選
ID072 宮下 幸大（AB型・魚座）

①快挙。
②ずーっと指導してくれた蜂谷教授、切磋琢磨した同期、いつも見守ってくれていた親、後輩：ド天然なうた、正月も手伝ってくれたそうすけ、なんだかんだ一番手伝ってくれたてつ、スペシャル製造人ようへい、キレキャラたつき、音信不通なそうた、一見まじめに見えるAB型たくむ、1年の時から手伝ってくれたみずき、バイト前に申し訳ないしゅんや、1回手伝ってくれたあつき、両面テープ剥がしてくれたたいち、きょうすけ、かずき、来年に期待するみっちー。
③どんな建築家像を描いているかを提示すること。
④腕が取れそうになるぐらい描き、起き続けたこと。
⑤腕試しと、さまざまなおもしろい作品や人に出会うため。
⑥お金が減っていく中でどのように毎日生きるかを考えること。
⑦評価なし。クソ喰らえ！（笑）
⑧「部分からの建築——人が生きられる空間の研究」。大学とは関係なく、独自に書きました。
⑨たぶん金沢工業大学大学院。
⑩高校生の時に京都駅へ行って、感動したから。
⑪いろいろな人を幸せにできること。
⑫安藤忠雄。
⑬睡眠。
⑭Windows、PhotoshopとIllustrator。
⑮夢の舞台。

11選
ID170 金沢 美怜（O型・牡羊座）

①本当にうれしいです。最後まで頑張り続けた甲斐がありました。
②支えてくれた家族、ご指導いただいた松岡教授、最後

まで付き合ってくれたふみさん、ゆかこ、伊賀ちゃん、びよ、菜々子、かずま、ダイヤ、銀芽、あゆみ、あつと、おかぴー、楓、あいか。本当にありがとうございました！
③小さなモノの観察から始まった卒業設計であること。
④例年よりもポートフォリオをしっかり読み込んでもらえたことと、少しでも共感してくださる審査員がいてくれたことだと思います。
⑤1年生の時に手伝っていた先輩がSDLで10選（ファイナリスト）に入ったことに感激して、目標としていたからです。
⑥リサーチと設計をつなげること
⑦11選でした。プレゼンテーションが敗因だと思います。
⑧卒業設計とは全く違うのですが、地元のまちづくり活動について書きました。
⑨京都工芸繊維大学大学院。
⑩幼い頃に住宅のレゴにハマったこと。創作するのがとにかく好きで、何かを作る職業に就きたかった。
⑪一筋縄ではいかないところ。すべてと関連している気がします。
⑫平田晃久、大西麻貴。
⑬伝統工芸品とその技術。
⑭Windows、AutoCAD。
⑮全国の学生が作品を通してフラットに出会える特別なお祭。中止になってもこのような形で開催してくれた運営関係者、審査員には感謝の気持ちでいっぱいです。

11選 金田充弘賞
ID375 和出 好華／稲坂 まりな／内田 鞠乃
（O型・水瓶座／O型・天秤座／A型・牡牛座）

①金田充弘賞をいただけて本当に光栄です。「におい」に着目するという挑戦的な建築を提案したのですが、それをおもしろいと評価してもらえたので、挑戦して良かったです。ありがとうございました。
②まずは敷地調査の際にお世話になった兵庫県丹波市の人々にお礼を込めて伝えたいです。また、竹釘職人の石塚さんには、お忙しい中、作業工程を見学させていただいたり、竹の端材をいただいたりと大変お世話になりました。他にも、応援してくれた家族や助言をしてくださった恩師や先輩にも伝えたいです。
③「におい」に着目した理由、「におい」という無形のものを建築という有形のものにどう落とし込んだのかをしっかり伝えられるようにしました。
④「におい」というインパクトとそれに伴う説得力のある建築だったからだと思います。
⑤何カ月もかけてつくり上げた卒業設計が、学外ではどう評価されるのかにも挑戦したかったからです。
⑥前述のように無形の「におい」を有形の建築にどう落とし込むのか、また、どうしたら五感に着目した建築に説得力が出るのか、という点に悩み、苦労しました。
⑦大隈講堂公開審査・講評会選出、銀賞。
⑧和出：「街道景観の特性と保全のあり方から見た準伝統的景観保全地区の役割に関する研究——長野県木曽郡南木曽町三留野集落を対象として」。／稲坂：「睡眠不足に伴う身体機能の低下が生体発散物質放散量および知覚空気質に与える影響」。／内田：「建造物保存修復における技術の継承——建造物彩色技術と日光社寺文化財保存会の歴史・活動を通して」。
⑨和出、稲坂：早稲田大学大学院創造理工学研究科建築学専攻に進学。／内田：埼玉県庁に就職。
⑩和出：祖父、父ともに建築士であったため興味を持った。／稲坂：五感に関わるデザインに挑戦したかった。／内田：日本の伝統建築、主に文化財に興味を持っていたことと、自分の家が欠陥工事だったため、建築に関わる法律や施工の重要性を感じたため。
⑪和出：人々の集まる拠点となるところ、考えれば考えるほど無限の可能性があるところ。／稲坂：五感の経験を人々に与えられること。／内田：伝統から新しい技術まで、「後世まで残る・残せる」可能性を持つこと。
⑫和出：槇文彦。／稲坂：内藤廣。／内田：仙田満。
⑬和出：広告デザイン、地方のまちづくり、スメルスケープ。／稲坂：羊の体表温度変化のモデルをつくりたい。金継ぎ。／内田：書道をはじめとする日本伝統芸術。インテリアの彩色デザイン。海外旅行。
⑭今回の卒業設計の図面は手書きです。
和出：Mac、AutoCAD、ArchiCAD。／

稲坂：Windows、Rhinoceros、ArchiCAD。／
内田：Windows、Rhinoceros。
⑮全国の同じ志を持つ同年代の学生と競い合ったり、良い刺激を受けたり、大変自分の糧になる大会でした。また、例年とは異なる方法での開催でしたが、全国に生配信され、いろいろな人のコメントを見ることができて、この方法にはこの方法のおもしろさがあったなと思います。いろいろなイベントなどが中止になる中で異なる形でも開催していただき、運営関係者や審査員に本当に感謝しています。ありがとうございました。

11選
ID404 田口 正法（A型・双子座）

①驚きとさまざまな運の巡り合わせにゾッとしています。
②卒業設計疲れで顔色の悪い僕を元気づけてくれたコラボ室のみんなとおじいちゃんです。
③パネルとポートフォリオでは、インパクトとわかりやすさを強調しました。中継のプレゼンテーション（以下、プレゼン）ではロケーション選びに入念に時間をかけ過ぎました。
④よくわかりません。中継の際に接続が切れてプレゼンが途中で終わってしまったことで、同情票をもらえたのではないかと分析しています。
⑤応募登録はしていたのですが、模型が完成せず参加を断念していました。予定していた海外旅行が消滅し意気消沈していたところ、代替企画でデータ審査となったため急遽応募しました。
⑥卒業設計に取り組む中で自分の性格と向き合うことや著しい老化に悩まされました。
⑦恩師たちによる投票審査で1票いただきました。
⑧「遺伝的アルゴリズムを用いたBIMによる応急仮設住宅団地の配置最適化手法——BIMを利用した応急仮設住宅団地の自動設計に関する研究」。仮設住宅の配置計画のBIMによる短縮化と遺伝的アルゴリズムによる最適化を研究しました。
⑨大学院に進学します。
⑩大工だった祖父に憧れて。
⑪人や場所によってさまざまな考え方があり、世界は1つではないと感じるところです。
⑫小嶋一浩、Rem Koolhaas。
⑬映画のヒロインのキャラクタから監督の作家性（女性の好み）を分析すること。
⑭Windows、Revit、Rhinoceros。
⑮僕のような地方（特に九州）の学生は、今回のような挑戦的な企画に励まされたので（僕だけかもしれませんが……）。何かしら形を変えてでも挑戦的な取組みを続けてほしいです。

11選
ID450 八木 耀聖（A型・魚座）

①自分のやりたいことを形にして、それがこのように評価されたことは、とてもうれしいです。
②お世話になった研究室の恩師、先輩たちと、制作を手伝ってくれた後輩に伝えたいです。
③設計した空間のシークエンス（連続性）が、実際どのように見えるのかを伝えられるように考えました。
④パッと見でどれだけ興味を引けるかを重視してパネルを作成したので、それが選ばれた理由の1つだと思います。
⑤毎年大規模でおもしろい卒業設計の講評会なので、自分もその舞台に立ちたいと思っていました。
⑥設計手法をどうやって簡潔にわかりやすく説明できるか考えたことです。
⑦最優秀は取れませんでしたが、まずまずだったと思います。
⑧今回私が卒業設計で用いた設計手法について研究したもので「フィリップ・シールの環境デザイン手法による建築空間記述の研究」というテーマです。
⑨東京藝術大学大学院に進学します。
⑩自分が住むための家を設計したかったからです。
⑪空間の体験で人を感動させることができるところだと思います。
⑫Ludwig Mies van der RoheとFrank Lloyd Wrightの建

築は好きです。
⑬自動車が好きです。よく、いじったり、走らせたりしています。
⑭Macで、主にAutoCADとSketchUpを利用しています。
⑮例年はたくさんの模型とパネルが並び迫力があるので、今年は模型が見られず残念な気持ちもありますが、例年より多くの出展者の話が聞けたことなど、とても楽しい講評会でした。今年はいろいろと大変な中、このような代替企画を用意していただいたことに大変感謝しています。ありがとうございました。

ID028 渡邉 憲成（B型・双子座）

①大学2、3年生の頃から会場へ足を運び観ていた憧れの舞台だったので、今年は形こそ違いましたが感激しました。
②応援してくださった皆様です。
③独自の着眼点を強調しました。
④クスッと笑えてしまうような感動をまじめに設計したことです。
⑤歴代の先輩たちの勇姿を見てきて、憧れていたからです。
⑥エレメント（要素）の小さな操作から1つの建築作品をつくり出すことです。
⑦ありがたいことに最優秀賞をいただきました。
⑧論文には取り組みませんでした。
⑨大学院に進学します。
⑩大学入学後、学んでいて楽しいと感じたことです。
⑪多様な着眼点から始まり、1つの物体として完成し、さまざまな影響を周囲に与えることです。
⑫村野藤吾さんです。
⑬ヤバイTシャツ屋さんです。
⑭Windows Vectorworks。
⑮「SDL: Re-2020」は世の中の自粛ムードに対して建築系の学生がアクションを起こした重要な活動だったと思います。運営してくださったみなさん、ありがとうございます。SDLは今後も数ある卒業設計展の主軸だと思うので、長く続いてほしいと思います。

ID063 原田 秀太郎（A型・牡羊座）

①242作品の中から20選にまで残れたことは、とてもうれしいです！
②両親、恩師、研究室のメンバー（きなけん、レジェ、ゼロ、しかんた）、手伝ってくれた後輩（ちゃげ、ピアゴ、むーとん、スパイク、ロック・リー）、ありがとうございました！
③この建築によってハンセン病の痛み、記憶を残し、伝えていくということ。
④プログラムと建築のあり方が結び付いた提案ができたと思う。
⑤全国の場で評価してもらいたかったから。
⑥パズル式の模型です。その大半を作ってくれた後輩には感謝です。
⑦最優秀賞をいただきました。
⑧「公募型プロポーザルにおける参加要件の実態に関する予備的研究」。
⑨早稲田大学大学院。
⑩芸術工学部でプロダクトを学ぶつもりで入学したら、建築が楽しかったから。
⑪設計によってさまざまな想像が膨らむところ。
⑫Daniel Libeskind。
⑬自転車。
⑭Mac、Vectorworks。
⑮このような中、開催してくれた運営関係者に感謝です。

ID149 土田 昴滉（血液型はまだ不明・牡羊座）

①11選までに食い込めず悔しい思いもありますが、憧れの舞台で自分の作品を発表できたことは非常に光栄に思います。
②ご指導いただいた恩師と諸先輩、協力してくれた後輩たち。
③造形操作によって自然発生的に生まれた内部空間やファサードのパース（透視図）やビジュアル（視覚表現）

Photos except as noted by Izuru Echigoya.

での説明にこだわりました。
④チューブという空間単位が錯綜することでできた新しい造形と空間の豊さに可能性を感じていただいていればうれしいと思います。
⑤建築を学び始めた時から憧れていた舞台だから。
⑥壁厚や形状がバラバラなので、すべての展開図を出して模型化するのにとても苦労した。
⑦学内最優秀賞を受賞しました。壁厚や形状がバラバラなので、すべての展開図を出して模型化するのにとても苦労した。
⑧—
⑨佐賀大学大学院に進学。
⑩物づくりが好きで、「どうせなら身近で大きな建築を」という漠然とした理由です。
⑪設計者である自分以外の他者が介入して建築が利用されていくことで、意図しないような多様性が生まれ更新されていくところです。
⑫RCR Arquitectes。
⑬小説探し。
⑭Mac、Vectorworks。
⑮憧れの舞台であり、1つの目標だった大会です。また、今年は新型コロナウイルスの影響で一時は中止かと思われましたが、オンライン上での「SDL: Re-2020」の開催で、自分にとっても新しく貴重な経験になりました。短期間で新しい大会の体制を整えた運営関係者に心から感謝したいと思います。

ID151 岩崎 正人 (B型・牡牛座)

①憧れの舞台に立つことができてうれしいです。
②一緒に頑張ってきた同期、研究室のメンバーに。
③建築への不満や思い。
④勝因ではないですが、たくさんの人に協力してもらったからこそ完成した卒業設計だったと思います。
⑤多くの人に自分が取り組んだ卒業設計を知って、考えてもらいたかったから。
⑥言葉にして人に伝えること。
⑦奨励賞(3位)をいただきました。
⑧論文は書いていません。
⑨大学院に進学。
⑩高校の友だちと下校中に家を見ながら帰るのが好きだったから。
⑪人を幸せにできるから。
⑫—
⑬インタラクティブ・アート。
⑭両方。AutoCAD(と言いつつ、ほとんどRhinoceros)。
⑮中止と聞いた時は、仕方ないと思いつつもショックでした。しかし、「SDL: Re-2020」という形で開催できたことを感謝しています。

ID174 中村 美月 (A型・蠍座)

①評価されたことに対する驚きとうれしさ、これ以上に勝ち上がれなかった悔しさです。
②手伝ってくれた後輩と、指導してくださった恩師、それから両親に。
③忘れられた川の跡であり、現在、負のインフラとして存在する暗渠が、建築によって新しい空間として生まれ変わっていくストーリーを語ろうとしました。
④勝ったとは思ってないです。
⑤SDLが憧れの舞台だったからです。
⑥環境装置の形を決めること。
⑦学科内で2位でした。
⑧論文は書いていません。
⑨日本大学の大学院に進みます。
⑩設計の授業を一番最初に担当した恩師が建築設計の楽しさを教えてくれたからです。
⑪見えるカタチと見えない思想を両立しているところ。
⑫中山英之さん、三分一博志さん、建築家ではないけれど石川初さん。
⑬歴史、地形、人類学、ランドスケープ、植物、刀剣、コスメ。
⑭Windowsです。CADはArchiCADです。
⑮SDLは、今の建築系の学生にとって憧れの舞台です。「SDL: Re-2020」という、これまでにない卒業設計展

としての新しいかたちに1つの希望を見ました。全国の建築学生の熱い心がぶつかり合う、挑戦の場としてのこの大会が、これを機にさらに新しい境地へと進化していくことを期待しています。

永山祐子賞
ID195 服部 秀生 (B型・山羊座)

①うれしいです。
②恩師、研究室の学生、手伝ってくれた人に。
③都市スケール的視点とヒューマンスケール的視点、操作。
④細やかさ。
⑤全国の作品と同じ舞台で講評してもらえるため。
⑥大変でしたが、振り返ってみると、特に思いつきません。楽しかったです。
⑦専攻内で2位でした。
⑧書いていません。
⑨進学します。
⑩「何かつくって生きていきたいな」という程度で、お恥ずかしながら志低く始まりました。
⑪作ることは好きですが、今もふわふわしていて「良さ」はまだ曖昧です。
⑫石上純也。
⑬川端康成の『雪国』の続きとボブ・ディランのライブの開催可否。
⑭Mac、Vectorworks。
⑮当初の予定とは違いましたが、「SDL: Re-2020」として講評のあり方の過渡を見せてくれた大会。このような中、開催していただき、ありがとうございました。

ID233 村上 卓也 (B型・水瓶座)／小濱 まほろ (A型・蟹座)／吉川 伊織 (A型・射手座)

①村上：光栄です。良い経験になりました。／小濱：みんなで頑張ったのでうれしいです。／吉川：自身の作品が、一定の評価をもらったことは素直にうれしいです。
②村上：お世話になったすべての人々。／小濱：力を貸してくださった皆様に。／吉川：チームメイト。
③村上：設計した建築の魅力や必要性と、実際に建つという実現可能性。／小濱：テーマとコンセプトと形が確かにリンクしていることを強調しました。／吉川：オンライン発表だったが、システムでは語れない建築の持つ雰囲気を伝えたかった。
④村上：強いて言えば、表現力。／小濱：テーマと形が一貫していて明確だったこと。／吉川：ドローイングの美しさ。
⑤村上：一番規模が大きい卒業設計のコンペだから。／小濱：学外の人に講評される機会をもつため。／吉川：多くの人々から講評をもらうため。
⑥村上：最後まで妥協しないこと。／小濱：テーマを決定し「これでいこう」と決心するまで。／吉川：限られた時間内で設計を完成させること。
⑦村上：大隈講堂公開審査・講評会選出。／小濱：理解してもらえたように思います。／吉川：中の上。
⑧村上：「建物のウェルネス性能とワーク・エンゲージメント」。／小濱：「飛行機械の発着場としての「空港」の変遷と旅客ターミナル設計における未来の考察」。／吉川：「装飾構造論」。
⑨村上：早稲田大学大学院田辺研究室進学。／小濱：2020年4月から美術セットのデザイナーとして働いています。／吉川：早稲田大学大学院修士課程。
⑩村上：気づいたら建築の道に進んでいた。／小濱：風景や建物の絵を描くことが好きだったから。／吉川：数学と美術が好きだったから。
⑪村上：人と密接に関わり合っているところ。／小濱：理論や歴史を知らなくても、良い建築は良いとわかるところ。／吉川：膨大な歴史を持ち、先人たちが命をかけて探求してきた学問であるところ。
⑫村上：内藤廣。／小濱：建築家ではないですが、香港の九龍城砦。／吉川：渡邊大志、山村健、北園徹。
⑬村上：睡眠。／小濱：グラフィック・デザイン。／吉川：戦国武将。
⑭村上：Windows、Revit、Rhinoceros (grasshopper)、AutoCAD。／小濱：Windows、卒業設計以前は図面はすべて手書き。／吉川：Windows、AutoCAD。

⑮村上：学外での評価を測る貴重な場。／小濱：学外の人から作品に講評をもらえることはほとんどないので、良い舞台だと思います。運営関係者に感謝しています。／吉川：学外の人々に作品を見ていただける機会を与えてくださったことに感謝致します。

ID291 大久保 尚人 (B型・牡牛座)

①とても光栄です。
②指導してくださった教授と先輩たち、一緒に乗り越えた友人。
③的確な敷地の読み取りとていねいなプランニング。
④体験をもとにしたリアリティ。
⑤外部での自分の作品への評価が知りたかった。
⑥各建築を形に落とし込むためのスタディ。
⑦卒業設計優秀賞。
⑧卒業論文は書いていない。
⑨大学院進学。
⑩建築雑誌を見て憧れた。
⑪答えのない問いを追求できるところ。
⑫Peter Zumthor。
⑬乗馬。
⑭Mac、Vectorworks、Rhinoceros。
⑮建築を志す学生にとって特別なもの。開催が危ぶまれた中で、本来とは違う形ではあるが開催してくれた関係者に感謝しています。

ID351 岡崎 あかね (AB型・乙女座)

①素直にうれしいです。支援してくれたたくさんの人に、いい形でお返しできたかなと思います。
②指導、手伝いをしてくれたすべての人々に伝えたいです。
③時間が2分間しかなかったので、具体例をほとんど省いて、操作と目的とを簡潔に述べました。
④あまり勝つことを意識していなくて、自分が一番言いたいことが伝えられる最適な表現をめざしました。
⑤自分の作品がどれだけの人に伝わるのか試したかったから。
⑥パソコン作業に他人より時間がかかってしまうので、模型スタディをデータに起こすのが大変でした。
⑦学内優秀賞、JIA推薦をいただきました。
⑧「建築家グレン・マーカットの生涯作品を通した設計傾向についての研究——代表15作品の平面図・立面図の分析を通して」。
⑨大阪大学大学院工学研究科地球総合工学専攻建築都市形態工学領域。
⑩「女性一級建築士」という響きのカッコよさにひかれたから。幼い頃からミニチュアハウスが大好きでした。
⑪すべての人の心を動かし得るものであり、無限大の解釈が可能であるところ。
⑫たくさんいますが、特に長谷川豪、Louis I. Kahn、Glenn Murcutt設計の空間が好きで、よく作品集を眺めています。
⑬ダンス、スノーボードに夢中です。
⑭Windows、AutoCAD、SketchUp、Photoshop、Illustrator。
⑮出展者同士(特にセミファイナル審査通過者)で話してみたい。今年に関しては、新型肺炎感染拡大の中、開催してくださった運営関係者に感謝しています。

SDL周辺情報を知って「SDL: Re-2020」をもっと楽しむ ─── 仙台建築都市学生会議とは

新型コロナウイルス感染拡大の影響により、代替企画「SDL: Re-2020」での来場者不在のオンライン審査となり、
会期中、会場で実施予定だった学生会議による数々の企画も中止となった。
そこで、今年は、オンラインで楽しめるSDL関連企画や毎年のSDL告知を彩るポスターとフライヤーの歴史などを紹介したい。
周辺情報を知ることで、SDLをもっと楽しんでいただきたい。

幻のSDL2020関連学生企画

SDLのポスターとフライヤーのデザインにフォーカス

幻のSDL2020のコンセプト
他人とぶつかり己を知る

SDLは、自分が在籍する学校内という閉じた世界を飛び出して、他の学校や実社会など異なる世界で活躍している人たちと交流できる場だ。このような環境で個人と個人が親密に関わり合うことで、私たちは今までに辿ってきた思考を改めて振り返ると同時に、新たな興味や指針を見つけることができるのではないだろうか。
ポスターとフライヤーのメイン・ビジュアルでは、何枚もの紙を一定の間隔に離して配置し、光を当てて影を落とした。自己の思考がより明確になっていくとともに、個人と個人の思考がぶつかり合い、やがて融合して新しい未知の絵を描いていく様を表現している。

(橋本 航)

SDL歴代のデザイン
大会コンセプトをメッセージとして発信

例年、SDL会期中に販売する公式パンフレットの表紙や、各学校へ出展者募集と広報用に送付するポスターとフライヤーのメイン・ビジュアルは、学生会議のデザイン制作局が毎年デザインしている。このメイン・ビジュアルはSDLの顔であり、その年の大会コンセプトを広くメッセージとして発信するための媒体である。
メイン・ビジュアルをよりすばらしいものにするために、学生会議内で毎年デザイン・コンペ(競技)を実施している。毎年、SDLに対する熱意のこもった多数のデザイン案が応募される。学生会議メンバーの投票により選ばれた案をもとにデザインの方向性を決めていく。ある程度方向性が定まると、以降はアドバイザリーボードと相談しながら作業を進め、最終的なメイン・ビジュアルを完成させる。
大会コンセプトを反映させたメイン・ビジュアルには、私たちがめざす大会のかたちが表れている。公式ホームページに歴代のポスターとフライヤーをすべて掲載しているので、見比べてSDLの歴史を感じてほしい。そして、来年以降、従来の開催が実現した際には、ぜひ当日、公式パンフレットを手に取って、自分の目で楽しんでいただきたい。

(吉田 人志)

＊メイン・ビジュアル＝SDLのポスター、フライヤー、公式パンフレットの表紙に使用するメイン画像。

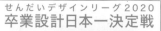

SDL2020

本選連動
企画

SDL2016

SDL2017

SDL2018

SDL2019

「SDL: Re-2020」実行委員長より
大きな試練と未来への可能性

「SDL: Re-2020」は、私たち学生会議に大きな試練と経験を与えた。本企画は、SDL2020の中止が決まった時から、約1週間という極めて短い期間で企画立案し、運営に当たることになった。正直に言えば、立案当初は成功する保証がどこにもなく、代替企画をやるべきではないと考えていた。しかし、SDLを楽しみに待っていた出展者のために少しでも何かしたいという一心で取り組んだ。
大会当日は、万全の運営とは言い難いところがあったと

思うが、審査員をはじめ多くの人々の尽力により、SDLの歴史における大きな試練を乗り越えることができ、私自身も貴重な経験を得られた。
また「SDL: Re-2020」は、SDLに多様な可能性を見せてくれた。模型や人が実際に動くことなく、作品の電子データをもとにインターネットによって審査と講評を行なうという、今までのSDLが取り組んだことのない方法で挑んだ今年の経験は、毎年、ほぼ同じ形式での運営によりマンネリ化していた学生会議内に新しい風を吹かせた。記録にも記憶にも残る、そんな大会であった。
そして、私たちが「Re」に込めた「Resilience」「Reconstruction」「Recovery」などの新たな可能性とともに、今後のSDLが創造的な発想で再構築されていくことを期待している。
最後に、今大会に卒業設計を出展してくれた出展者、そして運営にあたって尽力いただいたすべてのみなさんに感謝申し上げたい。

(「SDL: Re-2020」実行委員長　福田 翔平)

SDLを共催、運営する
仙台建築都市学生会議とは

仙台建築都市学生会議とは、仙台を中心に建築に興味がある有志の学生が学校の枠を超えて集まり、せんだいメディアテーク(以下、smt)を拠点として活動する建築学生団体である。2001年のsmt開館を機に設立された。建築や建築を取り巻くデザインに関わる活動を行なっている。主な活動として、週1回smtにて通常会議、新入生に向けた模型ワークショップ、各学校の設計課題を用いた合同エスキス会、即日設計、建築ツアー、台湾IEAGDツアーなどが挙げられる。
そして毎年3月には、SDLをsmtと共同開催している(「SDL: Re-2020」はアドバイザリーボードとの共催)。

(小野寺 花)

＊smt＝せんだいメディアテーク
＊SDL＝せんだいデザインリーグ　卒業設計日本一決定戦
＊学生会議＝仙台建築都市学生会議
＊アドバイザリーボード＝仙台建築都市学生会議アドバイザリーボード

ファイナリスト──栄光のその先　第6回

取材映像
企画

SDLは今年で18年めを迎え、これまでに数多くのファイナリスト（上位10選入賞者）が誕生してきた。ファイナリストは公開審査において一流の建築家（審査員）の前でプレゼンテーションを許された存在である。今回の取材企画では、「都市／地域開発」にスポットライトを当て、過去のファイナリスト2人の現在に迫った。

1人めはSDL2006で特別賞を受賞した三好礼益氏（現・株式会社日本設計勤務）。卒業設計では、集合住宅再開発における森林共生建築群を提案した。再開発に伴い、更地になってしまった計画敷地には何本かの樹木が土地の記憶として残される。そこへ新たに創造する集合住宅の形態として、ボロノイ図法を取り入れ、人々と樹木が共存するための建築形態へ導いた。ボロノイ図法を取り入れたことによって生まれた造形が印象的な作品であり、「樹木のなかに沈む住戸」と表現された住戸の間に木々が顔を出す風景がとても魅力的である。

2人めはSDL2014で特別賞を受賞した齋藤弦氏（現・株式会社竹中工務店勤務）だ。卒業設計では、横浜市子安の漁業集落を調査し、そこにある建築的な問題から既存集落の風景を持続する仕組みを提示。集落全体の要求を解決するインフラを提案し、増改築の様子を記録して景観を後世に引き継いでいくためのレシピをつくった。それらを合わせた時に生まれる風景の新たな可能性を描き、大切にしたい風景を次世代へと引き継いでいくことをめざした。見慣れた風景に終わりが近づいた時、自分には何ができるのだろうか。そんな思いから自身の起源を辿るように、街を歩いた日々の記録をまとめたものである。

今回の取材によって、彼らが今どんなことに取り組んでいるのか、卒業設計が現在の彼らにどのような影響を与えたのかを知ることができた。人々はこの映像を見て、彼らの言葉から何を感じ、建築や都市に対してどのように考えを深めただろうか。　　　　　　　　　（佐藤 愛優）

SDL2006特別賞の三好礼益氏。

◆本編および過去のファイナリストへのインタビュー映像
時間：本編10分16秒／過去の映像9分51秒
＊YouTubeの仙台建築都市学生会議公式チャンネルで視聴できる。
URL＝https://youtu.be/7Rm3YLCSQsA

SDL2014特別賞の齋藤弦氏。

仙台建築都市学生会議とは

団体名　仙台建築都市学生会議
設立年度　2001年
活動拠点　せんだいメディアテーク
毎週火曜日に通常会議を開催
2019年度代表　鈴木 佳祐
　　　　副代表　福田 翔平
http://gakuseikaigi.com
✉ ssnau.info@gakuseikaigi.com

🔺 仙台建築都市学生会議

せんだいデザインリーグ
卒業設計日本一決定戦
共同開催

建築を学ぶ有志学生
東北大学
東北学院大学
東北工業大学
東北芸術工科大学
宮城大学
宮城学院女子大学
山形大学
仙台高等専門学校
東北電子専門学校
（2019年度：170人）

定期的な情報の受け渡しと
アドバイスの享受

アドバイザリーボード

smt せんだいメディアテーク

2003
日本一　庵原義隆　東京大学　『千住百面町』
日本二　井上慎也　大阪大学　『hedora』
日本三　秋山隆浩　芝浦工業大学　『SATO』
特別賞　小山雅由　立命館大学　『軍艦島古墳』
　　　　納見健悟　神戸大学　『Ray Trace...』
審査員長　伊東豊雄
審査員　塚本由晴／阿部仁史／小野田泰明／仲隆介／
　　　　槻橋修／本江正茂
登録作品数232　出展作品数152
展示3/7-9・公開審査3/9
会場　せんだいメディアテーク 1階オープンスクエア

千住百面町

2004
日本一　宮内義孝　東京大学　『都市は輝いているか』
日本二　永尾達也　東京大学　『ヤマギハ／ヤマノハ』
日本三　岡田朋子　早稲田大学　『アンブレラ』
特別賞　稲垣淳哉　早稲田大学　『学校錦繍』
　　　　南俊允　東京理科大学　『OVER SIZE BUILDING
　　　　──おおきいということ。その質。』
審査員長　伊東豊雄
審査員　阿部仁史／乾久美子／小野田泰明／竹山聖
登録作品数307　出展作品数207
展示3/10-16・公開審査3/14
会場　せんだいメディアテーク 6階ギャラリー4200

都市は輝いているか

2005
日本一　大室佑介　多摩美術大学　『gernika "GUERNIKA" museum』
日本二　須藤直子　工学院大学　『都市の原風景』
日本三　佐藤桂大　東京大学　『見上げた空』
特別賞　石沢英之　東京理科大学　『ダイナミックな建築』
　　　　藤原洋平　武蔵工業大学　『地上一層高密度日当たり良好(庭付き)住戸群』
審査員長　石山修武
審査員　青木淳／宮本佳明／竹内昌義／本江正茂
登録作品数523　出展作品数317
展示3/11-15・公開審査3/13
会場　せんだいメディアテーク 6階ギャラリー4200

gernika"GUERNIKA" museum

2006
日本一　中田裕一　武蔵工業大学　『積層の小学校は動く』
日本二　瀬川幸太　工学院大学　『そこで人は暮らせるか』
日本三　大西麻história　京都大学　『図書×住宅』
特別賞　三好礼益　日本大学　『KiRin Stitch──集合住宅再開発における森林共生建築群の提案』
　　　　戸井田雄　武蔵野美術大学　『断面』
審査員長　藤森照信
審査員　小川晋一／曽我部昌史／小野田泰明／五十嵐太郎
登録作品数578　出展作品数374
展示3/12-16・公開審査3/12
会場　せんだいメディアテーク 6階ギャラリー4200

積層の小学校は動く

2007
日本一　藤田桃子　京都大学　『kyabetsu』
日本二　有原寿典　筑波大学　『おどる住宅地──A new suburbia』
日本三　桔川卓也　日本大学　『余白密集体』
特別賞　陸矢宜幸　明治大学　『overdrive function』
　　　　木村友彦　明治大学　『都市のvisual image』
審査員長　山本理顕
審査員　古谷誠章／永山祐子／竹内昌義／中田千彦
登録作品数708　出展作品数477
展示3/11-15　会場　せんだいメディアテーク 6階ギャラリー4200
公開審査3/11　会場　せんだいメディアテーク 1階オープンスクエア

kyabetsu

2008
日本一　橋本尚樹　京都大学　『神楽岡保育園』
日本二　斧澤未知子　大阪大学　『私、私の家、教会、または牢獄』
日本三　平野利樹　京都大学　『祝祭都市』
特別賞　荒木聡、熊谷祥吾、平賀賀信洋　早稲田大学　『余床解放──消せないインフラ』
　　　　植村康平　愛知淑徳大学　『Hoc・The Market──ベトナムが目指す新しい国のスタイル』
　　　　花野明奈　東北芸術工科大学　『踊る身体』
審査員長　伊東豊雄
審査員　新谷眞人／五十嵐太郎／遠藤秀平／貝島桃代
登録作品数631　出展作品数498
展示3/9-15　会場　せんだいメディアテーク 6階ギャラリー4200／7階スタジオ
公開審査3/9　会場　仙台国際センター 大ホール

神楽岡保育園

2009
日本一　石黒卓　北海道大学　『Re: edit… Characteristic Puzzle』
日本二　千葉美幸　京都大学　『触れたい都市』
日本三　卯月裕貴　東京理科大学　『THICKNESS WALL』
特別賞　池田隆志　京都大学　『下宿都市』
　　　　大野麻衣　法政大学　『キラキラ──わたしにとっての自然』
審査員長　難波和彦
審査員　妹島和世／梅林克／平田晃久／五十嵐太郎
登録作品数715　出展作品数527
展示3/8-15　会場　せんだいメディアテーク 6階ギャラリー4200／5階ギャラリー3300
公開審査3/8　会場　東北大学百周年記念会館 川内萩ホール

Re: edit... Characteristic Puzzle

2010
日本一　松下晃士　東京理科大学　『geographic node』
日本二　佐々木慧　九州大学　『密度の箱』
日本三　西島要　東京電機大学　『自由に延びる建築は群れを成す』
特別賞　木藤美和子　東京藝術大学　『歌潮浮月──尾道活性化計画』
　　　　齊藤誠　東京電機大学　『つなぐかべ小学校』
審査員長　隈研吾
審査員　ヨコミゾマコト／アストリッド・クライン／石上純也／小野田泰明
登録作品数692　出展作品数554
展示3/7-14　会場　せんだいメディアテーク 6階ギャラリー4200／5階ギャラリー3300
公開審査3/7　会場　東北大学百周年記念会館 川内萩ホール

geographic node

2011
日本一　冨永美保　芝浦工業大学　『パレードの余白』
日本二　蛯原弘貴　日本大学　『工業化住宅というHENTAI住宅』
日本三　中川沙織　明治大学　『思考回路factory』
特別賞　南雅博　日本大学　『実の線／虚の面』
　　　　大和田卓　東京理科大学　『住華街』
審査員長　小嶋一浩
審査員　西沢大良／乾久美子／藤村龍至／五十嵐太郎
登録作品数713　出展作品数531
展示3/6-11　会場　せんだいメディアテーク 6階ギャラリー4200／5階ギャラリー3300
公開審査3/6　会場　東北大学百周年記念会館 川内萩ホール

パレードの余白

Photos(2003-2005,2017-2018) by the winners of the year.
Photos(2006-2011) by Nobuaki Nakagawa.
Photos(2012-2016,2019) by Toru Ito.

2012

日本一　今泉絵里花　東北大学　『神々の遊舞』
日本二　松井一哲　東北大学　『記憶の器』
日本三　海野玄陽、坂本和繁、吉川由　早稲田大学　『技つなぐ森』
特別賞　西倉美祝　東京大学　『明日の世界企業』
　　　　塩原裕樹　大阪市立大学　『VITA-LEVEE』
　　　　張昊　筑波大学　『インサイドスペース オブ キャッスルシティ』
審査員長　伊東豊雄
審査員　塚本由晴／重松象平／大西麻貴／櫻井一弥
登録作品数570　出展作品数450
展示3/5-10　会場　せんだいメディアテーク 6階ギャラリー4200／5階ギャラリー3300
公開審査3/5　会場　東北大学百周年記念会館 川内萩ホール

神々の遊舞

2013

日本一　高砂充希子　東京藝術大学　『工業の童話——パブりんとファクタロウ』
日本二　渡辺育　京都大学　『世界の終りとハードボイルド・ワンダーランド』
日本三　柳田里穂子　多摩美術大学　『遺言の家』
特別賞　田中良典　武蔵野大学　『漂築寄（ひょうちくき）——旅する建築 四国八十八箇所編』
　　　　落合萌史　東京都市大学　『落合米店』
審査員長　高松伸
審査員　内藤廣／宮本佳明／手塚由比／五十嵐太郎
登録作品数777　出展作品数415
展示3/10-17　会場　せんだいメディアテーク 6階ギャラリー4200／5階ギャラリー3300
公開審査3/10　会場　東北大学百周年記念会館 川内萩ホール

工業の童話——パブりんとファクタロウ

2014

日本一　岡田翔太郎　九州大学　『でか山』
日本二　安田大顕　東京理科大学　『22世紀型ハイブリッドハイパー管理社会——失敗した郊外千葉ニュータウンと闇市から展開した立石への建築的転写』
日本三　市古慧　九州大学　『界隈をたどるトンネル駅』
特別賞　齋藤弦　千葉大学　『故郷を歩く』
　　　　城代晃成　芝浦工業大学　『地景の未来——長崎と建築土木（ふうけい）の編集』
審査員長　北山恒
審査員　新居千秋／藤本壮介／貝島桃代／五十嵐太郎
登録作品数555　出展作品数411
展示3/9-16　会場　せんだいメディアテーク 6階ギャラリー4200／5階ギャラリー3300
公開審査3/9　会場　東北大学百周年記念会館 川内萩ホール

でか山

2015

日本一　幸田進之介　立命館大学　『都市の瘡蓋（かさぶた）と命の記憶——広島市営基町高層アパート減築計画』
日本二　鈴木翔之亮　東京理科大学　『彩づく連鎖——都市に棲むミツバチ』
日本三　吹野晃平　近畿大学　『Black Market Decipher』
特別賞　清水襟子　千葉大学　『未亡人の家』
　　　　飯田貴大　東京電機大学　『杣（そま）ノ郷閣（きょうかく）——林業を再興するための拠点とシンボル』
審査員長　阿部仁史
審査員　山梨知彦／中山英之／松岡恭子／五十嵐太郎
登録作品数461　出展作品数350
展示3/1-6　会場　せんだいメディアテーク 6階ギャラリー4200／5階ギャラリー3300
公開審査3/1　会場　東北大学百周年記念会館 川内萩ホール

都市の瘡蓋（かさぶた）と命の記憶
——広島市営基町高層アパート減築計画

2016

日本一　小黒日香理　日本女子大学　『初音こども園』
日本二　元村文春　九州産業大学　『金魚の水荘——街を彩る金魚屋さん』
日本三　倉員香織　九州大学　『壁の在る小景』
特別賞　國清尚之　九州大学　『micro Re: construction』
　　　　平木かおる　東京都市大学　『まなざしの在る場所——『写真のこころ』から読み解く視空間』
審査員長　西沢立衛
審査員　手塚貴晴／田根剛／成瀬友梨／倉方俊輔／小野田泰明／福屋粧子
登録作品数545　出展作品数385
展示3/6-13　会場　せんだいメディアテーク 6階ギャラリー4200／5階ギャラリー3300
公開審査3/6　会場　せんだいメディアテーク 1階オープンスクエア

初音こども園

2017

日本一　何競飛　東京大学　『剥キ出シノ生 軟禁都市』
日本二　加藤有里　慶應義塾大学　『Phantom——ミュージカル《オペラの座の怪人》の多解釈を誘発する仮設移動型劇場』
日本三　小澤巧太郎　名古屋大学　『COWTOPIA——街型牛舎の再興』
特別賞　大内渉　東京電機大学　『合縁建縁（アイエンケンエン）——海と共生する千人家族』
　　　　森紗月　関東学院大学　『あたりまえの中で——このまちに合った、形式を持つ集落』
審査員長　千葉学
審査員　木下庸子／谷尻誠／豊田啓介／川島範久／浅子佳英／中田千彦
登録作品数511　出展作品数352
展示3/5-12　会場　せんだいメディアテーク 6階ギャラリー4200／5階ギャラリー3300
公開審査3/5　会場　せんだいメディアテーク 1階オープンスクエア

剥キ出シノ生 軟禁都市

2018

日本一　渡辺顕人　工学院大学　『建築の生命化』
日本二　髙橋万里江　東京都市大学　『建物語——物語の空間化』
日本三　谷繁玲央　東京大学　『住宅構法の詩学——The Poetics of Construction for industrialized houses made in 1970s』
特別賞　平井未央　日本女子大学　『縁の下のまち——基礎から導く私有公用』
　　　　柳沼明日香　日本大学　『モヤイの航海——塩から始まる島の未来』
審査員長　青木淳
審査員　赤松佳珠子／磯達雄／五十嵐淳／門脇耕三／辻琢磨／中田千彦
登録作品数458　出展作品数332
展示3/4-11　会場　せんだいメディアテーク 6階ギャラリー4200／5階ギャラリー3300
公開審査3/4　会場　せんだいメディアテーク 1階オープンスクエア

建築の生命化

2019

日本一　富樫遼太＋田淵ひとみ＋秋山幸穂　早稲田大学　『大地の萌芽更新——「土地あまり時代」におけるブラウンフィールドのRenovation計画』
日本二　十文字萌　明治大学　『渋谷受肉計画——商業廃棄物を用いた無用地の再資源化』
日本三　中家優　愛知工業大学　『輪中建築——輪中地帯の排水機場コンバージョンによる水との暮らしの提案』
特別賞　長谷川峻　京都大学　『都市的故郷——公と私の狭間に住まう』
　　　　坂井健太郎　島根大学　『海女島——荒布栽培から始まるこれからの海女文化』
審査員長　平田晃久
審査員　トム・ヘネガン／西澤徹夫／武井誠／栃澤麻利／家成俊勝／中川エリカ
登録作品数491　出展作品数333（内2作品は失格）
展示3/3-10　会場　せんだいメディアテーク 6階ギャラリー4200／5階ギャラリー3300
公開審査3/3　会場　せんだいメディアテーク 1階オープンスクエア

大地の萌芽更新——「土地あまり時代」におけるブラウンフィールドのRenovation計画

せんだいデザインリーグ
SDL: Re-2020
オフィシャルブック

Credits and Acknowledgments
［仙台建築都市学生会議アドバイザリーボード］

阿部 仁史（UCLA）／小杉 栄次郎（秋田公立美術大学）／堀口 徹（近畿大学）／
五十嵐 太郎、石田 壽一、小野田 泰明、佃 悠、土岐 文乃、本江 正茂（東北大学大学院）／
櫻井 一弥、恒松 良純（東北学院大学）／竹内 昌義、西澤 高男、馬場 正尊（東北芸術工科大学）／
福屋 粧子（東北工業大学）／中田 千彦、友渕 貴之（宮城大学）／
厳 爽（宮城学院女子大学）／濱 定史（山形大学）／齋藤 和哉（建築家）

［仙台建築都市学生会議］

橋本 航（東北大学）／小野寺 圭史、福田 翔平（東北学院大学）／
伊藤 京佑、岩見 夏希、鎌田 勝太、今野 琢音、今野 隆哉、佐藤 康平、
鈴木 佳祐、照井 隆之介、三浦 大器、吉田 人志（東北工業大学）／
小野寺 花、田中 千尋（宮城大学）／加賀見 夏子、黒川 紗瑛、
齋藤 優生、佐藤 愛優、鳥村 美果、米田 樹雨（宮城学院女子大学）／
米谷 知樹（山形大学）／石黒 十吾（東北電子専門学校）

［せんだいメディアテーク］
清水 有、服部 暁典（企画・活動支援室）

With sincere thanks to:
伊東豊雄建築設計事務所

Editorial Director
鶴田 真秀子（あとりえP）

Co-Director
藤田 知史

Art Director & Designer
大坂 智（PAIGE）

Photographer
越後谷 出

Editorial Associates
高橋 美樹／高遠 遙／戸井 しゅん／長友 浩昭／宮城 尚子／山内 周孝

Producer
種橋 恒夫（建築資料研究社／日建学院）

Publisher
馬場 圭一（建築資料研究社／日建学院）

Special thanks go to the persons concerned

せんだいデザインリーグ
SDL: Re-2020 オフィシャルブック
仙台建築都市学生会議 + 仙台建築都市学生会議アドバイザリーボード 編

2020年9月5日 初版第1刷発行

発行所：株式会社建築資料研究社
〒171-0014　東京都豊島区池袋2-10-7 ビルディングK 6F
Tel.03-3986-3239　Fax.03-3987-3256
https://www.ksknet.co.jp/

印刷・製本：株式会社廣済堂

ISBN978-4-86358-708-3
©仙台建築都市学生会議 + 仙台建築都市学生会議アドバイザリーボード 2020　Printed in Japan
本書の無断複写・複製・転載を禁じます。